교육 입문을 위한 지침서

교육학의 이해

한성대학교 교수 **신재흡** 지음

Understanding of Education

동문사

이 책은 한성대학교 교내연구비 지원과제임

머리말

교육은 인간 형성의 과정으로서 사람을 사람답게 하는 활동이며, 사람은 오직 교육에 의해서 사람다운 사람이 되므로 일생을 통하여 그를 둘러싸고 있는 환경 속에서 교육을 받게 되는 것은 재론의 여지가 없다. 그리고 인간은 지대한 잠재 가능성을 지니고 있는 존재이다. 이러한 값진 가능성의 신장은 오직 교육을 통해서만 가능하기 때문에 교육은 그 무엇보다도 중요한 것이다.

이렇게 인간은 요람에서 무덤까지 교육은 피할 수 없는 상황이기에 인간을 교육적 존재로 볼 수밖에 없다. 인간은 교육적 존재라는 등식을 풀어냄과 더불어 학문적 체계를 구성한 것이 교육학이라고 할 수 있다. 이 학문의 장에 최초로 입문하는 자들에게 제공되는 만남의 광장이 바로 「교육학 개론」이다.

이러한 맥락에서 이 책은 교육학에 대한 전반적 이해 및 탐구를 실천하는 데 도움이 되도록 꾸며진 교육학 입문서로서, 이제 대학생활을 막 시작한 학생들을 위해 교육의 중요성을 인식시키고자 집필된 것이다.

따라서 이 책은 교육학의 전체적인 이론을 다루면서도 학생들이 이해하기 쉽게 쓰는 데 일차적인 목적을 두었다. 각 장별로 주요 콘텐츠를 언급하면 다음과 같다.

첫째, 제1부 교육의 개념이다. 제1장은 교육의 이해(교육의 개념과 기능, 교육목적의 개념과 유사용어, 교육의 필요성, 가능성과 한계, 교육의 형태 및 요소, 교육권론)이다.

둘째, 제2부 교육의 이론적 기초이다. 제2장 교육의 역사 및 철학적 기초(한국 교육사, 서양 교육사, 교육철학)이다. 제3장 교육의 사회적 기초(교육사회학의 제 이론, 사회화와 교육, 사회계층과 교육, 사회변동과 교육), 제4장 교육의 심리적 기초(교육심리학의 기본 개념, 학습자의 인지적 특성, 학습자의 정의적 특성, 발달과 교육)이다.

셋째, 제3부 교육의 과정이다. 제5장 교육과정의 이해(교육과정의 개념, 교육과정의 유형, 교육과정의 구성요소), 제6장 교수-학습지도(교수-학습의 개념 및 원리, 교수-학습방법의 제 유형), 제7장 생활지도와 상담(생활지도의 개념, 생활지도의 활동 내용, 상담의 이해) 등이다.

넷째, 제4부 교육의 운영이다. 제8장 교육행정의 기초(교육행정의 개념, 교육행정의 성격, 교육행정의 영역, 교육행정의 원리, 교육행정의 과정), 제9장 장학(장학의 개념, 장학의 기능, 장학의 유형, 장학담당자의 역할), 제10장 학급경영(학급경영의 개념, 학급경영의 원리, 학급 담임교사의 역할과 자질, 학급환경의 관리, 학급의 사무관리, 교사의 수업전략, 학급의 생활지도, 학급경영의 평가), 제11장 교사론(교직의 이해, 교사의 역할과 자질, 바람직한 교사상, 교사의 윤리) 등이다.

다섯째, 제5부 한국 교육의 전망이다. 제12장 한국 교육의 전망(미래사회와 교육, 한국의 교육개혁, 한국 교육의 전망과 발전 과제) 등을 다루었다.

이 책으로 공부하는 학생들이 교육에 대한 학문적 이해와 교육의 실천적 방법도 함께 익힐 수 있는 계기가 되었으면 합니다. 특히 장차 교사가 되어 교육자의 삶을 살아가려는 학생들이 교육을 종합적으로 바라볼 수 있는 열린 관점과 사고를 형성하는 데 도움이 되기를 바랍니다.

또한 이 책이 교육학개론 강의에 널리 활용될 수 있기를 바라며, 독자 여러분의 주저 없는 지적과 아낌없는 성원으로 이 책이 지속적으로 수정 및 보완될 수 있기를 기대합니다. 본서의 출간을 허락하신 동문사 이중수 사장님과 임직원의 노고에 깊은 감사를 드리며, 또한 지금까지 학문적 탐구 여행을 할 수 있도록 곁에서 묵묵히 참아 준 내자 김화영과 신샛별, 쌍둥이(신현범, 신현호)에게 고맙다는 마음을 전합니다.

2014년 1월

한성대학교 연구관에서

저자 신재흡 識

차 례

PART 01

교육의 개념

- 제1장 교육의 이해

교육의 의미

Chapter 01

교육의 의미를 고찰하기 위하여 교육의 개념 및 기능, 교육목적의 개념과 유사용어, 교육의 필요성과 가능성, 한계, 교육의 형태, 요소 및 교육권론 등에 대해서 알아보고자 한다.

제1절 교육의 개념과 기능

교육의 개념과 기능을 파악하기 전에 한자, 서양어, 한글로서의 교육에 대한 어원적 의미를 살펴보고, 이를 토대로 교육의 개념과 기능을 파악하고자 한다.

1. 교육의 어원

교육의 개념을 명확하게 파악하기 위해서 우선적으로 교육이라는 용어의 어원적인 측면을 살펴보아야 할 것이다. 즉 한자어로서의 교육의 의미, 서양어에서 교육의 의미, 한글로서의 교육의 의미 등을 고찰하기로 한다.

첫째, 한자어로서의 교육의 어원적 의미에서, ① 교(敎)란 설문해자(說文解字)에 의하면, 상소시(上所施) 하소효야(下所效也)로 되어 있다. 원래 교(敎)는 효(孝)와 부(父)의 결합으로 이루어졌기에 교(敎)의 의미를 갖추게 된 것이다. 구체적으로 말하면, 교(敎)의 어원적 의미는 위에서 베풀고 아래에서는 그것을 본받는다는 것이다. 효(孝)는 아래에서 본받는다는 의미이며, 이것은 아랫사람이 윗사람의 베푸는 것을 본받는다는 뜻으로 미성숙자가 성숙자의 시범을 모방한다는 뜻이다. 결국 성숙된 성인을 모방하고 추종하여 성인의 바른 생활양식, 가치관을 습득한다는 것이다. 한편 육(育)은 양자편작선(養子便作善)의 뜻이며, 이는 그릇된 자식을 바르게 길러 착한 일을 하도록 한다는 것을 의미한다. 다시 말하면, 교육자가 학습자에게 선을 실천할 수 있도록 성장시키는 것으로 볼 수 있다. ② 『맹자(孟子)』의 「진심편(盡心篇)」에 '교육(敎育)'이라는 말이 처음 쓰였다. 맹자는 최고의 인격자로서 군자의 세 가지 즐거움을 다음과 같이 제시하고 있다. 부모가 살아 계시고 형제들이 사고 없이 살아가는 것이며, 하늘을 우러러 부끄러움이 없고 인간사회에서 부끄러움이 없는 것이다. 그리고 천하에서 명석한 영재를 얻어 이를 가르치고 기르는 일, 즉 교육하는 일이 또 다른 즐거움이라는 것이다. ③ 명심보감의 첫 구절에 '위선자(爲善者)는 천보지이복(天報之以福)하고 위불선자(爲不善者)는 천보지이화(天報之以禍)'라고 했다. 이것은 착한 일을 하는 사람에게는 하늘이 복을 주시고 악한 일을 하는 사람에게는 하늘이 화를 내리는 것으로 해석된다. 결국 한문에서의 교육의 의미는 교육자의 시범과 학습자의 모방을 통하여 학습자의 본래적인 선한 성품이 실천적으로 나타날 수 있도록 성장시키는 도덕적인 뜻을 강하게 함유하고 있다.

둘째, 서양어에서의 교육의 의미는, ① pedagogy의 어원은 그리스어 paidagogos는 paidos와 agogos의 합성어로서, paidos는 어린이를 의미하며, agogos는 이끈다는 뜻이다. 이것은 귀족의 자녀들을 학교나 체육관, 기타 공공의 장소로 데리고 다니며 가르치고 이끌어 준다는 뜻이다. ② 영어의 education은 라틴어의 educare에서 유래되었으며, 이것은 e(밖으로)와 ducare(끌어내다)가 결합된 말이다. 즉 인간의 잠재적 가능성을 외부로 이끌어 내어 신장 및 발전시킨다는 의미를 내포하고 있다. ③ 독일어의 eriehen은 er와 ziehen의 합성어로서 er는 밖으로(aus)의 뜻과 위로(auf)의 뜻이다. 이것은 학습자의 내재적인 능력을 밖으로 발전시키거나 위로 향상되도록 지도한다는 의미이다. 서양어의 교육에 대한 어원적 개념은 교육자가 학습자로 하여금 내면에 지니고 있는 다양한 잠재능력을 계발하여 발전 및 성장시키고자 하는 뜻을 강조하고 있다.

셋째, 한글로서 교육의 의미는 '가르치다'와 '기르다'의 두개의 동사가 명사화하여 합성된 것이다. '가르치다'는 '갈다'와 '치다' 또는 '가르다'와 '치다'가 합쳐서 이루어진 합성동사이다. '갈다'와 '가르다'는 그 의미가 비슷하다고 보며, '가르다'의 '가르'는 고어 '가루'에서 온 말인데, 명사 '가루'는 물건을 깨뜨리고 부수고 하여 잘게 만든 물건을 의미하며, 동사 '가르다'는 구별하다, 분별하다, 나누다, 달리다, 쪼개서 하나씩 만들다, 시비를 판단하다 등의 뜻이 있다. 그리고 '치다'는 때리다, 남의 단점을 공격하다, 머리털을 골라서 깎다, 모기장, 장막, 휘장 등을 펴다, 우물이나 개천 속에 있는 더러운 물건을 건져내다 등의 뜻이 있다. 우리말 '가르치다'의 어원적인 의미는 교육자가 옳고 그른 것과 착하고 나쁜 것을 골라 판단하여(가르다) 학습자의 나쁘고 거친 것을 다듬어 아름답게 하는 것(치다)으로 볼 수 있다. 한편 '기르다'는 '기루다'는 뜻이 들어 있다. '기루다'는 '길다'에서 나온 말로 생각된다. 기르는 일, 길들이는 일은 곧 길게 하는 일, 크게 하는 일, 자라나게 하는 일을 의미한다. '기르다'란 '길다'라는 말로만 해석될 뿐만 아니라 '길이 난다'는 말과도 관련이 있는 것이다. 즉 이것을 넓게 해석한다면, 만물 또는 만사의 온당한 길을 의미하기도 한다. 따라서 '기르다'의 어원적인 의미는 교육자가 학습자를 올바른 길로 성장시키고 이끄는 것을 말한다. 한글에서의 어원적인 교육적 의미가 교육자가 옳고 그른 것과 선하고 악한 것을 판단하여 학습자의 미성숙한 점을 다듬어 올바른 사람의 길을 걷도록 성장시키는 것이라고 할 수 있다.

2. 교육의 개념

교육의 의미를 한 마디로 정의하는 것은 매우 어려운 일이다. 교육에 대한 정의는 제 학자들에 의하여 다양하게 내려져 왔으며, 또 앞으로 계속 내려지게 될 것이다. 현재까지 내려진 정의는 기능적 정의, 규범적 정의, 기술적 정의 등이 있다(이형행, 2011: 13~15).

첫째, 기능적 관점은 교육을 무엇을 위한 수단으로 규정하려는 측면이다. 따라서 교육이 이바지해야 할 대상을 국가사회로 잡느냐, 정치로 보느냐, 경제로 정하느냐, 사회 문화로 잡느냐, 종교로 보느냐, 인간 자신으로 정하느냐 등에 따라 수많은 기능적 정의가 가능하다. 구체적으로 언급하면, '교육은 국가사회 발전을 위한 수단이다', '교육은 경제발전에 필요한 수단이다', '교육은 사회문화의 계승 및 발전의 수단이다', '교육은 신의 뜻을 실현하는 수단이다', '교육은 개인의 사회적 출세를 위한 수단이다' 등 교육이 기여해야 한다고 생각되는 대상에 따라 수많은 기능적 정의를 내릴 수 있다. 이러한 기능적 정의는 교육의 도구적 가치를 중요시하는 입장이다.

둘째, 규범적 관점은 교육을 그 궁극적 목적과 결부시켜 규정한다. 교육의 궁극적 목적으로서 어떤 가치와 진리를 내세우느냐에 따라 수많은 규범적, 혹은 목적론적 정의가 가능하다. 즉 '교육은 민주적 시민이 갖추어야 할 자질을 함양하는 과정이다', '교육은 영원한 진리나 가치에로의 접근과정이다', '교육은 인간을 인간답게 형성하는 과정이다' 등이 대표적인 예이다. 마지막 정의에서 인간을 '인간답게' 형성한다는 것은 도덕적·인격적 목표에 접근시키는 과정으로 볼 수 있다. 이 정의는 교육의 가치실현을 위한 교육 자체의 발전에 더 비중을 두는 입장으로 볼 수 있다. 따라서 규범적 정의는 국가사회적 차원에서나 개인적 차원에서 모두 인격완성이나 자아실현이라는 내재적 가치의 실현 또는 영원한 진리나 가치를 추구하는 것을 교육의 중요한 목표로 내세우고 있다. 그러나 교육의 기능적 정의 및 규범적 정의는 교육의 한 측면을 파악하는 데 도움을 주지만 교육의 실제적 현상을 분석하는 데는 그다지 도움이 되지 않는 정의들이다.

셋째, 기술적 관점은 조작적 정의라고 한다. 이 정의를 주장하는 학자들은 '교육은 인간 행동특성을 계획적으로 변화시키는 과정'이라고 정의한다. 이 정의에서, ① '인간 행동특성'은 관찰하기 쉬운 외현적 행동뿐만 아니라 지식, 태도, 사고력, 자아개념 등과 같은 내면적 행동을 포함한다. 교육은 학습자의 이와 같은 모든 행동특성을 우선 그 대상으로 한다. 여기서 교육측면에서 중요시하는 행동특성은 외현적 행동보다는 내면적 행동으로 볼 수 있다. 또한 ② '변화'의 의미는 육성·조성·함양·계발·교정·개선·발달·증대 등을 포괄하는 개념이다. 즉 인간의 미숙한 사고력을 숙달하게 하며, 몰랐던 기술을 몸에 익히는 것 등 교육은 인간행동이 자연적으로 변화해 가는 것에 관심이 있는 것이 아니라 의도적으로 변화시키는 데 관심이 있는 것이다. ③ 이 정의 속에서 '계획적'이라는 것은 기르고자 하는 또는 길러야 할 인간행동에 관한 명확한 의식을 의미한다. 즉 이것은 명확한 교육목적이 있다는 것이다. 또한 인간을 기를 수 있는 이론과 실증이 뒷받침되는 계획과 과정이 있다는 것을 의미하는 것은 교육과정이 있다는 것이 된다. 이와 같이 교육에 대한 정의를 살펴보았다. 기술적 정의가 규범적 정의 및 기능적 정의 보다 포괄적이라고 하기에는 어려울지도 모르겠지만, 교육의 과정이라는 측면에서 보면 다소 과학적 및 합리적으로 내려진 정의라고 할 수 있다.

3. 교육의 기능

교육은 인간을 변화시키는 기능을 수행하고 있다. 국가는 정치, 경제, 사회 및 문화, 종교 등 다양한 조직과 더불어 운영되고 있다. 이에 비해 교육은 정치를 변화시키기도 하고, 경제 및 사회, 문화, 종교 등을 변화시키기도 한다. 그러나 정치, 혹은 경제, 사회, 문화를 직접적으로 변화시키는 것은 아니며, 거기에 관여하는 '인간'을 변화시키는 기능을 갖는다.

이러한 측면에서 인간을 변화시키는 본질적 기능을 제 학자의 견해를 중심으로 고찰하기로 한다. 오천균(1999: 44~53)은 ① 개체완성으로서의 교육, ② 문화유산의 계승과 확충으로서의 교육, ③ 국가발전으로서의 교육 등으로 구분하고 있으며, 임창재(1991: 43~45) 및 신은숙(1983: 65)은 교육의 기능을, ① 개인신장의 기능, ② 경험습득의 기능, ③ 문화창달의 기능, ④ 사회화 및 사회통제의 기능 등으로 구분 제시하고 있다. 신용일(1998: 26~29)은 교육의 기능을, ① 개인의 발전조성, ② 인간이 지니고 있는 다양한 특성(기억, 추리, 의지, 상상, 감정 등과 같은)의 훈련, ③ 인간의 미래생활의 준비, 습관 형성, 문제해결력 육성(적응), 개인과 주변환경의 변화 유발, 성장, 청소년에게 자극을 주고 격려하며 향도하는 기능, ④ 문화유산의 전달과 창조의 기능, ⑤ 사회의 존속과 혁신의 기반을 조성하는 기능 등으로 세분하여 제시하고 있다.

교육의 기능에 대한 제 학자들의 견해를 정리하면, ① 개인신장의 기능,

② 경험습득의 기능, ③ 문화창달의 기능, ④ 사회의 존속과 혁신의 기반을 조성하는 기능 등으로 구분하고자 한다.

첫째, 개인신장의 기능은 개인이 가지고 있는 잠재력을 조화롭게 계발시키며, 생활경험을 풍부하게 해주어 이상적인 인간으로 도야시키는 기능이다. 모든 인간은 출생과 더불어 지속적으로 자신의 잠재력을 계발시키면서 살아가고 있다. 이러한 성장 및 발달은 교육적 작용에 의해서 이루어지며, 여기에는 두 가지 요소가 작용하고 있는 것이다. 그 하나는 인간이 선천적으로 타고난 소질을 성장발달케 하려는 힘이요, 또 하나는 이러한 개인의 성장 가능성을 전제로 적절한 환경을 제시해 줌으로써 그들의 가능성을 최대한으로 성장시켜 주고, 또한 지향하는 이상이나 방향에 반대가 되는 것을 제거해 주는 작용이다. 오늘날 전인교육, 평생교육 등은 이러한 입장에서 본 교육적 의의를 갖는 것이라는 점도 잊어서는 안 될 것이다(김진규, 1998: 34).

둘째, 경험습득의 기능이다. 인간은 출생과 더불어 죽을 때까지 일생 동안 생활을 통해서 배우며 경험의 연속적인 과정에 의하여 성장 및 발전해 나가고 있는 것이다. 따라서 교육은 생활경험을 획득해가는 하나의 과정으로 볼 수 있다.

셋째, 문화창달의 기능이다. 이것은 전 세대의 문화유산을 다음 세대에 전달하고 유지시키며, 이를 더욱 확충 및 발전시키는 기능이다. 인간은 문화를 통해서 생활양식과 행동방식을 습득하게 되는 것이며, 그들의 고유문화를 형성하고 계승할 수 있게 되는 것이다. 인간은 다른 동물과 달리 독특한 문화를 가지고 있으며, 이러한 문화는 인간의 선천적인 본능에 의해서 이루어지는 것이 아니라 후천적인 학습의 결과로 이루어지는 것이다. 따라서 교육과 문화는 동일한 개념으로 이해할 수 있다. 교육은 현존된 문화와 사회질서를 유지함과 동시에 문화향상과 사회진보 창조의 도구로서 보다 나은 사회를 이룩해가는 수단으로서의 기능을 가진다. 다시 말하면, 교육이란 단순하게 문화를 전달하고 규정짓는 데 그치지 않고 인류에 의해 형성된 문화를 개인에게 경험을 통해 습득시키면서 정신활동을 촉진하고 문화창조력을 길러 건전한 문화를 계승 및 확충시키고자 하는 정신적 의미를 갖는다.

넷째, 사회의 존속과 혁신의 기반을 조성하는 기능을 갖는다(김충기 외, 1990: 23). 교육을 사회적 측면에서 보면, 사회적 존속과 발전을 위한 보수적인 기능과 진보적인 기능을 수행한다. 즉 그 사회의 구성원을 사회화하고, 더 나아가서 사회의 새로운 가치와 새로운 체제 및 질서로부터의 기반을 조성하는 역할을 담당한다. 사회는 교육을 통해 개인을 사회화함으로써, 그 사회에 적응할 수 있는 사회구성원을 육성함으로써 유지되고 존속될 수 있다. 동시에 교육은 사회진보와 혁신을 가져올 수 있는 근본적인 수단 및 방법이다. 따라서 교육을 통하지 않고 사회는 근본적·원천적 혁신은 불가능할 것이다.

제2절 교육목적의 개념과 유사용어

제2절에서는 교육목적의 개념과 교육목적과 유사용어에 대해서 고찰하기로 한다.

1. 교육목적의 개념

교육목적이라는 말은 교육 또는 교육작용이 나아가야 할 기본적인 방향 또는 지침을 뜻한다. 따라서 교육의 모든 활동·조직·운영은 목적이 지향하는 방향 또는 지침의 테두리 안에서 진행되는 것임은 말할 것도 없다. 그러기 때문에 교육목적은 그 나라 그 사회 또는 한 개인이 지향하는 목적이나 가치관과 상치하여 성립할 수 없고 또 존재할 수도 없다. 이 점이 교육목적의 국가적·사회적, 그리고 개인적 성격을 나타내는 특수성이다. 교육목적이 국가성과 사회성, 그리고 개인성을 지녀 시대와 장소에 따라 자주 변하는 것도 교육목적의 이러한 특수성에 기인한 것이다.

개인적인 측면에, 있어서의 교육목적의 궁극적인 방향은 이상적인 인간상의 실현에 있으며, 사회성을 강조하는 교육목적의 종착점은 사회질서의 유지와 안녕, 그리고 사회적 발전에 있으며, 국가성을 강조하는 교육목적은 국민 각자의 건전한 개인윤리·사회윤리, 그리고 국가윤리를 바탕으로 한 국민정신의 진작과 국력의 신장에 있는 것이다.

위의 설명에서도 짐작할 수 있듯이, 교육목적은 그것이 개인 중심적이든 사회중심적이든, 또는 국가중심적이든 간에 언제나 고정적인 것이 아니고 시대와 장소에 따라 여러 가지 형태로 달라진다는 것이다. 교육이 개인과 사회의 어느 면을 더 치중하느냐 또는 개인의 지·덕·체 중 어느 것을 더 존중하느냐에 따라 교육목적이 달라지는 것이다. 따라서 현대사회에 있어서의 바람직한 교육목적은 극단적인 것이나 단편적인 것이 아니라 대체로 개인적인 동시에 사회적·국가적이어야 하며, 지·덕·체의 모든 면에 걸친 전인적이어야 하는 이른바 조화로운 발달에 기초하여야 한다.

2. 교육목적과 유사용어

여기에서 교육목적의 의미를 명확히 파악하기 위하여 그와 관련이 있는 용어인 교육이념, 그리고 교육목표와 비교하여 살펴보기로 한다.

먼저 교육이념은 교육이 지향하는 이상적인 인간상으로서 국가의 정치·경제·사회·문화의 모든 활동에서의 목적의식을 말하는데, 이는 교육목적의 설정을 위한 철학적이고 이론적인 배경을 제공한다. 예컨대, 우리나라의 경우 '홍익인간'의 교육이념이 여기에 해당한다.

교육이념이 국가수준의 목적의식이라 한다면 교육목적은 그러한 교육이념을 토대로 교육활동이 이루어져야 할 기본적이고 구체적인 방향을 말한다. 이는 그의 상위개념인 교육이념과 그의 하위개념인 교육목표의 조화로운 조정에 의해서 성립되는데, 예를 들면, 이상적인 인간상으로서 요구되는 '민주인의 육성', '건전한 생활인의 육성' 등이 여기에 속한다.

한편 교육목표는 일반 사회인들보다는 가르치는 사람, 즉 교육실천가의 수준에서 요청되는 구체적이고 좁은 뜻의 목적의식을 말한다. 이는 현실적·기술적 입장에서 교육목적 달성을 위한 수단을 강조하는 것으로서 학습경험을 통한 학생들의 구체적인 행동변화를 지칭하는 것이다. 예컨대, '책임감의 함양', '계산능력의 향상', '환경보호 방법의 습득' 등이 여기에 해당된다.

이를 종합해볼 때, 교육이념이란 한 사회나 국가의 정치·경제·사회·문화의 여러 활동에 관계되는 목적의식으로서 교육목적에 대해 철학적인 토대를 제공해 준다. 그리고 교육목적은 교육이념의 하위개념으로서 교육활동이 이루어져야 할 방향을 말한다. 한편 교육목표는 교육목적을 달성하기 위한 구체적인 수단으로서 학습경험을 통한 학생들의 행동변화를 지칭한다. 이렇게 볼 때 교육목표는 교육목적을 달성하는 수단이 되고 교육목적은 교육이념을 달성하는 수단이 된다고 해석할 수 있다. 교육이념과 교육목적과 교육목표의 관계를 그림으로 나타내면 [그림 1-1]과 같다.

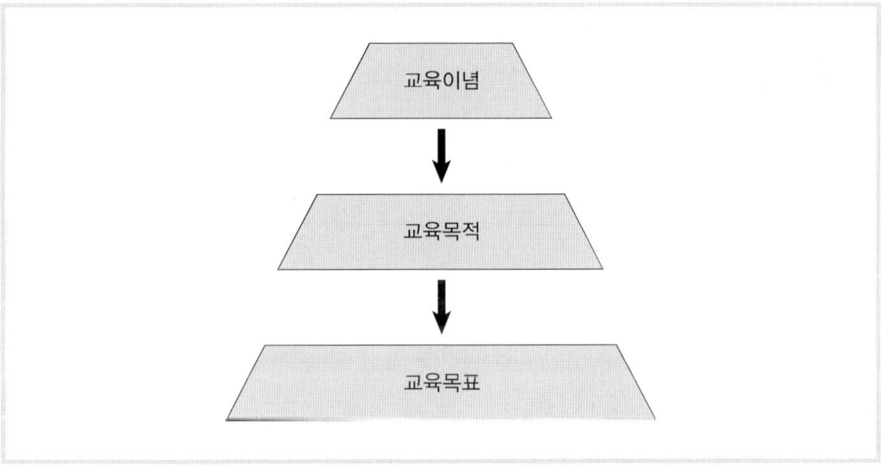

| 그림 1-1 | 교육이념과 교육목적 및 교육목표

제3절 교육의 필요성, 가능성과 한계

인간에게 교육이 필요한 이유와 인간이 교육을 통하여 발전할 수 있는 가능성, 인간에게 있어서 교육의 한계점에 대해 고찰하기로 한다.

1. 교육의 필요성

칸트(Kant, 1890: 123)는 "인간은 교육을 필요로 하는 유일한 피조물이며,

교육은 인간을 인간답게 만드는 작용이다(Man is the only being who needs education. He is merely what education makes of him).”라고 하였다. 여기에서 칸트의 ‘교육’은 양호(보육)와 훈련(훈육)과 도야 및 교수를 포함한다. ① 양호란 양친으로부터 보호를 받는 것을 의미하는데, 동물은 보호를 필요로 할 뿐이나 인간은 보호만으로는 부족하다. 따라서 인간에게는 동물성을 인간성으로 변화시켜 가는, ② 훈련(훈육)이 필요한 것이다. 그리고 훈련은 이성적 지도하에 복종할 수 있는 습관을 형성할 수 있게 해준다. 따라서 ③ 도야 및 교수는 인간에게만 필요로 하는 것이다. 18세기 자연주의 교육사상가 루소(Rousseau, 1762: 10)는 그의 저서 『에밀(Emile)』에서 “우리들은 연약하게 태어난다. 우리들에게는 힘이 필요하다. 우리들은 아무것도 갖지 못하고 태어난다. 우리들에게는 조력이 필요하다. 우리들은 아무것도 갖지 못하고, 성장하면서 필요한 모든 것을 교육을 통해 얻는다.”고 하였다.

이와 같이 인간은 동물과는 달리 미성숙한 상태에서 출생하면서 장기간의 준비성과 풍부한 가소성을 지니고 있다. 따라서 인간만이 교육을 필요로 하는 유일한 동물인 것이다. 인간이 얼마나 교육을 필요로 하는 존재이며, 만약 인간에게 교육을 박탈하면 어떠한 존재가 되는지에 대해서는 다음에 나오는 야생아의 사례에서 분명하게 알 수 있게 한다.

첫째, ‘데이비스의 보고서(report of Davis Kingsley)’에 의하면, 안나(Anna)는 생후 5개월 반부터 6세에 이르기까지 일체의 사회 접촉을 하지 못하여, 6세나 된 안나가 걷지도 뛰지도 못할 뿐만 아니라 말도 못하며, 인간으로써 구비해야 할 공통적인 특징을 갖추지 못하고 있었다. 6세부터 사회 접촉과 교육을 통하여 언어를 배우고 대소변을 가릴 줄 알고 다른 사람들 속에 어울려 지낼 수 있게 되었다(오천균, 1999: 17 재인용).

둘째, 교육의 필요성을 반증하는 실례로 프랑스의 아베롱(Aveyron) 야생아를 들 수 있다. 프랑스의 의사 Jean Mare Gaspard Itard에 의하여 1795년 프랑스의 아베롱 산림 속에서 발견된 빅터(Victor)는 11, 12세가량의 소년이었다. 그는 나무 열매, 뿌리, 씨 등을 먹고 자랐으며, 옷은 입지도 않았으며, 더러운 몸에는 무수한 상처가 있었다. 그것은 인가에서 떨어진 숲 속에서의 짐승들과의 투쟁을 말해주는 것이다. 소년은 파리로 이동한 후 당시 25세의 젊은 의사 이타르의 헌신적인 노력에 의해 치료를 받게 되었다. Itard는 다섯 가지의 교육목표를 세웠다. ① 생활에 안정을 주고 특히 사회생활에 흥미를 갖게 하는 일, ② 강한 자극을 주어 둔해진 감각을 일깨우는 일, ③ 사회적 접촉을 증가시키고 새로운 요구나 관념을 만들어 내는 일, ④ 언어를 사용해서 자기의 요구를 표현하는 일, ⑤ 간단한 심리적 작업을 할 수 있게 만드는 일 등이었다. 이러한 목표를 설정하고 목표 달성을 위한 교육을 5년 동안 계속해본 결과 마지막 목표를 제외한 나머지 목표는 달성하였다고 보고를 하였다. ① 인간 특유의 기능, 지성이나 감각을 빼앗긴 인간은 동물보다도 못하다. ② 인간에게 자연히 갖추어져 있다고 말하는 도덕성은 사실 문명의 덕택이다. 문명은 인간을 새로운 감각으로 몰아넣어 인간을 동물 생활로부터 끌어올린다. ③ 기관의 발육, 언어의 습득은 나이가 어릴 때일수록 효과가 크다. 특히 음성의 결합은 유아기 이후가 되면 비능률적이며 많은 장애에 부딪치게 된다. ④ 인간의 욕구와 관념 사이에는 일정한 관계가 있으며 욕구가 증가하면 관념의 범위도 확대된다. 문명은 인간의 욕구에 의해서 만들어진 것이다. ⑤ 교육의 진보는 현대의학에 의해서 이루어진다. 모든 과학 가운데서 의학이야말로 개인의 신체적, 지능적 특질을 분명히 하고 인간을 사회적으로 높일 수가 있다.

셋째, 인도의 늑대 소녀 이야기는 캘커타 서남쪽 코담리존 부근에서 늑대에 의하여 양육되고 있던 여아 2명이 1920년 10월 17일에 발견, 구출되어 싸잉(Snigh) 부부가 양육하였다. 그들은 당시 2세 된 아말라(Amala)와 8세 된 카말라(Kamala)였는데, 아말라는 1년 이내에 죽어 버렸고, 카말라는 9년 후에 죽었다. 양육한 지 6년이 되기까지 카말라는 늑대와 같은 소리와 행동을 하면서 6년 후에야 비로소 인간과 같은 행동과 말을 사용하였다. 카말라는 늑대의 행동에서 인간의 행동으로 변하기까지는 백지에서 인간행동을 배우는 것보다 시간이 더 오래 걸렸다. 두 손으로 그릇을 잡기까지는 1년 반이나 걸렸으며, 그가 죽기 전까지 6년 동안 배운 언어는 보통 5, 6세 정도의 어린이 정도밖에 안 되었다. 이것은 인간이 성장하는 데 부모의 보호가 얼마나 필요한가를 증명해 주는 단적인 실례가 된 것이다.

상기에서 살펴본 야생아에 대한 실험 연구 보고서는 인간이 인간으로서 생명을 보존할 뿐만 아니라 인간으로서의 제반 가치를 발휘하며 살아가기 위해서는 교육이 절대적으로 필요함을 분명하게 보여 주는 사례이다.

2. 교육의 가능성

인간은 교육이 가능한 유일한 존재이며, 식물이나 동물은 외계의 조건에 의하여 환경에 순응하며, 반면에 인간은 자발적으로 환경구조에 적응해가는 것이다. 다시 말하면, 인간은 스스로 환경을 선택하거나 환경을 개조시킬 능력을 갖고 있음을 의미하며, 바로 이것이 인간에게 교육의 가능성을 나타내는 것이다. 교육이란 미성숙한 상태로 태어난 자연인을 자립적으로 생활할 수 있는 인간으로 성숙시켜 주는 모든 조성작용이라고 정의하여 볼 때, 교육이란 이미 성숙인으로 발전할 수 있는 가능성이 전제되고 있는 것이다.

그러면 교육의 가능성은 가소성(plasticity), 또한 도야성(educability)이라고도 한다. 도야의 도(陶)는 닦는다는 뜻으로 진흙을 이겨서 바라는 형으로 만드는 일을 뜻하고, 야(冶)는 다듬는다는 뜻으로 쇠붙이 등을 두드려서 만드는 일을 의미한다. 따라서 도야란 아무렇게나 생긴 것을 쓸모 있게, 바람직하게 만드는 작용이며, 일반적으로는 교육과 동의어로 볼 수 있다. 교육이란 '자연상태의 인간으로 하여금 그의 잠재 가능성을 계발하여 이상적인 상태로 승화하도록 하는 의도적인 작용'이라는 정의가 도출될 수 있다(김진규, 1998: 40).

상기에서 교육의 가능성에 대하여 언급하였다. 예로부터 학자들 간의 교육의 가능성에 대하여 크게 두 조류가 있었다. 전자가 교육 만능설, 후자는 교육 부정설이다.

첫째, 교육 만능설은 교육 긍정설이라고도 한다. 이것은 교육을 통해 인간을 만들 수 있다는 가능성을 주장했으며, 학자는 소크라테스(Socrates), 플라톤(Platon), 아리스토텔레스(Aristoteles) 등과 같은 철학자들이다. 근대에 들어와서는 존 로크(John Locke), 루소(Rousseau), 칸트(Kant) 등과 같은 사상가들이었다. 교육 만능설은 환경을 중시하는 입장으로 환경을 적절히 선택하고 개조해주면 비록 태어날 때의 인간의 소질과 능력이 다르더라도 이에 크게 구애받지 않고 그를 이상적인 상태로 이끌 수 있다고 보는 것이며, 나아가서 환경의 힘으로 인간의 소질과 능력까지도 변화시킬 수 있다고 본다.

둘째, 교육 부정설은 19세기에 이르러 염세주의 철학사조와 유전학, 범죄심리학, 생물진화론 등의 발달로 인해서 18세기 학자들이 주장한 교육의 가능성에 대해 의구심과 부정하는 경향이 생겼다. 즉 인간의 능력이나 소질은 선천적으로 주어지는 것이며, 교육은 이를 구체적으로 구현해주는 작용이며, 인간이 타고나지 않은 어떤 능력을 계발시켜 줄 수 없다고 보는 입장이다. 따라서 교육 부정설은 유전적 소질을 중시하는 입장이며, 일반적인 관념과는 달리 교육에 대하여 비관적인 견해를 가진다. 교육 부정설을 주장하는 학자로는 롬브로소(Lombroso)는 골상학적 입장에서 “범죄자의 골상은 선천적으로 나타나 있으므로 교육의 힘으로는 어찌할 수 없다.”고 하였다. 멘델과 모건 등(Mendel & Morgan)의 학자는 생물의 형질은 세포 중에 있는 염색체의 유전형질 또는 유전자에 의하여 선천적으로 결정되기 때문에 후천적인 환경의 힘으로 그 유전형질을 변경시킬 수 없다고 했다.

상기에서 교육의 만능설과 부정설에 대해서 살펴보았다. 교육을 통해서 인간을 성장 및 발달시킬 수 있다는 견해는 매우 낙관적인 기대를 가지고 있지만, 그렇다고 교육의 가능성을 부정할 수 없다. 교육의 힘은 인간이 변화하는 것을 가능하게 할 수 있다. 하지만 교육의 힘은 무한한 것이 아니며 한계를 가질 수 있다.

3. 교육의 한계

교육은 피교육자의 교육적 가능성을 가정했을 때 성립되는 것이다. 그러면 교육의 가능성은 무한한 것인가? 그러나 교육은 그렇지 않을 것이다. 왜냐하면 교육에도 어떠한 한계가 존재할 것이다. 아무리 좋은 교육을 실시해도 실제로 어떤 수준 이상으로 진전되지 못하는 한계성이 있다. 이것을 교육의 한계성이라고 한다. 교육의 한계성을 결정하는 요인은 크게 ① 선천적·생리적인 조건인 유전과 ② 후천적인 교육적 조건인 환경으로 볼 수 있다. 유전과 환경이 교육적으로 어떠한 관계가 있는지 고찰하기로 한다.

1) 유전

유전(genetics)이란 모든 생물에게는 각각 그 모체로부터 받은 특별한 성질이 있는데 이러한 성질이 후손에게 전달되어서 그 구조 및 활동상에 나타나는 특별한 세력을 의미한다. 인간도 부모로부터 물려받은 다양한 특성이 존재한다.

멘델(Mendel, 1822~1884) 및 모건(Morgan) 등은 생물의 특질이란 생식세포에 있는 염색체의 유전형질 또는 유전자에 의하여 선천적으로 결정지어지는 것이며, 후천적 영향으로 유전형질을 변화시킬 수 없다는 결론을 내린 바와 같이 체격 · 용모 · 체질 · 혈액형 · 모발색 · 피부색 등은 종족의 일반적 특징과 부모의 개별적 특징에서 유전받은 것으로 환경에 의해서 거의 영향을 받지 않는다고 했다. 또한 골턴(Galton, 1822~1911)은 가계연구를 한 대표적인 사람으로서 조상유전의 법칙(law of ancestral heredity)을 통하여 인간의 어떤 성향이나 정신력이 유전된다는 것을 입증하였으며, 후천적 영향은 유전형질을 변경할 수 없다는 주장을 하였다. 1877년 더그데일(Dugdale)이 보고한 범죄자 가계에서 보면 네덜란드에서 이주해 온 주크(Juk)는 5대에 걸쳐 2,820명의 자손이 있었지만 709명만 정확하게 알려졌으며, 그중 131명이 술고래, 174명이 매음부, 64명이 정신병자, 77명이 중범죄자(그 중 살인자 12명)가 되었다고 한다. 그들은 소유욕 · 향락욕 · 의무감 결핍 · 정의감 결여 · 잔인성 · 방랑성을 가지고 있으며, 부랑 · 걸식 · 절도 · 사기 · 살인 등과 같은 범죄를 저질렀다(오천균, 1999: 56~57).

소질이란 인간의 신체적 기능 내지 정신적 기능의 잠재적 능력을 의미한다. 이 잠재능력은 유전에 의해 결정되는 부분이 많으나 환경에 따라 좌우되는 범위도 적지 않다고 보고 있기 때문에 유전에 의해서 결정되는 부분은 교육에 의해서 변화시킬 수 없다고 보고 있다. 바로 이것이 교육의 한계성과 깊은 관계가 있는 것이다.

따라서 유전에 의해서 결정되는 요소, 즉 신체의 강약, 지능의 우열, 정서, 의지의 강약 등은 교육에 의해 변화시킬 수 없거나 극히 미약한 변화밖에 기대할 수 없는 것이다.

2) 환경

배우고 자란다는 것은 곧 인간 유기체를 둘러싸고 있는 인적, 문화적, 물리적 환경과의 끊임없는 상호작용을 통해서 가능하다. 동일한 유전인자를 가지고 태어났다고 해도 각자의 환경이라든가 교육의 영향으로 성장하는 과정에서 다양한 차이가 나타난다. 레빈(Lewin, 1890~1947)에 의하면, 행동은 사람과 환경과의 함수 $B=f(P \cdot E)[B=Behavior,\ P=Person,\ E=Environment,\ f=function]$라고 했듯이, 환경은 개체와 기능적인 관련을 갖고 개체의 행동을 규정하는 함수일 때 참다운 의미를 갖는다. 이것은 환경이 독자적으로 존재하는 것이 아니다. 따라서 교육에서의 환경의 개념은 자연과학이 대상으로 하는 실제적 환경뿐만 아니라, 인간의 사회적 한계에서 생기는 인간적 환경 이외에 정치, 경제, 도덕, 예술 등 문화적 가치를 표현하는 정신적 환경까지도 포함해서 말하는 통합적인 것이다. 이런 측면에서 교육은 환경과의 기능적 관련 하에서 피교육자의 성장을 조성하는 작용으로 해석할 수 있다. 바로 이것이 교육의 가능성 및 한계성이 존재한다고 볼 수 있다. 따라서 인간의 성장 및 발달은 생득적으로 타고난 선천적인 유전과 후천적인 환경과의 교호작용에 의해서 이루어진다고 볼 수 있다.

환경론자들은 환경이 유전보다 성장 발달에 더 큰 영향을 미친다고 주장하고 있다. 그러나 이러한 환경론자들의 견해는 주관적인 것에 불과하다. 예를 들면, 인간의 지능이 유전에 의해서 결정되느냐, 혹은 환경에 의해서 결정되느냐의 문제는 너무 추상적으로 판단하는 것이다. 일반적으로 언어적 능력, 태도, 성격 등은 환경의 영향을 더 많이 받는다고 알려져 있다.

교육적 측면에서 아동은 교육적 가능성을 지닌 존재로 보며 이들에게 그 가능성을 어떤 방향으로 발전시키면서 성장시키는 문제는 환경적인 요인에 해당된다. 생득적인 소질은 그가 처한 환경 여하에 따라 개발하는 것이다. 따라서 환경이란 교육의 가능성과 한계성을 결정짓는 매우 중요한 요소임에 틀림없다.

3) 유전과 환경의 교육적 영향

권건일과 송경애(2007)는 유전과 환경이 교육에 미치는 영향에 대하여 다음과 같이 기술하고 있다. 교육이란 인간 개체가 가지고 있는 선천적인 소질, 유전으로부터 받은 성질을 갖고 시작하여 환경에 의해서 그의 가능성을 성장, 발달시켜 나가는 과정이다. 따라서 인간 형성은 유전과 환경, 그리고 교육의 삼자가 상호작용 함으로써 이루어지는 것이다.

유전론자들은 심리적 특성의 형성에 있어서 유전적인 요인이 보다 강하게 작용한다고 주장한다. 반면 환경론자들은 유전적인 요인을 인정하나 환경적인 요인이 더욱 크게 작용한다고 주장한다.

환경론자들에 의하면, 인간의 지적 능력은 학습경험에 의해 결정된다고 주장한다. 이에 반하여 유전적인 요인을 주장하는 심리학자들은 지능이란 환경에 의해서 직접적으로 영향을 받는 것이 아니라 유전적인 요인에 의해서 결정된다고 주장해왔다. 이와 같은 유전론과 환경론의 주장을 뒷받침하기 위해 많은 연구가 진행되어 왔다. 그러나 이들이 어떤 결론적인 해답을 제시해주었다고는 볼 수 없다. 유전의 법칙을 너무 강조하게 되면 교육은 다만 선천적으로 타고난 가능성을 구현시켜주는 일에 지나지 않게 된다. 이러한 숙명론적인 교육 부정론을 인정하면 교육 무용론으로까지 발전하게 된다. 그리고 과연 인류사회가 교육 없이도 유지 및 발전될 수 있을 것인가 하는 문제가 남게 된다. 반면에 환경론은 극단적인 경우 환경 만능론 내지 교육 만능론이 된다. 그럼에도 불구하고 아무리 충실한 교육을 해도 지능이 저능한 아동을 수재로 만들 수 없기 때문에 논쟁은 해결되지 않고 있다.

최근에 와서 존 듀이는 극단적인 환경론자 및 유전론자와는 달리 두 입장의 조화적인 견해를 주장하였다. 그는 교육이란 한 사회집단이 미성숙한 사람들은 그 자신들의 사회적인 형태에 알맞게 교육하는 것이라 했다. 인간의 유전적인 요소를 일방적으로 강조한다면 환경으로서의 교육 그 자체의 의미가 약화될 뿐이다. 논쟁의 해결점을 찾기 위한 과정에서 유전적인 요인과 환경적인 요인을 모두 인정하고 이 두 요인이 상호작용한다는 주장을 부각시키게 된 것이다.

제4절 교육의 형태 및 요소

1. 교육의 형태

현대사회가 다원화를 추구하면서 교육의 형태도 다양하게 변모되었다. 즉 교육자의 의도, 교육방법, 교육의 장소 또는 교육이 행하여지는 과정에 따라 제 형태로 구분할 수 있다. 교육의 유형적 개념(박준영, 1998: 24~33)으로서 형식적 교육, 비형식적 교육, 무형식적 교육(준형식적 교육) 등에 대해 간략하게 고찰하기로 한다.

1) 형식적 교육(formal education)

형식적 교육이란 학교 교육과 같이 의도적이며 계획적이고 계속적인 교육을 의미한다. 즉 일정한 교육의 이상과 목적이 설정되어 있고, 고정된 장소에서 자격을 지닌 교사가 동질의 학생에게 일정 기간 표준화된 지식을 전달하는 제도화된 교육기관이다. 이와 같이 형식적 교육은 초등교육에서 고등교육에 이르기까지 연령별로 구조화되어 있다. 예를 들면, 전통적인 정규학교인 초등학교, 중등학교, 대학교 등을 들 수 있다. 또한 구조화되고 규정적인 교육활동이지만 약간의 융통성이 부여된 교육기관으로서 대안학교, 다단위 학교, 개별 처방학교, 종합학교 등이 있다.

형식적 교육의 특징은 ① 폐쇄적 · 규정적 · 선발적 · 경쟁적이라고 볼 수 있다. ② 당국의 엄격한 기준이 설정되어 있으며 가르치는 교과형태가 구조화되어 있다. ③ 형식적 교육을 통하여 학습자는 자격을 인정받고 획득한다. ④ 형식적 교육은 학습한 교육내용에 대한 활용이 비교적 장기적으로 나타나며 그 교육적 효과도 장기적인 목표에 두고 있다.

반면에 형식적 교육이 가지는 문제점은 다음과 같다(김준권 외, 1998: 28). ① 교육이 제도화되어 있기 때문에 개인의 특성이나 창의성이 무시되어 교육의 비인간화 현상이 나타나기 쉽다. ② 형식적 교육은 경쟁과 우열을 가리는 것을 속성으로 하기 때문에 사회적으로 바람직한 인성과 덕성을 육성하는 것을 어렵게 한다. ③ 미리 정해진 학습내용과 학습경험에 따라서 진행되는 관계로 교육에서의 부익부 빈익빈 현상이 초래됨으로써 사회적 불평등을 확대재생산 한다는 비판이 제기되기도 한다.

따라서 학교교육이 교육의 유일한 장이라는 전통적인 교육관으로부터 벗어나 교육과 학습은 동일한 것이기 때문에 교육이란 학교 이외의 어느 곳에서나 학습이 가능하고 일생 동안 계속된다는 평생교육으로 교육관의 전환을 가져오게 된 것이다. 이러한 측면에서 학교교육은 일생 동안 계속되는 교육의 일부에 지나지 않는다는 한정성을 상기시키기 위하여 학교교육은 형식적 교육으로, 그리고 학교교육 이외의 교육영역은 비형식적 교육과 무형식적 교육(준형식적 교육)으로 분류할 수 있다.

2) 비형식적 교육(informal education)

비형식적 교육은 비의도적 교육, 넓은 의미의 교육이라고 하며, 가정 및 직장·독서·라디오·영화·여행 등의 일상 경험이나 환경과의 접촉에 의해서 아무런 체계나 조직 없이 지식, 기술, 태도 등을 습득하는 과정이다. 좀 더 구체적으로 말하면, 교육은 학교에서만 이루어지는 것이 아니라, 가정, 놀이터와 같은 장소에서의 가족이나 동료 그리고 친구로부터 모범과 태도를 배우기도 하는 것이다. 또한 비형식적 교육은 공동관심사를 지닌 사람들이 함께 자발적으로 활동하며, 참여자 스스로 운영하는 집단, 혹은 단체로서 정당, 봉사단체, 노동조합, 협동조합, 종교단체 등의 강연, 연수회, 세미나 개최 등이 있다. 그리고 개인의 광범위한 요구와 흥미에 따라 프로그램을 제공하는 것으로서 TV, 신문, 잡지, 도서관, 서점, 정보 센터 등이 있다.

비형식적 교육의 특징은 개방적이며, 비 선택적이며, 비경쟁적, 비 규정적이라고 볼 수 있다. 또한 비형식적 교육은 학습자 자신의 자기 선택에 달려있으며, 교과의 형식구조에서 탈피되었다. 비형식적 교육은 학습자의 자격인정보다 직접적인 만족을 추구한다. 비형식적 교육을 통하여 배운 교육내용은 비교적 즉각적으로 활용될 수 있으며, 그 교육적 효과도 단기적인 목표에 두고 있다.

3) 무형식적 교육(준형식적 교육: nonformal education)

무형식적 교육은 무의도적 교육으로서 형식적 교육과 비형식적 교육의 중간단계인 준형식적 교육으로도 불린다. 학교제도 밖에서 아동이나 성인들의 특정집단에게 그들의 학습 요구에 부응하여 제공되는 조직적이고 체계적인 교육활동을 의미한다. 무형식적 교육은 비교적 덜 구조화되어 있지만 규정적 학습목표를 지향한다. 구체적 실례를 들면, 한국 방송통신대학교, 영국의 개방대학, 미국의 생애교육, 스칸디나비아의 국민고등학교 등이 이에 속한다. 또한 무형식적 교육은 구조화는 결여되어 있지만 규정적인 교육내용으로서 사람들에게 영향을 주고 전파되고 있는 경우도 있다. 예를 들면, 소비자교육, 인구교육, 보건위생교육 등이 여기에 속한다.

무형식적 교육의 특징은 연령, 학력, 경제적 조건 등에 의해서 제한을 받지 않으며, 형식적 교육에 취학하지 못한 많은 사람들에게 다양한 교육기회를 제공한다. 무형식적 교육의 내용은 학습자의 그때그때의 요구에 따라서 편성하게 되며 실생활에 직접 활용이 가능한 지식기능을 중심으로 하여 편성된다. 교육의 시설과 설비에 있어서도 학교시설이나 지역사회의 활용 가능한 모든 시설을 이용할 수 있다.

무형식적 교육은 조직적인 교육의 한 형태이지만 학교교육과는 성격이 다르며 비형식적 교육과도 차이를 나타낸다. 무형식적 교육은 비형식적 교육과는 달리 학교교육이라는 조직체 밖에서 특정 집단에게 일정 양식의 학습을 제공하는 체계적이고 조직적인 교육활동을 의미한다. 조직적인 교육 형태라는 측면에서 학교교육과 유사하지만, 이는 학교 밖에서 이루어지는 교육활동이다. 그러나 학교 밖에서 행해지는 교육이지만, 형식과 조직을 구비하고 있는 교육의 형태라는 측면에서 비형식적 교육과도 구별된다.

무형식적 교육의 성격과 기능(박준영, 1998: 32, 재인용)에 대해서는 제 견해가 있다. 무형식적 교육은 조직적인 교육을 너무 확대 해석하고 있는 것이 아니냐는 입장, 형식적 교육을 보완하는 기능 정도로 보는 입장, 형식적 교육과는 다른 교육의 유형으로 발전할 가능성을 시사하는 견해가 있다. 또한 형식적 교육 및 무형식적 교육을 개혁적으로 통합하여 새로운 교육제도를 수립해야 한다는 견해도 있다.

따라서 무형식적 교육은 오늘날과 같이 정보와 지식이 폭발적으로 증가하는 정보의 폭주시대를 의미하는 정보의 홍수현상과 첨단산업 기술의 실용화로 인하여 세계 어느 곳에서나 모든 정보와 지식에 대해 똑같은 혜택을 누리는 정보의 공유현상 속에서 대단히 중요한 교육의 유형으로 부각되고 있다. 이러한 정보의 홍수 및 공유시대에 있어서 교육의 유형은 형식적인 교육보다 무형식적인 교육이 보다 절실하게 요청되고 있는 실정이다.

2. 교육 성립의 3요소

교육적 활동은 교육을 하는 측과 받는 측이 교육내용을 매개로 하여 상호작용을 하는 과정으로 볼 수 있다. 이러한 교육활동이 성립하기 위해서는 전달자로서 가르치는 자(교육자)와 피 전달자로서 가르침을 받는 자(학습자), 전달하는 내용으로서 가르칠 내용(교육 내용, 교재) 등이 있다. 여기서 교육을 하는 교육자를 교육의 주체라고 하며, 교육을 받는 학습자(아동·학생)를 교육의 객체라고 한다. 교육의 주체인 교사와 객체인 학생이 상호작용함에 있어서 언제나 매개물이 존재하게 된다. 이것을 교재 또는 도야재(陶冶材)라고 부른다. 교재는 교육적으로 가치있는 내용으로서 교육의 객체인 학습자의 성장 및 발달을 촉진하는 하나의 수단이다. 교육활동에는 교사, 학생, 교재라는 3요소가 반드시 필요하다. 이것을 교육의 3요소라고 한다. 또한 교육적 가치를 실현하기 위하여 교육의 주체와 객체가 교재를 가지고 상호작용할 수 있는 여건이 필요하다. 이 여건을 敎育의 場(field of education)이라고 한다.

교육의 요소를 살펴보면 다음과 같다.

첫째, 교육의 주체는 교사이다. 교육이란 미성숙자를 성숙한 상태를 향해서 노력해 가는 과정이다. 이러한 과정에서 교육을 의도적·조직적으로 이끌어 가는 사람이 교사이다. 따라서 교사는 올바르고 건전한 가치관을 소유하고, 교직관과 교사로서의 윤리성이 강하게 요구된다.

둘째, 교육의 객체인 학습자는 교육적 활동에서 매우 중요한 위치를 차지하고 있다. 학습자가 없으면 교육이 성립될 수 없다. 학습자는 생물학적인 유기체인 동시에 사회적인 유기체이며 또한 윤리적인 인격체이다. 그들은 미숙한 신체와 정신 그리고 지성을 가진 가능체이다. 아울러 발전할 수 있는 소질과 능력을 가지고 모든 행동을 통일·통합시킬 수 있는 존재이다. 따라서 교육활동은 미성숙자를 대상으로 삼아 지도 편달 및 보호 육성해야 될 것이다.

셋째, 교육의 내용은 교육의 주체와 객체가 상호 실천적으로 교섭하는 상호작용으로서 가치 있다고 인정된 인류 문화유산과 생활 경험, 즉 교재라고 할 수 있다. 다르게 표현하면 도야재(Bildungsgter)이며, 협의적으로 교육과정(curriculum)이라고도 한다. 이것은 교육자의 측면에서 보면, 교육지도 상의 재료이며, 피교육자의 입장에서 보면 교육 진행상의 재료가 된다. 하지만 교재가 아무리 좋다고 할지라도 그것이 곧 교육적 가치를 완결시키는 조건은 아니다. 그 이유는 교재로는 완전무결한 가치인 인간의 성장과 발달의 실현이 불가능하기 때문이다. 이런 측면에서 교재, 혹은 도야재는 교육적 가치의 구체적인 내용인 성장과 발달을 추구하는 수단적 가치 내지 도구적 가치에 불과할 뿐이다. 그러나 교재는 교육을 성립시키고 교육적 가치를 실현하는 교육과정에서 완결적 가치의 절대적 요인임에는 분명하다.

넷째, 敎育의 場은 교육의 주체와 객체가 서로 미주치는 것을 의미한다. 즉 하나의 목적적 활동으로서 교육적 활동이 발전하는 국면을 뜻하며 교육의 3요소가 교육적 교섭 관계를 이루는 장면이다. 따라서 교육의 장은 교육자와 피교육자를 매개로 하여 교육 활동 내지 교육적 행위를 발전시키는 사회적 공동의 장면 또는 집단적 장면이라 할 수 있다.

제5절 교육권론

교육권은 20세기에 각국의 기본적 인권이며, 자연권으로 규정하고 있다. 교육권은 '교육을 받을 권리, 혹은 청구권'이라는 의미와 '교육을 할 권리, 혹은 권능'이라는 이중적 의미를 지니고 있다. 구체적으로 언급하면, 일반적으로 교육에 관계되는 국가, 친권자, 학생, 교사, 설립자 등의 교육에 관한 권리 · 의무 · 책임과 권한의 총합을 의미한다.

본 절에서는 교육을 받을 권리, 교육을 할 권리, 교육권의 구조와 내용 등에 대해서 살펴보고자 한다(김주건 외, 1993: 50~53).

1. 교육을 받을 권리

교육을 받을 권리는 일반적으로 기본적 인권이요, 인간적으로 성장 및 발달할 자연권으로서 인식되고 있다. 교육을 받을 권리의 근거에 관한 설로서는 다음과 같은 것들이 있다.

첫째, 생존권으로서의 교육권은 문화적으로 최소 생활을 유지하도록 국가가 적극적으로 배려해 줄 것을 요구할 수 있는 권리를 말한다.

둘째, 공민권으로서의 교육권은 주권을 지닌 국민으로서 교육을 받을 권리이며, 의무교육과 국민이 일정한 정치적 식견과 능력을 양성하여 민주주의를 실현할 수 있도록 국가적 배려를 요구할 수 있는 권리를 의미한다.

셋째, 학습권으로서의 교육권은 모든 국민은 교육받고 학습함으로써 인간적으로 성장하고 발달할 권리를 지닌다는 입장으로서 이 학습권은 생존권, 행복 추구권, 참정권 등의 제 권리를 실질적으로 보장하며 그 질을 규정하는 권리이다.

2. 교육을 할 권리

교육을 할 권리는 보통 교육권이라고 할 때 통칭되는 것이며, 그 권리의 소재와 근거를 강조함으로써 국가의 교육권, 부모의 교육권, 교사의 교육권 등으로 포함된다.

3. 교육권의 구조와 내용

교육권의 구조는 국가의 교육권, 부모의 교육권, 교사의 교육권, 아동의 교육권 등으로 분류된다.

1) 국가의 교육권

국가의 교육권은 모든 국민이 필요한 교육을 받을 수 있도록 교육제도를 수립하고, 교육의 질적·양적 수준을 유지하기 위하여 필요한 기준을 마련하고(기준 설정권), 그에 준해서 교육활동을 지도·감독하는 권한(지도·감독권)이다. 국가는 일정한 수준에 달하지 못하는 교육은 적절한 수준의 지도·조언 및 권고를 하며(권고권), 필요한 경우에는 국가가 직접 교육을 제공(교육 실시권)하기도 한다. 그리고 균등한 교육의 기회를 제공해 주기 위해 재정적인 원조를 하며(재정 원조권), 교육을 둘러싼 권리의 분쟁을 판가름해 주고 상호 조정을 해 주는 역할(교육 재판권)을 수행하게 된다.

2) 부모의 교육권

자녀를 보호하고 교육하는 것은 부모의 자연법 상의 권리인 동시에 실정법상의 권리이다. 부모의 교육권은 자연권으로 볼 때는 육체적·정신적으로 무한한 가능성을 지닌 아동의 학습권에 대응하는 의무이며 자녀의 권리의 대행이다.

부모의 교육권은 자연적 인권으로서 자녀 부양의무와 자녀의 학습권의 대행으로서의 외부로부터의 방해 배제권에서부터 연유한다고 할 수 있다. 부모의 교육권은 자녀교육에 있어서의 부당한 간섭을 배제할 수 있는 권리이며, 교육적 요구를 할 수 있는 발언권이다.

3) 교사의 교육권

교사의 교육권은 일정한 자격을 가진 교사가 학생·아동의 성장 및 발달에 관한 교육적 배려 하에 학부모와 국가로부터 교육에 관한 위임을 받아 피교육자에게는 자유로운 교육활동을 할 권한과 사회집단 및 국가의 부당한 정치적·행정적 개입과 간섭을 배제하는 권리를 지칭한다.

교사의 교육권은 ① 교육을 행하는 자가 학습자에 대해 교육적 필요에 순종할 것을 요구하는 권능, ② 특정한 학습자에 대한 교육적 활동을 승인하게 하는 청구권, ③ 교육활동에 대한 방해 배제의 권능을 가진다고 보아야 할 것이다.

교사의 교육권의 내용은 아동 · 학생의 발달권과 학습권의 보장을 위한 교사의 전문적인 교육활동 수행에 대하여 주로 교육 본질적인 차원에서 논의되고 있다. 안기성 교수는 ① 교육과정편성권, ② 교재선택권, ③ 교육방법결정권, ④ 평가권, ⑤ 징계권 등을 들고 있다. 그리고 UNESCO와 ILO가 공동으로 작성한 「교원의 지위에 관한 권고(1966)」에는 ① 학문의 자유와 보장, ② 교과과정 작성 참여권, ③ 전문직 수행에의 자유와 창의성 및 책임감, ④ 근무평가의 공개 요구권, ⑤ 학습평가의 자유, ⑥ 학부모의 부당한 간섭의 배제, ⑦ 자신의 변호권, ⑧ 교내 발생 사건의 변상 및 면제 등의 제 규정을 두고 있으며, 이는 모두 교원의 지위를 확고히 함과 동시에 교사 교육권의 범위를 보여주고 있는 것이라고 하겠다.

4) 아동의 교육권

오늘날 교육을 받는 것은 의무가 아니라 권리로서 인식되고 있고, 학습권은 생활권의 일부로서 인류 사회의 문화적, 사회적 유산을 물려받을 수 있는 권리로서 이해하고 있다. 이러한 아동의 교육권(학습권)은 친권자에 의해 대행되는 권리이다. 그러나 아동의 교육을 친권자의 일방적인 의도에 의해서만 요구하는 것은 친권자의 횡포가 될 가능성이 있다.

아동의 교육권(학습권)은 아동의 생존권과 발달권의 보장이라는 점에서 자연권의 일부이며, 기본적인 인권이다. 따라서 아동의 학습권은 '인권 중의 인권'이다. 인간이 인간답게 성장 및 발달해 나가는 것은 자연법적 질서이며, 아동의 성장과 발달의 과정은 끊임없는 탐구와 학습의 과정이다. 아동의 교육권(학습권)은 아동이 인간적으로 성장 및 발달할 권리로서 생존권, 노동권, 행복추구권, 참정권 등의 제 권리를 실질적으로 보장하고 그 질을 규정하는 권리이다.

그러나 아동의 학습권은 자기 충족적인 권리가 아니기 때문에 부모나 교사 · 국가 · 사회로부터의 적극적인 배려와 협조를 필요로 한다. 아동의 학습권은 적절한 배려와 지도가 있어야만 현실적으로 의미가 있게 되는 것이다.

따라서 부모와 사회·국가에 학습권을 충족시킬 의무가 부과되는 것이다. 그러므로 부모에게는 아동의 학습을 보장할 의무와 책임이 있는 것이며, 사회 또한 아동의 발달에 책임이 있는 것이다.

PART 02

교육의 이론적 기초

교육의 역사 및 철학적 기초

Chapter 02

제2장에서는 한국 교육사를 원시시대 교육, 삼국시대 교육, 고려시대 교육, 조선시대 교육, 근대의 교육, 현대 한국의 교육으로 구분하여 살펴본 후에 서양 교육사를 고대의 교육, 중세의 교육, 근세의 교육, 20세기 교육으로 구분하여 기술하고자 한다. 또한 교육철학의 개념과 기능, 전통적 철학과 교육, 현대 교육철학을 고찰하고자 한다.

제1절 한국 교육사

한국 교육사는 원시시대 교육, 삼국시대 교육, 고려시대 교육, 조선시대 교육, 근대의 교육, 현대 한국의 교육으로 구분하여 고찰하고자 한다.

1. 원시시대 교육

원시시대는 형식적인 교육기관은 없었으나, 교육이 어떠한 형식으로든 이루어진 것은 틀림없다. 즉 형식교육 이전의 것으로 일상생활에 필요한 자원을 획득하는 실제적 교육으로 볼 수 있다. 이는 생활에 필요한 지식 및 기술을 경험과 모방에 의하여 자녀들에게 가르치며, 생활의 안전을 위해 행하는 생활교육이었다. 원시시대의 교육목적은 가족의 생활필수품의 획득, 의식을 통한 사상의 통일에 있으며, 또한 안전을 도모하기 위하여 신에 대한 제사를 중요시하였다. 우리나라 원시시대 교육의 흔적 중 첫째는 홍익인간의 이상이다. 이것은 인간을 널리 이롭게 한다는 뜻으로 실로 인간의 행복을 위하고 인간생활을 유익하게 하는 인류 역사의 숭고한 이념이며, 자기 희생적이며, 봉사정신에 투철한 인간을 육성하는 것으로 볼 수 있다. 둘째, 八條 禁法의 思想이다. 고조선의 사회질서를 유지하기 위한 법률로써 고조선의 관습법인 동시에 만민법적 성질을 띤 일종의 민중교화법이며, 즉 사회교화와 도덕교육의 의미를 지니고 있다. 셋째, 성년식(initiation ceremony)이다. 우리나라의 원시시대에 성년식이 있었음을 나타내는 기록은 『후한서(後漢書)』의 「동이전(東夷傳)」, 『삼국지(三國志)』의 「위서 동이전(魏書東夷傳)」 등이며, 주로 신체적인 훈련에 의해 청소년들에게 고통과 시련을 주어 이를 극복하게 함으로써 사회집단을 유지 및 존속시키고, 공통된 생활양식을 습득시키며, 정신적인 동질감을 형성시키는 의식으로 볼 수 있다(윤재흥, 2012: 77~79).

따라서 원시시대의 교육은 비형식적인 교육이 행해졌으며, 다시 말하면, 가정이나 현장교육으로 부모나 연장자가 교사의 역할을 담당하면서 자연교육 및 가정교육을 중심으로 경험과 모방, 자연적인 방법이나 시행착오를 통한 일종의 경험 및 생활중심 교육으로 볼 수 있다.

2. 삼국시대 교육

삼국시대는 BC 1세기부터 고구려, 신라, 백제 세 나라가 정립하던 7세기 중엽까지를 의미하며, 이는 신라가 삼국을 통일한 676년 통일신라시대까지이다. 삼국시대 초기에는 고조선 시대와 같이 형식교육인 학교교육은 찾아볼 수 없다. 단지 학교교육과 관련이 있는 문자사용에 대한 기록은 볼 수 있으며, 즉 고구려에서 '국초(國初)에 비로소 문자를 사용하였다'라는 기록이 있다. 이러한 삼국시대의 교육을 개괄적으로 고찰하면 다음과 같다(박의수 외, 2011: 28~48; 서재복, 2008: 15~24).

고구려가 신라나 백제보다 중국의 영향을 가장 많이 수용하면서 문물의 교류가 빈번하게 이루어졌다는 사실은 역사적·지리적으로 증명이 되고 있다. 이는 삼국 가운데 뚜렷한 국가의 형태를 갖추고 있었다. 더욱이 국초에 사용한 문자는 학교교육의 성립을 더욱 촉진하였을 것으로 추측되며, 교육기관은 국립기관으로서 태학과 사립기관으로 경당이 있었다. 태학의 입학 자격은 상류계급의 귀족자제를 중심으로 교육을 했으며, 교육내용은 유교의 경전인 오경, 삼사, 삼국지, 진춘추, 옥편, 자통, 자림, 문선 등이다. 이에 비해 미성년자를 대상으로 한 지방학교의 구실을 한 경당은 초등교육에서 고등교육을 겸한 우리나라 사학의 시초로 볼 수 있으며, 입학자격은 서민 자제 및 지방 호족의 미혼자제였다. 교육내용은 독서와 습사이며, 군사적인 성격을 지닌 교육기관이었다.

백제는 고구려와 같이 문헌에 나타난 교육제도 및 기관은 존재하지 않으나 일본역사 등 다양한 사료로 미루어 보아 오히려 고구려보다 학교교육의 성립이 앞선 것으로 추정할 수 있다. 그 근거로는 첫째, 박사제도이다. 이는 교육지임(敎育之任)을 맡은 관직인 벼슬의 이름이며, 다시 말하면, 유학의 경전에 정통한 학자들로서 가르치는 것을 주 임무로 하는 교육의 관직인 것이다. 중국의 오경박사가 그것이다. 둘째, 백제의 중앙관제에서 학교의 성립을 빌견할 수 있다. 백세는 육좌평의 중앙관제 숭 내법좌평은 의례를 장(掌)하는 부서인 바, 이것은 조선왕조의 육조(六曹) 중 예조(禮曹)에 해당되며, 예조는 지금의 교육부이며, 중앙의 교육행정기구는 존재하면서 학교가 없나는 논리는 보순이다. 따라서 백제는 문교행정의 중앙기관으로서 내법좌평 및 내법좌평의 지휘 감독을 받는 학교가 있었다는 것이 명백한 것이다.

또한 신라는 통일 전과 후로 나누어 살펴보기로 한다. 첫째, 통일 이전의 교육은 학교교육과 같은 형식교육은 없었다 할지라도 신라 고유의 교육적 전통을 수립한 화랑도 교육이 있었다. 화랑도의 기본사상은 우리 고유의 풍류도와 유·불·선의 사상이 포함되어 있다. 이는 주로 사회적·정서적·신체적·도덕적 및 군사적 훈련을 교육의 측면에서 강조하였다. 그리하여 낭도들은 집단생활의 활동과정을 통하여 인격의 수양과 실천적인 미풍을 길러 국가의 유능한 인재로서의 자질을 연마하였던 것이다. 화랑도 교육목적은 국가에 헌신·봉납할 수 있는 충실한 병사, 우수한 사회인, 능력 있는 지도자를 양성하는 데 있으며, 교육내용은 세속오계(世俗五戒), 즉 사군이충(事君以忠), 사친이효(事親以孝), 교우이신(交友以信), 임전무퇴(臨戰無退), 살생유택(殺生有擇)이었다. 또한 교육방법은 산천과 명승지를 찾아다니면서 호연지기

(浩然之氣)를 기르며 나라에 대한 사랑과 지식의 함양, 노래와 풍류의 정서 훈련, 체력과 의지력 단련이 주가 된 실생활을 통한 방법이다. 그리고 화랑도의 조직은 최고 책임자를 국선(國仙, 혹은 원화, 화주, 풍월주: 총단장)이라 하고 그 밑에 화랑(각급 단장), 화랑 밑에 문호(단부), 문호 밑에 수백, 수천의 낭도(단원)를 두었다. 둘째, 신라의 삼국통일 후에 당나라의 국자감제도를 모방하여 국학을 세웠다. 국학에 입학할 수 있는 연령은 15세에서 30세까지를 원칙으로 했으며, 수학연한은 9년으로 한정하였다. 국학의 교육목적은 삼국을 통일한 후에 봉건적 및 중앙집권적 제도의 확립과 강화를 위한 관리양성에 두었으며, 교육내용은 유교의 윤리관을 확립하는 데 필요한 경전이 주가 되었고 논어와 효경을 필수과목으로 하여 잡학교육으로서의 기술교육인 의학, 율학, 천문학, 산학 등을 가르치는 과도 있었다.

3. 고려시대 교육

고려의 교육제도를 개관하면, 초기에는 신라의 교육제도를 계승하였으며 광종 9년(957년)에 쌍기의 건의에 따라 과거법을 실시하여 인재를 등용하였다. 이는 봉건제도를 강화하고 신진 지배층을 등용하기 위해 유학의 장려가 요청되었으며, 유교식 교육이 요구된 결과로 볼 수 있다. 그리고 성종 11년(992년)에 이르러 수도 개경(지금의 개성)에 최고 학부인 국자감을 창설하여 유교식 교육을 실시하였다. 따라서 교육열이 지방으로 점차적으로 확대됨과 더불어 인종 5년(1127년)에 전국적으로 향교가 설립되면서 지방교육에 관심을 쏟게 되었다. 원종 2년(1261년)에는 향교와 동등한 학교로서 동서학당과 오부학당을 세웠다. 이에 비해 사학으로는 최충(984~1068년)에 의하여 세워진 문헌공도를 비롯한 십이도(十二徒)라고 하는 고등교육기관과 일반 서민자녀들의 교육을 위하여 세워진 서당(書堂)이 성행하였다. 고려시대의 교육기관을 개괄적으로 고찰하면 다음과 같다(남궁용권 외, 2008; 정석환, 2012).

첫째, 국자감은 고려 성종 11년(992)에 창설되었으며, 이는 개경에 설치한 유학 중심의 특권계급, 즉 최고교육기관인 동시에 국가의 고급관리를 양성하는 유일한 교육기관으로 특히 예종은 유학 진흥에 힘써 국자감을 크게 넓혀 '칠제'를 두어 문무교육을 장려하였고, 인종 때에 학제가 완비됨에 따라서 국자감의 학제도 완비되었다. 국자감의 교육목적은 관리와 인재의 양성이었다. 수업연한은 4년에서 9년이었다.

둘째, 향교(鄕校)이다. 이는 인종 5년(1127년)에 각 주현(州縣)에 세운 지방 교육기관으로 공자를 제사하는 문선왕묘(文宣王廟)를 두고 이것을 중심으로 학을 강하는 명륜당이 있었다. 따라서 향교는 교육기관인 동시에 제사기관이었다. 이 두 가지 기능은 조선조까지 이어졌다.

셋째, 학당(學堂)은 국자감에서 교육을 받지 못하는 개경에 거주하는 학도들을 위해 설립한 교육기관이다. 이는 동서학당과 오부학당으로 분류되며, 동서학당은 원종 2년(1261)에 설치한 것으로 개경의 동쪽과 서쪽에 각각 하나씩 있었으며, 오부학당은 공양왕 때 정주학의 태두였던 정몽주가 흥학정책의 일환으로 기존의 동서학당 이외에 3개의 학당을 증설하여 동·서·남·북부에 세운 학당을 말한다. 동서 및 오부학당은 개경에 있는 학도들에게 지방의 향교 수준의 교육을 담당하는 중등교육의 정도로 볼 수 있으며, 문묘의 제(祭) 없이 학생들을 강학의 기능만 있었다는 측면이 향교와의 차이점으로 본다.

넷째, 십이도(十二徒)는 고구려의 경당에 이어 중요한 교육적 의의를 갖고 있는 사학이다. 여기서 도(徒)란 학(學)을 따르는 무리로서, 관학인 국자감이 부진하자 해동공자 최충이 세운 문헌공도를 비롯하여 그 당시의 유명한 학자들이 세운 열두 개의 사립교육기관을 12공도라 하였다. 십이도의 교육 수준은 국자감 정도이며, 교육목적은 관리와 인재양성을 위한 과거준비기관의 성격을 띠었다. 인종 11년에 십이도 교육에 관심을 가지고 국가가 교육을 감독하며 유학교육에 공헌을 하였다. 그러나 고려가 개경으로 환도한 후 국학 부흥에 힘쓰자 십이도는 국학에 흡수되어 마침내 공민왕 3년(1391년)에 폐지되었다.

다섯째, 서당은 지방민의 교화에 힘쓴 교육기관이며, 민간경영의 교육기관으로 서민교육의 보급과 지방 민중교화에 끼친 공적은 매우 컸다.

4. 조선시대 교육

조선은 신흥사대부와 무인세력들이 기반이 되어 고려를 정치적으로 멸망시키고 1392년에 건국되었다. 조선시대의 사회·문화적 특징은 첫째, 국왕을 중심으로 하는 신분사회이며, 둘째, 조선은 정치이념으로 유교사상을 숭상했으므로 이는 사회, 정치, 문화, 교육에 일관적으로 나타나게 되었다. 셋째, 성리학과 실학의 사상이 발달하였다. 성리학은 송학이라고도 하며, 이는 우주의 근원과 인간의 심성문제를 형이상학적으로 설명하려는 철학적인 유학이었다. 이러한 성리학의 사상은 조선 말기에 이르러 실사구시를 추구하는 실학사상으로 나타나 성리학의 테두리를 벗어나려고 하였다. 실학사상은 청나라에서 발달한 고증학에 영향을 받은 것으로 과학성 및 합리성을 기반으로 하였다.

이러한 조선시대의 사회·문화적 분위기를 통해서 조선의 교육제도는 크게 관학과 사학으로 분류하며, 관학에는 성균관과 사학, 사학은 서당과 서원 등이 있다.

관학을 살펴보면, ① 성균관은 태조 7년(1398)에 국가가 설립한 최고의 교육기관으로 공자와 제현을 모신 문묘와 유생들이 거처하는 명륜당을 두고 유교를 보급하며, 통치체제에 필요한 관리를 양성하는 것에 목적을 두고 있다. 성균관의 교육내용은 강독과 제술, 서법 등이 있으며, 특히 강독에는 사서(대학, 논어, 맹자, 중용)와 오경(시전, 서전, 주역, 예기, 춘추)을 읽도록 하였으며, 노자, 장자, 불교 서적은 읽지 못하게 하였다. 성균관의 입학자격은 성균관 입학시험에 합격한 생원·진사, 사학·문음의 승보생이 중심이 되었으며, 양반자제들로 한정하였다. 또한 성균관은 일체 잡인 출입을 금하였고, 유생들은 엄격한 규율생활을 하였으며, 국가의 정책측면에서 실정이 있을 때 유생들이 상소하여 탄핵하기도 하였다. 성균관의 재정은 학전(學田)에 의한 전조(田租), 사예(賜隷)에 의한 공물(貢物)의 이전취득(移轉取得), 노비의 신역(身役) 등으로 충당하였다. ② 사학(四學)은 태종 11년 서울 중부(중학), 동부(동학), 서부(서학), 남부(남학)에 설치한 학당에 해당하는 학교이다. 사학은 성균관의 부속학교와 같은 중등교육기관으로서 그 교육방침이 성균관과 비슷하지만 문묘를 갖지 않는 것이 성균관과는 다르다. 사학의 유지 경영은 국고로 했는데 전답, 혹은 노비를 하사하기도 하고 어장 같은 것을 하사하여 그 세금으로 경영하도록 하였다.

이에 반해 조선 초기에 관학은 지배층의 이념체계로서 유학의 보급에 앞장섰으나, 조선왕조의 정치적 체계가 완비됨에 따라 15세기 후반부터 관학은 쇠퇴의 길로 접어들게 되었다. 따라서 사립교육기관으로, ① 서원이 생겨나게 되었다. 최초의 서원은 중종 38년(1543) 풍기군수 주세붕이 고려시대 안향을 추모하기 위하여 안향의 관향 순흥에 사택(祠宅)과 서원을 세워 백운동서원이라 하였으며, 그 후 명종 5년(1550)에 소수서원, 명종 9년(1554) 영천에 정몽주를 모시는 임천서원, 명종 16년(1561) 경주에 설총을 모시는 서악서원 등 많은 서원이 설립되었는데, 선조 대에 124개, 숙종 대에 한 도에 80~90개의 서원이 있었다(신차균 외, 2006: 61~68). 서원교육의 목적은 현실과의 타협이 아닌 사림정신을 구현하는 데 있으며, 즉 법성현(성현을 본받음)과 후진장학이라는 이념 하에 의리정신을 구현하는 데 있었으나, 후기로 접어들면서 서원은 과거시험의 준비상으로 전락함으로써 교육의 목적이 변질이 되었다. 따라서 서원의 폐해가 극심해지고 결국 정치문제로 비화되기에 이르러 대원군은 고종 1년(1864)에 서원에 대한 특전을 폐지하고 고종 8년(1871)에 전국의 679개 서원 중 47개를 남기고 나머지는 폐지하였다. 또한 사립교육기관으로, ② 서당이 있다. 이는 글방, 서재, 책방 등으로 불리던 교육기관으로 고려시대를 거쳐 조선시대에 특히 발달했으며, 일제치하를 지나 해방 후까지 각 지방에 존속하였던 유서 깊은 전통적 교육기관이었다. 서당교육의 성격(서재복, 2008)은 첫째, 천자문 등 한문의 기초를 익히는 데 역점을 두는 초등교육기관이며, 둘째, 유교적 예절과 학문의 기초를 익히며, 셋째, 개인 및 마을의 주민들이 공동 · 설립하여 운영하는 사설 교육기관이며, 넷째, 지역사회의 교화의 중심지였다. 전통적으로 유학교육기관은 선현이나 선사를 향사해 왔으나, 다섯째, 서당은 유학의 기초교육을 담당하면서 향사를 하지 않았다. 이와 같이 서당은 국민대중의 문자교육과 그 마을의 도덕적 기풍을 수립하는 데 크게 기여하며, 사회의 교육적 기능에도 상당히 도모했다. 그러나 조선말기에 이르러 점차 쇠퇴의 길로 걷게 되었다.

이외에도 조선시대 교육기관으로 종학과 향교 등이 있다. 종학은 왕족 위주의 교육기관으로, 즉 종친의 자제를 교육하기 위하여 설립된 교육기관이다. 이는 왕세자에게 강의와 도의를 가르치는 세자시강원, 왕의 수덕(修德)과 세자의 교육을 담당하는 집현전의 서현재, 왕세손을 가르치던 세손강서원 등이 있다. 그리고 향교는 고려 때부터 지방교육기관으로 보급되었는데, 성균관과 같이 문묘기능과 교육기능, 그리고 사회교화의 기능을 가지고 있었다. 조선 중엽 이후 서원의 등장으로 교육기관으로서의 기능은 없어지고 문묘의 기능만 남아 갑오경장까지 계속되었다. 향교의 경영은 급제전과 학전을 주로 하였으며, 영조 때 편찬한 속대전을 보면 성균관은 400결(1결은 대개 6,000평 정도), 사학은 10결, 향교는 5~7결, 그리고 서원은 3결을 주었다는 기록이 있다.

5. 근대의 교육

1880년대는 구미제국과 통상 수호조약을 체결함으로써 개화시대로 돌입하게 되었다. 근대교육은 교육의 기회균등사상, 외국어교육, 실업교육 등의 교육적 필요성에 의해 고종이 1895년 교육입국초서를 내려 제시한 것이 조선시대의 교육과 근대의 신교육의 분기점이 되었다. 근대교육의 제도를 개괄적으로 살펴보면, 국립학교와 사립학교로 구분하며, 특히 사립학교는 기독교 계통의 학교와 민족의 선각자에 의해 설립된 학교이며, 또한 일제 치하의 학교교육 등이다.

첫째, 국립학교는 1889년 육영공원(royal school), 최초의 사범학교인 한성사범학교(1895), 중학교에 해당하는 한성중학교(1899) 등이 있다. 이들 교육기관은 교육의 기회균등의 원칙을 설정함으로써 교육의 민주화에 공헌하였고 외국어교육, 실업교육, 교원양성교육에도 치중하였다. 교육내용으로 충양애국의 사상을 고취하여 민족주의교육을 실시하는 데 주력하였다(장덕삼, 2003).

둘째, 사립학교는 선교사에 의해 설립된 학교로 아펜젤러(Appenzeller)가 세운 배재학당(1885), 스크랜톤(Scranton) 부인에 의해 이화학당(1886), 미국 장로교 선교사 언더우드(Underwood)는 1886년에 고아원 겸 고아학교를 설립하였는데, 1902년 예수교 중학교로, 1905년에 경신학교로 개칭하고 대학 과정을 설치하여 연희전문학교라 하였다. 엘러즈(Ellers)는 정신여학교(1887)를 설립하였다. 이처럼 선교사에 의한 사립학교의 특징은 기독교사상의 보급과 자주정신에 입각한 한국인의 양성, 교육의 기회균등 사상 등을 실현하는 데 있었다. 민족의 선각자가 세운 학교로는 민영환이 외국어교육의 필요성을 느껴 영어와 일어의 습득을 목적으로 흥화학교(1895)를 설립했으며, 민영기는 중교의숙(1896), 안창호는 강서지방에 점진학교를 설립해 소학교 교육을 실시했다. 또한 이용익은 보성학교(1905)를 설립하였다. 민족 선각자에 의한 건학정신은 국권회복을 위한 민족운동가의 양성 및 민족의식을 환기시켰던 항일운동으로 볼 수 있다.

셋째, 일제치하의 교육은 1910년 한일합방부터 1945년 해방까지를 의미하며, 조선교육령(1911), 개정 교육령(1922), 제3차 교육령 개정(1938), 제4차 교육령 개정(1943)을 통해서 일본교육정책의 전환과 사회정세의 즉각적인 빈영을 나타내고 있다. 이러한 교육령의 개정을 통해서 일본은 일본의 역사와 문화를 주입하면서 일본어를 강조하는, 이른바 일조 동화교육(日朝同化教育)이었다. 이 시기에는 독립정신을 말살하기 위하여 사립학교령(1908)을 공포하여 민족선각자들이 학교 설립을 방해하였다.

6. 현대 한국의 교육

현대 한국 교육의 특징은 교육의 기회균등, 교육의 질적 향상, 교사의 자질 향상, 개성존중과 인간교육의 강화로 볼 수 있다. 현대의 한국교육을 미군정기 교육(1945. 8. 15~정부 수립 전), 정부 수립기의 교육(1948~1953), 6.25 동란 후의 교육(1953~1961), 1960~1970년대 교육, 1980년대 교육, 1990년대 교육, 2000년대 교육 등으로 구분하여 개괄적으로 살펴보면 다음과 같다.

우선 미군정기 교육(1945. 8. 15~정부 수립 전)은 교육방법, 학습지도, 교육지도, 교육행정, 의무교육, 교육의 기회균등이라는 7대 교육 기본방침을 세워 한국교육의 방향을 설정한 시기로서 민주교육의 토대를 마련했다. 또한 이 시기는 종래의 전제적 교육방식에서 아동의 개성을 존중하고 자유롭고 창의적인 활동을 통한 학습을 중시하는 민주적인 교육원리를 도입했다. 즉 '새교육'이라는 이름으로 소개된 이 교육원리는 서양에서 19세기와 20세기에 걸쳐 발전된 진보주의 교육사상을 한국의 교육에 구현하고자 한 것이다.

둘째, 정부수립 교육(1948~1953)은 1949년 12월 31일 교육법이 공포되어 우리나라 교육의 방향과 진로가 확립되었다. 교육의 이념을 『홍익인간』으로 설정하여 교육을 통한 인격의 완성, 민주 생활인의 양성이 교육의 목적이었다.

셋째, 6.25 동란 후의 교육(1953~1961)은 교육과정의 생활화, 교과서의 개편, 학습지도, 교육방법, 생활지도의 능률화 방안 연구, 반공교육, 전인교육의 실시를 지향하며 지역사회교육 및 향토학교 운동, 산학협동 교육을 추진하였다.

넷째, 1960~1970년대 교육은 진보주의 교육사상이 퇴조하면서 학문 중심 교육사상이 도입되었으며, 지식의 구조화, 탐구학습, 발견학습 등의 학습방법이 강조되었다. 1970년대에 들어오면서 새마을교육, 국민정신교육, 민족주체성 교육 등이 강조되었다.

다섯째, 1980년대 교육은 학문중심 교육사상이 퇴조하면서 인간중심 교육사상이 등장하였다. 특히 전인교육, 진로교육 개념 도입, 과학 및 기술교육에 역점을 두었으며, 1980년대 후반에 종전의 교육과정을 통합해서 5차 교육과정을 만들어 창조적이고 도전적인 한국인을 기르고 민족 통일에 대비하는 미래지향적인 교육을 강조하였다.

여섯째, 1990년대 교육은 민족통일교육을 지향하며 한민족 화합을 대비한 교육을 지향하며, 건강한 사람, 자주적인 사람, 창의적인 사람, 도덕적인 사람을 강조했으며, 21세기를 대비하는 과학기술교육을 강화했다.

일곱째, 2000년대 교육은 개성을 추구하는 사람, 창의적인 능력을 발휘하는 사람, 진로를 개척하는 사람, 새로운 가치를 창조하는 사람, 공동체 발전에 공헌하는 사람 등을 강조하며, 국민 공통 기본 교육과정과 선택중심 교육과정 체제를 도입해서 개정의 중점을 교육내용의 양과 수준의 적정화, 수준별 교육과정의 도입, 교육내용 및 방법의 다양화, 현장의 자율성 확대, 교육에 대한 질 관리 강화 등이고, 교육과정의 구성 방침을 학습자중심·현장중심의 교육과정 확립, 학교교육의 질 개선을 위한 교육과정 구성, 자율과 책무성에 기초한 교육과정의 편성과 운영, 교육과정의 실효성을 확보하기 위한 제도적 장치 마련, 질 관리형 교육과정 체제의 구축 등이다. 2000년대 교육의 특징으로 국민 공통 기본 교육과정의 도입, 수준별 교육과정의 도입, 재량활동의 신설 및 확대, 선택중심 교육과정의 도입, 질 관리 중심 교육과정의 도입, 교사, 학생, 지역중심 교육과정의 편성 및 운영 등으로 볼 수 있다.

제2절 서양 교육사

서양 교육사는 고대의 교육, 중세의 교육, 근세의 교육, 20세기 현대 교육으로 구분해서 고찰하고자 한다(가영희 외, 2010; 박영진, 2012; 신차균 외, 2006; 윤재흥, 2012).

1. 고대의 교육

그리스인의 선조인 아리안(Aryan)족이 흑해의 북방 초원지대에서 남쪽 발칸반도에 이주해 온 후로 그리스문화가 형성되었다. 크레타 섬과 펠로폰네소스반도에서 발전된 그리스문화는 인본주의의 강조 및 완전성의 추구, 자유시민 공동체인 폴리스를 기초로 하여 헬레니즘 문화를 창조하였다. 그 후 로마문화와 함께 서양문화의 근원을 이루었다.

그리스교육의 특징은 자유민에게 인간의 천부적 성능을 억제하지 않는 자유교육을 실시했으며, 또한 미적 교육과 인간의 개성을 존중했다. 그리스 교육의 목적은 지혜와 행동이 겸비된 사상인을 육성하는 데 있으며, 당시 교육은 귀족계급을 위한 것이었기 때문에 이들로 하여금 개인적 수월성을 지니게 하는 것을 교육의 이상으로 삼았다. 그리스문화의 중심은 스파르타(Sparta)와 아테네(Athens)였다.

스파르타는 기원전 12세기경 도리아족이 라케다이모니아(Lakedaimonia)에 세운 도시국가로 노예가 시민의 20배에 이르러, 노예의 반란을 통제할 수 있는 군국주의 교육을 강조하였다. 그리고 기원전 9세기경에는 리쿠르구스(Lycurgus) 헌법에 의하여 모든 교육을 실시하였으며, 교육의 목적으로는 강건한 신체와 투철한 애국심, 준법정신, 용맹성을 겸비한 무인으로 국가에 봉사하는 인간을 양성하는 데 있었다. 교육내용은 군사훈련, 도덕적 훈련, 국정에 관한 정치훈련 등이며, 교육방법은 남아가 출생하면 엄격한 신체검사를 통하여 강한 아이만 기르고 약한 아이는 내다 버렸으며, 또한 7세까지 가정교육을 통해 침묵과 복종심, 어른에 대한 경외심을 갖도록 배우면서 성장하였다. 18세까지는 국가가 관리하는 병사에서 군사훈련을 받으며, 20세까지는 실제 무기를 사용하면서 군사훈련을 받았다. 30세가 되면 완전한 성인으로 인정받고 국가 감독 하에 결혼을 함과 동시에 참정권을 부여받았다. 특히 여성교육을 강조했으며, 즉 건강한 아이의 분만, 투철한 애국심을 요구했으며, 그리스의 제 국가와는 달리 여성의 지위가 높았다. 이와 같이 스파르타의 교육은 최상의 군국주의를 실현하기 위하여 가혹한 훈련이었다.

반면에 아테네는 그리스문화의 중심이었으며, 솔론(Solon)의 법에 의해 개인적이고 국가적인 통제 교육을 실시했으며, 특히 가정교육을 중시하였다. 아테네 교육은 전기와 후기로 분류해서 보면, 전기 아테네의 교육목적은 국가와 사회에 유용한 개인으로서 양심이 조화적으로 발달된 인간양성이었다. 교육방법으로 7세까지는 주로 가정교육을 실시했으며, 16세까지 소년들은 페더고그(pedagogue)를 따라서 음악학교와 체육학교를 다녔다. 그리고 18세까지는 공립체육학교(gymnasium)에서 운동경기와 군사훈련을 받았다. 20세까지는 시민으로서의 신체적·도덕적 자질을 구비한 것이 증명되면, 자유시민의 명부에 등록되고 국가와 신과 민족의 도덕적 전통에 대하여 충성을 맹세하는 '에페베 선서(Ephebe oath)'를 한 청년들은 전선에 배치되어 철저한 군사훈련을 받은 후에 완전한 시민이 되었다. 후기 아테네 교육의 목적은 개인적인 발전을 위한 준비에 있었으며 교육내용도 전기에 비해 새롭게 바뀌었다. 7세까지 주로 가정교육을 실시했으며, 13세까지 사립초등학교에서는 독, 서, 산, 음악 및 체육교육을 받았으며, 16세 이상은 수사학교에서 법률, 정치, 경제, 수사학을 배웠다. 아테네 교육을 살펴보면, 전기에서는 주로 군사적인 교육을 실시했으나 후기에 접어들면서 교육과정이 지적 내용으로 이루어진 것이 특징이다.

이 시기의 교육사상가들은 소크라테스(Socrates, B. C. 469~399), 플라톤(Platon, B. C. 428~348), 아리스토텔레스(Aristoteles, B. C. 386~322) 등이 있으며, 이들의 사상은 교육에 지대한 영향을 미쳤다.

그리스의 뒤를 이어 독특한 사회를 발전시킨 것은 로마이다. 로마시대의 교육은 공화정시대의 교육과 제정시대의 교육으로 나누어서 살펴보면, 공화정시대의 교육목적은 용감한 병사, 의무 관념이 강한 국민을 만들기 위해서 개인적 자유를 억압했으며, 교육내용은 읽기, 쓰기, 셈하기와 십이동판법, 체육이었다. 이 시기는 주로 가정교육을 실시했으며, 병사, 공회소, 농장 등이 아동교육의 중요한 교육기관이었다. 이에 비해 제정시대의 교육은 기원전 2세기 중엽부터 흘러 들어온 그리스문화의 영향 때문에 점차적으로 그리스화하는 경향이 농후해졌으며, 교육목적은 주로 지적 발전을 지도하는 데 있으며, 언어의 능력과 공적 담화 및 토론의 성공이 훈련의 목적이었다. 그러나 처음에는 덕성을 강조한 순수 로마인의 경향을 보존하였다. 참다운 웅변가의 자질로 도덕적 품성, 폭넓은 교양, 자신 있게 말할 수 있는 언어 능력 등 세 가지 요소가 포함되었다(Wilds, 1942: 131~132). 루두스(ludus)라는 초등교육에서는 6~13세까지의 아동에게 간단한 읽기, 쓰기, 셈하기, 12동판법을 가르쳤으며, 중등학교 수준인 문법학교(grammatius)는 13~15세까지 아동에게 문법, 수사학, 논리학, 산술, 기하, 천문학, 음악 등 7자유학과를 교수했으며, 고등학교 수준인 수사학교는 16~18세까지의 소년을 대상으로 라틴어와 그리스 문법을 가르쳤다. 제정시대의 로마교육은 그리스보다 더욱 조직적이고 체계적인 학교교육을 실시하였다. 로마의 교육사상가로는 카토(Cato, B. C. 234~149), 키케로(Cicero, B. C. 106~43), 퀸틸리아누스(Quintilianus, B. C. 35~95) 등이 있다.

2. 중세의 교육

유럽의 중세사회의 시대 구분은 서로마제국이 멸망한 476년부터 동로마제국이 멸망한 1453년까지 약 1,000년간을 의미한다. 중세사회의 특징은 기독교의 성립과 발달, 봉건제도의 성립, 사라센 문화의 형성, 11C 말 십자군 원정 실패로 봉건제도의 몰락에서 오는 도시 발달과 세속적 교육의 발달 등으로 볼 수 있다. 중세시대의 교육은 가톨릭 교육이라고 할 수 있는데, 이 교육은 생활에 필요한 고차적인 감정, 정서도야와 정신을 한 곳에 모으고 깊이 생각하는 영적수양을 중시하였다.

중세의 교육을 전기와 후기로 나누어 살펴보면 다음과 같다(남궁용권 외, 2008; 류동훈, 2006; 정석환, 2012; 신득렬 외, 2005).

중세전기의 교육은 가톨릭 정신의 제도적 부흥에 불과하며, 위대한 교육자와 도시 및 국가의 모든 교육적 노력이 가톨릭교회의 보편주의에 있는 것이 특색이다. 이 시기의 교육은 不死의 예수 부활과 함께 원시기독교가 성립이 되었으며, 이는 스콜라철학의 원천이 되었으며 근세 초 루터의 종교개혁의 지주가 되었다. 기독교의 교육기관으로 첫째, 문답학교(catechumenal school)는 이교도와 몽매한 민중을 기독교화하기 위하여 설립되었으며, 기독교 교리의 문답을 통해 예수의 생애, 부활, 십자가에 대한 예비지식을 가르쳐 준비교육을 시켰다. 둘째, 고급 문답학교(catechetical school)를 문답교사학교라고도 하며, 주로 교회의 지도자와 문답학교의 교사양성이 주된 교육목적이며, 신학, 희랍의 철학, 수사학, 천문학, 문학 등을 교수하였으며, 특히 알렉산드리아, 아테네, 로마 등에서 발달하였다. 셋째, 사원학교(cathedral school)는 일명 감독학교 또는 본산학교라고 하며, 중세교육기관으로 수준이 가장 높은 교육기관이다. 여기서는 주로 교회의 지도자, 성직자를 양성하는 곳이다. 교육내용은 문답학교보다 전문적이며, 교육방법은 분담수업을 실시했다. 또한 이 시기에는 스콜라 철학을 들 수 있으며, 이는 중세 기독교 사상을 철학적 기초 위에 세워 보려고 한 것으로 신앙과 이성의 합치를 이론적으로 증명하는 역할을 수행했으며, 철학자는 안젤무스(Anselmus)이다. 스콜라 철학은 지적 도야의 교육을 급진적으로 추진함으로써 문예부흥 및 근세 발달에로의 큰 동기를 형성하였다.

또한 서로마 제국 분열 후 로마시대의 화폐경제에서 자급자족 경제로 전락한 중세의 자연경제 생활은 토지가 기반이 된 봉건제도를 출현시켰다. 따라서 중세 후기 사회는 새로운 무인계급과 승려, 농민계급 등이 생기게 되었다. 중세 후기의 교육은 기사교육, 대학교육, 시민교육, 도제교육 등이 있다. 첫째, 기사교육은 무사로 하여금 기독교 정신을 습득하는 데 그 목적이 있으며, 기사교육 내용은 무지하고 야수적인 무사로 하여금 선을 얻도록 하는 데 있다. 또한 기사도의 정신은 신을 숭배하고 정의를 사랑하고 명예를 소중히 여기며, 군주와 귀부인에게 무사로서의 본분을 수행하는 데 있다. 둘째, 대학교육을 들 수 있다. 대학은 원래 사적 연구단체였으나 그 세력이 확장됨에 따라 사원이나 제왕들이 자기의 세력권 범위 내에 넣기 위하여 대학에 특권을 부여하였다. 또한 대학교육의 목적은 학문의 연구소로 법학, 철학, 신학의 전문분야에서 활동하기 위한 준비이며 대학교수를 양성하는 데 있었다. 교육과정은 인문학과와 7자유학과 등이며, 교육방법은 주로 강의식으로 교과서의 문자, 장, 구의 뜻을 해석하고 설명하는 것이 주를 이루었다. 대학의 실례를 들면, 남이탈리아의 살레르노(Salerno)대학은 의학의 연구, 북이탈리아의 볼로냐(Bologna)대학은 법학, 파리(Paris)대학은 신학과 철학, 영국에서는 12세기 후반에 옥스퍼드(Oxford)대학과 13세기 초에 케임브리지(Cambridge)대학이 종교와 관련하여 설립하였고, 독일에서도 14세기 후반 하이델베르크(Heidelberg)대학이 설립되었다. 셋째, 11세기 말 십자군 전쟁을 통하여 전쟁 물자를 수송하고 전리품을 반입하는 과정에서 이탈리아 남부 항구도시를 중심으로 무역과 상업이 번창하여 신흥도시의 시민계급을 형성하게 되면서, 시민교육이 발달하게 되었다. 시민교육의 교육사적 의의는 교육의 대상을 서민계급에 두었으며, 교회로부터 교육을 분리시켜 공공단체에서 운영하게 되었으며, 교육이 중세적인 것에서부터 근세적인 방향으로 바꾸는 계기가 되었다. 넷째, 도제교육을 들 수 있다. 12세기에서 13세기까지 여러 곳에 도시가 형성되며 수공업에 종사하는 직업인들끼리 길드라는 동업조합제도를 만들기에 이르며 이를 도제교육의 시발점이 된다. 길드는 강력한 공동체로서 그 조직원의 자제교육에 대하여 관심을 나타내는 것이며, 후계자 양성을 위하여 직업교육을 제도화하였다. 또한 이는 연령으로 나누어 도제교육을 도제(견습공: apprentice), 직공(Journeyman), 마스터(master)의 3단계로 실시되었다.

3. 근세의 교육

근세의 시대적 구분은 15세기에서 19세기까지로 볼 수 있으며, 이를 구체적으로 살펴보면 15세기 문예부흥기의 교육, 16세기 종교개혁기의 교육, 17세기 실학주의 교육, 18세기 계몽주의 교육, 19세기 신인문주의 교육 등으로 볼 수 있다(김미환 외, 2010; 박영진, 2012; 안상원, 1998; 이형행 외, 2010).

1) 15세기 문예부흥기의 교육

중세말기에 문예부흥이 일어날 수 있는 조짐을 보이기 시작했다. 시민계급의 출현, 지적 문화의 발달, 도시의 상업화, 대학의 발달, 교회의 권위의 쇠퇴 현상 등이 발생하게 되었다. 이러한 사실들은 문예부흥(Renaissance)을 태동시켰다. 르네상스란 再生, 新生, 復興 등을 의미하며, 이는 중세의 전통적 생활에 의한 속박, 신 중심에서 인간 중심, 천상의 세계에서 지상의 세계, 내세주의에서 현세주의, 권위주의에서 이성주의, 억압에서 자유, 금욕주의에서 자연주의로 이행함을 뜻한다. 다시 말하면, 문예부흥이란 인간을 구속한 모든 외부의 권위를 타파하고 인간이 스스로 주인공이 되게 하는 운동이며, 인간 본연의 자세로 복귀하려는 인문주의(humanism) 사상이라 할 수 있다.

이러한 인문주의 교육은 세 가지 형태로 발전하였다. 먼저 개인적 인문주의(individual humanism) 교육은 남유럽 귀족층에서 발달했으며, 이는 사고의 자유와 창조적 활동의 자유를 누릴 수 있도록 하며, 다재다능한 인간성을 함양시킴과 동시에 그리스인의 자유교육을 이상으로 삼아 개성신장의 교육에 역점을 두는 데 그 목적이 있었다. 또한 교육내용은 그리스, 로마의 폭넓은 지식과 흥미와 삶을 모방하는 데 있었다. 개인적 인문주의 교육의 특징은 중등교육에 관심을 갖고 사고의 자유와 개성존중 및 전인교육을 강조한 데 있다. 둘째, 북유럽의 하류층에서 발달한 사회적 인문주의(social humanism)교육은 개인의 행복보다는 사회 개선과 인간관계의 개선에 역점을 두며, 사회적·종교적·도덕적 교육을 중시했다. 또한 교육내용은 고전과 성서문학을 중시하였다. 그리고 교육방법 측면을 살펴보면, 오늘날과 같이 학습자의 흥미와 욕구, 능력을 중시함과 동시에 이중 번역 방법을 장려했다. 셋째, 초기의 포괄적인 의미의 인문주의 교육은 협소하고 형식적인 인문주의 교육으로 변질된 결과 키케로주의(ciceronianism) 교육이 출현하게 되었다. 이는 고전 중에서 키케로의 문장을 가장 우수한 것으로 간주하여 형식에 치우친 인문주의였으며, 교육목적은 완전한 라틴 문체와 키케로의 문체를 배우는 데 있으며, 이러한 목적에 의해 주로 키케로의 작품을 연구하는 것이 주종을 이루게 되었다. 에라스무스(Erasmus, 1466~1536)는 대표적인 인문주의 교육사상가였으며, 그의 교육목적은 어린아이로 하여금 경건한 마음을 갖게 하고, 자유학과를 사랑하여 그것을 철저히 학습하는 습관을 기름과 동시에 인생의 본무를 준비하면서 선량한 행동양식을 익히도록 하는 데 있었다. 이러한 에라스무스의 진보적이고 근대적인 교육사상은 직접적인 교육활동을 통하여 개인적인 교신문을 통하여 민중의 계몽을 위하여 부단한 노력을 했으며, 또한 그리스 고전의 발간 및 교육에 대한 저술을 통해 유럽에 지대한 영향을 미쳤다.

2) 16세기 종교개혁기의 교육

16세기에 독일, 스위스를 중심으로 발생한 종교개혁(Reformation)은 중세의 부정과 근대화의 추진에 철저하였기에 전 유럽인에게 일대 정신적 변화를 가져왔다. 이 운동의 발생 원인은 교황 레오 10세(1513~1521)는 교회 재정을 충당한다는 미명하에 면죄부(Indulgence)까지 만들어 판매하는 잘못을 저지르고 말았으며, 유럽 각지의 사교나 수도원장도 사치와 쾌락에 빠져 성실한 신자로부터 비난을 받았다. 이러한 허무맹랑한 교리에 정면으로 반기를 들고 루터가 95개조 항의문을 제출함과 동시에 면죄부 판매를 금지하였다. 루터는 면죄부가 아니라 성서와 신앙에 의해서만 구원을 받을 수 있다는 신앙주의와 성서주의에 입각한 구원을 강조하였다. 루터의 주장은 스위스의 츠빙글리(Zwingli, 1484~1531), 주네브의 칼뱅(Calvin, 1509~1564)에 의해 호응을 받았으며, 낙스로 하여금 스코틀랜드에서 신교를 탄생시키는 데 절대적 영향을 주었다. 이러한 종교개혁운동에 당황한 로마 가톨릭은 반종교 개혁운동을 전개하였으며, 스페인 출신의 탁월한 사제인 로욜라(Loyola,

1491~1556)는 예수회(Society of Jesus)를 통하여 교육개혁에 기여하였다(윤정일, 2000).

16세기의 종교개혁운동은 그 당시의 모든 사회적 모순에 대한 해방투쟁의 사상 표현 운동이라 할 수 있다. 종교개혁운동 사상에서 교육에 지대한 영향을 미친 것은 의무교육사상이다. 이 사상이 하나의 제도로 성립된 것은 고타(Gotha) 교육령과 매사추세츠(Massachusetts) 교육령이었다(윤재흥, 2012).

3) 17세기 실학주의 교육

17세기 초는 인문주의와 종교개혁 운동의 잔재가 남아 있었기에 실학주의자들은 언어적 형식주의와 교육의 종교화는 실학주의자들의 비판의 대상이 되었다. 이와 같은 흐름과 더불어 새로운 과학운동이 전개되어 과학적 탐구가 시작되면서 일상생활의 실제적인 가치에 관심이 고조되었는데, 이를 실학주의(realism)이라고 한다. 따라서 실학주의 교육은 사회제도 및 자연현상을 연구의 대상으로 하며, 현실생활에 대한 구체적이고 실제적인 학습을 중심으로 실질도야를 중시하는 교육이었다. 이러한 실학주의 유형은 인문적 실학주의, 사회적 실학주의, 감각적·과학적 실학주의 등 세 가지로 나누어 진다.

첫째, 인문적 실학주의(humanistic realism)는 언어적 실학주의(verbal realism)이라고도 하며, 이는 그리스, 로마의 고전을 연구함으로써 현실생활에 잘 적응할 수 있는 유능한 인간을 양성하는 데 그 목적이 있었다. 교육기관으로 비베스(Vives, 1492~1540)는 부모의 중요성을 강조하며 가정교사의 필요성을 역설했다. 라블레(Rabelais, 1483~1553)는 학교교육보다 가정교육을 중시했으며, 밀턴(Milton, 1608~1674)은 12세에서 21세까지 중등학교와 대학을 결합한 아카데미를 설립할 것을 제창했다.

둘째, 인문적 실학주의에서 주장하는 고전학습에 의한 전인의 형성에 반대하고 사회생활의 경험을 교육의 우선으로 삼았다. 즉 개인차원의 교육을 넘어서 사회인의 교육을 중시한 사회적 실학주의(social realism)는 학자나 전문가의 양성을 목표로 하는 것이 아니라 풍부한 교양을 지닌 신사를 만드는 데 두었으며, '세상일에 밝은 인간(man of world)'으로 키우는 것으로 보았다. 따라서 서적에 의존하기보다 사회적 활동을 강조하였다. 프랑스의 몽테뉴(Montaigne, 1533~1592)는 대표적인 인문적 실학주의자이다.

셋째, 감각적 · 과학적 실학주의(sense & scientific realism)는 자연과학의 지식과 연구방법을 교육에 적용하여 인간생활을 합리화하고 사회생활을 향상시키고자 한다. 실물, 표본, 그림 등 감각기관을 자극하는 구체적인 사물을 교재로 삼았다. 과학적 정신을 실질적 및 구체적으로 실현하기에 과학적 실학주의라고도 한다. 그리고 이들은 고전어나 비현실적인 관념 대신에 모국어 · 자연과학 · 사회과학 등을 가르쳤고 관찰과 추리, 사고력과 비판력을 길러 주었다(이형행, 2001). 감각적 · 과학적 실학주의자는 멀카스터(Mulcaster, 1530~1611), 독일의 라트케(Ratke, 1571~1635), 그리고 오스트리아의 코메니우스(Comenius, 1592~1670) 등이 있다.

4) 18세기 계몽주의 교육

18세기 사회적 동향을 보면, 정치적으로는 프랑스의 혁명과 미국의 독립으로 전제군주정치를 배격하는 운동이 일어났으며, 경제적으로는 과학의 발달로 인해 발명 또는 발견이 촉진되면서 제조공업의 발달로 인간의 생활이 풍족하게 되었다. 또한 사상적으로 자유 풍조가 고조되면서 개인의 권리를 존중하는 경향이 되었다. 이러한 흐름은 18세기에 구체적으로 나타나면서 교육에 큰 변화, 즉 계몽주의로 나타난 것이다. 계몽주의 사상은 인간이 보편적으로 가지고 있는 이성을 원리로 하여 과거의 모든 역사적 권위와 전통을 비판하며, 인간과 사회의 몽매와 불합리를 타파하고 합리적인 사회와 인간관계를 건설하고자 하였다. 이러한 계몽사상의 근저에는 인간해방의 정신과 의지가 작용하므로 계몽사상은 자유사상, 과학적 지식, 비판적 정신, 진보적 관념과 인간존엄의 의식을 근본으로 하고 있다(남궁용권 외, 2008).

계몽주의 교육의 목적은 인간으로 하여금 추리력을 길러 주어 이성의 자유를 속박하고 있는 종교 · 정치 · 사회의 모든 권력구조를 제거하는 것이다. 계몽주의의 교육내용은 합리적인 것으로 구성하고, 이성의 판단에 의하여 불합리한 것은 배제하였다. 특히 철학, 정치, 경제, 미술, 문학, 예절 등은 중요한 교육내용으로 하였으며, 반면에 종교는 채택하지 않았다. 따라서 계몽주의 교육은 이지적인 면에만 관심을 가지고 감정적인 측면은 무시하였다. 18세기 중엽에는 극히 배타적인 교권주의로 타락하여 지적 전제주의를 형성하였다. 이와 같은 시대적 변화에 따라 자연주의가 나타나 문예부흥의 정신을 재생하여 교육사상의 결함을 개선하려고 하였다.

이러한 자연주의 교육의 특징은 첫째, 자연에 일치하는 교육, 교육의 과정에 대한 자연법칙의 발견, 형성, 응용을 의미하며, 둘째, 인간의 발달이 자연의 법칙에 일치하는 교육, 셋째, 모든 인위적인 것에 반대하여 자연으로 돌아간다는 것을 의미한다. 결국 자연주의자들은 아동에 대한 인위적인 환경과 훈련을 공격하고, 아동의 자발성을 억압하고 아동을 인형과 같이 다루는 모든 인위적인 것을 반대하였다. 이러한 사실은 자연주의가 현대교육에 미친 공헌도로 볼 수 있다. 루소(Rousseau, 1720~1778)는 '사람의 천성이란 선한 것이며, 이것을 보존하면서 자유와 권리를 인정하는 사회를 건설하는 것'이 루소의 교육목적이다. 루소의 교육방법은 아동본위의 주관적 자연주의와 자연 전개방법을 적용하였다. 또한 형식적 도야주의와 실학적 단련주의에 의하여 실물을 통한 교육방법도 활용하였다. 그의 저서로는 『에밀(Emile)』이 있다.

또한 루소의 교육사상에 직접 영향을 받아서 적극적으로 교육사업을 전개한 것이 독일의 범애파(Philanthropean)였다. 범애파의 유래는 바제도우(Basedow, 1724~1790)가 창립한 범애학원에서 유래하였으며, 범애주의의 교육목표는 인류애의 실현을 목표로 한 것이다. 이는 종교와 민족을 초월하여 온 인류를 사랑하여 그 행복을 증진시키고자 하였다. 바제도우는 어린이로 하여금 공익에 봉사하고 애국적이며, 행복한 생활을 준비시키는 데 교육의 목적을 두었다. 교수원칙으로는 유쾌하게 배우도록 할 것, 초보적인 학습에서부터 적당한 순서를 두고 배우도록 할 것, 유익한 지식만을 가르치며 많이 가르치는 것을 금할 것 등으로 하였다. 따라서 바제도우는 자유를 존중함으로써 아동을 위협하지 말고 자연의 순서에 따라 쉬운 것에서 어려운 것으로, 가까운 데서 먼 곳으로 교재를 배열할 것을 주장하였다.

5) 19세기 신인문주의 교육

18세기 말 이지적, 합리적, 공리적인 물질문명에 기울어 졌던 계몽사상이 너무나 인간을 기계시하는 데 대한 반동으로서 정의를 존중하고 인간성의 원만한 발달을 숭상하며, 역사와 민족에 중점을 두는 인도적인 사상이 문예적인 측면, 철학적인 측면에는 로맨티시즘으로 나타났으며, 교육적으로는 신인문주의(new-humanism)로 출현되었다.

우선 15세기 인문주의와 19세기 신인문주의의 차이점을 살펴보도록 하겠다.

첫째, 인문주의와 신인문주의는 모두 같이 고전을 중시하지만 신인문주의는 고전을 수단으로 하여 고대문화의 발전에 이바지하고자 하였다.

둘째, 인문주의가 로마의 고전을 중시한 데 비하여 신인문주의는 그리스의 고전을 중시함으로써 그리스의 문학, 미술 등을 통하여 인간성을 존중하였다.

셋째, 신인문주의는 고대어, 고대의 도덕, 예술, 미술에도 흥미를 가져, 그것으로써 인격의 내용적 충실을 기도하여 최대한 그들 생활의 이상을 실현하려고 하였다. 또한 인문주의는 모방적, 이상적인 데 비하여, 신인문주의는 비판적이며, 자각적이다.

신인문주의는 고대문화의 형식적 모방에 그쳤던 구 인문주의의 과오를 비판하면서 그리스의 고전 속에 담겨진 정신과 사상을 본받는 데 그 목적이 있다. 또한 신인문주의 교육은 고전문화를 동경하고 부흥을 주장하면서 그 참정신을 본받으며, 로마의 고전보다는 그리스문화를 존중하며, 그리스문화를 통한 문화발전을 기도하며, 역사와 민족성을 토대로 국민적 자각을 강조한 점에서 역사주의와 국가주의를 강조하는 것을 그 교육적 특징으로 본다. 신인문주의 교육 사상가들은 Pestalozzi(1746~1827), Herbart(1776~1841), Fröbel(1782~1852), Fichte(1762~1814), Schieiermacher(1768~1834), Krieck (1882~1947), Spencer(1820~1903), Owen(1771~1858), Mann(1796~1859), Barnard(1811~1900) 등이 있다.

4. 20세기 현대 교육

20세기의 사회 및 문화적 배경을 살펴보면, 19세기 국가주의와 산업혁명의 결과로 생긴 자본주의와의 결합으로 나타난 제국주의 성립과 제국주의에 의해 나타난 1차 세계대전(1914~1918), 자유진영과 자본주의의 모순으로 나타난 사회주의 국가와의 심화된 대립, 또한 세계공황의 영향을 틈타 대두한 후진 자본국가인 전체주의적 정치체제의 성립과 대외적으로 침략전쟁을 수행한 전체주의와 민주진영 간의 2차 세계대전(1938~1945), 경제적 및 군사적 세력 균형을 위한 세계의 재편성의 움직임 등을 들 수 있다. 이러한 요인들은 20세기의 교육에 직·간접적으로 영향을 미쳤다.

20세기 세계 각국의 교육적 동향을 살펴보면 다음과 같다(윤재흥, 2012; 박영진, 2012).

첫째, 미국의 초등교육은 최초의 6년 또는 8년의 교육을 실시하며, 6년까지는 보통교육이고, 철저한 학년제(grade-school)를 운영했으나, 최근에는 유치원 1년을 포함한 7년제로 운영되고 있다. 초등교육 과정은 본질주의적인 교육, 아동중심적 또는 사회중심적 교육을 강조하며, 생활지도가 강화되며, 국어교육과 더불어 외국어교육을 실시하는 것이 특색이다. 또한 무상의무교육이 완전하게 실시되며, 초등학교마다 교육과정의 독자성과 융통성이 보장되며, 주간 등교는 월요일부터 금요일까지 5일제 수업을 실시하고 있다. 미국의 중등학교의 형태는 종합 공립 중등학교이다. 이는 모든 청소년들이 적성과 능력에 의해 진로를 선택할 수 있도록 조직되어 있다. 종합중등학교는 미래의 시민을 위한 일반교육을 실시하며, 졸업 후 획득한 기능을 활용할 것을 원하는 학생은 선택할 수 있는 학습과정을 제공한다. 또한 대학교육에 관계되는 직업교육을 받는 데 도움이 될 수 있는 만족스런 학습과정을 제공하는 데 있다. 고등교육 측면은 2년제 기술 전문학교, 2년제 초급 또는 지역사회대학, 종파적 사립문과 대학, 사범대학, 주립 및 사립의 종합대학, 예술대학, 신학대학, 공과대학 등이 있다. 그리고 미국 고등교육의 목적은 유능한 사람들에게 개인적 발전을 제공할 수 있는 기회의 제공, 문화유산의 전달, 연구 및 창조적 활동을 통해서 지식을 풍부하게 하며, 학습의 생활 및 사회적 향상을 촉진하는 데 도움이 되도록 함과 동시에 공적 이익에 봉사토록 한다. 미국의 교육사상으로는 진보주의 사상과 본질주의 교육 사상, 항존주의 교육사상, 재건주의 교육사상 등으로 변천되었다.

둘째, 영국의 초등교육은 20세기 초 교육법에 의해 공립학교와 사립학교로 이원화되어 운영되었다. 중등학교(public school)는 사립학교이며, 학교 수는 공립학교에 비하여 적으며, 공립 중등학교보다는 우수한 대학의 진학률이 높으며, 반드시 교사는 옥스퍼드와 캠브리지 대학 출신으로 하였다. 이에 반해 문법학교는 교양인문교육을 강조하였다.

셋째, 독일교육의 특징은 능률성과 철저성을 바탕으로 국가의 목표를 수행함에 있어 민첩하게 교육정책을 적절히 실천하였다. 또한 1차 세계대전 후 바이마르 공화국은 제국주의시대의 교육을 탈피하면서 민주적 교육에 힘을 쓰게 되었다. 그 후에 독일민족의 우월성을 강조한 국가주의적 역사교육과 종교교육, 체육, 육체노동, 봉사활동이 중요시되면서 민주적인 교육과는 멀어지면서 나치스적인 인간형성을 목표로 하게 되었다.

넷째, 프랑스교육은 임격한 시험제도로 영재배양에 힘쓰면서 중앙집권적인 교육제도였다. 비쉬정부시대(1940~1944)에는 초등학교에서 중등학교의 진학은 입학시험을 치렀으며, 제4공화국시대의 교육은 종교계 학교에 대한 정부보조금을 철폐하였으며, 의무교육의 연장과 중등학교가 증가하게 되었다. 또한 초등학교와 중등학교의 격차를 줄이면서 통일된 계단식 학교 체제를 수립한 것이 특징이다.

마지막으로 혁명 전야의 러시아교육은 교육제도의 민주화를 이룩하였으며, 교육내용과 방법적인 측면은 교육을 보급시키는 데 노력했으며, 공산주의 입장에 서서 새로운 커리큘럼 및 교육방법을 수립했으며, 학생은 교사를 비판하는 자유와 자주적, 탐구적, 실험적인 학습이 강조되었다.

20세기 교육 사상으로는 Natorp(1854~1924), Kerschensteiner(1854~1932), Spranger(1882~1963), Bollow(1903~1991), Russel(1872~1970), Durkheim (1858~1917), Key(1849~1926), Dewey(1859~1952), Kilpatrick(1871~1965), Montessori(1870~1952) 등이 있었다.

제3절 교육철학

제3절에서는 교육철학의 개념과 기능, 전통적 철학과 교육, 현대 교육철학에 대해서 고찰하고자 한다(남궁용권 외, 2008; 서재복, 2008; 임창제, 1999; 손인수, 1998; 박영진, 2012; 신득렬 외, 2005; 윤재흥, 2012; 정석환, 2012).

1. 교육철학의 개념과 기능

교육철학은 교육을 철학적 탐구 대상으로 삼는 학문의 한 분야로서 교육사상 또는 교육관이라든지 교육목적론으로 사용되기도 한다. 본 절에서는 교육철학이 의미하는 바를 학자들에 따른 진술에 근거하여 밝혀 보며, 교육철학의 기능에 대하여 살펴보고자 한다.

교육철학에 대한 제 학자의 견해는 다음과 같다. 피닉스(Phenix, 1958: 14)는 "철학적 방법과 견해를 교육이라 불리는 분야에 적용하는 것"이라고 주장하고, 브라우디(Broudy, 1955: 19~25)는 "교육문제를 철학적 수준에서 조직적으로 논의하는 것이며, 그 임무를 실제, 지식, 선, 미와 같은 철학적 기초를 이루는 심층부까지 중요한 교육적 쟁점을 탐색하는 것"이라고 하였다. 김정환은 "교육철학이란 철학의 제 기능을 구사하여 교육현상 일반 및 교육학을 체계적으로 분석, 연구, 구축하는 학문"이라고 하였다.

상기에서 살펴본 교육철학의 개념을 정리하면, "교육철학은 철학의 제 기능을 이용하여 교육현상의 여러 가지 문제를 철학적 수준에서 체계적으로 연구하는 학문"이라고 할 수 있으며, 또한 교육철학은 교수-학습활동에서 이루어지는 모든 변인들, 즉 교육목표, 교육내용, 교육과정, 교수-학습과정, 교육방법 등에 대하여 새로운 연구 영역을 확대되어야 할 것이다. 따라서 교육철학은 현명한 이성과 비판정신으로 교육적 현상의 해답을 주면서, 교육의 새로운 경지를 개척하는 학문으로 볼 수 있다.

교육철학의 기능(서재복, 2008)은 첫째, 교육의 목적, 목표, 준거 등을 제안하는 기능, 즉 교육의 이론적 · 실천적 문제 해결을 위한 새로운 아이디어와 대안을 제공하는 사변적 기능이며, 둘째, 교육의 제반 과정과 활동을 평가하고 규범적 원리를 제시하는 평가적·규범적 기능, 즉 교육적 가치판단에 관한 것으로서 이론의 타당성과 사실의 확실성 및 합리성을 어떤 준거에 의하여 밝히는 평가적 기능, 셋째, 교육의 논리에 사용되는 언어와 논리의 명료화를 가하고자 하는 분석적 기능, 즉 교육의 언어와 논리에 관한 것으로 교육의 실천이나 이론에서 사용되는 언어의 의미와 논리, 혹은 주장들의 논리적 관계를 밝히는 분석적 기능, 넷째, 교육에 관한 현상이나 과정을 전체로서 파악하여 여러 부분이나 자원을 여기에 통합시키는 통합적 기능 등으로 대별하고 있다.

2. 전통적 철학과 교육

전통적 철학은 철학의 관심 분야인 형이상학, 인식론, 가치론에 대한 견해의 차이에 따라서 이상주의, 실재주의, 실용주의로 구분해서 고찰하기로 한다(임창제, 1999; 손인수, 1998; 박영진, 2012; 신득렬 외, 2005; 윤재흥, 2012; 정석환, 2012).

1) 이상주의와 교육

이상주의(idealism)란 우주의 본질인 궁극적 실재는 정신이나 관념이라고 주장한다. 이상주의의 기원은 소크라테스와 플라톤에서 찾으며, 독일의 칸트, 피히테, 헤겔, 프뢰벨 등을 거쳐 오늘에 이르고 있다. 이상주의에서 마음 또는 정신이라 할 때는 두 가지 뜻이 있다(이형행, 2001: 106). 첫째, 생각하는 경험의 주체로서의 마음·정신·이성·생명 등으로 우주의 섭리자·절대자로서의 신과 관련된 것이다. 둘째, 존재하는 모든 실재는 최종적으로 분석될 때 심적(mental)이거나 정신적(spiritual)인 것이라는 뜻이다.

따라서 이상주의자들은 가치와 윤리는 절대적으로 간주하며, 진선미(眞善美)는 시대나 사회에 관계없이 불변하며, 본질상 영원하다는 것이다. 이러한 가치와 윤리는 인간에 의해 만들어지는 것이 아니라 우주의 구조 속에 존재하며, 인간은 진선미와 같은 영원하고 절대적인 정신적 가치를 추구해야 한다고 주장한다.

이와 같은 이상주의에 있어서 교육을 보는 관점은 학자들에 따라 다소 차이가 있으나 그들의 공통된 견해를 정리하면 다음과 같다(김준권 외, 1998: 68).

첫째, 교육이 추구해야 할 목적은 새로운 세대로 하여금 정신적 가치를 깨닫게 하여 인격을 실현하는 도덕교육에 있다고 믿는다. 이것은 신의 완전성에 비해 인간의 유한성과 미성숙한 불완전성을 교육의 힘에 의해 최고의 정신적 자아를 실현하도록 하여 절대의지의 모습으로 변모시킨다는 것이다.

둘째, 이상주의 교육관에서 학습자는 절대 가치를 지닌 개성으로서 존중된다. 학습자는 교육을 통하여 유한한 존재에서 무한한 존재로, 동물적 차원에서 신의 차원으로 승화하는 인격자로서 존중되어야 한다.

셋째, 이상주의자들의 교육목표는 개성의 완성을 구하는 것뿐만 아니라 사회발전도 함께 포함한다. 개성과 전체성이 하나의 연속선상에 위치하여 정신적 유대관계로 맺어진 것이 전체요, 전체의 정신작용의 본질은 개성이라는 것이다. 플라톤의 이상국가론도 이러한 차원에서 해석할 수 있다.

넷째, 이상주의교육은 주입식이 아닌 추출하는 작업으로 이루어져야 할 이상중심 교육과정을 목표로 한다. 예컨대, 도덕교육 측면에서 볼 때 행위의 규범들을 일일이 증거로써 납득시키는 일은 거의 불가능하므로 그 표준을 제시하는 것이 필요하다.

이상주의 교육방법(조무남, 2001: 338)은 아동의 내적 흥미를 중시하며, 아동 자신의 직관과 내적 자아탐구를 기본 바탕으로 하며, 아동의 성장과 발달은 기본적으로 아동의 내적 요소에서 시작하여 외적인 것으로 확산된다. 교육이란 외부에서 지식이나 어떤 관념을 집어넣는 것이 아니라 아동의 내부에서 그것들을 끄집어내는 것이다. 소크라테스의 대화법은 이상주의 대표적인 교육 방법이다.

2) 실재주의와 교육

실재주의는 이상주의와는 대조적으로 인간의 의식이나 지식과 무관하게 객관적으로 존재하는 사물의 존재를 강조하는 이론이다. 이는 우주를 합리적 유기체로 보며, 자연과 사물을 객관적으로 파악하고자 했다. 실재주의는 아리스토텔레스를 비롯하여 아퀴나스(Aquinas), 베이컨(Bacon), 로크(Locke), 흄(Hume), 코메니우스(Comenius) 등을 통해 발전되었다. 아리스토텔레스는 교육은 인간의 잠재력을 최대한 개발하여 행복을 달성하는 것으로 보았으며, 코메니우스는 교육은 모든 것을 알고, 자기 자신을 포함하여 모든 것을 지배하고, 만물의 근원인 신과 관계시키는 일이라고 생각했다. 실재주의자들의 공통된 교육관은 사물의 지각 능력을 기르고 자연의 법칙을 탐구하는 지적 능력을 성숙시키는 것으로 본다는 점이다.

실재주의에서 교육을 보는 관점은 다음과 같다(임창제, 1999: 342). 첫째, 언어주의보다 사실주의를 강조한다. 둘째, 고전어, 고전예술 등에 의한 일반교양의 교육보다 현대어, 자연과학, 현실사회와 인간 등에 주력하는 실학주의 교육을 강조한다. 셋째, 교과서 위주의 교육보다 사물에 대한 직접적인 관찰과 실험을 중심으로 하는 교육을 강조한다. 넷째, 지식 주구의 목적은 영원한 진리의 발견보다 생활에 필요한 가치를 찾는 데 있다고 주장한다. 다섯째, 교재는 일시적인 가치보다는 장기간에 걸쳐 그 가치가 입증되고 항구적이어야 하며 생활에 필수적인 것이어야 한다.

실재주의자들의 견해에 따르면, 학교는 학생들에게 지식의 체계와 탐구의 기술을 전달할 수 있는 특수한 기능을 가지고 있어야 하며, 학교의 교과들은 체계적으로 조직한 것으로 보고 있다. 또한 유사성에 기초하여 범주에 따라 분류한 것들이어야 한다. 실재주의자들은 학생들이 사물을 객관적으로 이해할 수 있도록 과학적 지식과 방법을 강조했다.

3) 실용주의와 교육

프래그머티즘(pragmatism)은 이상주의나 실재주의가 가정하고 있는 정신과 물질, 영혼과 육체의 이원론을 거부한다. 실용주의는 궁극적 실재를 부정하고 모든 사물이 영속적으로 변화한다고 주장한다. 실용주의는 20세기 초에 미국에서 발전시킨 사상으로 영국의 경험론의 바탕을 두고 있다. 실용주의 발상은 고대 그리스의 헤라클레이토스가 '만물은 유전한다'고 주장한 데서 그 기원을 찾을 수 있다. 실용주의는 미국의 퍼스(Peirce), 제임스(James), 듀이(Dewey) 등에 의해 크게 발달되었다.

실용주의에서는 교육의 목적이나 방법이 계속적으로 개조될 수 있도록 개방성과 융통성을 가져야 한다고 보며, 교육의 목적은 개인의 성장능력을 토대로 하여 설정해야지 교사, 혹은 어떤 사회의 세력에 의해 결정되어서는 안 된다는 것이다. 교육의 목적은 개인의 경험이 반복되고 재구성되어 감에 따라 융통성 있게 조절되어야 한다. 그리고 교육방법은 개인의 욕구와 흥미와 필요에 기초하여야 한다(조무남, 2001: 344).

실용주의의 교육사상은 다음과 같다(김준권, 1998: 73~74).

첫째, 교육의 목적이나 수단은 합리적이며 과학적으로 추구되어야 한다. 듀이(Dewey)에 의하면, 교육의 목적은 성장이다. 성장은 삶의 특징이므로 모든 삶은 성장과 일체가 되어야 한다. 교육은 생활의 준비가 아니고 생활 그 자체이다. 아동은 연령에 적합한 학습 상황을 가져야 하며 학교는 공동사회의 형식을 갖춘 사회의 축소판이어야 한다.

둘째, 아동은 그에게 영향을 주는 세계를 학습해야 한다. 아동은 그가 생활하는 환경을 떠나서 생각될 수 없는 것처럼 학교는 생활 자체와 분리될 수 없다. 따라서 학교는 아동이 당면하고 사회가 해결해야 하는 문제와 관련된 것을 가르쳐야 한다.

셋째, 학습은 행동에 의해서 이루어져야 한다. 배운다는 것은 문자에 의한 학습이 아니라 실천에 의해서 학습해야 된다는 점을 강조하고 있는 것이다.

넷째, 아동의 흥미와 욕구를 존중하는 교육이어야 한다. 아동의 흥미와 욕구가 학습동기의 기초로 사용되어야 한다.

3. 현대 교육철학

현대의 교육사조를 진보주의, 항존주의, 본질주의, 재건주의 등으로 분류하여 살펴보고자 한다(서재복, 2008; 임창제, 1999; 손인수, 1998; 박영진, 2012; 신득렬 외, 2005).

1) 진보주의

19세기 말에서 20세기 초에 이르는 동안 미국사회 전반에 걸쳐서 개혁운동이 일어났다. 정치권에서는 민주주의제도의 실현과 사회복지 증진 등 일련의 개혁운동은 교육에까지 영향을 미쳤다. 이와 같은 현상은 실제생활에 필요한 경험을 아동들에게 제공해야 한다는 주장이 대두되었다. 성인중심, 서적중심의 보수주의적 교육에 반기를 들면서 아동을 사랑하고 아동의 자유활동 및 자발적 활동을 존중하는 아동중심주의의 새교육운동이 진보주의 교육사조로 나타난 것이다. 이는 실용주의사상을 토대로 했으며, 학생의 흥미와 자유에 의한 전인교육, 개인차를 존중한 개성교육, 생활경험활동 등을 중심으로 한 운동이었다.

듀이(Dewey)는 시카고대학에 실험학교(laboratory school)를 창설하는 동시에 「나의 교육학적 신조(my pedagogic creed)」라는 글을 발표하여 혁신적인 교육사상을 수상하였으며, 『민주주의와 교육(democracy and education)』을 저술하여 새교육운동의 철학적 토대가 되었다. 진보주의자들은 1918년에 진보주의교육협회(Progressive Education Association)를 결성하였는데, 여기에서 다음과 같은 7개항의 강령을 재택하여 선포하였다(Meyer, 1949).

① 아동은 외적인 권위에 의하지 않고 자신의 사회적 필요에 의하여 자연스럽게 발달할 자유를 누려야 한다.
② 흥미와 욕구의 충족이 모든 학습활동의 동기가 되어야 한다.
③ 교사는 아동의 활동을 고무하고 적절한 정보를 제공하는 안내자가 되어야 한다.
④ 아동에 대한 평가는 교과뿐 아니라 아동의 신체적, 정신적, 도덕적, 사회적 특성을 포함하는 넓은 범위의 평가가 되어야 하며, 아동의 지도에 도움이 되어야 한다.
⑤ 가장 중요시해야 할 것은 아동의 건강이기 때문에, 학교의 시설, 환경, 인적 조건은 명랑해야 한다.
⑥ 학교는 학부모와 긴밀한 협조를 통해 아동을 교육해야 한다.
⑦ 진보주의학교는 좋은 전통 위에 새것을 첨가하는 실험학교로서 교육개혁운동의 중핵이 되어야 한다.

진보주의자들은 교사중심적으로 진행되어 오던 전통주의적 교육을 아동중심적으로 전환시켰다. 이것은 아동 개인의 흥미 · 욕구 · 호기심 · 관심 등을 교육의 중요한 동기로 존중하는 방식으로 이루어졌다. 또한 진보주의 교육사조는 전통적인 교육과정에 반대하면서 대안적인 교육과정을 실험하였다. 그것은 활동(activity), 경험(experience), 구안법(project method), 문제해결법(problem solving method) 등을 활용하는 교육과정이다.

진보주의의 교육원리를 넬러(kneller)가 요약한 것을 정리하면 다음과 같다(Kneller, 1971).

첫째, 교육은 삶 그 자체이며 삶을 위한 준비는 아니다. 지적인 삶이란 경험의 해석과 재구성을 포함한다. 아동들은 그 연령에 맞는 학습환경에서 경험을 재구성해 나가야 한다.

둘째, 학습은 아동의 흥미에 직접 연결되어야 한다. 아동은 전인(全人)으로 이해되고 교육되어야 한다. 학습과정은 아동 개인에 의해 주로 결정된다는 점에서 학교는 아동중심적이어야 한다.

셋째, 교과내용을 주입하지 말고 문제해결을 통한 학습이 이루어지게 해야 한다. 지식은 그 자체가 목적이라기보다 경험을 관리하는 도구이며 계속해서 전개되는 새로운 삶의 사태에 대응하기 위해 사용되는 것이다.

넷째, 교사의 역할은 지시하는 일이 아니라 조언해 주는 일이다.

다섯째, 학교는 경쟁보다는 협동을 강조하고 격려해야 한다.

여섯째, 민주주의만이 인간의 참다운 성장에 필요한 사상이 교류와 인격의 상호작용을 허용하고 촉진한다. 따라서 학교는 학생의 자치권, 자유로운 의사소통과 토론, 학생과 교사의 협력을 통한 계획을 증진시키고 제반 교육활동에 학생들을 적극적으로 참여시켜야 한다.

진보주의는 사회의 제 영역에서 일어나는 끝없는 변화에 관심을 기울이고, 기존의 사회질서 및 교육의 관행에 도전함으로써, 교육의 발전에 크게 공헌하였다. 반면에 진보주의 이론에도 문제점이 많다. 첫째, 진보주의는 확고한 교육목적이 결여되어 있다. 진보주의는 미래보다는 현재의 아동의 필요와 흥미를 중시하기 때문에 교육의 목적이 불분명하다. 둘째, 아동의 흥미와 필요를 존중했기 때문에 아동들이 어려운 교과목을 피하고 쉬운 과목을 선택했다. 이는 기초과학의 급격한 실력저하현상으로 나타났다. 셋째, 사회생활을 함에 있어서 협동도 중요하지만, 이에 못지않게 경쟁도 중요하다. 진보주의는 사회생활에서 지나치게 협동을 강조했다. 넷째, 문제해결방식의 유용성은 검증되지 않았으며, 협력학습은 소수의 창의성을 무시할 위험이 있다. 따라서 진보주의는 사회를 경시하고 지나치게 개인만을 중시했기 때문에, 이것은 진보주의의 모순이 아닐 수 없다.

2) 본질주의

1920년대와 1930년대에 성행하던 진보주의 교육사조는 제2차 세계대전의 시작과 더불어 전통적 교육을 부활을 시켜야 한다고 주장하며 인문주의적 교육을 발전적으로 전개시키려는 움직임이 나타났다. 이것이 본질주의 교육사조이다. 본질주의(essentialism)는 인류의 문화 중 가장 본질적인 것을 선정하여 다음 세대에 교육시켜야 한다는 교육사상이다. 또한 교사의 권위와 교재중심의 교육과정의 가치를 강조하며, 교육은 과거에 발전하여 온 기본적 능력, 예술, 과학 등을 학습하여야 한다는 것이다. 여기서 기본적 능력이란 읽고, 셈하고, 쓰는 능력을 의미하며, 이러한 기본적 능력은 초등학교에서 가르쳐야 한다고 했다. 중등교육에서는 예술, 과학과 같은 학문적 교과가 교육과정으로 구성되었다. 이런 교육과정을 따르는 교사는 교과내용에 대해 권위를 가지고 있어야 하며, 학생들을 가르치는 방법에도 정통해야 한다. 그리고 학생들은 본질적인 교과들을 학습하기 위해 고된 훈련과 노력을 기울여야 한다.

본질주의자들이 주장하는 교육의 기본원리는 다음과 같이 정리할 수 있다(Ornstein, 1977).

첫째, 학습은 원래 강한 훈련을 수반한다. 이는 아동들이 싫어하는 경우에도 학습하게 해야 한다. 진보주의자들은 아동의 현재의 욕구, 흥미, 자유를 강조한 데 반해, 본질주의자들은 장래의 목적과 훈련 및 노력의 중요성을 강조한다.

둘째, 교육의 주도권은 교사에게 있어야 한다. 교사는 성인의 세계와 아동의 세계를 중개하는 역할을 한다. 이런 중개자로서 전문적 준비를 갖춘 교사는 학생들의 성장을 훌륭하게 지도할 수 있다.

셋째, 교육과정의 핵심은 소정의 교과(敎科)를 철저하게 이수하는 일이다. 본질주의자들의 교과내용은 초등수준에서는 읽기, 쓰기, 셈하기를 가르치며, 중등수준에서는 역사, 과학, 수학, 문학, 언어, 예술 등 교양적인 것을 포함한다. 이런 교과들은 매우 유용한 것이기 때문에 학교는 정당한 권위를 행사하여 이런 교과들을 가르쳐야 한다.

넷째, 학교는 전통적인 학문적 훈련방식을 계속 유지해야 한다. 진보주의의 행동에 의한 학습원리도 어떤 교과와 아동에게 적합할 수 있지만, 모든 교과와 모든 아동에게 적합하지는 않다. 아동이 배워야 할 것은 교과나 지식의 본질적인 개념들이며, 이런 개념들은 전통적인 학문적 훈련방식으로 가르쳐야 한다.

본질주의 교육이념의 의의를 높이 평가해야 하지만 여기에도 문제점이 나타났다(이형행, 2001: 120~121).

첫째, 사회과학을 경시했다. 본질주의자들은 학문적 훈련을 중요시하기 때문에 학문 중에서 가장 체계화되어 있는 자연과학을 중시하고 사회생활과를 소홀히 한 것이다. 이것은 진보주의자들이 사회과학, 혹은 사회적 감각도야를 과도하게 중요시한 데 대한 반발로 나타났다. 그러나 사회과학은 오늘날 인류문화의 양상과 그것이 지니는 문제와 병폐를 인식시켜 줌으로써, 앞으로 우리가 지향해야 할 방향을 제시하여 주는 것이기 때문에 자연과학 못지않게 중요시되어야 한다.

둘째, 참여의식을 고취하지 못했다. 본질주의는 체계적인 지식의 전수와 교사의 주도권을 강조한 나머지 아동의 자발적인 참여의식과 학습동기를 가볍게 여김으로써 민주시민으로서 필수적으로 갖추어야 할 독립심, 비판적 사고, 협동정신 등을 소홀히 하였다.

셋째, 항존성을 배척하였다. 본질주의는 기본적인 지식과 기술의 전수에만 급급하여 시·공간을 초월한 영원한 진리와 가치를 탐구하고 외경하는 진지한 종교적 수준의 교육을 경시했다.

넷째, 미래지향적 자세를 길러 주지 못했다. 본질주의는 인류가 풀어야 할 과제가 무엇이며, 또 교육이 그것을 위하여 어떻게 공헌해야 할 것인가에 대한 미래 전망과 사회혁신적 자세가 부족했다.

3) 항존주의

우리는 1930년대에 이르러 진보주의 교육사조의 비판으로부터 나타난 본질주의 교육 이외에 절대적인 것을 추구하는 학자들에 의해 주장된 또 하나의 교육사조를 보게 된다. 본질주의는 여러 측면에서 진보주의 교육의 장점을 인정하면서 모순점을 시정하였던 교육사조였으나, 항존주의는 이와 같이 진보주의에 대한 본질주의의 공격이 철저하지 못한 데 불만을 품고 진보주의 교육사조의 기반인 실용주의 자체를 근본적으로 부정하면서 개혁하려는 교육사상이다.

페레니알(perennial), 즉 '항구적', '영원한'이라는 어의에서 알 수 있듯이 항존주의는 진리의 '절대성(absoluteness)'과 '불변성(unchangeableness)'을 믿고, '변하는 것', '일시적인 것'을 거부한다. 따라서 항존주의의 이론은 자연법칙의 '통일성'에 기초한다. 항존주의의 기본교육원리는 다음과 같다(Kneller, 1971).

첫째, 인간의 본질이 불변하기 때문에 교육의 본질도 불변한다.

둘째, 인간의 결정적인 특징은 이성이기 때문에 교육은 이성을 발달시키는 데 집중되어야 한다.

셋째, 적응의 형태 가운데 교육이 지향해야 할 유일한 것은 항구불변의 보편적인 진리에 대한 적응이다.

넷째, 교육은 생활의 복사가 아니라 생활을 위한 준비이다.

다섯째, 학습자는 일정의 기본교과를 학습함으로써 정신적으로나 과학적으로 우주의 영원성에 접해야 한다.

여섯째, 영원성은 고전을 통해서 가장 잘 체득할 수 있다.

4) 재건주의

재건주의(reconstructionism)는 현대문명의 위기를 교육의 수단으로 극복하고 새로운 사회를 건설해야 한다는 교육철학이다. 브라멜드(Brameld)는 교육이 사회개조의 선봉이 되어야 할 것을 강력히 역설하고 현재 인류가 처해 있는 위기를 극복하기 위해 미래를 내다보며 이상적으로 추구하는 사회건설에 기여할 새로운 교육철학이 필요하다고 하였다. 또한 모든 가치 중에서 사회적인 자아실현이 가장 포괄적이며 매우 높은 가치라고 생각한다. 자아는 언제나 사회집단과 결부되어 있기 때문에 사회적 자아라 할 수 있으며, 개인과 사회 양자의 요구를 최대한으로 만족시키는 것이 된다.

재건주의는 사회적 자아실현을 그 목적으로 하고 이 목적의 실현을 통해서만 경제적, 정치적, 교육적, 과학적, 심미적, 종교적, 개인적 목적이 성취된다고 보는 것이다.

재건주의의 교육원리는 다음과 같다(Kneller, 1971).

첫째, 교육의 주된 목적은 명확하게 계획된 사회개혁 프로그램을 추진하는 데 있다. 사회는 단순히 정치적 활동에 의해 개혁될 것이 아니라, 그 구성원들에게 공동생활에 대한 새로운 전망을 교육함으로써 더 근본적으로 개혁되어야 한다.

둘째, 새로운 사회는 진정으로 민주적인 사회가 되어야 하며, 그 사회의 주요기관들이나 자원들은 국민 스스로가 통제하여야 한다. 이상적인 사회는 민주주의 사회이며, 이러한 사회는 민주적 방법으로 실현되어야 한다.

셋째, 교사는 맡은 바 과업을 성실히 수행하여야 한다.

넷째, 교육의 방법과 수단은 행동과학의 연구성과에 따라서 재구성되어야 한다.

다섯째, 인간형성에 있어서 사회가 미치는 영향력이 지대하다.

그러나 재건주의는 현대문명의 위기의식을 교육을 통해서 극복하려 했다는 측면에서 상당한 공헌을 하였으나 다음과 같은 문제점을 지닌 것도 사실이다(김정환, 1982).

첫째, 재건주의는 미래사회를 어떤 가치관에 입각해서 세울 것인가에 대한 논증을 결여하고 있다. 재건주의는 민주적인 질서가 자리 잡고 부의 공정한 분배가 이루어지는 복지사회를 이상으로 한다. 그러나 이런 복지사회는 어떤 가치를 실현하기 위한 것인지 분명치 않다. 복지제도가 잘 갖추어진 나라에서는 어떤 가치를 추구하며 살아야 할 것인지 알 수 없다.

둘째, 재건주의가 행동과학을 유일한 방법으로 여기는 데서 오는 한계가 있다. 인간은 매우 복합적이고 유동적인 특성을 가지고 있어서, 행동과학이 인간의 제 특성을 과학적으로 설명하지는 못한다. 무엇보다도 행동과학은 인간이 믿어야 할 최상의 가치가 무엇인지 말해 주지 못한다. 인간의 삶의 목적과 가치와 관련해 볼 때, 행동과학의 결론은 언제나 불충분하다.

셋째, 재건주의는 민주적인 방식에 대해 지나친 기대를 한다. 민주적인 것은 물론 좋은 것으로 여겨지지만, 그것이 최선의 방법인가에 대해서는 여전히 의문이 남는다. 다수의 의견을 따르는 민주주의가 소수의 의견을 무시하기 쉽다는 점은 일찍부터 제기되어 온 문제이다.

교육의 사회적 기초

Chapter 03

3장에서는 교육사회학의 제 이론, 사회화와 교육, 사회계층과 교육, 사회변동과 교육 등에 대해서 고찰하고자 한다.

제1절 교육사회학의 제 이론

교육사회학은 교육현상을 사회학적 방법으로 기술·분석·설명하는 과학이라는 점에서 사회학의 주요 이론적 전망에 의거 교육현상을 분석·설명하고자 한다. 그러나 논자에 따라, 대상을 포착하는 방법 및 분석의 방법에 따라 달라진다. 교육사회학은 독립된 학문이라기보다는 교육학과 사회학을 접목시킨 학문적 영역이라고 할 수 있다. 교육사회학에 대한 연구물을 살펴보면 다음과 같다.

첫째, 카라벨과 홀시(Karabel & Halsey, 1977)는 ① 기능주의적 교육이론, ② 경제적 인간자본론, ③ 방법론적 경험주의(특히 교육 불평등의 실증적 연구에 관한 것), ④ 갈등론적 교육이론, ⑤ 교육연구에 있어서 상호작용론적 전통과 새로운 교육사회학의 도전 등으로 제시하고 있다. 1960년대 중반까지 기능주의가 우세했던 교육사회학은 오늘날에는 그 연구방법 및 이론도 다양하게 분화되었으며 연구대상의 영역도 확대되었다.

둘째, 블랙리지와 헌트(Blackledge & Hunt, 1985)는 교육사회학의 주된 이론적 접근을 ① 기능주의적 전통, ② 막스주의적 전망, ③ 해석주의적 접근(interpretative approach) 등으로 구분하고 있다.

상기에서 살펴보면, 교육사회학의 주된 패러다임은 기능주의적 패러다임, 갈등주의적 패러다임, 해석적 패러다임 등으로 분류할 수 있다.

기능론적 패러다임(거시적 수준)은 사회를 기능적으로 상호 관련된 부분의 체제로 보면서, 가정은 사회가 구체적으로 실재하며 질서를 부여하고 규제되는 상태를 지향하는 체제적 특성을 지니고 있다고 가정하고 있다. 또한 사회의 통합을 위한 가치와 전통적인 형태가 일반적으로 지지되고 있다. 사회의 여러 기관이나 제도들은 그 사회의 통합에 기여하고 서로 밀접하게 관련되어 있다. 따라서 현존제도를 통해 수행되는 사회통제는 개인이나 사회 모두에게 필요하고도 유일한 것으로 간주되고, 개인의 발전과 반성은 현재의 규범과 가치에 동조함으로써 가장 잘 성취될 수 있다고 보았다. 여기에서 일탈행동은 보통 바람직하지 않은 것으로 간주된다.

갈등론적 패러다임(거시적 수준)의 기본적 관점은 사회의 불안정과 변동을 강조한다. 그리고 사회는 여러 대립되는 지속적인 갈등관계를 지닌 집단으로 구성되며, 사회통제는 물리적인 힘(force), 강압(coercion), 조작(manipulation)을 통해서 이루어진다. 사회가 종종 일탈행동이라고 규정한 것은 갈등이론가들에 의해서는 개인적 성장의 촉진과 사회조직에 있어서 유익한 변동으로 종종 간주된다. 또한 사회변동은 현존제도의 기본적인 개조를 포함하는 것이며 그리하여 본질적으로 혁명적인 것이다.

해석적 패러다임(미시적 수준)은 사회를 미시적이고 개인적 수준에서 개념화하고 있다. 사회를 있는 그대로 이해하고자 하며 주관적인 경험의 수준에서 사회의 근본적인 성격을 이해하고자 한다. 개인적 의식과 주관성의 영역에서 행위의 관찰자로서가 아니라 참여자의 시각에서 사회를 설명하고자 한다.

기능 및 갈등론적 패러다임은 사회적, 문화적 수준의 분석에서 구조와 과정을 분석하는 데 적절한 모형이며, 반면에 해석학적 패러다임은 미시적 수준에서 사회적 행위와 상호작용의 의미를 분석하는 데 유용한 모형이다.

1. 기능주의

교육사회학에서 기능주의는 사회학의 창시자 콩트(Comte)와 사회유기체설을 제시한 스펜서(Spencer) 등의 이론적 기초 위에 뒤르케임(Durkheim)과 파슨스(Parsons)에 의해서 발전되어 체계화된 이론이다.

기능주의에 의하면, 사회는 인체의 각 기관처럼 여러 가지 부분들로 전체를 이루고 있으며, 이 부분들이 각기 특이한 기능을 함으로써 전체를 존속 내지는 유지시킨다고 한다. 사회를 생물학적 유기체로 보고 있다. 이와 같이 기능주의자들은 사회를 구조와 기능이라는 측면에서 분석하고 이해하려고 하며, 한 사회의 지속적인 발달과 번영을 위하여 질서, 균형, 안정을 추구하며 통합과 합의를 통하여 사회질서와 사회체제가 유지 및 존속된다고 강조하고 있다.

교육에 대한 기능론적 이해방식은 사회에 대한 기능론적 이해방식과 일관성을 갖는다. 따라서 사회에 대한 기능론적 방식 중 중요한 것 몇 가지만 정리하면 다음과 같다(이종각, 2004).

첫째, 질서유지의 관점이다. 사회는 질서유지적 측면을 강조하고, 질서는 구성원의 합의된 가치·관점에 의해 유지된다고 본다. 사회의 존속과 유지를 위해 교육은 그 사회에 맞는 사회화기능을 수행해야 한다.

둘째, 체제적응적 관점이다. 기능론에서는 전체사회에 대한 교육사회의 기능을 체제적응적으로 파악한다. 따라서 교육사회는 사회의 변화에 따라 적응하는 기능을 제대로 수행해야 한다.

셋째, 기회균등과 업적주의 사회관이다. 현대사회는 세습적 지위나 권위보다도 개인의 능력과 업적 및 노력의 정도가 가장 중요하게 취급되는 업적주의 사회라고 전제된다. 사회적 신분은 개인의 노력에 의해 성취되어야 한다. 따라서 계층 차, 지역 차, 인종 차에 구분 없이 누구나 동등한 사회적 성취기회를 가져야 한다는 기회균등의 원리를 주장한다. 이 두 개의 원리는 기회는 균등하게, 분배는 능력에 따르는 사회형태를 추구하는 것이다.

넷째, 개인주의이다. 교육에 관한 선택 및 성공과 실패, 교육기회의 문제도 사회구조적 설명보다는 개인주의적 설명을 강조한다. 개인의 능력 때문에 성공하고 실패한다는 견해가 지배적이다.

다섯째, 점진적 개량주의이다. 기능론에서도 각종 사회악이나 불평등요소가 있다는 점을 인정하지만, 일시적이고 부분적인 체제의 부조화로 파악하는 경향이 높다. 따라서 그에 대한 대책도 부분적이고 점진적인 개선책으로 가능하다고 생각한다.

기능주의에 대한 학교의 시각을 살펴보면(김천기, 2008; 한준상, 1985) 다음과 같다.

첫째, 학교는 사회를 유지 및 존속시키는 다양한 제도들 중 하나이며, 자라나는 세대를 사회화하고, 사회의 다양한 역할구조 내에서 개인이 담당할 특정한 역할을 위해 능력 있는 사람들을 가려내는 이른바 사회적 선발의 기능을 한다는 것이다.

둘째, 산업사회에 있어서 직업에 따르는 위계는 사람들의 능력과 그 직업에 주어진 과업의 복잡성 때문에 생긴 것이며, 학교에서의 경쟁은 사회유지 및 원활한 운용을 위하여 가장 능력 있는 사람들의 객관적 선발을 보장해 준다는 것이다.

따라서 사회가 점차 복잡하고 전문화되어 감에 따라 능력 있고 전문적인 지식과 기술을 지닌 사람들을 필요로 하게 되는 바 그 같은 필요는 학교가 능력있는 사람들을 선발해내고 보다 많은 사람들에게 인지능력을 높임으로써 충족될 수 있다는 것이다. 학교를 통한 인재의 선발이야말로 능력사회를 창조하는 유일한 방법이라 하겠으며, 이러한 기능주의적 관점은 널리 수용되고 있다.

2. 갈등주의

갈등주의의 역사적 발달과정은 마르크스에 의해 출발하며, 그에 의하면, "갈등없이는 진보란 있을 수 없으며, 이것은 인간의 문명이 금일까지 준수한 법칙이다."라고 했다. 마르크스는 사회 자체 내에서 인간적인 발전을 저해하는 요인, 즉 모순이 잠재해 있다고 생각했다. 이러한 모순은 계급 간의 긴장과 갈등을 심화시켜, 결국 무산노동자계급이 주도하는 혁명을 통해 사회의 질적 변화를 촉진하게 되는 것이다. 이러한 마르크스의 관점을 이어받은 갈등론자들은 베버(Weber), 짐멜(Simmel), 코저(Coser), 터너(Turner) 등을 들 수 있다.

갈등주의 등장배경을 살펴보면, 미국과 프랑스에서 강하게 나타났다. 특히 미국에서 1960년대 이후 경제적 불황과 후퇴, 베트남전쟁의 개입에 대한 젊은이들과 지성인들의 비판, 인권운동, 빈부격차의 심화, 제3세계의 결속 등이 미국의 교육을 갈등론적 시각에서 논하는 학자들의 세력을 강화시킨 시대적 계기가 되었다.

마르크스이론에 기초한 터너(Turner)의 갈등론적 기본적인 전제를 살펴보면 다음과 같다.

일정한 사회체제에서 부족한 자원의 분배가 불평등할수록 지배집단과 종속집단 간의 이해를 둘러싼 갈등은 심화되며, 피지배집단이 그들의 참된 집단적 이해를 의식할수록 부족한 자원의 불평등한 분배의 정당성을 의심하게 될 것이다. 피지배집단이 그들의 집단적 이해를 의식하고 부족한 자원의 불평등한 분배의 정당성을 의심할수록, 그들은 조직을 만들고 지배집단에 대한 공개적인 대항을 개시할 것이다. 지배집단과 피지배집단이 분극화할수록, 갈등은 폭력적으로 나타날 것이다. 피지배집단이 공통된 신념으로 통일되고 정치적 지도체계를 발전시킬수록 지배집단과 피지배집단은 분극화될 것이다. 갈등이 폭력화되면, 사회의 구조적 변화와 부족한 자원의 재분배의 실현도는 높아질 것이다.

갈등주의에는 경제적 재생산론과 문화적 재생산론 및 저항이론 등이 있다.

경제적 재생산론은 미국의 보울즈와 긴티스(Bowles & Gintis, 1976)가 주장했으며, 교육내용을 자본주의 사회의 경제적 요인에 따라 분석하였다. 경제적 재생산론적 입장에서 학교교육은 자본주의 사회의 구조적 모순과 거기서 파생된 경제적 불평등을 반영하여 자본주의 사회의 계층위계화를 은밀하게 공고히 하는 기능을 담당하고 있는 것으로 파악하고 있다. 자본주의 사회의 학교는 낮은 지위 및 중간 지위의 직업을 수행하는 데 요구되는 자질과 인성특성, 즉 복종, 시간 엄수, 상사에 대한 존경심, 일을 제대로 해내는 습관, 시키는 대로 잘 따르는 능력 등을 매우 귀중한 규범과 가치로 교수한다. 또한 자본주의 사회의 교육제도는 불평등의 정도를 완화시키지 못할 뿐만 아니라 억압적인 개인적 발달을 촉진시킨다고 말한다. 이것은 학교교육이란 불평등한 사회구조를 정당화·합법화하여 재생산하는 기능을 도모하게 된다.

따라서 경제적 재생산론의 의의는 자본주의사회에서 학교가 공정한 사회적 기관이라기보다는 오히려 사회적 위계관계, 즉 불평등구조를 정당화·합법화·강화하는 재생산적 도구라는 새로운 해석을 해주었다는 점에서 의의가 있으며, 반면에 경제적 재생산의 비판점(김병욱, 2008; 권이종 외, 1999)으로 첫째, 경제적 재생산론은 학교교육의 역할을 경제구조에 국한시킴으로써 다른 사회적 변인, 즉 문화구조의 역할을 간과했다. 둘째, 경제구조의 성격이 학교에 중요한 영향을 미치기 때문에 결국 학생들은 자본가계급이 요구하는 인간형성, 즉 수동적인 존재로 이해되고 있다는 점이다. 셋째, 학교의 외부구조인 경제구조가 학교 내부 구조인 모습을 결정함으로써 교수-학습장면에서 일어나는 복잡한 관계를 단순화시키거나 간과하는 경향이 있다. 넷째, 보울즈와 긴티스(Bowles & Gintis)는 학교가 의도하는 규범과 인성 특성을 실제로 가르치고 있는 것으로 상정하지만 학생들이 그런 것들을 배운다는 증거가 없다고 할 수 있다.

문화적 재생산론(cultural reproduction theory)은 학교교육은 지배계층의 문화를 선호하며 그것을 학생들에게 내면화시킴으로써 자본주의사회의 구조적 모순과 불평등현상을 정당화·합법화·재생산하는 데 기여한다고 한다. 학교교육의 기능을 문화구조에 제한시켜서 사회구조의 불평등현상을 설명하고 있다. 문화적 재생산론을 주장한 학자는 다음과 같다.

부르디외(Bourdieu)는 교육이 사회적 불평등을 감소하기는커녕 사회적 불평등을 계속 영속화시키는 데 기여한다는 전제 하에 고등교육과 사회계급구조 사이의 관계를 예리하게 분석하였다. 그는 고등교육은 특권을 전수하며, 지위를 배분하고, 기존의 사회질서에 대한 존경심을 심어 주는 기능을 한다고 주장했으며, 교육은 일반적인 문화구조를 한 세대에서 다음 세대로 전달하는 전통적 기능을 맡고 있기는 하지만 사실상 보다 심층적이며 잘 보이지 않는 사회적 기능을 수행하고 있다는 것이다. 따라서 교육이 계층들 사이의 문화적·사회적 차이를 강화함으로써 사회계급구조를 재생산하는 데 공헌한다고 했다. 다시 말해, 문화자본은 학업성취를 촉진시키는 사회적으로 물려받은 언어적 능력과 문화적 능력을 가리키며, 부르디외는 학업성취와 문화소비 유형의 측면에서 볼 때 사회계층 간에는 불평등한 문화자본의 배분이 존재한다는 사실을 지적하고 있다. 부르디외의 연구내용을 살펴보면, 첫째, 학업성취는 문화적 배경과 연결되어 있다. 즉 아동의 학업성취는 부모의 직업적 지위보다는 교육적 배경과 더 깊은 관련이 있다는 것이다. 둘째, 학교교육이 현저한 차이를 가져다준다고 본다. 이는 학생들이 가지고 있는 문화자본은 학교교육을 통해 더욱 강화된다는 것이다. 학교는 제한된 사회이동의 근거를 제공해 줌으로써 능력주의의 이데올로기를 뒷받침하는 원천이 된다. 셋째, 교육의 선발과정을 사회계층 구조와 연관 짓는다. 이는 사회계층 배경과 학업성취 사이의 직접적인 관계는 초등교육과 중등교육 수준에서 강하지만 대학수준에서 이 같은 관계는 사라진다는 것이다. 사회계층 배경은 다른 수준의 학교교육에서는 다른 방식으로 작용하는 복잡한 요소들을 통해 조정된다는 주장이다(Bourdieu & Passeron, 1977).

번스타인(Bernstein)은 학교교육을 통해 자본주의 사회의 불평등이 지속되는 이유를 사회언어학적 분석을 통해 코드로써 체계화하여 설명하고 있다.

첫째, 정교화된 코드는 주로 중산층의 언어코드로서 문장구성이 복잡하며 정확한 문법체계를 강조하며, 수준 높은 상징체제를 많이 사용한다.

둘째, 제한된 코드는 하류계층이 소유한 언어코드로서 문장구성이 단순하며 문법과 문장규칙이 부정확하다. 따라서 학교교육은 중산계층이 소유한 정교화된 언어코드를 선호함으로써 학업성취 면에서 중산계층아동은 하류계층 아동보다 월등할 수밖에 없다는 것이다. 계층 간의 위계화와 불평등이 학교교육에 그대로 반영되어 기존의 사회구조가 유지된다는 것이다.

저항이론은 경제적 재생산론이나 문화적 재생산론과는 달리 학교를 사회의 단순한 반영물로 보지 않고 있다. 인간은 사회구조의 영향을 받는 수동적인 존재가 아니라 주체적 의지를 가지고 사회의 모순과 불평등을 비판하고 그것에 맞서 투쟁할 수 있는 존재이다. 그러므로 불평등한 사회구조를 인식할 수 있는 힘과 그러한 구조를 개혁할 수 있는 의지를 강조하는 학교교육을 통해서 사회모순은 극복될 수 있다고 본다. 대표적인 저항이론가는 윌리스(Willis)와 지루(Giroux)가 있다(권건일 외, 2007).

상기에서 설명한 갈등이론, 즉 경제적 재생산론, 문화적 재생산론, 저항이론 등은 사회와 교육과의 관계를 파악하는 관점은 다소 차이가 있으나, 그러나 이들 이론 간에는 공통분모를 찾을 수 있다. ① 사회는 항상 변화하며 끊임없는 경쟁과 갈등 속에 있다고 본다. ② 사회의 질서유지는 구성원 간의 합의에 의한 것이 아니라, 지배집단의 강제에 바탕을 두는 것이라고 주장한다. ③ 인력을 선발하는 일은 부와 지위를 독점한 지배계급이 다른 집단으로부터의 도전에 대해 자신들의 이익을 지키기 위해 만든 합리적 보호장치로 이해한다. ④ 학교교육을 지배층이 다스리고 조직하기에 편하도록 국민을 순화하고 교화하는 기능을 수행하는 기관으로 본다. ⑤ 따라서 교육이란 불평등을 재생산하는 과정으로 본다.

3. 해석주의

해석학적 접근의 발달배경을 고찰하면 다음과 같다(차경수 외, 2010; 권이종 외, 1999).

첫째, 거시적 접근은 인간존재를 사회화의 산물로 파악했다는 점이다. 따라서 인간의 창의성은 무시되고 인간에게 자유는 없는 것으로 분석된다.

둘째, 거시적 접근은 인간생활의 미묘함과 복합성에 대해서는 관심을 두지 않고, 학교생활의 실체를 이해하지 못하며 교사와 학생의 관계요인을 파악하는 데 실패했다는 점이다. 거시적 접근은 교육에 대한 일반적 구조를 제공해 주고는 있으나, 매일 교실에서의 만남의 생생한 사실을 알려주지는 못한다. 따라서 기능론과 갈등론의 거시적 접근이 가진 이러한 결함들이 미시적·해석적 접근의 발달을 초래하게 되었다.

해석적 접근의 공통된 특징은 다음과 같다(이종각, 2004).

첫째, 내부자 관점의 강조했다. 해석적 접근에서 연구자는 행위자(참여자)들과 같은 방식으로 관찰하고 해석을 하며, 그로부터 특정한 유형이나 규칙성을 찾으려 한다.

둘째, 총체주의이다. 관심대상이 처한 복잡한 상황 중에서 몇몇 요소들을 발취하여 분석적으로 탐구하기보다는, 문제상황을 전체적으로 인식하고 탐구한다.

셋째, 맥락화이다. 모든 자료는 그 자료가 수집된 환경의 맥락 속에서 고려되어야 한다. 맥락의존성이야말로 '해석'의 본질이다.

해석학적 접근에는 상징적 상호작용론과 민속방법론 등으로 고찰하기로 한다.

상징적 상호작용론은 인간의 집단생활과 인간행동을 연구하는 다소 독특한 접근방법을 일컫는 말로 사용되었다. 학자는 미드(Mead), 듀이(Dewey), 토마스(Thomas), 파크(Park), 제임스(James), 쿨리(Cooley), 즈나니에키(Znaniecki), 볼드윈(Baldwin), 레드필드(Redfild), 워드(Wirth) 등이 있다. 상징적 상호작용이론의 전제는 인간은 사물들이 인간에 대하여 지니고 있는 의미를 바탕으로 그 사물에 대해 행동한다는 것이다. 이러한 사물들의 의미는 사람이 그의 동료들과 갖는 사회적 상호작용으로부터 연유되거나 또는 그것으로부터 나온다는 것이다. 상징적 상호작용 이론의 관점은 사회현상을 연구함에 있어서, 상징을 교환하며 상호작용하는 구체적인 인간을 분석의 중심으로 삼는다. 인간의 상호작용을 사회구조나 문화구조의 기저로 보고, 인간을 사회제도나 규칙이 규정하는 역할을 수동적이고 무비판적으로 수용하는 기계적 존재가 아니라 사고하고 해석하며 의미를 부여하는 성찰력있는 존재로 간주하는 것이 상호작용이론의 특징적인 관점이다.

따라서 상징적 상호작용이론의 의의는 사회의 문화규범이 사고와 행동의 틀을 규정한다고 보는 기능주의적 관점과 사회의 지배규범은 중립적인 것이 아니라 우리에게 주입되는 이데올로기적 환상이라고 보는 갈등이론의 관점을 보완할 수 있다는 데 의의가 있다.

민속방법론(Ethnomethodology)의 역사적 발전과정은 가핑클(Garfinkel)에 의해 최초로 사용되었다. 1960년대 말 가핑클은 영국을 중심으로 맥을 잇고 있는 상징적 상호작용과 현상학을 종합하여 민속방법론으로 발전시켰으며, 인류학의 그리츠(Geertz)에 의해 더욱 정교화되었다. 민속방법론은 개인들의 상호작용이 일어나는 상황, 상태, 행위 과정 및 경로에 대한 있는 그대로의 자기 예시적인 자명한 속성을 기술·분석한다. 또한 언어와 회화가 사회생활을 이해, 해석하는 데 있어서 관건이 된다고 보고 있으며, 서로 접촉하는 사람들 간에 주고받는 말의 특색이 곧 상호작용을 특정 지어 준다고 주장하고 있다(김병성, 1999). 그리고 민속방법론은 사회적 실제의 본질이 무엇인가 하는 것보다 오히려 사회적 실제에 관한 의미를 구성하는 방법을 관찰하고 기술하는 것을 중요시한다. 또한 민속방법론의 관심점은 민속방법론은 경험적 연구에서와 같이 사실의 발견에 관심이 있는 것이 아니라, 사회적 상황에 있는 사람들이 여러 사실들을 어떻게 지각하고, 설명하고 있는가를 이해하는 데 관심이 있다.

제2절 사회화와 교육

제2절에서는 사회화의 개념, 사회화의 기관, 사회화의 방법, 사회화의 담당자, 사회화와 교육과의 관계 등에 대해서 기술하고자 한다.

1. 사회화의 개념

사회화에 대한 학문적 접근을 살펴보면 다음과 같다.

첫째, 문화인류학에서는 사회화를 한 사회에 속한 모든 사람이 공유하는 행동양식 또는 규범에 따라 행동하도록 그 사회의 문화유형을 습득하는 것으로써 문화유형을 전달하는 과정으로 이해하여 문화화(enculturation)라고 부른다(김천기, 2008; 이광규 외, 1976: 22).

둘째, 사회학 분야에서는 사회화란 사회의 제 기능을 수행하는 데 필요한 행동양식을 습득하는 과정으로 본다. 따라서 유능한 사회성원이 될 수 있도록 하기 위해서 사회적 지위에 따르는 역할을 잘 수행할 수 있게끔 행동양식을 습득하는 데 초점을 둠으로써 역할학습을 강조하게 된다(Brim & Wheeler, 1966: 4~6).

셋째, 사회심리학은 개인의 심리적 측면을 강조하여 자아의 형성, 발달과정을 사회화과정으로 이해한다(권건일 외, 2007; 김준기, 1998).

넷째, 호톤과 헌트(Horton & Hunt, 1980: 92)는 "인간이 자기가 소속해 있는 사회집단의 행동양식, 가치관, 규범과 같은 문화를 학습하여 내면화하고, 자기 자신의 독특한 개성과 자아를 형성해 가는 과정을 사회화"라고 했다.

상기에서 사회화에 대한 개념이 다양하게 논의되지만, 교육사회학에서는 특정한 사회에 소속되어 있는 개인이 사회적 학습 또는 사회적 상호작용을 통해서 그 사회에의 적응 또는 그 사회의 성숙된 성원이 되어 가는 과정을 의미하며, 이러한 사회화는 가정, 동료, 학교, 직장, 종교단체 등 사회 도처에서 이루어지고 있다. 그리고 사회화의 기능은 한 개인에게 사회적 역할을 가르치고, 기술 및 기능을 전수하며, 생활의 기본적인 규칙을 가르친다. 아울러 개인에게 자신의 정체감을 제공해 준다.

2. 사회화의 기관

사회화는 인간관계가 이루어지는 사회 도처에서 이루어지고 있으므로 개인을 사회화시키는 기관은 수없이 많다. 부모, 친척, 형제자매, 이웃, 또래집단, 지역사회, 학교, 종교단체, 경찰, 법정, 교통안전 요원과 같은 사회통제 및 보호기관, 대중매체 등이 있으며(Lippit, 1968: 335), 그 중 대표적인 사회화기관으로 가정, 또래집단, 학교, 매스미디어 등을 들 수 있다.

1) 가정의 사회화 기능

가정은 사회화의 일차적인 기관으로 인간이 출생과 더불어 가정의 생활방식에 따라 여러 가지 행동, 태도, 가치, 규범 등을 배운다. 또한 가정은 인격의 틀을 구축하는 곳으로, 발달이론에 따르면 6세 이전에 모든 퍼스낼리티가 형성되는데, 이러한 역할을 주로 가정이 한다. 가정에서의 사회화는 모방을 통해서 이루어진다. 부모나 형제자매들의 언어모형, 행동 등이 모방을 통하여 일거수일투족(一擧手一投足) 자녀에게 그대로 반영되며, 가정의 자녀 양육방식, 구성원의 인간관계 구조 및 역할 구조는 자녀의 성격형성에 큰 영향을 미친다(Havighurst & Neugarten, 1960).

반면에 오늘날 가정의 현실적 문제점인 핵가족제도로 말미암아 가정에서의 역할모델이 부족하게 되어 자녀들에게 풍부한 경험을 제공하지 못하는 취약성이 나타나며, 자녀의 수가 적어짐에 따라 나타나는 지나친 과잉보호와 기대감으로 인하여 자녀의 건전한 사회성발달에 좋지 않는 영향을 미친다. 일본의 경우를 실례로 들면, 사회문제로 대두되고 있는 '마마콘(마더 콤플렉스)' 현상이 증가되어 아동들이 여성화되고 있다는 점이 주목되고 있다.

2) 또래집단(peer groups)의 사회화 기능

가정에서 성장한 아이가 또래집단(peer groups)과 어울리면서, 이것은 사회화의 중요한 대행자(代行者: agent) 노릇을 하기 시작하면서, 또래집단을 통해 다른 가족과의 문화적 차이를 발견하게 되고 동등한 관계를 유지하는 동료관계를 경험하게 된다. 또래집단은 어떤 집단보다도 개방적이고, 규범적인 제약을 받지 않는 자유로운 분위기에서 형성된다. 아울러 일련의 상황 속에서 일시적인 관심사에 따라 융통성있게 영위되는 집단이다.

또래집단의 역할(가영희 외, 2010; 김준기, 1998; 정봉도, 1999)은 가족과는 상당히 다른 새로운 언어 및 의사전달 능력 · 인지기술 · 사회적 기술 · 성역할 · 사회성을 기르는 데 있어 중요한 역할을 한다. 소꿉놀이, 전쟁놀이를 통해서 역할학습을 하며, 이것은 성인기에 맞게 될 역할을 미리 해보는 것이다. 이를 예견적 사회화(anticipatory socialization)라고 부른다.

청소년들은 권위위주의 가정보다 진정한 의미에서 서로 평등하게 교환 · 협동하면서 배울 수 있는 또래집단을 통하여 사회화를 더 많이 경험하게 되며, 뿐만 아니라 자신들만의 부분문화(subculture)를 형성하여 기성문화에 대하여 저항하는 경우도 있다(석태종, 1988).

따라서 아동이나 청소년들은 미성숙자이므로 태도 및 가치관 등이 올바르다고 볼 수 없기에 그들이 건전한 집단과 어울릴 수 있도록 부모, 교사들의 관심이 높아야 할 것이다.

3) 학교의 사회화기능

학교는 각기 다른 가정환경 하에서 사회화된 이질적인 아동을 집단적으로 수용하여 새로운 사회화를 시도하는 독특한 체제와 구조를 가진 일련의 사회이다. 따라서 학교는 가정이나 또래집단에 비하여 보다 계획적·합리적·의도적인 사회화기관이라고 볼 수 있다. 학교에서의 사회화는 학교 자체의 역할과 친구 또는 동료집단과의 역할로 이루어진다. 학교가 아동 및 청소년의 사회화를 담당한다고 볼 때, 학생들을 지도하는 교사의 중요성은 말로 형언할 수 없다. 훌륭한 교사상을 지닌 교사를 확보하는 것은 매우 의미심장한 것이다. 그것은 교사가 학생들의 사회화 모델이라는 사실과 바람직한 행동으로 인도하는 행동 수정자로서의 역할, 부모의 대리자 역할을 하고 있기 때문이라 할 수 있다.

학교의 사회화 기능은 문화유산을 학습하고, 이를 계승·발전시키는 태도와 능력을 기르는 기능과 사회집단 생활에 필요한 규범이나 행동양식을 가르치는 기능 및 장차 직업생활에 필요로 하는 직업에 대한 가치관과 기본기능을 습득케 해주는 직업적 사회화기능을 수행하고 있다(김병욱, 2008; 석태종, 1988).

그러나 오늘날 학교는 입시위주의 교육풍토 속에서 공동체를 형성할 수 있는 인간관계를 찾아보기 힘들게 되었다. 학교의 중요구성원들과의 관계에서 인격적 만남보다 서로에게 지시 및 감독자로, 평가자로, 마치 법의 세계에서 찾아볼 수 있는 판사의 역할을 수행하는 환경 속에서 학생들이 사회화되고 있다.

4) 대중매체(mass media)의 사회화 기능

현대사회에서 과학기술의 발달로 말미암아 우리 생활에 크게 영향을 미치는 대중매체가 주요한 사회화의 대행자 구실을 한다.

미국의 경우 일반 아동들이 학교 수업에 1년 동안 1,080시간을 소요하며, 텔레비전을 시청하는 시간은 1,500시간을 넘는다고 한다. 김병성(1982)의 연구에서는 중등학교 학생의 TV, 라디오, 기타 대중매체에 접하는 시간이 매일 3~4시간 정도로 나타나 외국과 연간 총시간은 거의 비슷한 결과이다.

대중매체 사회화의 긍정적인 측면은 각종 대중매체는 넓은 의미에서 교육작용의 주체가 되는 동시에, 그 목적에 대해서는 형식적이고 의도적인 교육을 충분히 수행하고 있다. 필요한 정보와 자료의 습득, 성인·아동을 동시에 학습시키는 사회교육의 수단으로 크게 발전되며, 지능증진, 사회성의 발달, 흥미의 다양화를 가져왔다. 텔레비전은 인간의 마음속에 공통의식을 갖게 하고 경험의 세계를 넓혀 주고 사회규범, 관습, 협동심, 관용심 등을 구성원들에게 효과적으로 전달함으로서 개인의 사회화를 촉진시켜주는 기능을 한다. 따라서 온스테인과 레빈(Ornstein & Levine, 1981: 242)은 텔레비전의 사회화기능에 관하여 '제2의 학교'라고 부른다. 반면에 부정적인 측면은 내용이 흥미위주로 되어 있어 아동의 건전한 사고발달에 도움이 될 수 없다는 점, 시력이 나빠진다는 점, 정적 불안정과 공포심을 유발하는 점, 공격적 성격과 범죄행위를 모방하는 점 등이 있다. 또한 공격적이고 폭력적인 행위가 증가하고 환상적인 사고와 부정적인 사고를 하게 되고 부정적인 인간관, 가정관, 사회관을 형성하게 되어 편견을 갖게 될 가능성이 높아진다. 이러한 이유는 극적인 효과를 높이기 위해 가정과 사회의 비정상적인 현상을 많이 취급하는 경향 때문으로 볼 수 있다(Mussen, Conger, & Kugan, 1979: 412~414).

상기에서 살펴본 바와 같이, 오늘날 방송매체의 대중화로 인하여 많은 사람들이 다양한 프로그램을 시청하기 때문에 프로그램 구성측면에서 오락적 기능보다 교육적 기능을 강화해야 한다. 따라서 청소년의 긍정적인 사회화를 위하여 대중매체로부터 긍정적이고 교육적 영향을 받을 수 있도록 선도해야 하는데, 부모와 교사, 그리고 사회 모든 성인의 지속적인 지도편달이 뒤따라야 한다.

3. 사회화의 방법

사회화의 방법은 어떤 일관된 독특한 형태가 고정된 것이 아니라 사회화의 대행자나 기관에 따라 다를 수 있고, 문화를 달리하는 사회나 시대에 따라 각양각색으로 나타날 수 있다.

사회화의 방법은 다음과 같다(김병성, 1999: 77~80).

첫째, 모방(modeling)학습의 방법이다. 최초의 사회화기관인 가정에서는 아동의 행동은 부모나 형제자매의 행동을 모방함으로써 이루어진다. 인간의 학습을 가능하게 하는 가장 기본적이며, 본능적인 행동이다. 예를 들면, 학교는 교사나 다른 학생의 행동을 모방하게 된다.

둘째, 역할학습의 방법이다. 어떤 지위를 차지한 사람이 그가 차지한 지위에 요구되는 행동을 학습하고 수행하는 것을 뜻한다. 이것은 가정, 학교, 학급에서만 이루어지는 것이 아니라 동료집단, 사회기관, 조직 등 인간관계가 형성되는 사회 어느 곳에서나 이루어지고 있는 사회적 학습의 형태이다. 역할 기대란 문화적·제도적으로, 혹은 접촉하는 개인에 의하여 한 지위에 부여된 권한, 의무, 책임 등을 요구하는 기대이다.

셋째, 자아형성의 방법이다. 사회적·문화적으로 규정되는 행동규범을 한 개인이 자기의 행동규범으로 바꾸어 자의적으로 수용하고 발달시켜 나가는 과정을 자아형성이라 한다. 부모, 교사와 동료, 상사나 기타 주변의 리더가 중개역할을 해주던 사회화 역할을 자신이 스스로 내재적 가능성을 발휘하여 가는 과정인 것이다. 학자들에 의하면, 5세 전후부터 자아정체감(self-identify)이 싹튼다고 한다.

뮤센 등(Mussen et al., 1979: 378)은 "사회화의 방법으로 보상(rewarding), 관찰(observation), 동일시(identification)" 등 세 가지를 들고 있는데, 실제로 한 인간이 사회화되는 과정을 보면 반드시 어떤 한 가지 방법과 형태에 의해서만 되는 것이 아니고 발달단계에 따라 그 방법을 달리하며, 혹은 거의 동시에 몇 가지 방법이 복합적으로 채택되는 경우도 있다.

4. 사회화의 담당자

사회화와 교육에 있어서 사회화 담당자가 구비해야 할 특징은 다음과 같다(김천기, 2008; 권이종 외, 1999: 83~84).

첫째, 교육을 상호관계의 행위과정이라고 할 때 교육자와 부모 또는 다른 지도자들의 역할이 매우 중요함을 알아야 한다. 교육자는 항상 반성하는 자세에 있을 때 학생들에게 좋은 사회화 경험을 전수하는 계기가 되며, 좋은 학습의 결과를 가져온다. 가정에서는 행복하고 화목한 집안분위기와 부부관계로 정서적으로 안정된 생활을 보여줄 때 교육적으로 긍정적인 영향을 미치게 된다.

둘째, 과거에는 아동들만 학습하게 되고 사회화과정을 밟는 것으로 여겨왔지만 현대 학습사회나 평생학습사회에서는 사회의 학교화, 사회의 교육장화의 관점을 기반으로 어린이만 배우는 것이 아님을 염두에 두어야 한다. 교육적 상호관계는 교육자와 피교육자 쌍방 간에 이루어지므로 교육자가 가르치는 자가 되는 동시에 배우는 자가 될 수도 있으며, 기성세대도 젊은 세대에게서 배울 점이 대단히 많다.

셋째, 사회화담당자가 어떠한 학습동기를 가지고 있느냐가 매우 중요함을 알아야 한다. 여기서 학습의 동기란 일상적으로 가정, 학교에서 일어날 수 있는 것을 의미한다. 부모가 자녀에게 선물을 줄 때, 늘 감사하는 표현을 갖도록 습관화시킨다. 공부하라 또는 조용하라고 요구할 때, 어떠한 어휘로 표현하느냐에 따라 교육의 의미는 달라진다.

따라서 오늘날의 사회화담당자들은 이러한 시대변화에 따른 사회화의 개념에 주목하며 수평적, 민주적 인간관계, 탈 장벽화된 개방사회, 열린 대화의 광장, 학습권의 신장, 창조성, 감성교육 등은 정보화시대가 만들어 놓은 신조어로서 이러한 개념에 대한 이해와 해석이 새로운 사회화담당자들에게 요청되는 과제가 될 것이다.

5. 사회화와 교육과의 관계

인간은 사회적 존재이며, 교육적인 존재이다. 따라서 인간과 사회, 그리고 교육의 관계는 불가분의 관계로서 인간의 성장과정을 설명함에 있어서 이를 분리해서 생각할 수 없는 것이다. 인간은 발달할 수 있는 가능성만을 갖고 태어나 사회집단의 한 성원으로서 성장발달하는 과정에서 그 사회의 공통된 생활양식을 지속적으로 학습하는 교육적 성장과정을 사회화과정이라고 한다. 그래서 인간은 사회적 존재로 성장하는 것이다. 교육은 이러한 사회화 과정을 의식적으로 계획하고 의도적으로 도와주는 작용으로 볼 수 있다(정봉도, 1999: 49~50). 뒤르케임(Durkheim, 1923: 18)은 "교육을 사회화의 방법으로 보고 교육은 인간을 사회화시키는 작업"이라고 하였으며, "교육이란 사회생활을 위해서 미숙한 아동들에 대한 성인세대의 작용으로써 교육의 목표는 정치적인 사회와 그 환경이 요청하는 육체적, 정신적, 물리적인 능력을 아동들에게 일깨워 주고 길러 주는 데 있다."라고 했다. 듀이(Dewey, 1916: 5)는 사회생활 그 자체가 교육기능을 수행하는 것으로 생각하였으며, 교육이 본질적으로 사회화 과정임을 강조하였다.

상기에서 뒤르케임(Durkheim)이나 듀이(Dewey)가 언급한 바와 같이, 인간은 사회와의 접촉을 통하여 지속적으로 사회로부터 자극과 영향, 즉 인간과 사회와의 상호작용을 통해서 사회화되는 것이다. 따라서 인간은 교육을 통한 단순한 사회적응 차원을 넘어서서 교육이 인간과 사회개선의 주체로 나아가야 할 것이다. 교육을 통해서 그 사회의 전 세대가 가지고 있는 문화유산을 내면화하여 동화시키는 문화전달의 기능과 미래를 선도할 진보적 시각으로 문화창조의 기능, 또한 사회통제 및 통합의 기능, 사회적 선발과 배치의 기능, 사회변화와 개혁의 기능 등을 수행해야 할 것이다. 이러한 과정이 교육의 사회적 기능수행의 과정이라고 할 수 있다.

결국 교육은 아동을 사회화시킴으로써 인간다운 인간을 만드는 과정이며, 교육을 통해서 인간은 사회적인 인간성이 형성되고, 사회참여가 가능하게 된다. 사회화는 교육으로 볼 수 있으며, 교육은 사회화를 도와주는 것으로 볼 수 있다.

제3절 사회계층과 교육

제3절에서는 사회계층의 개념, 사회계층에 대한 사회학적 이론, 사회계층의 구조와 형성 요인, 사회계층과 교육과의 관계, 사회계층의 이동 등에 대해서 고찰하고자 한다.

1. 사회계층(social stratification)의 개념

사회계층의 개념을 알아보기 전에 계급과 계층의 차이점과 사회계층에 대한 제 학자의 개념 정의를 살펴보기로 한다.

우선 계급과 계층의 차이에서 계급은 역사철학적 개념으로 고대사회의 노예, 귀족과 평민, 봉건사회의 지주와 농노, 근대 자본주의 사회의 부르주아와 프롤레타리아와 같은 대립된 계급이 사회를 구성되었으며, 반면에 계층은 비역사적·기능적 개념, 상·중·하로 분류하고 있다.

이와 같이 계급과 계층의 의미를 고찰했으며, 사회계층에 대한 여러 학자들의 견해는 다음과 같다(이형행, 2011; 권이종 외, 1999: 119~120).

첫째, 플라톤(Platon)은 사회계층을 인간은 태어날 때부터 두 계층으로 구분되는데, 하나는 부모로부터 지위와 계층을 유산 받은 경우이며, 다른 하나는 그렇지 못한 경우이다. 하여튼 어느 가정, 어느 계층, 어떠한 부모 밑에서 출생한 것과는 관계없이 기회균등이 현실화되어야 한다는 것이다. 이것은 모든 인간은 자연적·선천적인 잠재능력이 동등하게 개발되어 사회에서 그에 알맞은 계층에 도달할 수 있는 기회가 제공되어야 한다는 뜻이다.

둘째, 루소(Rousseau)는 '사유재산'이 인간 사이의 불평등을 야기한다면서 인류의 불평등을 두 가지로 구분하였다. 하나는 자연에 의해 조성된 연령·건강·체력의 차이나 정신의 질적 차이에 의한 자연적·신체적 불평등이고, 다른 하나는 사회적 계약에 의존하거나 인간의 합의에 의해서 조성된 도덕적·정치적 불평등이다.

셋째, 마르크스(Marx)는 인간 집단을 경제적 생산수단의 소유 여부에 따라

두 계급으로 분류하는 사회계급(social class)이라는 용어를 사용하고 있다.

넷째, 베버(Weber)는 정치적 권력, 경제적 부, 사회문화적 위신을 모두 고려하여 평가하는 지위집단(status group)이라는 표현을 사용하지만 정치적, 경제적 요인보다 사회문화적 요인을 보다 더 강조하고 있다. 그는 사회계층제도를 계급 · 권력 · 지위 등의 부수적 측면을 가진 개념으로 파악함으로써 사회계층제도의 복잡한 성격을 이해하는 데 큰 도움을 주고 있다.

상기에서 살펴본 바와 같이, 사회계급은 하나의 조건, 즉 경제적 조건이 유사한 사람들이 비슷한 생활 습관 · 태도 · 행동 · 가치관을 지닌 집단이며, 즉 경제력을 중심으로 그 이해와 이상이 대립하고 있는 이질적이고 비연속적인 집합체이다. 반면에 사회계층은 위계적인 사회체계 속에서 직업, 정치적 지위, 가족의 배경, 인종, 개인의 능력 및 기술에 의한 사회적 지위나 특권 그리고 이익 등이 불평등하게 분배되어 있는 가운데 서로 비슷한 위치에 있는 집단을 의미한다(Prichard and Buxton, 1973: 66~72). 사회계층은 중세의 종교적 위계서열, 인도 사회의 카스트(caste), 군대의 계급구조 · 사회적 신분 · 사회계급 · 지위계급을 포함하는 종합적 개념이다.

따라서 사회계층은 사회적 평가와 보상이 차등적으로 이루어짐으로써 생겨난 사회적 구분으로서 상하, 우열이라는 종적 위계구조를 갖는다. 그러나 위계구조는 사회계급에서와 같이 대립적인 것이 아니라 연속적이며, 계층간의 이동 가능성이 존재하며, 또한 이는 사회계급의 상위개념으로 볼 수 있다.

2. 사회계층에 대한 사회학적 이론

사회계층에 대한 사회학적 이론은 크게 기능주의적 관점과 갈등론적 관점으로 분류할 수 있다.

무어와 데이비스(Moore & Davis)의 기능주의적 관점에서 본 사회계층이론은 다음과 같다(Baldridge, 1980: 158).

첫째, 국가사회의 중요한 기능수행과 관련된 일을 담당하는 자는 그에 버금가는 보수가 따라야 한다.

둘째, 국가사회가 필요로 하는 뛰어난 자질을 가진 인재는 극히 한정된 소수이다.

셋째, 국가사회의 중요한 일자리는 장기간에 걸친 수련을 쌓는 것을 요구하고 있다. 따라서 기능주의적 계층론은 사회는 계층화되어야 할 뿐만 아니라, 계층적 위계제도에 있어서 지위가 높아지면 그 지위에 대한 보수가 높아져야 한다고 주장한다.

갈등론적 사회계층 이론은 다음과 같다(최정웅 외, 2004; 윤덕중, 1986; 권이종 외, 1999).

현존하는 보수분배제도는 불공정하며 사회계층제는 외적·물리적 힘을 유지하는 것이 아니라 집권자들의 강압 때문에 할 수 없이 받아들이기 때문에 유지되는 것이며, 국가사회의 중요한 지위에 취업하는 자리는 매력이 있고, 훌륭한 보수가 따르기 때문에 상류층 출신 인재로 충원되고, 이러한 보수는 상류계층의 이권과 관계가 있기 때문에 보장되는 것이라고 지적한다.

전통적인 농경사회, 즉 절대 빈곤사회에서는 계층 간의 갈등이 심하지 않았는 데 비하여, 오늘날 사회가 전문화·세분화되고 자본주의가 발달한 사회에서는 빈곤의 상대적 박탈감으로 인하여 계층 간의 갈등이 심화되고 있다.

3. 사회계층의 구조와 형성 요인

1) 사회계층의 구조

사회계층구조는 계속적인 계층체제의 변화이다. 사회화과정을 정착시키고 계층과 다른 기관과의 관계를 맺어 줌으로써 각 기관이 가지고 있는 정치·경제·교육체제의 영향을 서로 주고받는 것이며, 계층적·정치적 권력 계승 등을 말한다.

사회계층구조에 대한 제 학자의 견해는 다음과 같다.

워너 등(Warner et al., 1949: 43)은 미국의 사회계급을 상·중·하 세 계층으로 크게 나누고 이것을 다시 상·하로 분류해서 상의 상층(upper-upper class: 1.4%), 상의 하층(upper-lower class: 1.6%), 중의 상층(middle-upper class: 10.2%), 중의 하층(middle-lower class: 28.1%), 하의 상층(lower-upper class: 32.6%), 하의 하층(lower-lower class: 25.2%)의 여섯 가지 형태로 나누었다.

헤비거스트와 뉴가튼(Havighurst & Neugarton, 1957: 18)은 미국 중소 지역의 사회계급 형태는 상류(1~3%), 중상(7~12%), 중하(20~25%), 하상(25~40%), 하하(15~25%) 등 다섯 가지로 분류했다.

홍두승(1982: 20)의 사회계층구조와 대상자의 직업군은 다음과 같다. 그는 사회계층구조를 상류층, 중류층, 하류층 등으로 구분하면서, 상류층은 상류계급(자본가, 대기업주, 정부의 고위관리)과 중상계급(고위 전문직-의사, 엔지니어, 회계사, 대학교수, 변호사, 판검사 ; 정부의 관리직 공무원; 일반회사의 고급 관리직 사원) 등이며, 중류층은 신 중간계급(교사, 하급공무원, 사무직 등)과 구 중간계급으로, 다시 구 중간계급을 다시 자영상인 및 자영서비스업자(관리직 종사자; 하위전문직 고용주; 판매 종사자; 요식숙박업 종사자; 기타 서비스 종사자)와 자영기능인(생산 및 관련 종사자, 운전장비 운전자) 등이며, 하류층은 근로계급(숙련공, 반숙련공, 단순노무자)과 하층계급(청소부, 행상)으로 구분했다.

상기에서 국내외 학자들에 의해 사회계층 구조에 대한 견해를 토대로 각 계층집단 간에는 공통적인 행동양식 및 가치관을 살펴보면 다음과 같다(이종각, 2004; 김병성, 1999: 137~138; 김준기, 1998: 136~137).

첫째, 상류계층은 가문과 계통을 중시하며, 보수적인 측면도 있지만 때로는 배타적인 가치관을 찾을 수 있다. 이들은 대개 교육을 중시하나 중류계급과는 달리 사회적 상승이동을 위한 것보다는 이들의 현재 지위 또는 품위 유지를 위한 교양교육에 더 많은 관심을 갖게 된다. 서양의 경우는 초등학교부터 대학까지 명문 사립학교에 진학하는 것을 선호한다. 둘째, 중류 상층은 미래지향적인 가치관을 지니고 모든 사회활동에 적극적으로 참여한다. 또한 상승이동에 대한 관심도 매우 높고, 만족을 억제하는 행동유형을 가지는 경우가 많다. 이들은 돈과 학벌이 중요하다는 사실을 깊이 인식하며 교육을 상승이동의 수단으로 생각하는 경향도 짙다. 셋째, 중류 하층에 속한 사람들은 일반 시민계층으로 미래지향적 가치관을 가지며, 교육을 상당히 중시한다. 이들의 행동특성은 검소하고 경제적 독립성을 중요시한다. 넷째, 하류 상층은 근로계급(blue collar)으로서 중류와 하류계급의 행동특성을 함께 지니고 있다. 교육에 대한 관심은 있지만 경제적 여건의 어려움으로 자녀들은 중등교육을 마치는 정도이다. 다섯째, 하류 하층은 대체로 미래에 대한 아무 기대가 없으며, 현재 지향적, 운명적인 가치관을 가지며, 교육에 대한 관심은 더욱 없으며 자녀들은 학교에서 비행 및 일탈행동을 저지르거나 지진아가 되는 경우가 많다.

2) 계층구조의 형성요인

전통적으로 계층구조의 형성요인에 대한 제 학자의 정의는 다음과 같다. 베버(Weber)는 사회계층의 형성요인을 크게 재산(property), 권력(power), 위세(prestige)로 들고 있다. 여기서 재산은 부의 차이, 권력은 당파의 차이, 지위는 신분의 차이를 의미한다. 워너 등(Warner, et al., 1964)은 사회계층을 구분하는 객관적 기준으로 지위특성 지표(ISC: index of status characteristics)를 제시하였다. 직업의 종류(occupation), 거주지역(ecological), 가옥의 형태(types of house), 수입(amounts of income), 소득원(source of income), 교육수준(amounts of education) 등으로 정의하며. 퍼셀(persell)은 계층구조의 요인으로 축적된 부, 노동시장에서의 지위(수입, 작업조건, 일의 유형, 노동시장에서의 자율성 여부, 사회적 관계유형), 인종으로 인한 신분제도를 들고 있다(Mesta Spencer & Inkeles, 1976: 235).

막스 베버, 워너, 퍼셀 등의 계층구조 형성요인은 출생에 의한 귀속적 지위가 우세하게 나타났다. 인종, 성, 가정 배경, 출생 순위 등과 같은 것은 한 인간이 출생과 더불어 그에게 귀속되는 제 조건에 의해 개인의 신분이 결정되었다. 이에 반해 현대사회에서는 귀속적 지위보다 성취적 지위가 계층을 결정하는 데 더 중요한 변인으로 간주되고 있다. 이러한 성취적 지위는 재산과 수입, 직업, 교육, 계층의식과 지위의 상징 등이 있다.

현대사회의 계층구조의 형성 요인은 첫째, 재산과 수입이다. 재산과 수입에 따른 사회계층의 형성 측면은 물질적인 측면(재산, 수입의 규모)뿐만 아니라 질적인 측면(원천의 종류·안정성)도 사회계층과 관련이 있다. 유흥업소를 운영하는 사람이 수입이 많을 지라도 대학교수보다 지위가 낮으며, 종교적 리더가 수입이 훨씬 많은 운동선수보다 존경을 받는 경우이다. 둘째, 직업이다. 이것은 그 사람의 교육 정도, 생활수준, 친구 관계, 취미 및 여가생활, 도덕성, 가치관의 수준을 짐작할 수 있다. 직업은 그 사람의 생활양식을 가장 쉽게 알 수 있는 요인이다. 셋째, 교육이다. 현대의 직업세계는 초등학교 출신은 대부분 육체적인 노동을 하는 데 비하여 고등교육 출신은 사무직이나 전문직의 직업을 갖는 기회를 가지고 있다. 개인이 얼마나 많은 교육을 받았느냐에 따라서 그 사람의 일생 동안의 사회적 지위와 수입이 달라지는 것이다. 따라서 교육은 사회계층의 결정요인과 밀접하게 관계가 있다. 넷째, 계층의식과 지위의 상징이다. 사회계층의 상징은 사람들의 행동이나 생활양식과도 깊은 관련이 있다. 값비싼 의복을 입고 자동차를 타며 보석을 가지고 있고 사교 및 동호 클럽활동을 하는 것은 높은 지위를 나타내기 위한 상징이다. 그러나 최근에는 사람들이 의식과 생활양식이 바뀌어 이러한 상징적인 면이 점점 감소되고 있다.

이상과 같은 사회계층 형성요인 이외에도 취미, 명성, 권력, 특권, 주택지역, 사회적 위신, 사회적 상호작용 유형, 계급의식, 가문, 종교, 학벌, 성, 인종 등 다양한 요인이 있다. 그러나 사회계층의 형성은 어느 한 요인에 의해서 결정되는 것이 아니라 이들 요인의 복합적 관계 속에서 형성된다고 할 수 있다. 학자들에 따라서 사회계층의 형성요인으로서 중요도에 따라 이들 요인들에 가중치를 두어 계산할 수도 있다.

4. 사회계층과 교육과의 관계

교육사회학에서 사회계층이 중요하게 다루어지는 것은 교육과 밀접한 관계가 있다. 교육이 사회계층의 이동에 공헌할 수 있기 때문이다. 현재 50세 이상 연령층은 어려운 환경 속에서도 강한 학습의욕과 동기로 인하여 성공한 사람이 많다. 입시철에 온 가정 및 사회가 좋은 대학, 좋은 직장이 보장되는 전공으로 몰리는 양상도 결국에는 어떠한 형태이든지 간에 계층이동을 원하는, 즉 사회적 지위상승의 기회를 목표로 하고 있음이 입증되는 것이다.

첫째, 사회계층과 교육과의 관계에 대해서 워너 등(Warner et al., 1949)은 다음과 같은 네 가지 문제를 제시하였다. ① 각 계층은 특유의 문화를 발전시키고 교육에 대한 태도도 다르며 자녀들의 진학, 커리큘럼 선택 등에 반영된다. ② 아동·학생의 인간성, 학교 내·외의 사회적 행동의 배후에는 사회 계층적 배경이 존재한다. ③ 학교의 교육정책, 교사의 학생에 대한 태도에 있어서 계층적 차별로 볼 수 있다. ④ 학교는 사회계층 측면에서 사회이동과 관련되어 있다. 이러한 관점에서 학교교육은 계층재생산 기능을 한다고 볼 수 있다. 이와 같은 사실들은 학교교육이 중·상류층 중심의 교육이고 단지 교육만이 사회이동에 공헌하는 것이 아니라 높은 지능, 좋은 학교, 부모의 사회 경제적 지위, 높은 성취동기, 좋은 결혼 등 제 요소들이 상호 상관관계를 지닌 가운데 복합적으로 작용한다. 경제적으로 빈곤한 가정 출신들이 부유한 가정 출신들보다 교육기회에 접근할 수 있는 비율이 낮다. 공·사립학교의 차별, 인문 및 실업계의 차이는 청소년들의 균등한 성공 기회의 저해 요인이 된다. 따라서 청소년들이 지금보다 더 개선된 교육제도에서 교육받고, 더 나은 입시제도 하에서 개인의 잠재력을 발휘하도록 하여 계층이동이 가능해야 한다.

둘째, 학교 외 교육을 통한 사회이동은 학교 교육에서 소외된 자들을 대상으로 하여 학교교육의 기회 불평등·비효율성·비효과성을 보완해 주는 데 중요한 기능을 하고 있다. 학교 외 교육활동의 종류는 계속교육, 성인교육 등을 포함한 각종 사설학원·직업기술교육, 방송통신고등학교, 방송통신대학교 등이 있다. 학교 외 교육활동은 어느 정도 자발적으로 강한 의지와 동기를 가지고 참여하고 학습하느냐에 따라 계층상승이 가능하게 될 것이며, 개인 및 사회발전에 기여하고 더 나아가서 보람되고 행복한 삶을 영위할 수 있을 것이다.

5. 사회계층의 이동

사회이동의 개념은 계층 사회구조 내에서 한 인간이나 집단이 하나의 사회적 지위로부터 다른 지위로 이동하는 것을 의미한다. 예를 들어 농촌에서 농부의 자녀가 어려운 환경 속에서도 학업을 계속하여 대학교수 및 교사, 회사의 중역 등이 되는 것이다.

사회이동은 개방계층체제와 폐쇄계층체제로 구분하며, 개방계층체제(open class system)는 개인의 노력에 따라서 개인의 사회적 지위가 결정되는 것, 사회구성원 간의 경쟁이 권장되며, 폐쇄계층체제(closed class system)는 개인의 사회적 지위의 이동 가능성이 거의 없는 것, 가족배경과 귀속적 변수에 의해 사회적 지위가 결정된다.

계층이동의 분류를 살펴보면, 수직이동은 사회계층의 상승, 혹은 하강이동 현상으로 사회적 위치의 상하 변화를 의미하며, 수평이동은 직업을 변경하는 경우처럼 비슷한 한 직업에서 다른 직업으로 옮겨가는 것으로 사회적 위치의 횡적 변화를 의미한다. 세대 간 이동은 한 세대에서 다음 세대에의 수직적인 지위의 변화를 뜻하며, 이는 부모의 사회적 지위와 자식의 사회적 지위 간의 비교이며, 세대 내 이동은 한 개인의 일생을 통하여 그가 경험하게 되는 수직적 이동을 의미한다. 따라서 이러한 세대 간 이동에 영향을 미치는 요소는 직업구조, 교육의 기회, 출생률의 차이, 경제규모의 확장, 사회혁명 등을 들 수 있다(김천기, 2008; 권이종 외, 1999).

해비거스트와 뉴가튼(Havighurst & Neugarten, 1960)의 사회이동에 따른 행동양식은 ① 중류사회에 적합한 표준어·억양·문법을 사용해야 한다. ② 중류사회에 적합한 복장을 갖출 줄 알아야 한다. ③ 상·중류 사회인들과 대화할 수 있어야 하며 상황에 따라 어떤 문제에 대하여 찬·반을 표현할 줄 알아야 한다. ④ 자기에게 알맞은 집과 적당한 가구를 마련하여야 한다. ⑤ 새로운 문화생활(극장, 영화, 예술, 스포츠 등)에 대하여 이야기할 줄 알아야 한다. ⑥ 중류사회의 사교술, 예절 등을 알아야 한다. ⑦ 직업적인 모임뿐만 아니라 자선단체에도 적절히 참가할 줄 알아야 한다.

사회이동의 관련요인으로는 개인적 특성, 직업과 수입, 가정요인 등 세 가지로 들 수 있다(김병성, 1999).

첫째, 개인적 특성에는 지능지수, 학업성취, 사교성, 개인의 특기 및 소질 등이 있으며, 개인적인 특성이 사회이동의 관련요소로 작용한 경우로는 체육인, 탤런트, 가수, 바둑인, 작가, 화가 등이 있다. 하류계층 출신들의 의욕과 성취동기 그리고 꾸준한 노력에 의한 상승이동도 많다.

둘째, 직업과 수입이다. 여기에는 단순 노동자가 최고의 전문직으로 이동하여 직업적 지위상승은 물론 많은 소득을 얻게 되는 것과 관련이 있다. 초등학교 출신이 사회의 최고경영인의 지위까지 이동하는 사례를 우리 주변에서 많이 볼 수 있다. 그러나 현대사회에서는 직업적 지위와 수입은 교육수준과 밀접한 관계를 가지며, 실제로 개인의 노력에 의한 계층이동 사례는 감소하고 있다.

셋째, 가정요인이다. 부모의 사회경제적 지위가 높으면 계속 상급학교에 진학할 수 있는 교육기회가 주어지므로 계층상승의 이동의 원인이 되기도 한다. 그리고 부모의 자녀훈육 형태를 들 수 있다. 부모가 민주적이고 평등한 가정출신의 자녀가 지배적인 가정의 출신의 자녀보다 계층 상승이동이 유리하며, 어머니의 학력 수준이 아버지의 학력 수준보다 높은 가정의 자녀들이 아버지의 학력수준이 어머니의 학력수준보다 높은 가정의 자녀들보다 상승이동 확률이 높다. 자녀가 하나인 경우에는 사회적 상승이동의 가능성이 크고 자녀수가 많은 경우에는 그 가능성이 낮게 나타났다. 결혼요인은 계층 상승요인이 되기도 하나, 배우자 선택의 실패로 하강이동하는 경우도 있다.

넷째, 계층 상승이동에 대한 기타 요인은 산업화 및 도시화로 인한 직업구조의 변화, 거주지역의 이동, 정치적 안정도, 사회구성원의 성취동기 등이 있다.

제4절 사회변동과 교육

제4절에서는 사회변동의 개념 및 요인, 사회변동과 교육 등에 대해서 기술하고자 한다.

1. 사회변동의 개념 및 요인

사회변동은 일정한 사회에 있어서의 사회구조(social structure), 사회관계(social relationship), 또는 체제(system)가 변화해 가는 것을 말한다. 사회관계, 혹은 사회구조는 사회를 이룩하고 있는 제 요소들이 서로 결합하여 있는 유형이다. 사회성원들의 역할, 집단과의 관계, 정치체제 · 권력구조 · 계급구조 · 계층구조 · 교육제도상의 종합적이고 포괄적인 변화와 동시에 인간의 가치 · 습관 · 사상 · 지식 · 신앙의 내용 변화이다.

이러한 사회변동의 특징은 다음과 같다(정봉도, 1999).

첫째, 사회변동은 전체 사회적 현상이다. 사회변동은 한 개인의 차원을 넘어선 전체사회의 사고방식, 생활양식의 변화이어야 한다.

둘째, 사회변동은 구조적 변동이어야 한다. 사회적 구조가 그 전체성, 혹은 뚜렷한 구성요소 내에서 그 변화를 관찰할 수 있어야 한다. 일시적 사건, 예컨대 화재, 인사이동 등은 사회변동이 아니다.

셋째, 사회변동은 영구적인 현상이다. 관찰된 변화가 피상적이거나 일시적인 것이 아니라 지속성을 가져야 한다.

넷째, 사회변동은 인과적 현상이다. 반드시 어떤 원인에 의해서 그 결과로 변동이 일어나게 된다. 예컨대 전쟁이 일어남으로써 인구구조가 변하는 현상은 그 좋은 실례가 된다.

다섯째, 사회변동은 보다 더 광범위하게 개인생활이나 사회기능적 측면에 영향을 미친다.

상기에서 살펴본 사회변동의 특징 속에서 정보사회의 변동은 그 규모나 범위가 대단히 크고, 속도가 매우 빠르며, 일시적 현상이 아니라 지속적인 관계성을 그 특징으로 들 수 있다. 이러한 사실은 학교교육도 사회변동에 능동적으로 수용할 수 있는 교육목표가 요청된다. 이러한 사회변동 요인을 살펴보면 다음과 같다(권이종 외, 1999: 184~185).

첫째, 자연적 요인이다. 인간의 역사를 연구하고 이해하는 데 가장 기초가 되기도 한다. 현대사회에서 자연적인 측면이 인간의 두뇌와 기술의 발전에 의하여 크게 조정되고 있다. 이스라엘이 사막을 옥토로 일구어 세계적인 귤

생산국이 된 것과 우리나라 서해안 전북 부안군 개화도를 개척한 것이 좋은 실례로 볼 수 있다.

둘째, 인구적 요인은 뒤르케임(Durkheim)이 최초로 시도했으며, 이는 분업의 발달이 사회의 급격한 변화를 가져왔으며, 분업의 발달은 사회의 인구적 성격에서 찾을 수 있다. 인구밀도는 분업의 발달과 정신발달에 영향을 미쳐 인간관계를 밀접하게 함으로써 사회발전의 원동력을 제공하기도 한다.

셋째, 기술적 요인이다. 기술의 발달은 사회와 역사를 바꿀 수 있는 결정적인 요인이기도 하며, 한 국가의 사회·정치·경제·문화발전은 기술발전에 의하여 크게 좌우된다. 기계화에 따른 인간노동력의 입지 약화, 통신발달에 따른 인간관계 범위의 변화 및 문화의 다원화·융합화·과학기술 발달에 따른 농업기술의 변화, 새로운 직업의 출현 등을 들 수 있다.

넷째, 문화적 요인이다. 사회는 복수행위자와 집단의 산물로서 형성·유지되는 목적·지식·의도 및 방안에 의해 지향·변화되며, 종교적 요인이 문화적 가치형성에 크게 작용한다. 한국에서 불교가 한국인의 문화적 가치형성의 기반으로 자리 잡아 외적인 문화의 형성·발전만이 아니고 내적 정신세계의 문화형성에도 큰 영향을 미쳤다.

다섯째, 변증법적 유물론이다. 마르크스에 의해 주장된 내용으로 노동과 생산을 사회변동의 기초로 여기며, 사회발전의 결정요인을 자연적 조건이나 인구학적 요인으로 보지 않고, 사회생활의 기초적 사실을 물질적 생활의 조건, 생산양식으로 간주한다.

여섯째, 사회구성원의 태도 및 가치관이 요인이 된다(정봉도, 1999: 228). 구성원들의 생각, 이데올로기, 가치관, 태도, 종교적 신념 또는 심리적 속성 등이 사회변동의 요인이 된다.

2. 사회변동과 교육

교육은 사회변동을 유도하고 촉진 및 조절할 수 있는 능동적인 기능을 수행할 수도 있다. 동시에 사회변동의 과정에서 제 기능을 수행할 수도 있으며, 아울러 사회변동의 과정에서 제 기능을 수행하지 못함으로써 사회변동에 대한 피동적 기능을 수행할 수도 있다. 어떤 사회에서도 교육의 본래적 기능을 수행하지 못할 경우에 사회변동에서 발생하는 문제가 대단히 심각할 수 있다. 따라서 교육이 급격한 사회변동에서 야기되는 충격을 극소화하고 능동적으로 적응해 나감으로써 사회발전에 기여할 수 있는 점을 모색해야 할 것이다. 그러기 위해서 다음과 같은 교육적 과제가 고려되어야 할 것이다(정봉도, 1999: 233~236).

첫째, 교육은 새로운 변화에 적응할 수 있는 능력을 길러야 한다. 오늘날에 요구되는 개인은 강인하면서도 유연한 인성의 소유자, 외적인 혼란이나 긴장에도 쉽사리 굴하지 않고 복잡하고 변화하는 사회에서 자기의 길을 걸어가는 사람이어야 한다. 따라서 교육은 이러한 퍼스낼리티를 어떻게 육성할 것인가 하는 데 관점을 두고 새로운 변화에 적응할 수 있는 능력을 길러 주어야 한다.

둘째, 전통과 개혁의 균형있는 교육이 이루어져야 한다. 교육은 변화의 충격을 줄이기 위해 되도록 새로운 것과 전통적인 것과의 균형을 취하여 가르칠 필요가 있다.

셋째, 현대사회는 놀랄 만한 발달된 매스미디어가 사회변동을 가속화시키고 있다. 매스미디어의 발달은 대중사회를 촉진하게 되고 대중사회 속에서의 아동 및 청소년들은 자칫 가치판단력이 결여될 우려가 있다. 따라서 대중매체, 특히 TV로 인한 영향이 크므로 이의 단순한 오락적 기능보다는 교육적 기능에의 재고가 요청된다.

넷째, 사회변동에 의한 새로운 이념을 반영시키려면 먼저 학교교육의 구체적인 목표에 수정이 가해져야 한다(박용헌, 1975: 318).

다섯째, 부분적으로 일어나는 변화를 되도록 사회에 전반적으로 일어나게 함으로써 변화에서 오는 갈등을 최소화시킬 수 있다. 현대사회에서 부분적으로 일어나는 변화를 전체적으로 일어나게 하는 노력으로서는 신문, TV, 라디오 등과 같은 대중매체를 활용하는 것이 바람직하다. 왜냐하면 오늘날을 대중문화시대라고 한다면 등질화된 대중문화는 대중매체의 영향을 많이 받고 있기 때문이다(Feierabend & Feierabend, 1966: 249~271).

여섯째, 중심문화와 관련해서 사회의 공동목적을 추구할 수 있도록 문화적 통합에 기여할 수 있는 교육이 강구되어야 한다. 이것은 오늘날 우리 사회가 안고 있는 제 문화적 위기현상을 극복할 수 있고 대처할 수 있는 환경교육, 인구교육, 생존교육 프로그램이 중요하게 다루어져야 할 것이다(권건일 외, 2007).

일곱째, 변동하는 사회는 새로운 학교의 출현을 요청하고 있다. 이러한 요구는 곧 학교의 개혁을 의미하는 데 이는 두 가지 형태로 나타나고 있다. 하나는 학교 안의 개혁이고, 또 하나는 정규의 학교를 도외시하려는 개혁이다. 학교 내에서의 개혁은 개념학습, 공개학습 및 초 학과별 조직의 개편을 들 수 있다. 여기서 초 학과별 조직이란 고등교육기관의 개혁을 의미한다. 변동하는 사회에서의 문제해결 능력을 기르기 위해서는 다학문적 연구방법(interdisciplinary approach)이나 초 학과별 조직으로 개편하는 것이다. 이러한 것을 주장하는 사람들은 장래에는 특정 학과 졸업생이 될 것으로 주장하고 있다(차경수, 1986: 206~207). 영국의 서머힐(summer hill)이나 미국의 자유 학교(open school) 등은 종래의 학교와는 달리 획일적인 교육 대신에 개인 학습과 교육과정의 적합성에 중점을 두어 자유스러운 분위기에서 학습하는 형태를 취하고 있다(김운삼, 2006; 정봉도, 1999).

이상에서 살펴본 바와 같이, 현대사회의 급격한 변동은 가치 갈등, 사회해체, 문화지체 등 사회병리현상을 수반한다. 사회병리현상은 개인의 사회적 부적응을 유발하고 전체 사회의 안정성을 해칠 것이다. 따라서 우리는 교육의 중요성을 강조할 수밖에 없을 것이다.

교육의 심리적 기초

Chapter 04

제4장에서는 교육심리학의 기본 개념, 학습자의 인지적 특성, 학습자의 정의적 특성, 발달과 교육 등에 대해서 고찰하기로 한다.

제1절 교육심리학의 기본 개념

교육활동은 인간을 대상으로 하며, 교육은 인간에 대한 고찰로부터 시작된다. 교육에서 인간을 이해하기 위해서는 인간을 과학적으로 연구하는 심리학적 이해가 선행되어야 할 것이다.

따라서 본 절에서는 교육심리학의 정의, 인간이해의 심리학적 접근방법 — 생물학적 접근, 정신분석학적 접근, 행동주의적 접근, 인본주의적 접근, 인지주의적 접근 — 과 교육심리학의 영역 및 목적 등에 대해서 살펴보고자 한다.

1. 교육심리학의 정의

교육심리학에 대한 정의는 시대의 흐름에 따라 다양한 양상을 보이고 있으며, 또한 교육심리학의 학문적 성격을 정의하는 문제는 어떤 입장에서 교육심리학을 보며, 주된 관심사를 어디에 두느냐에 따라 달라질 수 있다.

교육심리학에 대한 제 학자의 견해를 살펴보면 다음과 같다(강태훈 외, 2008; 구광현 외, 2008; 김미환 외, 2010; 이형행, 2011).

최초의 『교육심리학』(1914~1915) 저서를 발간한 사람은 손다이크(Thorndike)로, 그는 인간성의 탐구에 통계적인 방법을 도입하여 실험적 연구를 시작하였는데, ① 인간의 생득적 성질에 관한 연구, ② 학습심리학의 문제, ③ 개인차 및 그 원인을 들고 발달과 학습에 중점을 두고 있다. 게이츠(Gates)는 "심리학적 원리를 교육실제에 응용하는 학문"으로 정의했으며(임승권, 1991: 13), 스키너(Skinner, 1953)는 "교육심리학을 모든 종류의 교육문제에 대하여 독립된 심리학적 원리를 응용하는 학문"으로 정의를 내렸다. 크로우(Crow, 1959)는 "교육심리학은 어린이가 출생해서 성장할 때까지 교육적인 발달이 진전함에 따라 개인의 학습경험을 기술하고 설명하여 주는 과학적인 심리학"이라고 했다. 오수벨(Ausubel, 1969: 232)은 "교육심리학을 응용과학으로서 학습의 일반법칙을 중심으로 교실에서 행해지는 학습에 관심을 갖는 것"이라고 하며, "학습과 파지(retention), 조건, 결과, 평가에 관계되는 부분"이라고 정의하였다. 울포크(Woolfolk, 1990)는 "교육심리학자는 다른 분야로부터 지식을 응용하며 또한 지식을 창조한다."고 말했다. 그린더(Grinder, 1989)에 의하면, "교육심리학이란 교육의 과정과 방법에 가장 밀접하게 관련되어 있기 때문에, 교육심리학을 교육방법의 과학적·이론적 근거를 확립하고 제공하는 학문이라고 규정하며, 그것을 토대로 하여 교육실천의 과정을 지원하고자 하는 것이다."라고 했으며, 교육심리학을 교육의 기초학문으로 보고 있다. 김충기(1999: 22)는 "교육심리학을 교육의 효과를 극대화하기 위하여 교육의 중심과정, 지원과정에 수반되는 심리학적 제 문제의 연구 및 교육의 심리적 이론을 과학적으로 연구하는 학문이며, 또한 교육의 효과를 지배하고 있는 교육사상의 심리학적 법칙을 밝혀서 교육효과의 원인과 결과를 설명·예측할 수 있게 하고, 교육의 합리화와 기술화에 기여하는 학문"으로 보았다.

상기에서 교육심리학에 대한 제 학자의 견해를 종합하면, 교육심리학은 교육현장에서 교육의 효과성을 극대화하기 위하여 교육의 심리적 기초를 토대로 과학적 방법론으로 연구하는 학문이며, 또한 교육의 과정에서 발생하는 문제를 학습자의 교육환경과 상호작용의 맥락 속에서 연구하여 그 원리 및 방법을 밝혀 교육적 활동에 도움을 주고자 하는 학문으로 볼 수 있다.

2. 인간이해의 심리학적 접근 방법

인간이해의 심리학적 접근 방법인 신경생물학적 접근, 정신분석학적 접근, 행동주의적 접근, 인본주의적 접근 방법, 인지주의적 접근 방법 등에 대해 살펴보기로 한다(구광현 외, 2008; 권건일 외, 2007; 김진규, 2009).

1) 생물학적 접근

교육심리학에서 생물학적 접근 방법은 곧 신경생물학적 접근 방법이라고 할 수 있다. 신경생물학적 접근 방법은 인간의 행동과 정신작용을 우리 두뇌와 신경계 안의 신경세포들 사이에서 일어나는 생리학적 과정으로 설명하려는 접근방법이다. 이와 같이 인간의 모든 활동을 일으키는 신경생리적 과정은 뇌를 중심으로 중추신경 계통의 통제·관리와 관련시켜 연구하는 측면으로 볼 수 있다.

생물학적 접근의 교육적 시사점은 교육에 있어서 중요한 지각, 기억, 인지, 학습, 동기, 정서현상과 뇌세포상의 변화의 관계를 설명해 준다. 또한 우리의 행동과 두뇌 및 신경계의 관계에 대해서도 밝혀 준다. 구체적 실례를 들면, 국어나 수학을 잘한 학생은 좌뇌가 발달된 반면, 음악이나 미술을 잘한 학생은 우뇌가 발달되어 있다. 이외에도 이러한 접근법은 두뇌의 어느 부위가 기능상의 장애로 인해 어떤 교과의 학습에 지장이 있는가를 밝혀 준다. 따라서 이러한 접근법은 더욱 효과적인 교육적 처방이 가능한 길을 열어 준다고 할 수 있다.

2) 정신분석학적 접근

초기의 정신분석학은 프로이드(Freud)의 인간의 정신세계의 구조와 작용에 관한 이론에 기초하여 인간의 심층심리의 이해에 초점을 두고 있다. 프로이드에 의하면, 인간의 정신은 크게 나누어 빙산에 있어서 수면 위에 뜬

부분에 해당하는 10%의 의식 세계와 물속에 잠긴 부분에 해당하는 90%의 무의식 세계로 구성되어 있다. 따라서 인간의 대부분의 행동은 무의식 세계의 지배를 받는다고 할 수 있다. 그는 무의식에는 두 가지 본능이 인간의 행동의 동기로서 중요한 역할을 한다고 보았다.

인간의 본능에는 삶의 본능과 죽음의 본능이 있다. 삶의 본능은 우리에게 성 에너지, 즉 리비도(libido)를 주고 죽음의 본능은 우리의 공격성이나 파괴성의 원인이 된다. 인간의 행동은 대부분 이 두 가지 본능의 상호작용의 결과인데, 그 결과가 꿈, 헛소리, 신경증적 증후, 문학 및 예술작품 등에 나타나므로 인간의 심층심리의 이해를 위해서는 그러한 것들을 분석해야 한다. 정신분석학적 접근방법은 인간의 성격구조가 원초 자아(id), 자아(ego), 초자아(superego)로 구성되어 있으며, 또한 인간성심리가 발달할 때 구강기, 항문기, 남근기, 잠복기, 성기기 등 다섯 단계를 거친다고 설명하고 있다. 프로이드(Freud)는 인간이 자신의 자아가 위협을 받을 때 취하는 여러 가지 조처를 자아 방어기제라고 했다.

후기의 정신분석학은 인간의 성격형성 및 행동에 있어서 중요한 요인은 유전적으로 물려받은 생물학적 본능보다는 후천적으로 획득한 사회문화적 요인이 더욱 중요하다고 보았다. 인간은 사회를 만들어 살면서 그 사회 속에서 오랜 기간에 걸쳐 형성된 문화의 영향을 강하게 받고 살아가는 가운데 성격도 형성된다는 곳이다. 따라서 최근에는 이러한 후기 정신분석적 접근방법도 많은 지지를 받고 있다.

정신분석학적 접근의 교육적 시사점은 다음과 같다. ① 정신분석학은 어렸을 때의 초기관계 및 경험을 중시한다. 따라서 조기교육의 중요성이 강조되었다. 또한 ② 정신분석가와 환자 사이에는 전이(transfer)가 일어나듯이 교사와 학생 사이에도 전이가 일어난다. 따라서 교사와 학생 사이의 인간관계는 대단히 중요하다.

3) 행동주의적 접근

인간의 행동 및 여러 심리적 특성들은 출생 직후부터 겪는 경험에 의해 형성된 습관적인 반응들로 구성된다고 보는 입장이다. 이들은 인간이해를 위한 과학적 접근은 객관적으로 관찰 가능한 주어진 자극과 그에 대한 결과로서의 행동 관계, 즉 자극-반응의 관계로 파악해야 된다고 주장하고 있다.

따라서 행동주의적 접근에서는 인간행동에 영향을 미치는 자극 및 강화에 관한 연구를 과학적 실험을 통해 검증하게 되며, 행동의 기본단위는 인간과 동물에게 동일하다는 입장을 취하기 때문에 동물을 대상으로 실험을 수행하기도 한다. 결과적으로 인간의 행동은 사회적 자극에 의해서 일어나고 그 행동을 유지하면서 발전시키는 것은 강화의 결과라는 것이다. 그러므로 한 개인의 행동양식을 결정하는 요인은 그가 태어난 이후 외부세계로부터 계속적으로 받아 온 상과 벌의 형태가 된다.

행동주의에서는 모든 행동을 학습된 것으로 본다. 따라서 바람직한 적응행동뿐 아니라 바람직하지 않는 부적응 행동 또한 학습의 결과라는 것이다. 그래서 조건화의 원리를 이용하면 바람직한 행동은 형성하고 부적응 행동은 수정시킬 수 있다고 본다.

최근까지 행동주의는 전 세계의 교육계에서 강력한 영향력을 발휘하였다. 행동주의를 이용한 대표적인 것은 ① 쉽고 간단한 내용에서부터 어렵고 복잡한 내용을 점진적으로 학습해 나가 결국에는 목표에 도달하는 프로그램 학습자료, ② 이를 기계 속에 넣어 두고 학생 스스로가 작동해 가면서 학습하도록 되어 있는 교수기계, ③ 그리고 문제행동을 없애고 바람직한 행동으로 대치하는 행동수정기법 등이 있다. 이외에도 교육개혁방안이나 수업모형이 행동주의의 영향을 받았다.

4) 인본주의적 접근

인본주의 심리학은 인간주의 심리학, 제3세계 심리학, 현상학적 심리학이라고도 부른다. 이것은 인간의 인간다운 측면을 강조하는 입장에서 인간행동을 이해하려는 입장이다. 인간을 다른 동물과 구별짓는 두드러진 특징은 자신의 의지로 자기의 삶을 이끌어 갈 수 있는 자기실현적 존재라는 점이다. 따라서 유기체는 누구나 이러한 자아실현 동기를 지니고 있으며, 이에 의해 자기 자신을 유지시키거나 향상시키는 것으로 지각된 경험들을 추구하고 적극적으로 수용하는 반면, 자아보존이나 증진을 부정하거나 반대한 것으로 인식된 경험들을 피하게 된다는 것이다.

인간주의적 접근방법이 교육에 대한 시사점은 다음과 같다.

첫째, 인간적 접근방법은 인간이란 누구나 평등한 존재라고 가정한다. 따라서 학교에서 여러 가지 이유로 부당하게 소외당할 이유가 없다. 또한 인간은 저마다 소중한 자아를 가지고 있으며, 이를 실현시킬 권리가 있으며 자신의 자유 의지에 따라 주체적으로 행동하고 잠재력을 개발할 수 있는 데 학교는 이러한 일을 도와야 한다.

둘째, 인간적 접근방법에는 인간의 감정을 소중하게 여긴다. 자신의 감정뿐만 아니라 남의 감정에도 민감해지도록 하고 그 결과 지적, 정서적, 행동적으로 성숙한 전인 또는 자아실현인으로 학생들이 성장할 수 있도록 교육활동을 수행해야 된다고 본다. 따라서 학습자의 지적 호기심을 최대한 존중하는 학생중심의 교육을 해야 한다.

셋째, 인간적 접근방법은 상담분야에서도 많은 시사점을 준다. 정신분석이나 행동수정과는 달리 인간을 환자나 문제아로 취급하지 않는다. 인간이면 누구나 문제를 가질 수 있으며, 자신의 문제에 대해서 자신만큼 뛰어난 전문가는 없다고 본다. 따라서 상담자는 내담자와의 대화를 통해 그 자신의 문제를 스스로 발견하도록 하고 자신의 주체적 의사결정에 의해 행동을 하고 또 그에 대해 책임지도록 도와야 한다고 본다. 그래서 인간주의에서는 내담자 중심 또는 비지시적 상담을 강조한다(장상호, 1988).

5) 인지주의적 접근

인지(cognition)란 우리 머릿속에서 일어나는 일련의 지적 과정을 의미하며, 인지이론은 인간의 육안으로 직접적으로 관찰할 수 없지만 우리 두뇌 속에서 벌어지는 외부 감각적 자극의 변형, 기호화 또는 부호화(encoding), 파지(retention), 재생 또는 인출(recall)이라는 일련의 정보처리 과정을 연구한다. 인지론자들은 인간의 두뇌작용을 직접 관찰하지 않더라도 얼마든지 객관적·과학적 연구가 가능하다고 하였다.

현대의 인지적 접근방법은 인지발달론과 정보처리론으로 구분할 수 있다.

첫째, 인지발달론은 인간의 지적 발달이 어떠한 단계를 거쳐 이루어지는

가를 연구한다. 이러한 측면의 연구자는 스위스 출신의 피아제(Piaget)이다. 그에 의하면, 인간의 인지는 감각운동기, 전조작기, 구체적 조작기, 형식적 조작기 등 4단계를 거친다고 한다.

둘째, 정보처리론은 인간의 인지를 정보처리(information-processing)과정으로 보고 이를 컴퓨터에 비유하여 객관적·과학적으로 연구한다. 이것은 인간의 지각, 기억, 상상, 문제 해결, 사고 등 인지의 가설적 과정을 설정하고 연구하는데, 특히 지식의 획득과정에 관심이 많다.

인지적 접근방법이 교육에 대한 시사점은 다음과 같다. ① 인지발달론은 성장하는 유아들의 지적 발달을 도모하는 프로그램의 개발에 도움이 되었으며, 그 후 피아제(Piaget)식 프로그램은 교육계에 큰 영향을 미쳤다. ② 정보처리론은 1980년대 이후 교육계의 관심사가 사고력 교육에 영향을 미쳤으며, 최근에 교과영역별 지식교육을 통한 사고력을 육성하는 데 있다.

3. 교육심리학의 영역

트래버스(Travers, 1970)는 교육심리학은 교사와 학생의 행동에 대한 통찰을 제시하고, 수업에서의 심리적 분위기를 중시하는 등 인간의 행동을 이해하고자 노력한다는 측면에서 심리학과 그 맥을 같이 한다. 교육심리학은 학문으로서의 독자적인 영역을 차지하고 있지만, 심리학으로부터 다양한 원리를 차용하고 있는 실질적이며 응용적인 학문의 성격을 띠고 있다.

교육심리학의 영역에 대하여 제 학자의 견해를 살펴보면 다음과 같다.

첫째, 안범희 외(1998)는 교육심리학의 영역을 네 가지로 제시하고 있다. ① 발달심리학적 측면에서 학습자에 대한 이해와 학습자의 발달단계에 맞는 적절한 목표설정을 위해 필요한 성장과 발달영역, ② 학습 심리학적 측면에서 최적의 학습방법의 제시와 학습여건 마련을 위해 필요한 교수-학습영역, ③ 성격심리적 측면으로 바람직한 인격의 형성과 개인적 적응을 돕기 위한 생활지도의 측면에서 필요하며, 개인차에 따른 개별지도를 위한 학생이해의 측면에서도 필요한 성격과 적응영역, ④ 목적에 대한 달성 여부와 학습자의 수준 진단, 개인차 등을 알아보기 위해 필요하며, 실증적인 연구의 발전을 위해서도 필요하다.

둘째, 임한영(1985)은 교육심리학의 영역을 다섯 가지로 분류하고 있다. ① 학습자의 성장과정을 다루는 발달심리학적 측면, ② 학습 및 교수의 기본과정을 결정하는 학습심리학적 측면, ③ 적응과 생활지도의 기초가 되는 성격심리학적 측면, ④ 교육활동의 효과측정에서 각종 도구를 제공하는 심리측정적 측면 및 ⑤ 학습환경에 대한 정보를 제공하는 사회심리학적 측면 등이다.

셋째, 김형태(1999)는 교육심리학의 영역을 학습과정에서 필요로 하는 모든 교육적 문제, 즉 ① 발달의 이론과 실제, ② 학습의 이론과 실제, ③ 측정과 평가에 관한 것, ④ 성격과 적응에 관한 것, ⑤ 생활지도(guidance)에 관한 것 등으로 분류하고 있다.

넷째, 미국심리학회(1948)의 교육심리 분과의 Newletter에서 제시한 교육심리학의 영역은 다음과 같다. ① Human Growth & Development, ② Learning, ③ Personality & Adjustment, ④ Measurement & Evaluation, ⑤ Techniques & Methods in Educational Psychology 등으로 제시하고 있다.

상기에서 교육심리학의 영역에 대하여 안범희 외(1998), 임한영(1985), 김형태(1999), 미국심리학회(1948)의 교육심리 분과의 Newsletter 등에서 제시한 것을 참조하여 정리하면, ① 학습자의 성장과정을 다루는 발달심리학적 측면, ② 학습 심리학적 측면에서 최적의 학습방법의 제시와 학습여건 마련을 위해 필요한 교수-학습측면, ③ 성격과 적응측면, ④ 측정과 평가측면, ⑤ 학습환경에 대한 정보를 제공하는 사회심리학적 측면 등으로 분류된다.

첫째, 학습자의 성장과정을 다루는 발달심리학적 측면은 교육목적에 따라 선정된 학습경험을 조직할 때 필수적이며, 인간의 지적 능력의 발달, 성격의 발달, 신체 및 운동 능력의 발달 등은 실제적인 교육활동뿐만 아니라 교육계획이나 교육제도의 수립에 있어서도 필수적인 정보를 제공해 준다.

둘째, 학습심리학적 측면에서 최적의 학습방법의 제시와 학습여건 마련을 위해 필요한 교수-학습측면이다. 이것은 인간의 지적 능력의 학습이 어떤 조건에서 일어나며 이를 지배하는 원리가 무엇인지를 제공한다. 또한 이렇게 형성된 지식이 어떻게 기억되며 전이되는가를 밝히며, 이와 같은 지식이 교육실천에 적응될 때 교육의 효과는 극대화를 기대할 수 있다.

셋째, 성격과 적응측면은 아동의 인격적, 혹은 정의적 특성의 지도와 관련이 된다. 성격이란 환경에 대한 적응이나 대인관계에서 비교적 일관성 있는 개인의 행동양식 또는 사고양식의 독특한 성향으로 정의되며, 교육을 통하여 개인의 지적 능력의 함양뿐만 아니라 그의 인격도 도야해야 한다. 이러한 측면에서 보면, 성격심리학은 정의적 특성의 학습방법을 제시하고 있다. 그것의 구체적인 방법은 상담심리학이나 임상심리학에서 나타난다. 상담이나 임상방법을 통한 개인의 적응문제를 지도하는 것은 그의 지적 능력을 함양하는 것 못지않게 중요한 교육목표 내지 실천이 되는 것이다.

넷째, 측정과 평가측면이다. 이것은 교육이 의도한 목적을 얼마나 달성했느냐를 평가하는 것은 측정활동을 내포하고 있다. 심리측정은 교육목적의 달성도를 상당히 객관적이고 정확하게 측정하는 가능한 방도를 제공하고 있다. 또한 심리측정은 교육현상에 대한 종래의 사변적 연구에서 경험적 연구로의 전환을 가능케 하는 강력한 도구를 제공하였다.

다섯째, 학습환경에 대한 정보를 제공하는 사회심리학적 측면은 교육의 과정에서 주변적인 환경적 측면과 관계된다. 사회심리학은 사회라는 집단이 개인에게 어떤 영향을 미치는가에 대한 체계적인 지식을 제공해 주고 있다. 개인은 타인과 어떻게 상호작용하며, 집단의 영향을 어떻게 수용하며, 집단과 집단의 관계는 어떠한가 등의 지식을 제공함으로써 교육의 질을 결정하는 환경적 여건을 분석한다는 측면에서 교육적 의미를 찾을 수 있다(김주건, 1993).

4. 교육심리학의 목적

스키너(Skinner, 1958)는 교육활동을 수행함에 있어서, 교사는 교육목적이 무엇이며, 왜 그러한 행위를 해야만 하는가를 인식하고, 학생의 연령과 그 상황에서 최적의 교육방법을 구사할 때 올바른 교육효과가 발생한다는 것을 제시하였다. 따라서 교육심리학의 목적은 특정한 사회에 살고 있는 성장 세대나 대상을 이해하고, 교육활동에서 발생되는 문제를 최소화하기 위한 유효한 원리와 합리적인 방법 및 기술을 집대성한 교육의 실천학으로서 교육효과를 증진시키는 데 그 목적이 있다(이형행, 2011; 강태훈 외, 2008; 김준권 외, 1998).

본 절에서는 교육심리학의 목적을 학문적 목적과 기능적 목적으로 분류해서 고찰하기로 한다.

첫째, 교육심리학의 학문적 목적(김진규, 2009; 김언주, 1997)은 학문분야에 따라 연구대상은 다르나 모든 학문의 목적은 주어진 현상, 즉 사상에 관련된 변인들과 그들 간의 관계를 기술, 설명, 예측, 그리고 통제하는 데 있다. ① 기술의 목적을 교육심리학의 제1차적 목적이라고 한다. 기술이란 어떤 주어진 교육의 심리학적 현상을 있는 그대로 정확히 관찰 및 보고하는 것을 의미하며, 기술의 의미는 심리학적 현상의 상태(state), 혹은 구조(structure)에 대한 기술이며, 또한 그 현상의 과정(process) 및 기능(function)에 대한 기술이다. 교육활동에 관련된 심리학적 현상에 관한 상태기술(state description)은 심리학적 변인의 값을 구체적으로 명시하는 것을 말하며, 그리고 심리현상의 과정기술이란 변인들 간의 상관관계 및 인과적 관계를 명시하는 것을 의미한다. 결국 교육심리학의 기술적 목적은 교육의 심리학적 변인들을 찾아내어 그 값을 기술하고, 그 변인들 간의 관계를 기술함으로써 교육의 심리학적 현상을 이해하는 것이다. ② 교육심리학의 목적은 어떤 주어진 교육의 심리학적 현상을 있는 그대로 기술하는 것으로 끝나는 것이 아니라, 주어진 현상에 대해 설명하는 것이 또 다른 목적이다. 예를 들면, “정상적인 가정의 자녀가 결손가정의 아동보다 학업성취도가 높아진다.”는 것을 기술했으면, 정상적인 가정의 아동이 결손가정의 아동보다 학업성취 높은 변인을 발견하여 그 이유를 설명하여야 한다. ③ 교육심리학이 교육의 심리학적 변인들과 그들 간의 관계를 기술하고, 그 관계의 이유를 설명하는 것을 수단적 목적이라고 한다면, 예측하는 것은 보다 궁극적인 목적이다. 예측이란 어떤 주어진 현상을 대상으로, 어떤 독립변인 또는 조건을 어떻게 변화시키면 어떤 결과가 나올 것이라고 미리 서술하는 것을 의미한다. ④ 통제는 예측의 단계를 넘어서서 교육의 심리학적 현상을 변화시키는 것을 말한다. 어떤 주어진 교육문제를 해결하는 데 교육의 심리학적 변인들과 원리를 응용하는 것을 의미한다.

둘째, 교육심리학의 주된 목적 가운데 하나는 교육자 특히 교사들이 교육현장에서 당면하는 문제의 해결과정에 도움을 주는 데 있다. 문제해결과정이란 당면한 문제를 문제로서 확인(identify)하고, 교사의 입장에서 정의(define)하고, 문제해결을 위한 전략을 탐색(explore)하고, 선택된 전략을 적용(act)하여 전략의 적용효과를 검토(look)하는 활동, 즉 IDEAL활동으로 구성된다. 교육심리학은 교육의 문제해결에 직접적으로 도움을 주는 경우도 있으나, 대부분의 경우 문제해결을 위한 근거를 제공해 준다. 교사가 교육심리학으로부터 교육적 통찰을 얻어야 함은 물론, 이러한 통찰을 교육철학적 추론—학생과 사회를 위해 바람직한 것이 무엇인가—과 통합시켜야 한다. 아울러 교사는 교육심리학에서 얻은 통찰을 지역사회에 관한 사회학적 이해나 정부와 교육 간의 관계에 관한 정치적 이해와도 통합시켜야 한다. 따라서 교사는 이러한 문제해결과정에서 자기충족적 예언(self-fulfilling prophecy)에 관한 정보를 교육심리학으로부터 얻을 수 있다.

제2절 학습자의 인지적 특성

학습자의 인지적 특성에는 지능, 창의력, 인지양식에 관하여 기술하고자 한다.

1. 지능

지능은 학습자들의 학업성취도를 예측하는 데 있어 가장 중요한 학습변인으로 연구되어 왔으나 지능의 정의에 대하여 학자들 간의 공통된 견해를 취하지 못하고 있다. 그러나 일반적으로 지능을 학습능력으로 보는 입장, 정신적 적응능력으로 보는 입장, 고등정신능력으로 보는 입장 등으로 본다.

첫째, 지능을 학습능력으로 보는 견해이다. 이는 교육받을 수 있는 능력의 범위를 말하며, 지능이 높은 사람은 지적인 학습을 할 수 있는 능력이 높고 지능이 낮은 사람은 학습할 수 있는 능력이 낮다고 보는 견해이다. 이러한 주장을 하는 학자는 비네(Binet), 프리먼(Freeman), 터먼(Terman) 등이 있다.

둘째, 지능을 정신적 적응능력으로 보는 견해에 의하면, 지능이란 한 개인의 전체환경에 대한 적응이며, 생활의 새로운 문제 및 상황에 대한 일반적인 정신적 적응능력을 말한다. 새로운 상황조건에 직면했을 때 개인의 행동을 보다 효과적으로 적절하게 대응할 수 있도록 재조직하는 능력으로 규정하는 개념이다. 이와 같은 주장을 하는 학자는 스턴(Stern), 핀터(Pinter), 피아제(Piaget) 등이 있다.

셋째, 지능을 고등정신능력으로 보는 입장이다. 지능은 추상적 사고와 구체적 사실과 관련시키는 능력으로 간주하는 것이다. 따라서 지능이란 어떤 목적을 향하여 행동하고 합리적으로 사고하며 환경에 효과적으로 대처해 가는 개인의 집합적 능력으로 정의하고 있다. 스토더드(Stoddard)의 지능의 구성요소를 ① 곤란도, ② 복잡성, ③ 추상성, ④ 속도, ⑤ 목적에 대한 적응성, ⑥ 사회적 가치, ⑦ 독창성의 발현 등으로 보고 있다. 이러한 스토더드의 지능의 정의는 오늘날 다양한 지능검사의 기준으로 활용되고 있다.

상기에서 세 가지 주장을 살펴보았듯이, 지능의 개념은 한 개인이 새로운 상황에 직면했을 때 발휘되는 통합적인 고등정신기능, 생존에 필요한 판단력과 경험으로부터 학습하는 능력 및 지식의 획득능력, 문제를 해결하기 위한 추리력 등으로 정의할 수 있다. 학습의 준비성에 고려되는 지능이란 지각, 기억, 추리, 사고 등의 활동이 주로 학습에 영향을 미치며, 이는 지각작용을 통한 직접경험, 그리고 직접경험의 기억작용, 건전한 추리작용에 의한 추상적 사고작용을 통한 판단력 등이 학습의 기본능력이다(박영진 외, 2010; 박상호 외, 1999). 따라서 학습자들의 효과적인 학습을 수행하기 위하여 학생의 지능 및 지능발달에 대하여 보다 세심한 관심을 두어야 할 것이다.

2. 창의력(창의성)

지식기반사회에서 창의성은 매우 중요한 학습자의 특성 중의 하나이다. 교사중심의 획일적인 교수-학습활동에서 탈피하여 자유분방한 학습분위기를 조성하여 학습자로 하여금 자율적이고 적극적인 태도로 학습참여를 유도하는 것은 바람직할 것이다. 우선 창의성에 대한 제 학자들의 견해를 토대로 개념 정의를 하고, 학교교육에서 창의성의 필요성을 논의하기로 한다.

창의성에 대한 제 학자들의 견해는 다음과 같다.

길포드(Guilford)는 창의성과 연관된 요인분석을 통하여 공군사관학생 410명을 대상으로 한 연구에서 창의성과 관련된 53개의 변인과 1,400여 개의 상관계수를 통하여 창의적 사고와 관련된 6개의 기본요인을 ① 문제에 대한 민감성(sensitivity to problem), ② 유창성(fluency), ③ 독창성(origin- ality), ④ 유연성(flexibility), ⑤ 치밀성(elaboration), ⑥ 재정의성(redefinition) 등을 제시하고 있다. 겟젤스와 잭슨(Getzels & Jackson)은 창의력과 학업성취도와의 관계 연구에서 "창의력이 높은 집단은 IQ가 낮을지라도 학업성취도는 높다."는 견해를 취하고 있다. 또한 맥네마르(McNemar)는 "창의력과 지능 간에는 독립적 관계이기보다는 높은 정적 상관을 이루며, 그는 지능지수가 낮으면 창의력도 낮을 가능성이 있으며, 지능지수가 높다고 반드시 창의력이 높은 것은 아니다."라는 입장을 취하고 있다. 로저스(Rogers, 1970)는 "창의적 활동이란 유기체가 내·외적 환경에 대해 개방적이고 모든 관계양식을 융통성 있게 볼 수 있는 자유로움이 있을 때 발생하기 쉬운 자연스러운 행동"으로 규정하고 있다. 임창제(1999: 102)는 창의성이 높은 사람의 특성으로 "위험이나 실수를 두려워하지 않으며, 높은 자신감, 뛰어난 사회성, 융통성, 자기수용성, 자립심, 자기만족, 독자적인 판단, 높은 감수성, 비합리성의 발견, 자아긍정성 등을 지닌다."고 했다.

상기에서 본 바와 같이, 창의성의 개념을 새로운 정보 및 기존의 지식을 조합하는 능력, 어떤 문제나 새로운 상황을 민감하게 지각하고 기존의 고정관념 및 해결방법으로부터 탈피하여 참신하고 독특한 아이디어를 통한 문제해결의 특수한 형태로서 인간의 무한한 가능성을 실현시키는 것으로 보고자 한다. 따라서 교사는 학습자들에게 다양한 수업자원을 활용하여 창의적 사고를 발휘하도록 유도해야 하며, 교육과정에서 제시된 통합적 내용을 융통성 있게 운영함으로써 일련의 현상에 대한 호기심을 갖도록 하며, 사물이나 사건에 관하여 공통분모를 찾아낼 수 있도록 사고력 신장에 역점을 두어야 할 것이다. 그리고 교사는 창의성과 학업성취도와의 높은 상관이 있기 때문에 교사의 교육방법적 전략을 구상할 때 우선적으로 고려해야 할 사항으로 볼 수 있다.

3. 인지양식

교육현장에서 학생들 간의 지적 개인차를 발견할 수 있는데, 그 지적 개인차 가운데 하나가 인지양식(cognitive style)이다. 인지양식 대한 제 학자의 견해는 다음과 같다.

카간(Kagan, 1965)은 인지양식이란 외부환경을 개념적으로 유목화하고 지각적으로 조직하는 방식에 있어서 개인의 선호양식으로 정의한다. 휘트킨(Witkin, 1977)은 개인이 자신의 지각과 지적 활동에서 보여주는 특징적이고 일관된 기능양식으로 정의를 내렸으며, 메직크(Messick)는 인지양식을 개인의 지각, 사고, 문제해결 및 기억방식을 보여주는 정보처리의 규칙성으로 정의를 내렸다(구광현 외, 2008; 이용남 외, 1999: 재인용).

상기와 같이, 인지양식에 대하여 제 학자의 견해는 다소 차이가 존재하나, 인지양식은 인지적 과제에 대하여 자극 상황이나 내적 사태를 초월하여 개인이 일관되게 나타내는 반응양식을 의미하며, 넓은 의미로는 개인의 전형적인 정보처리양식이라고 말할 수 있다. 개인의 능력상의 차이가 아니라 개인이 사물을 지각하고 인지하는 독특한 방식이라는 측면에서 일치하고 있다.

많은 교육학자 및 심리학자들이 인지양식의 다양성을 인정하고 있지만, 인지양식 구성요소를 찾아내어 그것을 검증하는 데 어려움을 겪고 있다. 인지양식 종류는 반성적 인지양식(reflective cognitive style)과 충동적 인지양식(impulsive cognitive style), 장 독립적 인지양식(field dependence)과 장 의존적

인지양식(field independence) 등이 있다(Kagan, 1965).

첫째, 반성적 인지양식과 충동적 인지양식이다. 반성적 인지양식은 사려적 인지양식이라고도 부르고 있다. 반성적 인지양식을 지닌 학생은 몇 가지 대안들이 가능한 문제상황에서 문제해결을 위하여 차분하고 심사숙고하는 행동을 취하며, 충동적 인지양식은 이와는 반대로 가설을 성급하게 검토하고 따라서 실수도 많이 하는 행동특성을 가진다. 구체적인 실례를 들면, 충동적 인지양식은 유치원과 초등학교 아동의 약30% 정도가 소유하고 있는 것으로 밝혀져 있다. 반성적 인지양식을 가진 학생들은 독해문제, 기억측정문제, 추리를 요하는 문제, 창의적 과제에서 충동적 인지양식을 가진 학생보다 나은 수행결과를 보여준다. 그러나 학습장면에서 교사가 충동적 인지양식을 지닌 학생들이 나타내 보이는 시행착오적인 문제해결을 어느 정도 수용하느냐에 따라 그들의 학업성취가 달라질 수 있다(구광현 외, 2008).

둘째, 장 독립적 인지양식과 장 의존적 인지양식이다. 장 독립적 인지양식을 지닌 학생들은 문제해결과정에 접할 때 상황을 분석하고, 상황을 구성하고 있는 요소들을 배경과 분리해 내려는 특성을 지니며, 이에 비해 장 의존적 인지양식을 지닌 학생들은 상황을 전체적으로 보거나 일정한 틀로 묶어서 보려는 경향이 있다. 또한 성격과 지각측면에서도 장 독립적인 학습자는 어떤 일을 해결하려는 성취동기가 강하고 특히 분석적인 기능을 요구하는 영역에 높은 적성을 보인다. 장 의존적인 학습자는 일반적으로 성격의 노출이 심하여 자신에 대한 통찰력이 결여되고 열등감을 지니고 있어 외부에 의존적이고 긴장상태에서 문제를 해결하려는 경향이 있다. 그리고 인지양식 차이는 사회적 관계 측면에서도 나타난다. 장 독립적인 학습자는 개인주의 경향이 많아 타인에게 무관심하며, 장 의존적인 학습자는 사회지향적이어서 타인의 감정이나 사고에 민감하여 사려적인 태도를 취하는 경향이 높다. 집단동조 측면에 있어서도 장 독립적인 학습자는 장 의존적인 학습자에 비해 자율성이 훨씬 더 강하게 나타나며, 대인관계의 의사소통에 있어서도 보다 개방적인 성격을 갖고 있다(김은영 외, 2010; 이용남, 1999).

따라서 교육적 활동측면에서 인지양식문제는 모든 학습자들에게 효과적인 교육방법이 존재할 수 없다는 것이다. 학습자 개개인의 인지양식에 적합한 교육방법을 개발하고 선택할 경우 교육적 효과성은 한층 높일 수 있을 것이다.

제3절 학습자의 정의적 특성

3절 학습자의 정의적 특성에는 인성, 동기와 동기유발, 성취동기, 불안과 학업성취, 포부수준, 자아개념 등에 대해서 고찰하고자 한다.

1. 인성

인성(personality)의 개념은 매우 다양하기 때문에 그 정의도 복잡하다. 그러나 그 중에 인성의 정의로서 널리 수용되는 것은 올포트(Allport, 1961)의 정의이다. 그는 인성이란 개인의 특이한 행동과 사고를 결정하는 개인 내에 있는 심리·생리 체제의 역동적인 조직이라고 정의했다.

이 정의를 중심으로 인성의 개념을 정리하면 다음과 같다(이형행, 2011). ① 인성이란 개인의 특성이다. 개인의 특이한 행동을 결정해 주기 때문에 개인에 따라 서로 다른 성향을 가진다고 할 수 있다. 그러나 집단의 성격이나 국민성 같은 것은 여러 사람이 공유하는 특성으로 볼 수 있다. 따라서 인성은 개인에게서 발견되는 특성과 집단이 공유하는 것으로 나눌 수 있다. ② 인성은 심리적인 면과 생리적인 면을 모두 포함하는 개념이다. 일반적으로 인성에서 심리적인 측면을 성격이라고 하고, 생리적인 측면을 기질(氣質)이라고 한다. 따라서 인성을 심리적인 특성으로 간주할 수 없으며, 또한 생리적인 특성이라고도 할 수도 없다. ③ 올포트의 정의는 포괄적인 개념이기 때문에 인성은 지적인 면과 비지적인 면을 동시에 포함한다. 다만 인성이라는 개념 속에는 비지적 요소가 우세하기 때문에 비지적 특성으로 보는 것이다. ④ 인성은 역동적 조직체라는 점에서 체계화된 구조를 가정할 수 있다. 이러한 관점의 대표적인 것은 프로이트의 인성구조에 대한 견해이다. 그에 의하면 인성은 원초아(id), 자아(ego), 초자아(super-ego)로 구조화되어 있다고 했다. 그는 이러한 세 가지 기관의 조화로운 기능 발휘가 인간의 원숙한 적응을 약속해 준다고 했다.

2. 동기와 동기유발

동기(motive)는 욕구, 충동, 욕망 등과 유사한 개념으로 쓰이고 있다. 어떤 행동을 초래하는 원인 또는 이유를 의미하며, 즉 행동을 발생 및 유지시키면서 특정목표를 향해 활성화시키는 것으로 볼 수 있다. 따라서 동기가 발생하면 또한 행동도 발생하게 되는데, 이때 행동은 반드시 어떤 방향으로 나아가게 된다. 고로 동기는 행동을 발생하는 원동력으로 볼 수 있다. 특히 학습자가 학습에 대한 욕구와 열망을 지니며 학습활동을 강력하게 지속할 때 나타나는 힘을 학습동기로 보고자 한다. 학습동기에는 외적 동기와 내적 동기로 구분할 수 있다. 전자는 외적 사물이 가지고 있는 어떤 유인가가 그 사람의 동기를 일으키는 것을 의미하며, 후자는 자기성취감, 자기만족감 등에 의해 내적으로 발생하는 것을 의미한다.

동기를 유발하는 조건으로 내적 동기와 외적 동기로 구분하면 <표 4-1>과 같다.

따라서 교사는 학습자로 하여금 학습에 보다 관심을 갖고 학습에 임하도록 하기 위하여 학습동기를 유발시키는 것이 중요하다. 이 때 다음과 같은 사항에 유의하여야 할 것이다.

| 표 4-1 | 동기유발의 조건

내적 동기유발	외적 동기유발
학습문제에 대한 호기심	학습결과와 진전 정도의 확인
흥미와 환기	적절한 상이나 벌
학습목표와 개인적 욕구의 결부	경쟁과 협동의 이용
성취감	성공과 실패감을 겪게 함
동일시	좋은 학습환경의 구성
긍정적 자아개념	소속감

첫째, 동기는 인간의 심리적 과정의 일부에 불과하다.
둘째, 동기는 개인마다 그 체제나 강도가 다르다.
셋째, 동기는 유발조건이 다르다.
넷째, 동기는 상호 간에 대립이 되는 경우가 많다.
다섯째, 개인은 그 자신의 동기를 알 수 없는 경우가 허다하다.

3. 성취동기

학습에 있어서 인간의 동기 중 많은 관심을 모으고 있는 것은 성취동기(achievement motives)이다. 심리학자 맥클랜드(McClelland, 1965)와 애트킨슨(Atkinson, 1964)은 성취욕구에 기초한 동기유발을 개발하였다. 그들은 인간의 동기를 하나의 특수한 동기에 역점을 두고 이론형성에 공헌하였다. 그들은 실험심리학에서 통용되어 오던 동기유발 방법과 임상심리 분야에서 적용하여 온 주제통각검사(T. A. T.)를 가지고 성취동기를 측정해 낼 수 있는 방법을 고안하여 연구한 것으로서 신뢰도와 타당도가 높은 결과를 보여주었다. 성취동기는 학습과 매우 밀접한 관계를 갖고 있는 학습된 동기(learned motive)로서 도전적 과제를 선택함으로써 만족을 얻으려는 의욕으로 정의하고 있다(신재흡, 2011; 이성진, 1997: 319).

성취동기는 곤란하고 어려운 과제를 용이하게 잘 수행하고 싶다든지, 경쟁상태에서 뛰어난 업적을 올리고 싶다든지 하는 것과 같은 가치적 목표에 도전하여 자기의 역량을 발휘하여 가능한 한 그 목표를 달성하려는 동기 또는 요구로 정의할 수 있다. 그리고 성취동기는 부모의 기대는 물론 크게는 사회의 기대에 의해서도 영향을 받는다. 성취동기는 무엇인가 성취하려고 노력하는 의욕이 심리상태에 자리 잡고 있기 때문에 항상 바쁘고 긴장하며, 불안하고, 한편 성공에 대한 기대 속에서 행동하기 때문에 피곤이 뒤따른다. 그러나 성취결과에 대한 만족감이 더욱 의욕을 북돋우게 되므로 교사는 학생들이 학업성취를 할 수 있도록 동기유발되는 교육환경을 만들어 가야 한다. 학교에서 성취동기가 높은 학생은 교사에 의해 쉽게 인지된다. 이런 학생은 너무 어렵거나 너무 쉬운 과제가 아니라 도전적 과제를 선택한다. 성취의 두려움이나 과도한 실패의 두려움을 갖고 있는 학생들은 틀림없이 성공하게 쉬운 과제를 선택하거나, 실패한다면 아무도 자기를 비난할 수 없는 지나치게 어려운 과제를 선택할 지도 모른다. 학생들은 너무 쉽지도 어렵지도 않은 일에 도전해야 한다. 성공은 자신감을 주기 때문에 학생들은 부과된 과제에 성공할 수 있어야 한다.

따라서 학교 학습에서 성취동기는 학습동기와 직결되는데, 높은 성취동기 행동은 어떠한가 알아보자(신재흡, 2011; 김충기, 2000).

① 교사에게 집중하는가? ② 수업 중에 자발적으로 대답하는가? ③ 과제를 즉각적으로 하는가? ④ 과제가 완성될 때까지 주의를 집중하는가? ⑤ 어려운 문제가 나타났을 때 스스로 문제를 해결하도록 노력하는가? ⑥ 자율적으로 공부하는가? ⑦ 진실로 도움이 필요할 때 도움을 청하는가? ⑧ 정해진 시간에 숙제를 제출하는가? ⑨ 기회가 주어졌을 때 성공이 어려울지라도 도전적인 과목과 과제를 선택하는가? ⑩ 과제해결 시 완성된 것으로 보기보다는 부족하다고 인정하는가? ⑪ 과목에서 요구하는 것 이상으로 학습활동에 관여하는가? ⑫ 학습상황 속에서 행복하게 자랑스럽게 열정적으로 열망하는가? ⑬ 지침을 따르는가? ⑭ 다른 친구들에 비하여 나은 성적을 받았을 때도 더 효과적인 학습 방법을 강구하는가? ⑮ 스스로 도전적인 학습활동을 주도하는가? ⑯ 성적과 관계없는 과제에 대하여 열심히 하는가?

상기의 물음에 대하여 긍정적으로 대답하는 학생이 일반적으로 성취동기가 높다고 인정할 수 있다. 그러므로 학교에서나 가정에서 학생들에게 성공감을 불어넣기 위해 성취동기는 매우 중요한 요인으로서 강화시켜나가는 것이 학습효과를 크게 기대할 수 있다.

학습에서 성취동기는 학습목표를 달성하는 데 있어 없어서는 안 되는 것이다. 학급 내에서 각 학생들이 가지고 있는 기본적인 성취동기를 높여 주는 일에는 맥클랜드(McClelland, 1965)에 의하면, 일반적으로 4단계가 있는데, 다음과 같다.

첫째, 목표 설정단계이다. 이것은 각 학생들이 현실적이고 실제적인 학습목표를 정하도록 교사가 도와준다.

둘째, 성취지향적 사람처럼 생각하도록 교사가 도와주는 일이다. 교사는 학생들이 어느 정도 어려운 과제에 도전하도록 격려해주어야 한다. 자신의 능력에 대한 자신감을 갖고, 성공이란 노력에 의하여 성취되는 것으로 생각하도록 학생들을 가르친다.

셋째, 자기 자신을 성취지향적 사람으로 보게 한다. 교사는 학생들이 자신은 어느 정도 어려운 과제에 도전하고, 성취에 가치를 두는 사람이며, 자신의 노력으로 성공하기를 원하는 사람이라는 생각을 갖도록 지도한다.

넷째, 학생들이 성취하려는 노력을 할 때, 집단적 지원을 해주어야 한다. 학생들끼리 협동적으로 학습목표를 세워 같이 공부하도록 함으로써 또래학생과 교사가 모두 자기의 성취 노력에 보조한다는 사실을 깨닫게 해주어야 한다.

따라서 학교에서 성취동기를 학생들에게 증진시키는 데에는 교사의 역할이 중요하다. 교사는 학생들로 하여금 자신들이 성공적으로 학습과제를 수행할 수 있다는 그들의 기대가치를 높여 주는 것이다. 매우 가치있고 보람있는 목표일지라도 그러한 목표에 도달할 방법이 없다고 생각할 때, 학생은 성취하려는 시도조차 하지 않으려고 한다. 학습과제수행의 성공에 대한 기대의 가능성을 높여 주는 방법으로는 과제를 현재보다 더 쉽고 용이하게 다룰 수 있도록 몇 개의 하위단위로 나누어주거나, 혹은 학습과제수행에 요구되는 기술, 훈련 및 도움에 대하여 학생들이 요구하는 것을 교사가 제공해 주는 것이다.

또한 학생들이 주어진 학습과제를 성공적으로 수행하였다면 이는 자신들의 능력과 노력에 있었음을 만일 실패하였다면 자신의 노력 부족에 그 원인을 귀인시키도록 훈련시켜야 한다. 이것은 학생들이 학습과제수행에 성공하였을 때마다 성공의 원인이 그들 자신의 능력과 노력에 있었음을 교사는 항상 지적해 주어야 하며, 반면에 실패하였을 때마다 노력 부족이었음을 지적해 주어야 한다.

4. 불안과 학업성취

불안(anxiety)은 학습자가 학습활동을 할 때 긴장이나 심리적으로 긴박한 상태를 의미하며, 프로이트(Freud)는 불안의 형태를 현실적 및 개관적 불안, 신경증적 불안, 도덕적인 불안 등 세 가지 형태로 제시하면서, 불안의 성질에 있어서는 불쾌하다는 동질성을 가지고 있으며 유일한 기능은 자아에게 위험신호를 보내 주며 이 위험신호가 의식계에 나타나면 자아는 위험에 대처할 준비를 갖추게 된다는 것이다. 따라서 경고신호를 받음으로써 다가오는 위험에 대처하기 위한 방법을 모색한다는 것이다. 이는 신체의 자율신경계통의 지배를 받고 있다. 예를 들면, 급박하고 위험한 상황에 직면하면 입에 침이 마르면서 손과 발에 땀이 나는 것과 같다.

또한 불안과 학습과의 관계(Mandler & Sarason, 1952)를 보면, 불안의 정도가 낮으면 학습량도 적고, 불안의 정도가 높아지면서 학습량도 증가하지만 학습량의 증가는 불안의 중간수준까지이며, 불안의 정도가 더욱 높아지면 학습량은 다시 저하된다. 이처럼 불안이 학습에 주는 영향을 고려할 때 교사는 교수-학습활동에서 학생들에게 자신감을 유도하는 언어적 보상이나 긍정적 반응을 보여줌으로써 자기 신뢰감을 가질 수 있도록 하고 학습자의 개인차에 따라 학업성취감을 가지도록 노력해야 될 것이다.

5. 포부수준

포부수준(level of aspiration: LOA)은 요구수준, 기대수준, 열망수준 등으로 부르며, 이것은 어떤 특정 학습과제에서 어느 정도 성취할 것인가에 대한 학습자의 기대정도를 의미한다. 포부에 대하여 자아투입이 되고 그에 따라 성취감과 실패감이 뒤따를 때 동기가 유발된다는 것인데, 이러한 포부수준의 이론은 개인의 능력범위와 포부 간의 관련성을 보여준다.

이러한 포부수준이 어떻게 정의되고 있으며, 또한 학교교육과 어떤 관계가 있는가를 살펴보기로 한다(이형행, 2011).

첫째, 개인이 어떤 과업에 대하여 예상하고 있는 장래의 성취수준을 의미한다. 따라서 실제의 성취수준이 예상한 성취수준보다 높으면 성취감을, 낮으면 실패감을 느끼게 된다. 이 포부수준은 여러 가지 목표설정에 도움을 주며 자기의 성취를 향상시키고자 하는 욕망이나 동기의 형성에도 도움을 준다. 한편 목표 달성의 실패는 자신의 자존심을 손상시키는 위협으로 생각하여 실패를 피하기 위해 포부수준을 낮게 정하기도 한다.

둘째, 개인이 당면한 목표와 관련된 심리적 상태라는 정의이다. 힐가드(Hilgard)는 도달할 수 있는 범위 내에서 쉽게 성공이 가능한 그런 목표에의 목표 설정행동은 높이뛰기 선수가 양쪽의 포스트 사이에 뛰어넘어야 할 높이에다 막대기를 걸쳐놓은 행동과 비슷하다고 하였다. 이때 그가 막대기를 어디에 걸쳐놓느냐 하는 것이 그 순간에 그가 도달하고자 하는 목표수준이며 포부수준의 척도다 된다. 그러므로 이때의 성공과 실패는 과업의 난이도의 정도에 달린 것이다.

셋째, 학습자가 어떤 특수한 학습상황에서 어느 정도의 성취를 달성 정도를 결정하는 것, 즉 구체적 과제에서의 구체적 성취 또는 목표수준을 의미한다.

넷째, 개인이 어떤 과업을 수행하려고 할 때, 그 과업성과에 대한 주관적인 기대, 목표, 요구, 열망 등을 말한다. 이러한 포부수준의 고저는 그 일의 성질이나 장면에 따라 또 자기능력에 대한 판단, 과거 경험의 유무, 집단의 규준 등에 따라 결정된다. 또 포부수준보다 일이 잘되었을 때는 그 다음의 포부수준을 더 높게 설정하는 경향이 있으며, 반대로 실패했을 때는 낮아지는 경향이 있다.

6. 자아개념

여러 학자에 의한 연구를 통하여 자아개념(self-concept)은 학업성취도와 밀접한 관련성이 있음이 증명되었다. 자아개념에 대한 조류는 크게 두 가지로 분류할 수 있다. 정신분석학적 자아이론에 근거하여 자아를 사고, 기억, 지각 등과 같은 일련의 심리적 과정으로 구성되었다는 견해와 사회심리학적 및 현상학적 자아이론에 근거하여 자아를 자신을 대상으로 하여 가지는 감정, 지각, 평가 등의 지각내용으로 구성된다는 견해이다. 자아개념에 대한 두 흐름은 다소 차이가 존재하는 것이 사실이다. 그러나 자아개념 속에는 자기 자신에 대한 지각, 신념, 태도가 포함되어 있는 것을 알 수 있으며, 지각과 신념은 인지적 속성으로 태도는 정의적 속성으로 볼 수 있다. 결국 자아개념은 인지적 및 정의적 속성을 포함하는 것으로 파악된다.

따라서 자아개념을 한 개인이 자신의 능력 및 행동특성과 관련되어 형성된 자기 자신의 심상을 의미하며, 이는 단기간보다는 비교적 장기간을 통한 경험이 축적된 것으로 환경과의 상호작용의 과정을 거쳐 자신의 가치관이나 태도로 나타나는 것이며, 교사, 부모, 동료, 기타 제 환경에 의해서 자아개념이 형성되며, 이것은 학생들의 학업성취도에 영향을 미친다.

자아개념과 학업성취도와의 관계에 대한 연구를 살펴보면, 블룸(Bloom, 1976)은 지능이 같은 두 학생에게 일련의 과제를 부과할 때 긍정적인 자아개념을 가진 학생은 부정적인 자아개념을 가진 학생보다 학업성취도가 높음을 제시했으며, 브란치, 다미코 및 퓨케이(Branch, Damico & Purkey)는 중학생을 대상으로 일탈행위와 자아개념과의 관계를 파악하기 위하여 일탈행위 학생들과 정상적인 학생에게 학습능력에 관한 자아개념검사를 실시한 결과, 일탈행위 학생들은 정상아에 비해 학습능력에 대한 자아개념이 낮게 나타났다고 했다.

이러한 연구결과에서 나타났듯이, 교사는 학생들의 자아개념을 이해해서 올바른 학습태도를 갖도록 조성하고, 또한 교사는 교수-학습과정에서 학생들에게 긍정적인 자아개념의 형성을 함으로써 학업성취감을 느끼도록 해야 하며, 그들의 자아개념에 대한 정확한 분석을 거쳐서 교육방법적 전략을 입안하는 데 참조해야 될 것이다.

제4절 발달과 교육

제4절 발달과 교육에서는 발달의 의미와 원리, 발달에 영향을 주는 요인, 발달 이론, 발달과 교육과의 관계 등에 대해서 고찰하고자 한다.

1. 발달의 의미와 원리

발달(development)은 연령의 증가와 더불어 나타나는 인간의 심리적·신체적 변화를 의미하며, 또한 발달의 개념에는 성숙, 성장, 학습이라는 개념이 포함된다. 성숙(maturation)은 신장, 체중, 체력 등과 같은 선천적, 혹은 유전적 분야의 발달이고, 학습(learning)은 언어, 계산, 습관 등과 같이 후천적으로 유기체 자신이 끊임없이 훈련과 경험을 통하여 행동수준을 높여 가는 발달이며, 성장(growth)은 일반적으로 신체적 측면에서의 양적 증대, 혹은 변화를 지칭하는 것으로 흔히 '자라난다'라는 말의 의미로 본다.

따라서 발달이란 성숙, 성장, 학습이라는 개념이 포함될 뿐만 아니라, 인간 유기체가 양적으로 증대되고 구조가 정밀해지며 신체적 기능의 긍정적인 변 및 구조와 기능이 쇠약해지는 부정적인 변화까지도 포함하는 포괄적인 개념이라고 할 수 있다. 즉, 신체적·심리적 측면의 변화와 유전 및 환경적 요인의 상호작용에 의한 변화로 볼 수 있다.

인간의 발달은 신체적 발달과 심리적 발달 모두에서 일정한 원리 및 순서에 의해서 이루어지는 경향이 있다. 물론 개인에 따라 발달속도 측면은 개인차가 존재하지만 발달 순서와 과정은 일정한 단계를 거치는데, 이를 발달의 원리라고 한다. 여기서 다양한 학자들이 발달의 원리를 다양한 관점에서 제시하고 설명해 왔지만 몇 가지 공통된 원리들을 제시하고자 한다(김영희, 2007; 이용남, 1999).

첫째, 발달은 성숙(유전)과 학습(환경)의 상호작용의 결과이다. 연령이 증가함에 따라 나타나는 발달적 변화는 성숙과 학습의 상호작용의 소산이며 결과이다. 이처럼 발달의 원인으로는 크게 유전적으로 타고난 성숙요인과 환경에서 비롯되는 학습요인을 들 수 있다. 이러한 인간의 발달에 있어 이 두 요인 간의 상대적 중요성에 관한 논쟁은 오랫동안 지속되어 왔다. 오늘날에 와서는 두 요인 간이 상호작용하여 한 인간의 행동변화가 일어나는 것으로 보고 있다.

둘째, 발달은 일정한 발생학적 순서를 따른다. 모든 인간 유기체에 있어 발달의 순서와 방향은 별다른 차이 없이 동일하다. 인간행동의 변화는 무질서하게 일어나는 것이 아니라 단계적으로 순서에 맞게 일어나 한 단계의 행동 특징은 다음 단계의 행동특징과 위계적인 관련성을 지닌다. 이 순서는 간단한 것에서부터 복잡한 것으로, 또 전체적인 것에서 특수한 것으로 진행된다. 구체적인 실례를 들면, 신체발달 측면은 앉고, 서고, 걷고, 달리게 된다. 언어발달 측면을 살펴보면, 유아의 언어는 울음이며, 울음 다음으로 옹알이, 한 단어 문장, 두 단어 문장, 복잡한 문장 등으로 발달해 나간다. 정서발달의 측면은 출생 초기의 막연한 흥분상태에서 점차 분화되어 사랑, 미움, 분노, 두려움 등의 특수한 형태로 변화해 나간다.

셋째, 발달은 계속적 과정이나 발달속도는 일정하지 않다. 인간의 모든 발달은 쉬지 않고 지속적으로 일어나는 것이며, 잠시도 중지하거나 비약하지도 않는다. 그러나 발달속도는 일정하지 않으며 때로는 급하게 때로는 서서히 느리게 발달하기도 한다. 신체의 각 부위에 따라 또는 지적 · 정의적 영역에 따라 발달의 속도가 달리 나타난다. 예를 들면, 신체 부위에 따라 독특한 발달 곡선이 있음은 이를 잘 나타내 주고 있으며, 언어발달은 5세 이전에 급격하게 일어나며, 추상적 사고력은 아동기에서 청년기에 걸쳐 현저한 성장을 보이고 있다.

넷째, 발달의 각 측면은 상호관련적이다. 인간의 각 발달영역, 신체발달, 언어발달, 정서발달, 사회성발달 등은 상호영향을 주고받으며 발달한다. 신체발달은 사회성발달에 영향을 주며, 사회성발달은 인지발달에 영향을 미친다.

다섯째, 발달에는 개인차가 있다. 모든 유기체의 발달은 보편적인 순서에 따른다. 그러나 성장 속도와 발달 시기에 있어서는 개인차가 있다. 개인차에는 두 측면이 있다. 하나는 한 인간과 한 인간 사이에 같지 않은 개인 간 차이(inter-individual difference)로서 성, 연령, 지능, 성격, 적성, 환경, 성장배경의 차이 등을 들 수 있다. 또 다른 하나는 개인 내 차이(intra-individual difference)로서 한 개인 내에서도 차이가 있다는 것이다. 학습자를 올바르게 이해하기 위해서는 발달 측면에 있어 개인차의 원리를 파악해야 될 것이다.

2. 발달에 영향을 주는 요인

인간은 태어나면서부터 가지는 생물학적 특성과 성장과정에서 겪는 환경적인 경험이 상호작용하면서 개인적 발달을 한다. 환경적인 경험은 가정, 사회집단, 문화적 배경에 따라 다르다. 인간의 발달과정이 환경적인 경험의 결과로 보지 않으며, 또한 출생 시에 부모로부터 물려받은 유전적 특성에 의해 결정된다고 보지 않는다. 따라서 인간의 생물학적 경향과 환경적인 경험의 효과에 대한 논쟁은 이미 오래전부터 있어 왔다. 하지만 이 두 요소는 상호 불가분의 관계로서 상호작용한다는 것이다.

따라서 발달에 영향을 주는 요인은 유전적 요인, 환경적 요인, 시간적 요인 등이 있다(권대훈, 2009; 한방교 외, 1998).

첫째, 유전적 요인이다. 인간의 발달에 영향을 미치는 것은 부모로부터 물려받은 생물학적 특성이 자녀의 발달을 규정함을 의미한다. 자녀의 신장, 체중, 피부, 모발 색 등 생물학적 특성들은 유전인자를 통하여 나타나며, 부모의 생물학적 요인에 영향을 받은 것이다.

둘째, 환경적 요인이다. 인간의 출생지, 생장지가 갖는 자연적 조건이나 지리적 조건은 개체발달에 중요한 의미를 갖는다. 또한 계절적 요인 — 기온, 풍속, 강우량 — 은 생활의 모습을 변화시키고 인간발달에 영향을 미치는 요인이다. 그리고 아동이 속한 가정의 사회적 지위 및 경제상태도 아동의 발달에 영향을 미친다. 이와 같은 환경적 요인들은 독자적인 작용을 하여 인간의 발달에 영향을 미치는 것이 아니라 개체와 상호작용을 하면서 하나의 역동적인 체제를 이룸으로써 발달이 이루어진다.

셋째, 유전과 환경 이외에 중요한 요인은 시간적 요인이다. 충분한 환경이 조성되어도 적절한 시기에 주어지지 않는다면 소용이 없을 것이다. 유전과 환경이 상호작용하고 결정적 시기(critical period)가 중요하므로 초기경험의 중요성이 강조되고 있다. 결정적 시기란 발달이 가장 용이하게 이루어지는 최적의 시기를 의미한다. 특정의 기술이나 행동은 결정적 시기의 이전이나 이후에는 발달이 불가능한 것은 아니지만 발달의 가능성은 낮다.

3. 발달이론

발달단계의 이론에는 여러 가지가 있다. 피아제(Piaget)의 인지발달이론, 브루너(Bruner)의 인지발달 구조이론, 프로이트(Freud)의 성격발달이론, 에릭슨(Erikson)의 심리사회성 발달이론, 콜버그(Kohlberg)의 도덕성발달이론 등을 들 수 있다. 각 발달단계별 이론의 특성을 알아보면 다음과 같다.

1) Piaget의 인지발달이론

피아제(Piaget)의 인지발달이론은 아동들의 발달은 반드시 네 가지 단계를 거쳐 발달한다고 했으며, 동화(assimilation)와 조절(accommodation)이라는 적응의 과정을 통해 심리구조의 재구성을 이룩함으로써 인지발달이 이루어져 간다고 설명하고 있다. 동화란 이미 확립되어 있는 도식에 비추어 현재의 새로운 자극을 해석·이해하는 과정이며, 조절은 환경적인 영향의 결과로 개인의 조직이 수정되어 가는 과정이다. 따라서 피아제(Piaget)의 인지발달단계는 동화와 조절의 과정에 의해서 인지구조가 변화하여 환경에 적응해 가는 과정을 설명하는 것으로 볼 수 있다.

피아제(Piaget)의 인지발달이론을 4단계로 구분하여 설명하고자 한다.

첫째, 감각운동기(sensory-motor stage, 0~2세)는 신생아의 단순한 반사들을 나타내는 출생부터 시작해서 초기의 유아적 언어를 나타내는 상징적 사고가 2세경에 끝난다. 이 시기의 중요한 인지발달로서 대상 연속성(object permanence) 개념은 7~8개월경에 획득된다. 대상 연속성이란 직접 보거나 만질 수 없는 경우에도 공간 내의 어딘가에 대상이 존재하고 있음을 아는 능력이다. 유아는 어머니가 눈앞에 없어도 이 세상에 있다는 것을 알고 기다릴 수 있는 능력이다.

둘째, 전조작기(pre-operational stage, 2~7세)이다. 일반적으로 2세에서 7세경까지에 해당되는 전조작기는 인지발달과정에 뚜렷한 전환점이 된다. 먼저 이 시기의 아동은 언어를 사용함으로써 외계의 현상이나 사상(event)에 대한 표상을 형성하며, 이들 표상을 구조화하여 상징적 회상 등을 통해 내면의 표상구조를 행동으로 나타내기도 한다.

셋째, 구체적 조작기(concrete-operational stage, 7~11세)이다. 이 시기의 아동은 비논리에 근거한 사고에서 논리에 근거한 사고로의 극적 전환을 나타낸다. 이 단계의 아동들은 점차 자기중심적인 사고에서 벗어나 또래와의 상호작용을 통하여 자신의 관점과 상대방의 관점에서 생기는 모순을 발견하고 다른 사람의 입장에서 이해할 수 있는 탈 중심적인 사고를 한다.

넷째, 형식적 조작기(formal-operational stage, 11~15세)이다. 일반적으로 11~12세경에 시작되며, 이 단계에 진입하면 구체적인 대상이 없어도 추상적인 상징체계에 의한 개념사고가 가능하며, 문제해결을 위해 변인들을 체계적으로 조작하거나 가설을 설정하고, 이 가설들을 실제로 검증하며, 만약 검증결과가 앞선 가정들과 일치하지 않는다면 가설들을 재평가하고 재진술하는 것이 가능하게 된다.

2) Bruner의 인지발달 구조이론

브루너(Bruner)는 피아제의 인지발달을 이론을 기초로 아동의 인지발달은 사물이나 현상의 구조를 파악하는 방식에서 질적인 차이를 나타낸다고 보았으며, 이러한 차이를 지식의 표현양식으로 개념화하였다. 그는 아동이 세계를 고찰하는 방법의 질적인 차이에 해당하는 표현양식을 행동적 표현, 영상적 표현, 상징적 표현 등으로 구분하였다(신재흡, 2011; 구광현 외, 2008).

첫째, 지식의 표현 형태 중 가장 먼저 발달한 것이 행동적 표현(enactive representation)이며, 이 시기는 피아제(Piaget)의 감각-동작기에 속한다. 어린이는 물건을 손으로 만지거나 입으로 가져가 빨아 봄으로써 그 물건의 속성을 알게 되고, 시소의 놀이를 통해 물체의 균형을 이해하게 된다. 따라서 어린이들은 직접적으로 환경을 탐색하기 위해서 운동기술을 발달시켜나가게 되며, 행동을 통해 환경과 직접적으로 접촉하여 지식을 획득해 나간다. 이 시기의 어린이들에게는 나무토막 쌓기와 같은 대상에 대한 조직이나 직접적인 경험을 통한 학습이 효과적이다.

둘째, 영상적 표현(iconic representation)은 피아제(Piaget)의 구체적 조작기에 해당되며, 아동이 새로운 대상을 이해하고 받아들이기 위해 정신적인 영상을 사용하는 시기이다. 개념을 영상 및 심상을 통해 대체적으로 이해하게 된다. 또한 이 시기는 보다 효과적인 학습의 형태는 도해, 그림, 사진, 시범을 보이는 것, 견학시키는 것 등과 같이 아동의 시각적 경험이나 감각적 경험을 이용하는 것이 된다.

셋째, 상징적 표현(symbolic representation)은 피아제(Piaget)의 형식적 조작기에 해당되며, 이 시기는 아동이 자기의 경험과 자기주변에서 일어나는 사건을 기술하기 위해 언어와 개념을 사용하며, 아동 자신의 사고형태를 이해하고 조직하는 것을 돕기 위해 언어라는 가장 효율적인 상징체계를 구성하게 된다. 그 결과 상징적 표현이나 언어적 표현을 통한 추상적 사고와 이해의 적용이 가능하기 때문에 어떤 개념이나 원리를 가르치고 그것의 구조를 파악하도록 지도하는 것이 효과적이다.

상기에서 살펴보았듯이, 브루너(Bruner)는 아동의 인지발달은 외계를 인식하는 인지구조가 행동적 양식에서 영상적 양식을 거쳐 상징적 양식으로 진행된다고 주장하고 있다. 이러한 사실은 아동의 인지발달이 낮은 수순에서 보다 높은 수준으로 연속적인 진행과정을 거친다는 점에서 피아제(Piaget)와 일치한다. 그러나 브루너(Bruner)는 아동의 인지발달은 환경을 이해하고 표현하는 능력의 증가에 의해서 이루어지며, 이러한 능력의 증가는 아동과 상호작용하는 환경의 질에 의해 결정된다고 보았다. 이것은 수업장면에서 아동에게 제시되는 지식은 아동의 인지발달수준이나 성장환경에 맞추어 적당한 표현양식을 채택해야 효과적인 학습이 이루어질 수 있다는 것이다.

3) Freud의 성격발달이론

프로이트(Freud)는 인간의 정신세계를 빙산에 비유하면서 의식과 무의식으로 구분하고 행동에 미치는 영향력에 있어서 특히 무의식 세계에 관심을 많이 두었다. 특히 인간의 성격을 구성하는 세 가지 체계 — 원초아(id), 자아(ego), 초자아(superego) — 를 제시하였다.

첫째, 원초아(id)는 유전적 본능을 받으며 쾌락의 추구가 중요한 목표가 되며, 또한 무의식이 지배하는 세계이다. 둘째, 자아(ego)는 의식과 무의식으로 구성되어 있으며 주로 개인의 경험을 통해 형성된다. 이것은 외부현실과 쾌락을 추구하는 원초아 간의 갈등을 조정하며 만족을 얻는다. 셋째, 초자아(superego)는 현실적 자아로부터 발달되며 의식과 무의식으로 구성되며, 어린시절에 주로 부모나 주위 사람들로부터 영향을 받아 형성되며 사회적 가치나 도덕 등이 내면화된 것이다. 초자아는 원초아와 지속적인 갈등을 겪으며, 특히 자아의 기능이 약해져서 갈등의 조정기능을 충분히 수행하지 못하게 되면 장애현상을 나타내게 된다.

따라서 프로이트(Freud)는 이러한 세 가지 체계를 통해서 인간의 성격발달, 즉 심리성적 발달(psychosexual development)을 5단계로 다음과 같이 제시하고 있다(김진규, 2009; 이용남, 1999).

첫째, 구순기(oral stage)는 출생 후 1년 동안에 해당하는 시기이며, 리비도가 입에 있기 때문에 빠는 행동을 통하여 쾌감을 충족시킨다. 인공수유 및 이유 등으로 구순욕구 충족이 좌절되거나 반대로 과도하게 충족되는 경험을 하게 되면 구순고착(oral fixation) 성격을 갖게 된다. 이러한 것은 성장 후에 과식, 과음, 지나친 흡연 등과 같은 행위로 나타나기도 하며 때로는 타인에 대한 의존, 분노 등으로 표현되기도 한다.

둘째. 항문기(anal stage)는 약 2, 3세에 해당되는 시기로서 주로 배설행위를 통해 쾌감을 획득한다. 이 시기에는 대소변 훈련이 시작되며, 또한 이러한 훈련이 너무 엄격하거나 강압적인 경험을 하게 되면 항문고착(anal fixation)의 성격을 소유하게 되는데, 항문고착의 성격에는 항문폭발적 성격과 항문강박적 성격으로 구분되며, 전자의 경우는 정돈되지 않는 낭비벽이 심한 행동으로 나타나며, 후자 경우는 고집이 세며, 완고하며, 검소한 반면 인색한 행동특성을 나타내기도 한다.

셋째, 남근기(phallic stage)는 대략 4, 5세경에 해당되며, 리비도가 항문에서 성기로 이동한다. 따라서 성기를 통한 리비도의 만족을 추구하며, 남아의 경우는 어머니에 대해 성적인 욕망과 애착을 느끼며 아버지를 경쟁자로 생각하는 소위 오이디푸스 콤플렉스(oedipus complex)를 나타내며, 이러한 과정에서 남아에게 거세불안(castration anxiety)이 유발되는데, 이러한 불안을 감소시키기 위해 어머니에 대한 성적인 욕망과 아버지에 대한 적대감을 억압하게 되며 아울러 아버지에 대한 동일시(identification)를 통하여 남성다움을 발달시킨다. 여아의 경우는 아버지에 대해 성적인 애착을 느끼게 되는데,

이를 엘렉트라 콤플렉스(electra complex)라고 부르며, 이러한 과정에서 여아에게 남근선망(penis envy)이 나타난다.

넷째, 잠복기(latency stage)는 약 6세부터 11, 12세까지를 의미하며, 초등학교 재학시기와 대략 일치한다. 잠복기에는 오이디푸스 콤플렉스를 극복하고서 성적 욕구나 갈등이 억압되는 평온한 시기라고 볼 수 있다. 또한 이 시기는 아동은 지적 활동이나 운동 등 사회적으로 용인되는 활동에 많은 에너지를 투입하며, 특히 지적인 탐색이나 주위환경에 대한 탐색이 활발하게 나타난다.

다섯째, 생식기(genital stage)는 사춘기 이후 전 생에 걸쳐 지속되는 시기로서 리비도가 다시 성기로 돌아오고 성행위를 통한 성적인 만족을 추구하는 시기로 이성에 대해 진정한 관심을 가지고 성숙한 사랑을 할 수 있으며, 이 단계에 이르기까지 순조롭게 발달한 사람은 이타적이고 원숙한 성격을 소유하게 된다.

4) Erikson의 심리사회성 발달이론

에릭슨(Erikson)의 발달이론은 프로이드(Freud) 이론을 바탕으로 하고 있지만 심리사회적 측면이라는 기준에 의해서 8단계로 구분하고 있다. ① 신뢰감 대 불신감(trust vs. mistrust: 출생~1세), ② 자율성 대 회의감 및 수치심(autonomy vs. doubt & shame: 2~3세), ③ 주도성 대 죄책감(initiative vs. guilt: 4~5세), ④ 근면성 대 열등감(industry vs. inferiority: 6~11세), ⑤ 정체감 대 역할혼돈(identity vs. role confusion: 12~18세), ⑥ 친밀성 대 고립감(intimacy vs. isolation: 19~35세, 성인 초기), ⑦ 생산성 대 침체감(generation vs. stagnation: 35~50세, 중년기), ⑧ 자아통정성 대 절망감(ego integrity vs. despair: 노년기) 등으로 제시하고 있다.

첫째, 신뢰감 대 불신감(trust vs. mistrust: 출생~1세)은 유아와 어머니와의 사회적 관계가 중심이 되는 시기로서 유아가 이 시기에 어머니로부터 적절하고 일관성있는 보살핌을 받게 되면 어머니에 대한 신뢰감을 갖게 된다. 반면 그렇지 못하게 되면 불신감을 형성하게 되는데, 그것은 다른 사태나 행동에도 영향을 미치게 된다. 또한 이 시기에 형성된 신뢰감이 이후 맺게 되는 사회적 관계에 영향을 미치는 것이라고 주장하면서 생의 초기단계가 대단히 중요한 시기임을 강조하였다.

둘째, 자율성 대 회의감 및 수치심(autonomy vs. doubt & shame: 2~3세)은 프로이트(Freud)의 항문기에 해당하는 시기로서 아동은 다양한 신체적 및 정신적 능력을 발달시킨다. 따라서 최초로 아동은 많은 일들을 스스로 할 수 있게 되며 이 과정에서 자율의지를 경험하게 된다. 이러한 자율적인 의지를 실천하도록 허용되지 않으면 타인과의 관계에서 수치심을 느끼거나 자신에 대한 회의감을 발달시킨다.

셋째, 주도성 대 죄책감(initiative vs. guilt: 4~5세)은 유아가 하고 싶은 활동에 참여하고, 호기심에 찬 질문에 대한 부모들의 충실한 대답을 듣는 경험을 통하여 어떤 목표나 계획을 세워 그것을 주도적으로 성취하고자 하는 노력이 이루어진다. 그러나 다양한 활동에 참여할 수 있는 기회가 부모들에 의해 지나치게 통제를 받으면 좌절을 느끼며, 좌절은 곧 죄의식을 가져온다.

넷째, 근면성 대 열등감(industry vs. inferiority: 6~11세)은 초등학교에 다니는 시기로써, 아동의 세계가 상당히 확대되면서 집이나 학교에서 근면성을 학습하게 되면서 주로 타인으로부터 인정을 받고 과제의 완수로부터 오는 즐거움을 얻기 위한 수단으로 작용한다. 이러한 새로운 기능들은 주로 부모 및 교사의 태도에 의해 결정되는데, 교훈적인 칭찬이나 강화는 근면성을 길러 주지만, 조롱하고 거부적인 태도를 보이면 열등의식을 발달시킨다.

다섯째, 정체감 대 역할혼돈(identity vs. role confusion: 12~18세)은 아동이 성장하여 심리적으로 독립하게 되고, 신체적으로 성숙하게 됨에 따라 자기 존재에 대한 관심이 고조되는 것이다. 자신의 존재, 위치, 능력, 역할, 책임에 대하여 의식하게 되는데, 에릭슨(Erikson)은 이를 자아정체감(ego identity)이라고 하였다. 청소년기는 아동기와 성인기 간의 과도적 시기로서 자아정체감을 형성하고 수용하는 일이 지극히 어렵고 불안정하다. 정체감이 형성된 청소년은 확신을 가지고 다가오는 성인기에 대비하지만 실패한 청소년들은 자신에 대한 회의와 고민, 방황을 하게 되는 정체감 위기, 즉 역할혼돈에 빠진다.

여섯째, 친밀성 대 고립감(intimacy vs. isolation: 19~35세, 성인 초기)은 부모로부터 독립을 성취하여 직업을 선택하고 배우자를 찾으면서 성숙하고 책임 있는 성인으로서의 역할을 시작한다. 생산적인 일에 종사할 뿐만 아니라 우정, 혹은 성적 결합의 형태로 타인과 친밀한 관계를 수립한다. 이 시기에 자신의 정체감을 위해 타인과 융화시켜야 할 필요가 있다. 하지만 타인과의 융합이 이루어지지 않는다는 것이 자신의 정체감을 잃는다는 것은 결코 아니다. 다만 친밀한 관계를 수립하는 데 실패한 개인의 경우 고립감을 가지고서 타인과의 접촉을 회피하거나 자신에게 위협적으로 느껴지는 사람에게 거부적이며 공격적인 태도를 보이기 때문이다.

일곱째, 생산성 대 침체감(generation vs. stagnation: 35~50세, 중년기)은 다음 세대를 낳아 양육하고 교육하는 데 관심을 갖고, 나아가서는 직업적 성취를 위하여 노력하는 시기이다. 다음 세대를 위하여 무엇인가 할 수 없을 때 침체성을 느끼거나 자기 자신의 일에만 몰두하게 된다.

여덟째, 자아통정성 대 절망감(ego integrity vs. despair: 노년기)은 자신의 생애가 어떤 삶이었는지에 대한 음미를 하며 자기 나름대로 인생의 의미를 찾고 보람을 느낀다. 성취감 및 만족감으로 인생을 회고하며 성패에 잘 적응했다면 자아통정성을 갖게 되며, 반면에 자신의 삶이 무의미한 것이었다고 느끼게 되면 절망감을 빠지게 된다.

5) Kohlberg의 도덕성발달이론

콜버그(Kohlberg)는 피아제(Piaget)에 의한 도덕성발달이론을 더욱 발전시켜 체계화시켰으며, 피아제(Piaget)는 도덕성발달을 인지발달과 관련시켜 아동의 도덕성은 인지발달의 정도에 따라 뚜렷이 두 단계로 구별될 수 있다고 주장하였다. 타율적 도덕성의 단계와 자율적 도덕성의 단계이다. 인지발달이 미숙한 상태에 놓여 있는 개인의 도덕적 수준에 해당하는 타율적 도덕성의 단계에서는 어떤 행동의 동기를 고려함이 없이 그 행동의 결과만을 중시하여 도덕적 판단을 내리며, 성인이나 관습에 의해 정해진 규칙에 무조건 복종하며 의심을 품지 않는다. 그러나 아동의 인지가 발달함에 따라 도덕적 판단의 근거를 논리적으로 따지는가 하면, 어떤 행동이 발생한 상황이나 동기도 고려할 수 있게 되는 자율적 도덕성의 단계에 도달하게 된다. 또한 그는 이러한 도덕적 사고의 발달을 사고에 있어서 자기중심성의 점진적 감소의 결과로 보았다.

콜버그(Kohlberg)는 하인즈 딜레마로 알려진 도덕적 문제상황을 구성하여 피험자들에게 제시하고 이에 대한 판단 및 이유를 말하도록 함으로써 일련의 도덕성 발달단계를 구성하였다. 도덕성 발달단계는 <표 4-2>와 같이 3수준 6단계로 제시되었다.

<표 4-2>에서 살펴본 바와 같이, 콜버그(Kohlberg)가 제시한 도덕성 발달단계는 높은 단계로 올라갈수록 어떤 도덕적 판단을 내리는 데 있어서 더욱 광범위하고 추상적인 사고체계가 밀접하게 관련되어 있다고 본다. 즉 1, 2단계에서는 자기에게 직접적으로 영향을 끼치는 사실적 결과가 도덕적 판단의 근거가 된다. 3, 4단계에서는 사실적 결과의 범위가 대인관계나 사회 전체로 확대될 뿐 여전히 구체적인 결과의 수준에 머물러 있다. 그러나 5, 6단계는 구체적인 판단 근거에서 벗어나 그 근거 자체가 타당한가에 관한 합리적 사고를 할 수 있게 된다. 이 사고의 결과로 사람들은 구체적인 사실적 결

| 표 4-2 | Kohlberg의 도덕성발달단계

수준 및 단계	특징
수준 1: 전 인습적 수준 1단계: 벌과 복종 지향 2단계: 도구적 상대주의 (요구 충족 지향)	도덕적 정당성의 가장 중요한 부분으로서 규칙이나 권위에의 복종을 든다. 이는 벌을 피하기 위한 것인데, 단계가 진행됨에 따라 초점이 변한다. 즉 벌을 피하기 위한 복종이 아니라 복종의 결과로 나타나는 좋은 일에 주어진다. 또한 도덕 판단이 전적으로 외부 명령에 근거하고 있다.
수준 2: 인습 수준 3단계: 대인간 조화 지향 (착한 소년-소녀 지향) 4단계: 법과 질서 지향	사회적 합의에 의해서 도덕 판단이 수행된다. 전반기에서는 행위의 의도성이 강조되는 반면, 후반기에서는 보편적인 선에 더욱 초점이 주어지며 보편적인 사회적 요구에 의거해서 선악이 판단된다.
수준 3: 후 인습적 수준 5단계: 사회계약 정신 지향 6단계: 보편적 도덕원리 지향	사회적 인습과 개인적 책임감의 복잡성을 인식하며 점차 내면화되고 자율적인 형태의 도덕성이 발달한다. 전반기에서는 사회규칙이나 법이 다를 수 있으며 옳은 것에 대한 생각이 집단 간에 다를 수 있다는 인식이 증가함에 따라 법이나 규칙에 내재된 더욱 보편적 원리가 있을 수 있다는 생각이 발달한다. 후반기에 이러한 발달이 계속되며 정의에 대한 추상적이고 보편적인 원리를 확인하게 된다.

자료: Hayes, N.(1994). *Foundations of psychology*. London & N. Y.: Routledge.

과와는 무관한 보편적 도덕원리에 의하여 지적 사고를 할 수 있게 된다.

따라서 콜버그(Kohlberg)는 어린이의 도덕적 수준은 부모 및 동료집단을 모방함으로써 발달되는 것이 아니라 자신과 사회환경 사이의 인지적 상호작용에 의해서 형성되기 때문에 어린이를 자신의 도덕적 수준으로 발전시키는 도덕 철학자로 보고 있다(권건일, 2001).

4. 발달과 교육과의 관계

학습자의 발달 정도를 파악하는 일은 적절한 교육활동을 위하여 매우 중요한 것이다. 교사가 인간발달에 관한 지식이 없거나, 또는 있다고 하더라도 현재의 학습자에 대한 발달 정도를 파악하지 않고 교육활동을 실시하는 것은 무모한 일임에 틀림없다. 즉 학습자의 발달과정을 파악한다는 것은 교육을 실시하기 위한 가장 기초적인 일이라고 할 수 있나.

인간의 발달과 교육 또는 학습에 대해서는 과거부터 논란이 있어 온 것이 사실이다. 곽기상(2000)은 발달과 교육을 ① 대립적으로 보는 견해, ② 동일시하는 견해, ③ 상호작용으로 보는 견해 등으로 구분하여 제시하고 있다.

첫째, 발달과 교육을 대립적으로 보는 견해는 그 둘 사이의 상관관계를 인정하지 않음을 의미한다. 이러한 관점은 발달이란 자연적으로 발생하며, 성숙과 같이 일정한 시기에 맞추어 진행된다는 것이다. 이 때 교육은 발달의 과정을 보조하거나 발달과는 관계없는 내용으로 이루어진다는 것이다. 이와 같은 관점에서 발달과 교육의 관계를 파악하려는 시도는 준비성의 개념에서 찾아볼 수 있다. 준비성이란 특정한 교육을 하는 데 필요한 조건의 성숙상태를 의미한다. 읽기를 배우기 위해서는 읽기학습에서 요구되는 성숙상태가 이루어져야 하며, 수영을 배우기 위해서는 신체적으로 성숙되어 있어야 가능한 것이다. 대부분 학교제도가 6세부터 학교 교육을 시작하는 것은 준비성을 고려한 것이다. 이것은 평균적으로 6세가 되어야 신체적으로나 정신적으로 학교학습을 할 수 있는 준비성이 구비된다고 보는 것이다.

둘째, 발달과 교육을 동일시하는 견해이다. 이것은 대상의 연합이나 습관의 형성과정 등이 교육이나 학습의 기초, 그리고 지적 발달의 기초와 밀접하게 관련을 갖는다고 주장하는 고전적 행동주의 심리학의 입장이다. 여기서는 교육, 학습, 발달은 동의어로 보며 학습자는 교육을 받는 만큼 발달한다고 본다. 왓슨(Watson)이나 스키너(Skinner)와 같은 행동주의 심리학자들이 주장하듯이 인간은 텅 빈 유기체로서 자극과 반응이 연합된 결과의 축적을 발달로 파악하는 것과 맥락을 같이 한다.

셋째, 발달과 교육을 상호작용으로 보는 견해는 교육이 학습자의 발달에 의존함은 물론 학습자의 발달 자체도 교육이나 학습에 의해 도움을 받는다고 생각하는 관점이다. 브루너(Bruner, 1960: 33)는 아동들은 발달함에 따라 환경이 제공해 주는 정보를 최대로 사용할 수 있는 다양한 기술을 스스로 학습하기 때문에 적절한 인지적 성장이 있기 위해서는 아동에게 다양한 자극과 변화있는 환경을 제공해야 한다고 주장하였다. 특히 그는 어떤 교과목이라도 그것이 지적으로 정선된 형태로 이루어져 있다면, 어느 발달단계에 있는 어떠한 아동에게도 효과적으로 교수할 수 있는 것으로 주장하였다. 화이트(White, 1975)는 인간의 지적·심리적 능력은 출생 후 3년 이내에 대부분 결정된다고 하였다. 특히 8개월에서 18개월 사이에 경험하는 환경자극은 이러한 발달에 결정적인 역할을 하기 때문에, 이 시기가 지적·심리적 발달을 좌우하는 결정적 시기(critical period)라고 주장하였다. 결정적 시기 동안은 어머니가 크게 영향을 미치며, 적절한 장난감과 지능개발도구도 중요하지만, 더욱 중요한 것은 아이와 어머니 사이의 상면적 상호작용의 질이라고 하였다.

따라서 상기의 견해에 대한 의의와 문제점을 검토하면 다음과 같다. 첫째의 견해는 발달의 기초가 없이 교육을 실시하는 것은 효과가 없으므로 발달에 강하게 의존하여 교육을 실시해야 한다는 점을 강조한다. 특히 발달 자체에 교육이나 학습이 관여해 오는 면을 배제한다. 발달과 교육을 대립적으로 보는 견해를 수용하면 발달이 있은 후에 그 발달에 알맞게 실시하게 된다. 둘째의 견해는 발달과 교육과의 밀접한 관계, 즉 발달이 교육에 크게 의존된다는 점을 강조한 것으로서 교육을 강조했다는 점에는 의의가 있으나, 발달이론이나 발달과정이 전혀 인정될 수 없으므로 첫째의 견해와는 정반대 입장에서의 문제점이 있는 것으로 볼 수 있다. 실천적 측면에서 보면, 학습자의 발달의 전·후 상황을 고려할 필요가 없이 교육이 실시될 가능성이 있는 것이다. 셋째의 견해는 교육과 발달 양자의 독자성을 인정함과 동시에 그들 상호간의 밀접한 상호작용을 인정하고 있으며, 이론적으로는 앞서의 두 견해가 갖는 문제점을 극복하고 있다. 그러나 실천의 과정에서, 교육이 발달에 의존하는 측면을 특히 강조하면 첫째의 관점과 같은 문제점이 생기며, 발달을 강조하면 둘째의 견해와 같은 문제점을 노출시키게 된다. 이와 같이 어느 측면을 강조하느냐에 따라 상호작용적 견해는 문제점을 갖게 된다.

발달과 교육은 이론적으로 보면, 각각 독자적인 논리나 내적인 법칙을 갖는 반면에 밀접한 상호작용을 하고 있다. 이와 같은 측면에서 교육의 실천을 고려해 보면, 어떻게 해야 서로 같은 중요성을 두어 학습자에게 도움을 주도록 할 것인가가 중요한 문제로 대두된다. 우선 교육의 성과를 효과적으로 거두기 위하여 학습자의 발달을 어떻게 고려하는가를 다루고, 다음에 학습자의 발달을 충분히 촉진시키기 위한 배려를 다루도록 한다.

첫째, 교육 속에서 발달을 고려한다. 발달의 기초가 전혀 없다면 아무리 훌륭한 교육을 전개해도 학습자의 학습은 이루어지지 않는다. 학습자의 발달에 알맞은 형태를 취한 교육이 이루어져야 한다. 준비성(readiness)의 개념이 교육에 도입되어야 하는 것이다. 아울러 학습자의 자생적 개념(spontaneous concept)을 포함해야 한다. 학교교육의 교육과정을 통하여 얻은 지식 및 개념을 인위적 개념이라고 한다면, 학습자들이 생활환경 속에서 스스로 얻은 지식이나 개념은 자생적 개념이라 할 수 있다. 교육과정은 학습자의 발달단계별 생활영역과 관심도를 고려하여 자생적 개념이 포함될 수 있도록 구성하여야 한다. 이러한 고려가 없이 교육이 실시된다면, 두 개념 사이의 괴리에 의해서 학습의 전이효과가 적어지며, 학습자에게 갈등을 유발시킬 수 있다.

둘째, 발달 속에서 교육을 고려한다. 이 견해는 학습자의 발달을 충실히 촉진시키기 위하여 교육을 구성 및 전개하려는 것이다. 학습자의 현재의 발달 수준을 파악하여 그보다 약간 더 높은 수준, 학습자 자신의 노력으로는 도달하기 어려우나 교사의 교육적 보조를 받음으로 하여 도달될 수 있는 발달의 수준에 초점을 맞추는 것이다. 이 방법은 발견학습법에서 강조되며, 이러한 과정을 교사와 상호작용을 통하여 이수하면서 학습자는 성취감, 자신감 등을 배양하게 된다.

PART 03

교육의 과정

- 제5장 교육과정의 이해
- 제6장 교수-학습지도
- 제7장 생활지도와 상담

교육과정의 이해

Chapter 05

5장 교육과정의 이해에서는 교육과정의 개념, 교육과정의 유형, 교육과정의 구성요소 등에 대해서 고찰하고자 한다.

제1절 교육과정의 개념

제1절에서는 교육과정의 개념에 대해서 기술하고자 한다.

1. 교육과정의 개념

교육과정(curriculum)의 어원은 라틴어 'Currere(달린다, 뛴다)'에서 유래되었으며, 이 말은 영어의 경마장의 경주로(a race course)와 경주하는 그 자체(the race itself)에 해당하는 말로서 활동의 장소나 활동의 연속을 의미한다. 달린다(race)는 공부한다(study)로, 달리는 코스(race course)는 특정한 목적을 가진 학생들이 일정한 기간 동안에 공부하는 과정(course of study)으로 전용되어 새로운 교육적 개념이 대두되었다. course of study는 contents of study로 전용되었다. 따라서 교육과정(curriculum)이란 학생이 학습할 내용을 일정한 순서에 따라 조직하고 배열한 것이라고 할 수 있다. 이러한 교육과정(curriculum)이 학교에 등장한 것은 1856년 미국의 노아 웹스터(Noah

Webster)사에서 발간된 미국 영어사전에 등장했으며, 이것은 경주로(a race course)로 해석되었으며, 1928년 개정판에 교수요목(course of study)이란 의미로 해석되었다.

교육과정이라는 개념은 '학교에서 가르치는 교과목'에서부터 '학생들이 학교에서 경험하는 지적, 정서적, 기능적, 신체적 경험의 총체'라고 보는 견해에 이르기까지 그 논의의 수준은 매우 다양하다. 교육과정에 대한 제 학자의 개념 정의를 살펴보면 다음과 같다.

브라우디 등(Broudy et al., 1964)은 "교육과정이란 내용을 교과목으로 조직한 것을 의미한다."고 했다.

정범모(1956)는 교육과정을 결정하는 데에는 지식, 예술, 가치관에서 어느 것을 선택하며, 어떻게 조직하며, 그것을 어떻게 표현하느냐의 세 가지 문제라고 지적하면서 다음과 같이 설명하고 있다. ① 교육내용은 교육목적에 맞는 것을 선택한다. 이것은 과학적 사고력의 개발이 목적이면, 과학을 선택해야 하며, 표현력 개발이 목적이라면 국어과목을 선택해야 할 것이다. ② 교육내용의 조직이란 내용과 그것으로 영위되는 학습경험을 체계적으로 배열한다는 것을 의미한다. 이것은 계속성, 계열성, 통합성으로 조직되어야 한다. ③ 교육내용은 학습자의 능력수준, 연령수준에 맞게 표현되어야 한다.

이영덕(1981)은 ① 교수요목으로서의 교육과정, ② 학교의 지도로 학생들이 가지게 되는 모든 경험으로서의 교육과정, ③ 구조화된 일련의 의도된 학습결과로서의 교육과정 등 세 가지로 설명하고 있다. ①과 ③은 교육과정을 하나의 문서 속에 기술하고 정리된 것을 지칭하며, ②는 경험이 학생 속에서 일어나는 것이기 때문에 문서에 기록된 것이 아닌 오히려 학생 속에서 일어나는 경험을 지칭하고 있다.

이성호(1984)는 ① 교과내용으로서의 교육과정, ② 경험으로서의 교육과정, ③ 계획으로서의 교육과정, ④ 결과로서의 교육과정 등 네 가지로 구분하여 설명하고 있다.

이상에서 살펴본 바를 종합적으로 정의를 내리면 다음과 같다. 교육과정이란 학습자의 바람직한 성장·발달을 도모하기 위하여 교육을 주도하는 기관이 체계적으로 개발하여 제공하는 교수-학습경험의 계획 및 결과의 총체라고 할 수 있다.

교육과정의 성격을 살펴보기 전에 현대 교육과정의 추이(오성삼 외, 2000: 26~27)는 일부 특권층을 위한 교육과정에서 대중을 위한 교육과정으로, 지식인 형성을 위한 교육과정에서 생활인 형성을 위한 교육과정으로 전환되며, 종전의 학문중심의 교육과정은 생활중심의 교육과정으로, 교재계획에 초점을 두는 교육과정에서 생활설계에 중점을 두는 교육과정으로 변화되었다. 듀이(Dewey)는 이를 'Curriculum의 180°적인 전환'이라고 지적하였다. 현대 교육과정의 기본적인 요구인 교육과정의 민주화·생활화라는 대전제와 함께 종합화·활동화·개별화의 요구를 충족시키는 방향으로 교육과정의 성격이 확립되고 있다.

그러면 교육과정의 일반적인 성격(길형석·손충기, 2005; 홍후조, 2011; 이종국 외, 1999)은 ① 교육과정은 넓고 포괄적이어야 한다. ② 교육과정은 교육목적을 달성하기 위한 수단이어야 한다. 이는 교육목적과 교육이념이 교육과정에 반영되어야 한다. 교육목적이나 교육이념의 변화에 따라 교육과정도 적절히 변화되어야 한다. ③ 교육과정은 사회적 요구와 필요를 충족시키는 것이어야 한다. 교육과정은 사회실태를 민감하게 파악해야 하며 이들 실태를 기초로 하여, 유능한 사회인을 기르기 위한 구체적인 교육과정이 구성되어야 한다. ④ 교육과정에는 개인차가 고려되어야 한다. 교육은 공민으로서의 일반적 수준을 고려하는 동시에 그 응용에 있어서 각 개인의 능력과 흥미에 따른 개인차를 인정해야 한다. ⑤ 교육과정은 아동·학생의 창의성을 기르는 것이 되어야 한다. 학생들의 내적인 흥미와 잠재력을 유발시키는 것에 주력하고, 기초적이며, 본질적인 지식을 제외하고는 기억위주의 학습은 지양되어야 한다. ⑥ 교육과정은 생활중심적이어야 한다. 이것은 현재생활을 위주로 하며, 과거의 생활과 미래에 전개될 생활까지도 고려하여야 한다. ⑦ 교육과정은 학습자 그 자체에 대한 과학적 이해가 있어야 한다. 교육과정의 구성은 학습자의 요구, 흥미, 능력, 개성, 환경, 준비도, 지능, 학습양식, 발달상황 등에 대한 과학적 이해 위에 이루어져야 한다. ⑧ 교육과정은 부단히 재검토되고 개정되는 것을 필요로 한다. 정적인 사회에서는 교육과정의 개정이 필요하지 않지만, 동적인 사회에서는 혁신이 필요하나 그러한 개정은 급격히 혁명적인 것이어서는 안 된다. 왜냐하면, 교육에 심각한 혼란을 초래하기 때문이다. ⑨ 이론적으로 교육과정이란 모든 학교에서 동일할 수 없다. 각 지역사회는 독자적인 환경, 습관, 특성, 요구를 갖기 때문에 그 지역의 생활을 배경으로 하는 아동들의 요구도 다르다. 그러므로 교육과정은 학교마다 다를 수밖에 없다.

따라서 교육과정은 학습자의 바람직한 성장·발달을 도모하기 위하여 그들의 요구, 흥미, 능력, 개성, 환경, 지능, 개인차, 학습양식 등에 대한 과학적이며 체계적인 토대 위에 사회적 변동을 수용 및 파악하면서 유능한 사회인으로 육성하기 위해 제공되는 일련의 의도적인 교수-학습활동의 계획 및 결과의 총체로 볼 수 있다.

제2절 교육과정의 유형

교육과정의 형태를 분류하는 기준으로서는 첫째, 그 교육과정이 내용 면에서 어떠한 성격을 지니고 있느냐는 점, 둘째, 그 교육과정은 어떤 형식을 갖추고 있느냐는 하는 점, 즉 그 내용과 형식을 살펴보는 데 주안점을 두고 있다.

이를 종합하여 교과중심 교육과정, 경험중심 교육과정, 학문중심 교육과정, 인간중심 교육과정 등으로 분류하여 살펴보고자 한다.

1. 교과중심 교육과정(subject-centered curriculum)

교과중심 교육과정은 역사적으로 오랜 전통을 가지며, 교육과정을 교수요목으로 보는 견해이다. 교수요목은 학과 또는 교과목별로 작성되기 때문에 이를 학과과정 또는 교과과정이라고 한다. 그리고 이것은 지식의 체계를 존중하며, 학교에서 학생이 배우는 모든 교과와 교재를 의미한다. 교과중심 교육과정의 실례는 교육과정의 한 형태로써 고대 그리스시대의 소위 7자유학과(3학: 문법, 수사학, 변증법(논리학); 4과: 산술, 기하, 천문, 음악)와 고대 중국의 사서오경 등이 있다. 교과중심 교육과정의 교육내용은 학습자의 흥미나 필요보다는 성인들이 중요하다고 여겨지는 학문 또는 진리 그 자체의 관점에서 학생을 학문이나 진리로까지 이끌어 가려는 것을 주된 교육내용으로 삼고 있다. 그리고 교과중심 교육과정에서는 각 교과마다 그 자체가 가지고 있는 윤리와 체계를 조직적으로 학생들에게 학습케 하는 것이 교육의 주요한 방법이다. 또한 이것은 가장 전통적이고 광범위하게 활용되고 있으며, 문화유산의 전달, 교과의 윤리적 체계, 형식도야 등을 교육의 중요한 기능으로 믿고 있다.

그리고 교과중심 교육과정의 특징(권건일 외, 2007)은 ① 수업을 사전에 객관적으로 계획한 대로 진행할 수 있으며, ② 교사가 수업을 주도하고 지식과 기능의 신장에 중점을 둔다. ③ 학생들에게 일률적인 교재가 부여되고, 학습활동은 교과서를 중심으로 한정된 영역 안에서만 이루어진다.

교과중심 교육과정의 유형에는 분과 교육과정, 상관 교육과정, 융합 교육과정, 광역 교육과정 등 네 가지로 분류하고 있다.

첫째, 분과 교육과정(Smith, Stanley, Shores, 1950: 379~380)은 개별교과나 과목의 종적 체계는 있어도 교과나 과목 간의 횡적 관련이 전혀 없이 조직된 교육과정이다. 이것은 국어, 수학, 역사, 지리, 음악 등은 그 교과마다 독특한 논리적 특성을 가지고 있으므로 역사와 지리 또는 국어와 수학은 서로 관련성이 없이 조직되어 있다.

둘째, 상관 교육과정(Smith, Stanley, Shores, 1950: 400)은 두 개 또는 그 이상의 과목들이 각각의 교과의 선을 유지하면서 서로 관련지어져 있는 교육과정을 의미한다. 역사와 지리, 과학과 수학, 생물과 화학, 역사와 고문(국문학)등 각 교과끼리 상호간 관련성을 찾아 학습의 장을 마련하는 형식이다. 상관 교육과정은 분과 교육과정을 제거해 보려는 교과중심 교육과정의 한 유형이다.

셋째, 융합 교육과정(김대현, 2011; 박준영, 2001: 312~313)은 상관 교육과정에서 광역 교육과정으로 이행하는 과정에서 생긴 하나의 과도기적인 교과중심 교육과정 유형이다. 상관 교육과정의 측면과 광역 교육과정의 측면을 동시에 지니고 있다. 식물학, 동물학, 생리학의 교과목들 간에 관련된 요소를 추출하여 생물학을 만드는 것이다. 이의 특징은 각 교과목의 특성을 유지하면서 다소의 내용 면이나 성질 면의 공통변인을 추출하여 교과를 재조직한다.

넷째, 광역 교육과정(Neagly & Evans, 1967: 3)은 전통적인 교과목의 엄격한 한계를 해소하고 학습이 보다 넓은 영역에서 사실이나 원리들을 조직하려는 교과중심 교육과정의 한 유형이다. 사회과는 역사, 지리, 정치, 사회학, 문화인류학 등에서 어떤 주제나 원리 아래 그것들을 통합하여 이루어진 것이며, 일반과학은 물리, 화학, 생물, 지리학, 천문학 등의 여러 과목에서 중요한 주제나 원리들이 선정 및 조직된 것이다. 이것의 장점은 ① 교과목의 통합을 가능케 하며, ② 지식보다 기능적인 활동을 촉진시킬 수 있고, ③ 기초적인 원리개념을 더 강조한다. 단점은 ① 교과목 고유의 윤리성을 유지하기 어렵고, ② 추상적이어서 이해가 곤란하며, 학습내용의 깊이가 부족하다고 지적되고 있다.

19세기 말까지 교육과정의 지배적인 유형으로 인식되어 온 교과중심 교육과정은 어떠한 장단점을 가지고 있는지 세일러 등(Saylor et al., 1954)의 견해를 통해서 살펴보면 다음과 같다.

교과중심 교육과정의 장점은 ① 새로운 지식과 사실을 학습하고 해석하고 조직하는 데 논리적이고 효과적인 방법이다. ② 학생들의 지적 능력을 발전시키는 데 가장 적당하다. ③ 교육의 기본적인 개념에 대한 주장과 일치한다. ④ 인류가 축적한 문화유산을 가장 효율적으로 이용할 수 있다. ⑤ 장구한 전통을 지니고 있으며 널리 받아들여지고 있다. ⑥ 교육과정구성이나 평가가 다른 교육과정유형에 비해 대체로 간단하고 쉽다.

교과중심 교육과정의 단점은 ① 윤리적이고 체계적인 교과조직은 학생들의 흥미, 필요, 능력 등의 심리적인 조직으로서는 부적합하다. ② 교과중심 교육과정은 바람직한 학습성과를 달성하는 데 있어서 학교의 활동을 제한한다. ③ 교과목 그 자체로서는 바람직한 인지능력 훈련이 될 수 없다. ④ 교과중심 교육과정은 학습을 분과적으로 조직함으로서 관련성, 통일성 등이 결여되어 있다. ⑤ 지식의 기능적 활용에 토대를 두지 않고 있다.

2. 경험중심 교육과정(experience–centered curriculum)

교과중심 교육과정에 회의를 느껴 진보주의 교육사조를 바탕으로 등장한 경험중심 교육과정의 발달과정은 19세기말부터 20세기 초에 걸쳐 태동된 것인데, 그 당시 추세였던 개인주의, 자유주의의 물결과 헤르바르트(Herbart), 루소(Rousseau), 페스탈로치(Pestalozzi), 프뢰벨(Fröbel) 등의 자연주의 교육사상에 영향을 많이 받았고, 특히 듀이(Dewey)에 의하여 더욱 꽃을 피우게 되었다.

홉킨스(Hopkins)의 경험중심 교육과정의 기본적 견해는 다음과 같다(1941). ① 교육과정의 주체는 교사가 아니라 학생이다. ② 청소년의 원만한 성장을 개발시키는 데 중점을 둔다. ③ 교과내용을 미리 선정하여 조직하지 않고 학습의 장에서 결정한다. ④ 교육과정을 교사가 일방적으로 강요하지 않고 모든 학습자의 협력, 참여에 의해서 진행된다. ⑤ 단순한 사실적 지식을 가르치는 것보다 다양한 의미의 체험을 시키는 데 중점을 둔다. ⑥ 지능이나 태도를 다른 교과와 분리하여 가르치지 않고 보다 종합적이고 총체적인 경험의 일환으로 가르친다. ⑦ 교재와 결부된 교수방법에 주력하지 않고 학습자의 학습방법에 따르도록 노력한다. ⑧ 모든 학생에게 일률적으로 학습을 시키지 않고 학생들의 개인차를 인정하여 가르친다. ⑨ 일정한 틀에 맞추지 않고 학생 개개인의 창의성을 육성한다. ⑩ 교육을 수업이라 하지 않고 끊임없는 성장의 과정으로 본다.

따라서 경험중심 교육과정은 다음과 같은 기본적 원리를 중요시한다(Beauchamp, 1956:424).

① 학습자의 흥미와 욕구를 중시하며, ② 학습자의 전인적 성장을 중시한다. ③ 문제해결방법을 중시한다. ④ 교사와 학생이 협동적으로 교육활동의 계획을 작성한다.

그리고 경험중심 교육과정의 유형에는 활동중심 교육과정과 생활영역 교육과정으로 분류하고 있다.

활동중심 교육과정(Saylor & Alexander, 1954: 296~316)은 1870년대 미국의 파커(Parker)가 자발성의 원리에 입각해서 학습자의 통합적인 경험활동을 중심으로 한 교육과정의 발전을 시도하면서 활동중심 교육과정의 이론과 실제를 완성하는 데 노력하였다. 활동중심 교육과정이 활발하게 전개된 것은 듀이(Dewey)가 1896년 시카고(Chicago)대학에서 16명의 어린이를 대상으로 실험학교를 운영한 데서 비롯되었다.

활동중심 교육과정에서 학습은 여러 활동이 학습자에게 유목적적이고 흥미가 있을 때 가장 효과적이며, 아동·학생은 능동적이고 창조적인 존재이므로 그들이 중요하고 흥미롭다고 생각하는 활동을 선택하여 그 학습활동을 자발적으로 비판할 수 있는 자유를 주어야 한다. 또한 아동·학생의 성장은 전체적이고 학습은 언제나 다방면적인 노력이며 전 인격에 관련되므로 단순히 지적인 것으로만 생각해서는 아니 된다. 아동·학생의 각기 다른 지적 능력, 정서적 경향, 사회성 등의 개인차를 고려한 교육과정에 입각한 학습이 진행되어야 한다.

생활영역 교육과정(Caswell & Foshay, 1957: 262~265)은 영국의 스펜서(Spencer)가 인간생활의 중요한 활동으로 다섯 가지 영역을 확립한 데서 시작되어, 데크롤리(Decroly, 1871~1932)에 의하면, 학교는 아동으로 하여금 현실생활의 준비를 시킴으로써 일반적 교육목적을 달성할 수 있으며 아동에게 사회생활을 습득시킴으로써 보다 잘 달성된다고 보고 이와 같은 견지에서 교육과정이 구성되고 운영되어야 한다고 주장했다. 미국에서 1920년대에서 1930년대에 걸쳐 생활영역 교육과정이 성행하였으며, 보비트와 차터(Bobbit & Charters)의 활동분석법 및 카스웰과 캠벨(Casswell & Campbell, 1935)의 사회기능법을 통하여 교육과정의 생활화를 시도하였다. 이것은 교육과정구성의 기초를 생활에 두고, 사회의 기능이나 개인의 활동이 집중되어 가는 것을 포착하여 그것을 기본영역으로 하고 개인으로 하여금 모든 중요한 생활영역에서 효과적으로 참여할 수 있는 경험의 폭을 확정하여 교육과정을 마련하는 것을 의미한다.

경험중심 교육과정의 일반적 특징을 살펴보면 다음과 같다(구광현 외, 2008; 이형행, 2011).

① 아동중심 교육을 강조하여 학습자의 흥미, 욕구, 목표가 교육과정의 근간이 되며 교사와 학생의 협동에 의해 교육활동이 결정된다. ② 교과활동 못지않게 과외활동을 중시한다. 교육은 학교의 전 생활에서 이루어진다는 신념하에 소풍, 여행, 견학, 자치활동, 클럽활동 등이 활발하게 전개된다. ③

사회의 급격한 변화에 적응하는 생활인의 육성을 목표로 한다. 교육은 아동·학생들이 현재생활에 충실할 수 있도록 하는 데 중점을 두어야 한다. ④ 문제해결력의 함양을 강조한다. ⑤ 지·덕·체의 조화로운 발달을 이룩한 인간이 올바른 생활을 영위할 수 있다는 신념에서 전인교육을 강조한다.

경험중심 교육과정의 장단점에 관한 알버티(Alberty, 1953)의 견해를 소개하면 다음과 같다. 이 교육과정의 장점은 ① 학습자의 흥미와 필요가 교육과정구성의 기초가 되어 반영되기 때문에 적극적인 참여를 유발하기가 쉽다. ② 현실적이고 실제적인 생활문제를 해결하는 데 도움이 된다. ③ 민주사회에서 민주시민으로서의 자질 함양이 용이하다. ④ 학교와 지역사회와의 유대를 강화할 수 있다. ⑤ 학교생활의 제 장면의 통합을 증진케 한다.

반면에 단점은 ① 자칫하면 학생들의 기초학력의 저하를 가져올 수 있다. ② 교육과정 분류의 준거가 명확하지 못하다. ③ 교직적 소양과 지도방법이 미숙한 교사는 생활중심 교육과정운영에서 실패를 하는 수가 있다. ④ 행정적인 통제가 어렵다.

3. 학문중심 교육과정(discipline-centered curriculum)

학문중심 교육과정이 출현하게 된 이유는 경험중심 교육과정이 갖고 있는 통제성이나 과학적 인지능력을 충족시키지 못하는 결함을 극복하고, 교과중심 교육과정이 가지고 있는 잡다한 단편적인 지식의 전수와 주입식 교육방법의 결함을 동시에 시정하려는 시도에서 나온 것이다.

학문중심 교육과정에서 중요시하는 사항은 ① 교과의 구조와 학습방법에서는 탐구학습(발견학습)을 중요시한다. ② 탐구를 위한 지적 능력이다. 이것은 '연구실, 실험실에서 새로운 지식을 탐구하는 학자들이나 초등학교 3학년 아동들의 활동을 막론하고 모든 지식활동은 같다'는 말은 직관을 뜻하며 지적 능력을 강조한 것으로 볼 수 있다.

학문중심 교육과정의 핵심적인 교육원리를 살펴보면 다음과 같다.

브루너(Bruner, 1960: 33)의 "어떤 교과든지 지적으로 올바른 형식으로 표현하면 어떤 발달단계에 있는 아동에게도 효과적으로 가르칠 수 있다."는 가설은 아무리 어려운 지식구조라 할지라도 아동의 지적 수준에 적절하게 표현하면 누구나 이해하고 배울 수 있다는 뜻이다. 이것은 학문중심 교육과정의 핵심적인 교육원리가 된다.

학문중심 교육과정의 기본적 견해는 지식의 구조, 즉 핵심적인 아이디어 또는 기본적인 원리 및 개념을 중요시하며, 어떤 교과라도 지적 성격을 그대로 두고 표현만 달리하면 발달의 어떤 단계에 있는 어떤 어린이에게도 효과적으로 가르칠 수 있으며, 또한 분석적 사고만큼 직관적 사고를 중시한다. 그리고 학습자의 외적 동기보다는 내적 보상에 의한 학습동기의 유발이 필요하며, 학습에 있어서 창조성을 강조하고 있다.

학문중심 교육과정에서는 학문의 구조와 탐구과정이 교육의 과정에서 가장 중요한 결정요인이 된다. 학문중심 교육과정은 과학기술이 급격하게 발달하기 때문에 거기에 대처하는 교육을 생각하기 때문에 미래지향적으로 교육과정의 계획을 세워야 하며, 학생 스스로가 탐구하고 발견하게 함으로써 학교교육의 효과를 극대화하는 데에 학문중심 교육과정의 주된 목적이 있다.

학문중심 교육과정의 장단점은 다음과 같다(김대현, 2011; 오성삼 외, 2000: 62~63).

우선 장점을 살펴보면 다음과 같다. ① 교육내용을 선정하고 조직하는 데 있어서 경제성을 기할 수 있다. ② 교육내용이 기본적 개념을 중심으로 조직되므로 지식의 전체 구조를 쉽게 파악할 수 있어서 기본개념의 이해를 촉진시킬 수 있다. ③ 학생들 자신이 능동적으로 탐구과정에 참여함으로써 탐구력을 향상시킬 수 있다. ④ 학습내용이 양적으로 적지만 질적으로는 가장 기본적이고 핵심적인 것만을 다루기 때문에 학습에 관한 흥미를 지속적으로 유발할 수 있다.

반면에 학문중심 교육과정의 단점은 ① 학업능력이 우수한 학생들에게만 적합하다. ② 자연과학 분야의 교과목을 중심으로 한 일부 교과에 적합하다. ③ 지적 교육을 지나치게 강조하게 되어 통합적 교육과정구성이 소홀하게 되고 있다. ④ 탐구과정에 학습자가 능동적으로 참여할 수 있는 교육적 환경의 조건의 정비가 어렵다. ⑤ 평가방법에 관한 개발이 되어 있지 않다. ⑥ 청소년의 욕구와 그들의 광범한 생활문제를 등한시하고 있다. ⑦ 사회적 제

조건의 성질, 사회적 현실, 민주적 이념 등이 잘 반영되어 있지 않다.

결국 학문중심 교육과정은 듀이(Dewey) 이론의 잘못을 시정하기 위하여 대두되었지만, 결국 과학 및 수학교육을 강조하는 데 그쳤고 지식의 구조를 지나치게 강조한 나머지 학문 간 단절 현상을 초래하였으며 전인교육을 간과했다는 비판을 받았다.

4. 인간중심 교육과정(humanistic curriculum)

1960년대 학문중심 교육과정이 기초과목으로 교수내용 가운데 과학 및 수학교육에 치중한 나머지 교육 본질에 대한 논쟁과 학교교육에 대한 비판이 일어나기 시작했으며, 1970년대에 진입하면서 산업사회에 따른 인간소외 현상이 사회문제로 대두되었다. 교육의 대상으로서 인간을 보는 시각이 달라지기 시작하였다. 인간중심 교육과정의 목적은 인간의 잠재적인 능력을 최대한으로 개발하여 보다 인간다운 인간을 간직하면서 개인적으로 자아를 실현하며 사회발전에 기여할 수 있는 삶을 살 수 있도록 돕는 데 있다.

인간중심 교육과정 구성의 기본적인 입장(윤팔중, 1981: 174-175)은 다음과 같다.

① 개개인의 학습자로 하여금 그들 자신의 관점에서, 지적, 정서적, 사회적으로 자신들을 발달시킬 수 있는 환경을 제공한다. ② 사람들로 하여금 서로를 감동시키고 공동체 의식을 지니고 생활하도록 돕는 환경을 제공한다. ③ 교육과정의 구성에는 개인 지향적인 설계, 구조의 신축성, 교사능력의 신장, 창조성의 조장 등을 고려한다.

인간중심 교육과정의 사상적 근원은 루소(Rousseau)의 사상과 니일(Neil)의 자유학교를 들 수 있는데, 인간중심 교육과정의 기본원리는 다음과 같다(임창재, 1991: 226~227).

① 교육의 궁극적 목적을 자아실현을 위한 인간육성에 두고 있다. ② 자아실현을 위해 학교 환경을 인간화시키는 데 노력한다. ③ 교육의 비인간화를 막기 위해서는 표면적 교육과정보다 잠재적 교육과정을 중요시한다. ④ 학습자들의 잠재적 교육과정에 영향을 미치는 학교환경의 비인간화를

막기 위해서 인간적인 교사를 필요로 한다. ⑤ 교육과정의 조직에 통합을 강조한다.

인간중심 교육과정의 유형에는 방법 기조형, 학습자 중심형, 과정 강조형 등이 있다(강현석, 2011; 박준영, 1998).

첫째, 방법 기조형은 교육내용에 관한 모든 이론들이 학습자의 학습을 조장할 수 있는 방법을 최우선적으로 고려하는 바탕 위에서 이루어지는 것이며, 인간중심 교육과정에서는 어떤 방법을 동원하여 학생들이 자유로운 상태에서 그들의 잠재적 능력을 최대한으로 신장시킬 수 있도록 도울 것인가를 최우선으로 고려한다.

둘째, 학습자 중심형은 모든 교육적 관심이 교육을 위한 교육과정의 구성 및 전개의 초점이 학습자의 천부적인 잠재 가능성의 자연스러운 발아로 보며, ① 학습자의 소질을 중요시하며, 스스로의 전진적이고 자발적인 학습활동을 조장하여 학습자 자신의 자연스러운 욕구가 발전되어 나아가는 과정상의 모든 장애물을 제거해 주는 일에 관심을 기울인다. ② 철저하게 학습자 개개인의 관심을 깊이 고려함으로써 학습자의 전면적인 그리고 균형잡힌 발달을 돕고 학습자 개개인과 직접 관련되는 문제를 중요시한다.

셋째, 과정 강조형에서 '과정'의 의미는 경험이라는 말과 밀접히 관련되며, 경험은 학습활동을 수행한 결과로서 지각된 자아의 변화를 뜻한다. 아울러 과정 강조형은 개성의 어떤 실체를 원형대로 전수하기보다는 어떤 마당(장면: field)에서 생성되어 우러나는 분위기에 젖어서 자연스럽게 일어나는 감동, 흥미의 획득 및 느낌을 보다 중요시한다.

인간중심 교육과정의 특징은 다음과 같다(강현석 · 주동범, 2012). ① 인간중심 교육과정에서는 잠재적 교육과정을 표면적 교육과정과 똑같이, 경우에 따라서는 더 중시한다. 여기서 표면적 교육과정은 학생들의 지식이나 기능의 신장에 영향을 미치며, 잠재적 교육과정은 학생들의 사회성 발달, 정의적 발달에 영향을 미친다. ② 인간중심 교육과정은 학교환경 전체를 인간중심적으로 조성하는 데 노력한다. 잭슨(Jackson, 1968)은 "가장 시급한 교육적인 과제의 하나는 학교 안의 인간적인 환경을 창조하고 유지하는 방법을 학습하는 데 있다."라고 말하고 있다.

학자별에 따른 인간중심 교육과정의 목표를 살펴보면 다음과 같다.

① 패터슨(Patterson)은 "인간중심 교육목표는 자아 실현인을 계발하는 데 있다."라고 했으며(장상호 역, 1980: 20), ② 윤팔중(1980: 20)은 "인간중심 교육과정은 우선 그 목적이 인간중심적이어야 한다."고 보고 있다. 이러한 교육관에 입각한 학자들에 의하면 교육의 목적인 인간관과 분리해서 생각할 수 없으며, 인간은 태생적으로 성장하고자 하는 욕구를 지닌다고 본다. 그리고 이 욕구를 끊임없이 실현하고자 하는 동기도 동시에 지닌다고 보며, 이 동기의 실현이라고 한다." ③ 매슬로우(Maslow, 1970)는 그의 '욕구 위계론'에서 인간의 궁극적인 욕구는 '자아실현의 욕구'라고 한 것으로 알려져 있다. 따라서 인간중심 교육은 곧 자아실현을 위한 교육이라 할 수 있다.

인간중심 교육과정의 장단점은 다음과 같다(한혜정 · 조덕주, 2012; 오성삼, 2000).

장점은 ① 전인교육을 통하여 인간이 타고난 지적 · 신체적 · 사회적 · 정서적인 성장 가능성을 조화롭게 발전시킬 수 있다. ② 학습자의 개별적인 자기 성장을 조장할 수 있다. ③ 학습자의 자아개념을 긍정적으로 형성하는 데 도움이 된다. ④ 교수-학습과정에서 개방적 · 자율적 분위기를 조성함으로서 학습과정을 통한 터득된 의미가 내면화될 수 있다.

반면에 이것의 단점은 ① 교수-학습과정에서 자유로운 환경조성과 역동적인 인간관계가 유지되지 않으면 교육성과의 보장이 어렵다. ② 학교교육에서 인본주의 교육을 창달하기 위한 교사들의 투철한 교육관이 확립되지 않으면 그 실현을 기대하기 어렵다. ③ 주지교과의 난이도의 하향 조정, 도덕적 · 심미적 교과의 강조, 교과의 통합, 교과별 시간단위의 융통성 있는 운영 등이 선행되지 않으면 그 실현이 어렵다. ④ 과대규모의 학교와 과밀학급의 규모를 줄이는 개선책과 학교 교육에서 지나친 경쟁과 비교를 지양하는 학교 행정적 조건정비가 선행되지 않으면 그 실현이 어렵다. ⑤ 가치관의 혼란에서 오는 비인간화를 극복하기 위한 사회교육과 학교교육과의 협동체제를 통한 교육의 인간화가 보장되지 않으면 그 실현이 어렵다.

제3절 교육과정의 구성요소

교육과정의 구성요소에 대한 제 학자의 견해는 다음과 같다.

김봉수(1982)는 교육과정 구성요소란 교육목적 및 교육목표를 설정하여 그것을 달성하기 위해서 선정된 교육내용, 조직된 교육내용의 전개, 학습지도를 위한 교수 및 자료의 구성, 심리적·물리적인 교육환경의 조성 및 교육성과의 평가 등을 들 수 있다. 타일러(Tyler, 1949)는 교육과정의 구성요소를 목표, 학습경험의 선정, 학습경험의 조직 및 평가 등으로 보며, 타바(Taba, 1962)는 목적 및 목표, 내용 및 학습경험, 평가 등으로, 자키엘(Zechiel, 1942)은 교육목표, 교과, 방법과 조직, 평가 등을 교육과정의 구성요소로 보았다. 또한 피츠제럴드(Fitzgerald, 1956)는 철학, 교과과정, 배열, 방법, 측정, 진단 및 교정 등으로, 글레저(Glaser)는 교수과정을 하나의 체제로 파악하고, 교수목표, 출발점 행동, 교수절차, 성취도평가 등으로 보며, 정범모(1956)는 교육목표의 설정, 학습경험의 선정, 학습경험 조직, 학습지도, 교육평가 등으로 보고 있다.

따라서 제 학자의 견해를 종합하면, 교육과정의 구성요소를 교육목표, 교육내용(선정 및 조직), 교수-학습과정, 평가 등으로 분류할 수 있다.

첫째, 교육목표는 교육을 통하여 달성하고자 하는 행동의 변화를 말하는 것으로 지식의 이해, 응용, 사고, 창의성, 흥미, 태도, 가치관, 지능 등의 일반적 및 특수적인 행동의 변화를 포함하는 개념이며(정범모, 1956), 교육목표는 교육과정의 전체 방향을 제시하고 그 교육내용이나 구체적인 학습활동 또는 지도활동의 기준 내지 근거를 제공하는 기능을 갖고 있기 때문에 교육과정구성 내지 전개절차로 보아 최우선적으로 상정되어야 할 것이다. 또한 교육목표가 충분히 반영 구현되기 위해서는 명백하게 그리고 가치론적인 차원에서 진술되어야 한다. 아무리 훌륭한 교육목표라 하더라도 학습자의 수준에 맞지 않아 학습자가 도달할 수 없는 것이라면 아무 쓸모가 없기 때문에 학습자의 흥미, 필요, 발달상태 등을 고려해야 한다.

둘째, 교육내용은 이미 설정된 교육목표를 달성하게 해 줄 것으로 예상되는 수없이 많은 교육내용 중에서 실제로 가장 가치롭고 효율적인 것으로 입증된 교육내용을 선정하며, 선정된 교육내용을 체계적인 조직을 통하여 학생들에게 제시하는 데 있다. 그리고 교육목표와 교육내용의 관계를 살펴보면, 교육을 통해 달성하는 것을 교육목표라고 할 때, 그러한 교육목표를 달성하도록 하는 효율적인 수단을 교육내용이라 한다. 따라서 교육목표와 교육내용의 관계를 목적과 수단의 관계인 것이다. 그리고 교육내용을 선정하고 조직하는 데 있어 고려해야 할 원칙은 다음과 같다(김종서 외, 1995: 35). ① 교육내용은 교육목표와 일관성을 유지할 수 있도록 선정되어야 한다. ② 사실에 관한 지식보다도 기본개념, 일반원리와 같은 지식이 중시되어야 한다. ③ 기본개념, 원리 등을 학습하는 데는 탐구학습이 적합하므로 탐구학습에 알맞은 내용이 선정되어야 한다. ④ 아무리 좋은 교육과정도 현실적으로 지도가 불가능하다면 아무 쓸모가 없으므로 지도 가능성에 대한 검토가 이루어져야 한다. ⑤ 하나의 경험으로 여러 개의 목표를 동시에 달성할 수 있는 내용이 선정되어야 한다. ⑥ 가정이나 사회에서 충분히 경험할 수 있는 내용은 제외하여 학교에서의 경험과 가정, 사회의 경험이 중복되지 않도록 한다. ⑦ 지역사회의 실태, 학부모의 의견, 학생의 흥미에 대한 조사를 토대로 지역의 특성을 살릴 수 있는 내용을 선택한다. 전술한 원칙에 의해서 선정된 교육내용은 종적 및 횡적체계를 구비하여 제시되어야 하는데, 이를 교육내용의 조직이라고 할 수 있다. 내용을 조직할 때는 구체적인 것에서 추상적인 것으로, 쉬운 것에서 어려운 것으로, 가까운 곳에서 먼 곳으로, 학생들의 심리적 발달 순서에 따르는 것이 좋다.

셋째, 교육목표가 설정되고 교육내용이 선정, 조직되면 그 다음으로 어떻게 가르칠 것인가에 대한 문제가 제기된다. 교수-학습과정이란 설정된 교육목표를 달성하기 위하여 교사와 학생이 교육내용을 매개로 하여, 학습자의 심리적 특성, 교사의 인성과 자질 및 그 지도능력, 목표와 내용, 교수여건 및 방법, 학교 또는 학급의 학습분위기, 물리적 환경 등의 제 요인들이 역동적으로 상호작용하는 과정이다. 이 과정은 수업과정이라 하는데, 학습자의 학습을 전제로 진행된다. 따라서 학습자의 학업성취에 영향을 줄 수 있는 제 변인이 사전에 검토되어야 한다. 여기에는 교사변인, 학습자변인, 학습과제변인, 수업변인 등이 있는데, 학습자에 관한 하위변인으로서는 그들의 발달단계 및 특징, 지능, 학습방법과 습관, 지식과 지능 및 태도, 가치관 그리고 학습자의 인성 등이며, 교사에 관한 하위변인은 교사의 인성, 교육배경, 지식수준, 가치관, 목표 의식, 교수방법과 기술 등이 있다. 또한 학습과제 하위변인은 학습해야 할 과제의 수준, 범위 등이며, 수업 하위변인은 교실의 인적, 물리적 환경, 수업매체 등이 있다. 이 변인들 중에 어느 한 가지 변인이 학습자의 학습에 절대적으로 영향력을 미치는 것이 아니라 여러 개의 변인들이 어느 때는 복합적으로, 또 다른 경우에는 어느 한 변인이 상대적으로 큰 비중을 차지하면서 학습에 영향을 준다. 결국은 교수-학습과정에서 학습에 영향을 미칠 수 있는 변인들을 다각도로 연구, 검토하여 최대한의 학습효과를 거둘 수 있도록 해야 될 것이다.

넷째, 평가는 교육과정 구성요소 가운데 마지막 단계이다. 평가는 보다 나은 교육적 향상과 발전을 위하여 체계적이고 계획적인 교육적 노력의 지속적인 과정으로서 평가대상은 학습자의 학습성과뿐만 아니라 학습을 지도하는 교사 자신의 평가에 교육과정 그 자체의 평가도 포함되는 것이다. 학습자평가는 학습자에게서 나타난 학습결과의 평가가 아니라 학습자의 학습활동 전 과정을 의미하며, 반면에 교사 자신의 평가는 교사의 지도계획, 지도과정, 지도방법, 목표의식, 평가계획 그 모든 것의 평가를 의미한다.

따라서 각 단계마다의 적절성, 타당성, 효율성 등을 재검토하며, 이러한 과정에서 얻어진 결과는 각 단계의 수정 및 보완을 위한 기초자료로 사용된다.

교수-학습지도

Chapter 06

6장에서는 교수-학습의 개념 및 원리, 교수-학습 방법의 제 유형에 대해서 기술하고자 한다.

제1절 교수-학습의 개념 및 원리

여기에서는 교수의 개념, 학습의 개념, 교수-학습의 차이점, 학습지도의 기본원리 등에 대해서 기술하고자 한다.

1. 교수의 개념

학교교육이란 교수자와 학습자가 가르치고 배우는 과정이다. 이는 교육에서 중요한 부분일 것이다. 따라서 교수와 학습은 상호보완적인 것으로 볼 수 있기 때문에 교수와 학습의 개념을 정확하게 파악할 필요가 있다. 본 절에서는 교수의 개념, 학습의 개념과 하위 영역, 교수-학습의 원리, 교수-학습의 차이점을 알아보고자 한다.

교수라는 용어는 문자 그대로 '가르쳐 주는 것'을 나타내고 있다. 영어의 teaching을 교수로 번역하여 사용하기도 하고, instruction을 교수로 번역하기도 한다. 제 학자에 의하면 instruction을 수업으로 번역하여 교수와 엄격히 구분하여 사용하기도 하는 실정이다. 우선 여러 학자들의 교수에 대한 개념 정의를 살펴보고, 교수와 수업의 차이를 알아보도록 한다.

코리(Corey, 1971)는 교수를 "어떤 특정한 조건 속에서 특정한 행동을 습득하거나 배제하고, 혹은 특수한 상황에 대해 반응을 하거나 학습이 일어날 수 있도록 개인의 환경을 계획적으로 관리하는 제반 과정"이라고 정의하고 있다. 레겔루드(Reigeluth, 1983)는 교수를 "수업에 비해 포괄적 및 구체적으로 설계, 개발, 적용, 관리, 평가를 포함하는 것"으로 정의하고 있다. 그리고 가네(Gagné, 1975)는 "학습자의 내적 학습과정을 지원하기 위해 의도적으로 설계 및 정렬된 외적 사상의 집합"으로, English와 English(오성삼 외, 1999: 13: 재인용)는 교수란 "학습자들이 학습하도록 도와주는 예술(art)로서, 가르치는 일에 필요한 지식이나 정보, 적절한 상황 또는 조건을 준비하는 일과 학습을 촉진하도록 계획된 활동"들을 포함한다. 게이지(Gage, 1978)는 "교사의 언어 이외에도 다른 수단을 통하여 학습자에게 지(知) · 정(情) · 의(意)를 포함한 특정한 학습목표를 달성시키기 위해 환경을 계획적으로 조작하는 의도적이며 유목적적인 활동"임을 제시하고 있다. 진위교(1988)는 "목표로 설정한 행동유형의 변화, 즉 학습이 인간 학습자에게 일어나도록, 그의 내적 과정에 맞추어 그의 외적 조건과 상황을 설계, 개발, 관리하는 과정"으로, 박숙희 외(1999: 17)는 교수를 "목표를 달성하기 위해 학습이 잘 이루어지도록 환경을 계획적으로 조작하는 과정"으로 보고 있다.

상기의 제 학자의 견해를 종합하면, 교수는 ① 어떤 행동변화를 일으키고자 하는 목표를 전제로 하며, ② 계획적으로 행동을 조작하는 것으로 볼 수 있다.

교수와 수업의 관계는 보는 측면에 따라 다음과 같이 세 가지로 분류할 수 있다.

첫째, 교수를 수업보다 더 포괄적으로 보는 관점(Gage, 1963; Corey, 1971; 김종서 외, 1988; 진위교 외, 1989)에는 "수업은 학습자의 지적 · 탐구적 특성을 자극하는 내용을 전달하는 데 쓰이며, 교수는 학습자의 모든 능력을 자극하는 포괄적인 내용의 전달을 의미하며, 교수는 학습자가 보인 변화 중에서 의도적인 것과 비의도적인 것을 모두 포함한다."는 점에서 수업보다 포괄적으로 보는 관점이다.

둘째, 수업이 교수보다 더 포괄적이라는 견해이다(Hosford, 1973). 교수는 교사의 전문적인 역할을 수행하는 행위이고, 학습은 학습자가 학습과제를 이행하는 행위이며, 수업은 교수-학습과정을 의미한다고 할 때, 수업이 교수활동과 학습활동을 포괄한다고 볼 수 있다.

셋째, 교수와 수업을 동일한 의미로 사용하는 관점이다. 이는 교수와 수업의 용어는 다소 차이가 나는 것은 사실이지만, 학생의 변화를 의도적이고 계획적으로 유도하는 점에서 서로 일치하는 것으로 보는 견해이다.

따라서 교수와 수업의 의미에서 교수를 수업보다 포괄적인 관점으로 보고자 한다. 교수(instruction)는 학습자로 하여금 지(知)·정(情)·의(意)를 포함한 학습목표를 달성하기 위해서 환경을 의도적 및 계획적으로 조작하는 유목적적인 제반활동으로 정의를 내리며, 수업(teaching)은 학생의 제 학습지도와 관련된 수업활동에 국한시키고자 한다.

2. 학습의 개념

'학습이란 무엇인가'하는 문제는 현대 심리학 분야에서 지대한 관심사가 되어 온 것이 사실이다. 행동주의 심리학 측면에서는 파블로프와 손다이크(Pavlov & Thorndike)는 학습을 '자극(stimulus)과 반응(response)의 결과'로 보았으며, 스키너(Skinner)는 '강화에 의한 조건화 과정'을 학습으로 규정하고 있다. 또한 형태주의 심리학에서는 쾰러와 코프카(Köhler & Koffka)는 '통찰력에 의한 관계의 발견'으로, 레빈(Lewin)은 '인지구조의 변화'라고 정의하고 있는 실정이다. 이와 같이 학습에 대한 구체적인 정의는 시대적 배경이나 학파에 따라 개념 정의를 달리하고 있는 것이다. 이제 학습에 대한 대표적인 몇 가지의 정의를 고찰한 후, 그것의 공통분모를 찾아 학습의 정의를 내리고자 한다.

힐가드(Hilgard, 1966)는 학습을 광의적 의미로 보면서, "학습이란 주어진 환경 속에서 계속적인 경험으로 일어나는 행동의 변화로 규정하였다. 그러한 행동의 변화는 선천적인 반응의 경향, 성숙, 피로나 약물에 의한 일시적인 상태의 변화로는 설명될 수 없는 것이다."라고 제시하고 있다. 그리고 가네와 브릭스(Gagné & Briggs, 1979)는 학습의 두 가지 특성을 다음과 같이 제시하고 있다. ① 학습이란 한 개인이 사회의 일원으로 제 능력들을 기르게 되는 복합적이고 다면적인 과정이며, ② 다양한 능력들은 환경으로부터의 자극과 동시에 인간의 인지적 정보처리과정을 통하여 습득된다고 하였다.

또한 학습을 협의적으로 정의한 게이트(Gates, 1950: 288)는 '학습은 경험과 훈련을 통한 변용'으로 보고, 모간과 킹(Morgan & King, 1966)은 "학습이란 경험과 연습의 결과로 일어나는 비교적 지속적인 변화이다."라고 주장하고 있다. 또한 게리와 킹스레이(Garry & Kingsley, 1970)는 "학습이란 연습과 훈련을 통해서 발생하고 변화하는 과정"으로, 비기(Bigge, 1964)는 "학습이란 유전에 의해 유도되지 않은, 살아 있는 유기체의 통찰, 행동, 지각, 동기의 변화"로 정의하고 있다.

이러한 제 정의를 통한 학습의 개념을 다음과 같다.

첫째, 학습은 실제적인 경험을 통해서 행동으로 나타나는 것으로 볼 수 있다. 학습의 성과는 항상 관찰할 수 있는 행동으로 나타나며, 이는 연습이나 훈련에 의한 변화를 의미하는 것이다.

둘째, 이러한 행동의 변화는 비교적 영속적인 성질을 갖고 있어야 한다. 다시 말하면, 질병에 의한 변화, 피로, 약물중독 등에 의해 일시적인 변화는 학습으로 볼 수 없는 것이다.

셋째, 학습은 바람직한 행동의 변화를 위한 활동으로서 추구하는 분명한 목표가 있어야 한다. 물론 심리학에서 모든 행동의 변화를 학습에 포함시키고 있으나, 교육이나 학교학습에서는 항상 긍정적이며 진보적인 행동의 변화를 학습으로 보는 것이다.

넷째, 행동의 변화, 혹은 잠재력은 경험이나 연습에서 비롯되며 이러한 학습이 이루어지기 위해서는 특정한 행동이 일어난 후 반드시 강화가 수반될 때 더욱 효과적인 것으로 볼 수 있다.

다섯째, 학습은 과거의 경험만으로는 해결할 수 없는 상황에 직면했을 때 적극적인 문제해결과정으로 본다.

3. 교수–학습의 차이점

학교교육은 가르치고 배우는 과정이므로 교수와 학습의 관계는 불가분의 관계에 있다. 다시 말하면, 교수는 학습을 전제로 하고, 학습은 교수에 의해 나타나는 것으로 본다. 여기서 교수는 독립변인의 역할이 되고 학습은 교수의 영향을 받는 종속변인의 의미를 가지게 된다. 교수와 학습의 차이점을 파악하기 위해서는 두 개념을 비교·분석을 해보면 정확하게 알 수 있을 것이다.

첫째, 교수는 일정한 목표가 있으나, 이에 비해 학습은 일정한 목표가 있을 수도 있고 없을 수도 있다. 교수는 의도적이고 계획적인 것이지만 학습은 의도나 계획이 없는 경우에도 가능하다는 의미로 볼 수 있다. 이는 학습을 교수보다 포괄적인 개념으로 볼 수 있다.

둘째, 교수는 일의적이며, 학습은 다의적이다. 한 교사의 수업내용은 같으나 학습자는 제각각 다르게 배울 수 있다는 것이다. 이는 학습자의 지능, 선행학습의 정도, 적성, 흥미에 따라 서로 다른 학습결과를 가질 수 있다.

셋째, 교수는 실제교육이 이루어지는 교실사태에 초점을 두며, 학습은 연구실 및 실험실의 실험상황에 관심을 두고 있다. 학습에 대한 연구는 동물을 대상으로 하는 경우가 많다.

넷째, 교수는 처방적(prescriptive)이지만, 학습은 기술적(descriptive)으로 볼 수 있다. 처방은 의사가 환자의 병의 원인을 찾아서 그에 알맞은 치료를 해야 하듯이 교수는 교육적 목적을 성취하기 위한 방법을 제시하는 것이며, 학습은 유기체에서 나타나는 학습의 과정과 결과를 있는 그대로 기술하는 것으로 볼 수 있다. 따라서 처방과 기술은 상호 관련되어 있으므로 처방을 좋게 할 경우에는 기술도 좋게 나타나는 것이다.

4. 학습지도의 기본원리

학습지도의 기본원리는 학습자의 교수-학습활동을 용이하게 하고 학습 결과가 효율적이기 위한 방향을 의미하는 것이다. 여기에는 크게 학습지도의 방향의 원리(박상호 외, 1999)와 학습지도활동의 원리로 분류해서 설명하기로 한다.

1) 학습지도 방향의 원리

첫째, 안정감과 만족감의 원리는 교사가 학습지도를 할 때 학생들의 안정감과 만족감을 느끼도록 해야 하는 것을 의미한다. 민주주의에 있어서 하나의 기본적인 원칙은 개인을 존중하기 때문에 용인(acceptance), 소속감, 집단 내에서의 지위(status) 등에서 오는 안정감을 느끼고, 개인이 타인들로부터 높이 평가될 만한 공헌을 함으로써 만족감을 느낄 것이다. 따라서 안정이 보장되지 못한 개인은 유능한 사회인으로 성장하기 어려운 것이 사실이다. 학교교육은 학생들의 잠재적 가능성을 최대한 성장 및 발전하도록 도와줌으로써 능력이 있고 자신감이 넘치는 인간으로 육성되는 것이다. 오늘날과 같이 안정 보장에 대한 수많은 위협을 느끼는 세계에 적응할 줄 아는 개인이 되도록 도와주어야 한다는 요구에 부응해야 할 것이다. 그리고 개인의 안정감은 사회의 변화를 예견하고 수용하며 이해하는 측면에서 도움이 될 것이다. 학생들이 끊임없이 변하는 사회환경에 적응할 수 있도록 도와주면서 가치 있는 환경창조에 이바지할 수 있도록 해야 할 것이다. 이러한 사실로 볼 때, 안정감을 가지도록 하는 학습지도의 출발점은 학생들이 가지는 욕구와 적응의 문제로 볼 수 있다.

둘째, 공동학습 조장의 원리는 교사와 아동이 그들이 목적하는 바에 따라 함께 계획을 세우고, 함께 목적 가능성을 생각해보는 것이다. 민주사회의 구성원들은 협동적 집단생활을 영위하고, 공존공영하며, 선택을 할 수 있으며, 집단에서의 문제점에 대해서 현명한 해결책을 제시할 줄 알아야 하기 때문에 학생들은 학교에서 공동학습을 익힐 권리가 있으며, 또한 교사들은 집단활동의 기능과 태도를 발달시킬 수 있는 학습지도를 반드시 수행해야 할 책임이 있는 것이다.

셋째, 자기지도 조성의 원리란 교사가 학생들의 발달수준에 따라서 그들의 행동에 대하여 책임을 지도록 하며, 가능한 한 많은 기회를 제공하는 것을 의미한다. 이는 학생들이 학습의 진행에 참가하여 의견의 차이와 대립적

논쟁을 수용하며 설정된 학습의 방침을 테스트하여 볼 수 있는 기회를 통함으로서 정확한 분석에 의한 결론의 도출방법을 인지하게 될 것이다. 이렇게 함으로서 학생들은 자신의 과업을 수행하면서 자신의 감정을 통제할 수 있는 건전한 성인으로 육성되는 것으로 볼 수 있다.

넷째, 창조력 조성의 원리란 효과적인 교수-학습활동 측면에서 학생들의 창의적 자기표현력을 발달시키는 데 그 목적이 있다. 창의성은 개인적인 진취적 기상과 의식적인 노력에 의하여 특징지어지며, 자신이 적용한 기준에 의하여 사고하고 행동하는 것을 의미하는 것으로, 이는 학생들의 내적 표현에서 발현한다. 또한 창의성의 근원은 학생들의 실제생활, 혹은 그들의 심리적 경험 속에 있는 것이다. 예를 들면, 내적인 감정, 분노, 비애, 즐거움 그리고 긴장 등은 창의적 활동에서 표현될 수 있다. 단지 마음속에 쌓인 감정을 토로할 기회를 가져 보겠다는 욕구에 지나지 않는다고 할지라도 훌륭한 학습은 창의력의 함양을 함유할 것이다. 이러한 사실로 미루어 보면, 창의성은 특정한 학생들이 생각하는 것보다는 보편적인 것이며 천재만이 가지는 것이 아니라는 것을 알 수 있다.

다섯째, 가치발달 조성의 원리란 학생들로 하여금 집단의 수준과 방침 그리고 그 방침에 따라 살아가도록 하는 기회를 학생들에게 부여하는 것이다. 가치는 인간생활의 지표이다. 이것은 학생들이 친구나 성인의 행동을 관찰하고 그 행동에 참가하고, 또한 조직 및 이념, 제도 등과 관계를 맺고, 가치를 분명히 하는 경험의 획득을 통하여 학생들의 가치를 발달시키는 것이다. 이러한 학생들의 가치를 발달시키는 것은 민주주의적 사회가 필요로 하는 것이다. 따라서 교사들은 학생들의 미에 대한 감상, 정신의 가치, 학습의 수준, 집단행동의 수준, 인간의 가치와 개인의 존엄성의 인식 등을 발달시킬 수 있는 분위기를 조성할 책임이 있는 것이다.

여섯째, 사회적 활동의 기회제공의 원리이다. 민주주의 사회는 사회 복리증진을 위한 능력 있는 시민을 양성하는 데 있다. 이런 측면에서 보면, 사회적 활동의 기회제공의 원리가 매우 중요한 것이다. 따라서 학교는 아동들이 성인과 함께 그들의 환경을 개선하는 데 참여하게 하고, 이러한 행동을 격려함으로써 지역사회에 도움을 줄 수 있게 한다. 그리고 지역사회와 사회적 활동을 가능하게 하는 건전한 관계를 맺을 필요가 있다. 따라서 교사들은 이러한 측면에서 학생들에게 학습경험을 쌓도록 유도하고 사회인이 되었을 때 협동적인 활동에 동참할 수 있도록 하는 것이다.

일곱째, 학습평가 조성의 원리이다. 평가란 교수-학습활동을 편리하게 하는 과정으로 볼 수 있다. 이는 절차의 정선을 가능하게 하며 선택의 지혜를 제공함으로써 오류의 반복을 피하게 된다. 이러한 평가는 학생들에게 자율성을 키우는 데 도움을 준다. 이러한 평가를 실행하기 위해서 평가의 대상인 학생들의 협조를 구해야 할 것이며, 또한 지속적인 평가를 해야 할 것이다. 이것은 학습을 강화 및 일반화해서 더 높은 목표를 설정해서 환류의 과정을 거침으로서 주기적 평가를 하는 것이 현명하다. 그러나 평가는 결과보다는 과정을 중시해야 한다.

2) 학습지도 활동의 원리

첫째, 자발성의 원리이다. 자발성이란 인간이 스스로 무엇을 탐구하고자 하는 내적 능력 및 충동으로 볼 수 있다. 교수-학습활동 측면에서의 자발성은 자기활동, 자기구성, 자기생산이다. 이러한 측면에서 볼 때, 학습자를 변화시키는 것은 교사가 아니라 학습자이며 학습자 자신의 행동에 변화가 나타나는 것이다. 이는 교사가 지식이나 기능을 학생들에게 가르치는 것이 아니라 학습활동과정에서 학생들이 자발적으로 참여함으로써 그들이 원래 지니고 있는 잠재능력을 계발 및 신장시킨다는 원리로 볼 수 있다. 이러한 원리를 주장한 학자는 루소(Rousseau), 페스탈로치(Pesstalozzi), 듀이(Dewey), 현대 행동주의자들이 주장했는데, 그중에 페스탈로치(Pestalozzi)는 "나의 존재하는 모든 것과 내가 원하는 모든 것과 또 내가 해야 할 모든 것이 모두 나로부터 출발한다. 학습도 또한 나로부터 출발한다."고 했다. 이와 같이 자발성을 존중한다는 것은 생명을 존중하는 것으로 볼 수 있기에, 자발성이란 생명의 본질이요, 모든 사고 및 행동의 원동력이라고 할 수 있다. 자발성의 원리를 적용한 교수-학습의 유형은 구안법, 문제해결법, 발견학습법 등이 있으며, 자발성의 원리를 구체적으로 실천하기 위한 조건은 다음과 같이 제시하고 있다(조성일 외, 2001: 144). ① 학습내용이 학습자의 발달단계나 능력에 맞아야 한다. ② 학습내용을 생활에 중요하다는 사실을 학습자에게 인식시켜 자율적으로 학습하도록 해야 한다. ③ 내발적 및 자발적인 동기유발의 방법을 활용해야 한다. ④ 학습목표를 인식시켜야 한다. ⑤ 학습환경을 학습자에게 맞게 구성해야 한다.

둘째, 개별화의 원리는 학습자의 개성 또는 개인차에 따른 지도방법, 학습내용의 구성을 의미하며, 개인적 지도를 말한다. 이처럼 학습지도의 개별화는 학습자의 발달, 이해, 능력, 개성, 성격, 경험, 흥미 등 개인차가 심하므로 학습지도 측면에서 획일화는 있을 수 없다는 것이다. 다시 말하면, 학습의 내용, 진도, 지도방법에서 개인차를 고려하여 학생의 특징과 가능성을 최대한 활용하자고 보는 것이다. 이러한 개별화의 원리는 능력별 반 편성, 개별학습지도, 무학년제 등으로 나타나고 있는 실정이다. 그러나 이러한 개별화의 시도는 학습자들의 개성과 능력을 살린다는 본래의 취지를 벗어나 편협한 학습지도의 방법으로 될 가능성을 배제하기 어렵다. 따라서 정확한 방법과 과정을 통한 개인차의 진단이 요구되며, 지속적인 교육적 평가를 통한 융통성 있는 운영이 필요한 것으로 사료된다. 이러한 개별화 학습의 문제점을 해소하기 위해서는 수업이 시작되기 전에 출발점 행동을 조사하여 거기에 맞는 수업을 전개해야 할 것이다. 학습자가 지니고 있는 각자의 요구와 능력에 알맞은 학습활동의 기회를 마련하는 것이 급선무일 것이다.

셋째, 사회화의 원리는 학습자의 능력을 개발하여 훌륭한 사람의 행동특성을 갖도록 하는 계획적 활동이며, 유능한 사회인으로 육성되도록 사회성을 습득하게 하는 것이다. 현대사회의 사상과 문제를 기초로 하여 학교 내·외의 경험을 상호교류시키고 집단과정을 통하여 협동심과 책임감을 키우는 것이 바람직하다. 이러한 사회적 학습이 이루어질 때 상호 간에 비교하고, 인정하며, 자극하는 기회가 되며, 집단의 공동적인 문제를 협력해서 해결할 때 민주사회의 구성원으로서 자질을 직접 체득할 수 있게 되는 것이다. 교사는 교수-학습활동에서 토의법이나 문제해결법을 적절히 활용하고 학생들에게 분단학습(group study), 구안학습(project study) 등의 소집단활동, 각종 클럽활동이나 자치활동의 기회를 제공하여 집단과정을 통해 협동과 책임의식을 육성하여야 된다. 듀이(Dewey)는 학교의 의미를 다음과 같이 기술하고 있다. "학교는 사회기관이며, 교육은 사회적 과정이며, 학교는 단지 어린이가 민족의 물려받은 자원을 가장 효과적으로 공유하고 자신의 힘을 사회적인 목적을 위해서 사용하도록 모든 기관들의 관심을 갖는 사회생활의 한 형식이다." 이것은 사회화의 원리를 역설한 것으로 볼 수 있다(성기산, 1998: 351). 그리고 듀이(Dewey)의 사상을 더욱 더 구체화한 올센(Olsen, 1954)은 지역사회학교란 용어를 사용하면서 "지역사회와 학교가 상호 의존적인 관계를 가지고 지역사회의 모든 인적·물적 자원과 문제를 최대한 교육과정 속에 도입하는 한편 지역사회의 문제해결을 위해서 학교가 능동적으로 참여하는 것으로 보며, 그리고 보다 넓은 의미에서 생활중심 교육이 이루어지는 곳이며, 개인중심적인 교육보다 사회중심적·사회개선적 교육이 중심이 되는 것"이 학교의 정의로 보았다.

넷째, 통합성의 원리이다. 현대교육은 생활교육이어야 하며 동시에 전인으로서의 교육이 되어야 할 것이다. 이 원리는 교수-학습활동에 있어서 지식이나 기능의 어느 한 부분의 능력만을 발전시키는 것이 아니라 지·덕·체 또는 지·정·의와 같은 학습자의 행동특성을 조화롭게 발전시키는 원리로 볼 수 있다. 이는 먼저 교과교재를 통합하고 학습문제해결의 진행방식을 종합적으로 지도함으로써 생활지도와 밀접한 관련을 맺어 가정과 학교와 사회가 긴밀한 관련을 취하는 것이다. 즉 궁극적으로 전인적 인간발달의 교육목표가 되며, 학습지도활동에서 통합의 원리가 된다. 오늘날 교육현장에서의 실정을 감안한다면 교재의 통합, 인격의 통합이 절실히 요구되고 있는 바이다.

다섯째, 목적의 원리이다. 이것은 학생들이 발달단계에 따라 교육목표를 학생중심으로 적절히 표현하는 원리이며, 즉 교수-학습지도활동 측면에서 학생 각자가 뚜렷한 목적의식을 갖도록 자극을 주고 학습의욕을 유발하는 원리이다. 따라서 목적의 원리는 교수-학습활동 시에 학생 각자가 확고한 목적의식을 갖도록 자극을 주어 학습의욕을 일으킬 수 있도록 하는 것이다. 교사가 아무리 훌륭한 지도를 하더라도 학습자 자신이 뚜렷한 목적이 없다면 자발적 및 활발한 학습이 이루어질 수 없다. 교육이념 및 교육목표는 성인이 구상한 하나의 추상적인 목적이기에 교사는 이것을 학생의 목적으로 타당성있게 변환시켜 학습지도에 발현이 되도록 노력해야 될 것이다.

여섯째, 흥미의 원리란 학습자가 학습목표를 달성하기 위한 학습내용과 학습활동에 관하여 흥미를 가지도록 하는 원리이다. 흥미는 제 활동의 원동력이기에 흥미가 없는 학습활동은 교수-학습의 효과가 없는 것이다. 학습자의 흥미가 학습활동에서 중요한 이유(임창제, 1999: 31)는 ① 흥미는 어떤 분야에 대한 동기에 작용하고, ② 학습흥미의 정도가 학습활동에 대단한 영향을 줄 수 있으며, ③ 학습자의 경험 자체가 흥미의 발달에 작용한다.

일곱째, 직관의 원리는 어떤 사물에 대한 개념을 인식하는 데 있어서 언어적 설명이나 교재를 통하여 가르치기보다는 구체적인 사물이나 현상을 직접 제시하거나 경험하기 때문에 직접 경험의 원리라고도 한다. 이 원리를 강조한 학자로는 코메니우스(Comenius), 페스탈로치(Pestalozzi), 듀이(Dewey), 킬패트릭(Kilpatrick) 등이 있다. 코메니우스(Comenius)는 "감각을 통하지 않는 지식은 있을 수 없다.", 페스탈로치(Pestalozzi)는 "감각을 모든 인식의 기초로 하여 주체적으로 파악해야 한다.", 듀이(Dewey)는 "행함으로써 배운다(learning by doing).", 킬패트릭(Kilpatrick)은 "학교는 우리 사회를 위한 실험실이 되어야 하며, 공부보다 경험을, 지적인 훈련보다는 행동을 강조했다.". 따라서 현대교육은 과학기술의 보급으로 시청각방법(audiovisual method) 및 컴퓨터, 인터넷 등을 통한 학습매체를 도입해서 교육현장에서 활용하도록 노력해야 할 것이다.

여덟째, 과학성의 원리란 자연이나 사회에 관한 기초적인 지식, 법칙 등을 적절하게 지도함으로써 학습자의 논리적 사고력을 충분히 발달시킬 수 있도록 수업의 과학적 수준을 높은 수준으로 끌어올리는 것을 나타낸다(구광현, 1995: 234). 이것은 교재내용의 과학화, 교수-학습과정의 과학적 구조를 의미하며, 다시 말하면, 학문중심 교육과정에서 지식의 구조를 중심으로 교재내용을 구성하고 그 내용이 교수-학습과정에서 계통적 순서를 통해 다루어져야 함을 의미한다.

제2절 교수-학습방법의 제 유형

교육목표를 달성하기 위해서는 우선 교사와 학습자 간의 원활한 상호작용과 더불어 교수-학습방법의 유형의 선정은 학습효과에도 차이가 있으며, 또한 학업성취도에도 대단한 영향을 미치게 될 것이다. 교수-학습방법 유형의 분류기준을 살펴보면서 여기서 사용할 분류기준을 제시하고자 한다.

교수-학습방법 제 유형은 다양하게 분류되고 있다. 먼저 수업 주체에 따라 교사중심 수업과 학생중심 수업으로 분류할 수 있으며, 수업집단의 크기에 따라 대집단수업, 소집단수업, 개별학습 등으로 구분하고 있다(조성일, 2001). 그리고 하이만(Hyman, 1974: 104)은 교수-학습방법의 선정을 위한 준거를 다음과 같이 제시하고 있다. ① 교사의 능력과 교과목에 대한 지식과 흥미에 적합해야 하며, ② 목표로 하는 교수-학습방법의 형태에 적합해야 하고, ③ 학생의 능력에 적합할 것. ④ 교수상황의 시간과 장소에 적합할 것. ⑤ 다루어야 할 교과목에 적합해야 하며, ⑥ 가르치는 학생 수에 적합해야 하고, ⑦ 학생의 흥미와 경험에 부합할 것. ⑧ 학생과 교과목의 관계의 적합성, ⑨ 교사와 학생의 관계를 고려할 것 등을 제시하고 있다.

상기에서 교수-학습방법 유형의 분류기준을 토대로 강의법, 질문법, 버즈학습, 브레인스토밍, 문제해결학습방법, 구안학습방법, 발견학습, 팀 티칭, 협동학습법 등에 대해서 기술하고자 한다.

1. 강의법

강의법(lecture method)의 어원은 라틴어 lectore(큰 소리로 읽다)에서 찾아볼 수 있으며, 해설에 의한 일방적인 교수-학습방법이며 문제 형식으로 제기된 어떤 사항 또는 관념을 학생들에게 이해시키기 위하여 설명하는 과정이 포함된 교수-학습방법 측면의 제반 절차를 의미한다. 본 절에서는 강의법의 역사적 흐름, 강의법의 장단점, 강의법의 요건 등을 제시하고자 한다.

강의법은 제 교수-학습방법 가운데 가장 역사가 오래된 것으로, 동서양을 막론하고 귀족 및 공무원의 양성을 목적으로 사용되었으며, 철인들과의 대화가 강의법의 시초가 되었고, 학교교육에서 전통적으로 사용되고 있는 방법이다. 그러나 20세기에 들어오면서 진보주의 사조의 영향으로 비판의 대상이 되어 왔다. 언어를 통해 지식 및 정보를 일방적으로 전달하는 방법으로서 전이와 파지가 저조한 전형적 주입식 교수-학습방법이라는 데 문제점이 되어 온 것이 사실이다. 그러나 인간은 언어생활을 통해 의사가 전달되기에 이 방법은 유행적 가치보다는 고전적 가치를 지닌 전통적인 교수-학습 방법 유형임에 틀림없으므로 강의법에 대한 연구를 수정 및 확대, 발전시키는 것이 대단히 중요한 과제라고 볼 수 있다.

강의법의 장점은 다음과 같다(신재흡 외, 2012).

첫째, 단시간에 다양한 학습내용을 많은 학습자에게 체계적으로 전달할 수 있다.

둘째, 학습흥미를 환기시키고 학습동기를 유발하는 데 좋은 수단이다.

셋째, 언어만으로 모든 내용을 전할 수 있기 때문에 교과서 이외의 경험과 지혜를 통해 산지식으로 전환할 수 있다.

넷째, 교과서에 없는 사실의 전달이나 이해하기 곤란한 사항의 설명에 유리하며, 교과서 내용을 재조직하여 보충하는 데 편리하다.

다섯째, 교사의 언어적 표현력이 강하면 강한 만큼 학습자를 강하게 그리고 쉽게 자극시킬 수 있다.

여섯째, 학습환경에 맞추어 강의방법을 자유로이 변화시킬 수 있기 때문에 학습효과를 쉽게 올릴 수 있다.

일곱째, 듣고 쓰면서 생각하고 총괄하여 요점을 정리할 수 있는 힘을 기를 수 있다.

여덟째, 강의법을 잘 활용하면 사실이나 사건을 생생하게 표현할 수 있어 학습자의 이해력을 높일 수 있는 교육적 효과를 얻을 수 있다.

아홉째, 새로운 단원 도입에 유효한 수단이다.

열째, 중요한 사항의 강조, 선행학습과의 관계를 명확히 하거나 학습전체를 조망하는 데 유효한 수단이다.

강의법의 단점은 첫째, 학습자의 개성이나 능력이 무시된 획일적 수업이 되기 쉬우며, 둘째, 교사의 능력, 특히 지식에만 의존하게 됨으로서 교사의 지식이 절대적으로 영향을 준다. 셋째, 자율적인 학습태도를 기를 수 없으며, 넷째, 학습내용에서 이탈하기 쉽다. 다섯째, 학습자의 능동적 참여의 기회가 없으므로 수동적 학습형태로 이끄는 경향이 많다. 여섯째, 교사의 일방적 강의에 의하므로 학습활동 측면에서 개별화, 사회화가 이루어지기 어렵다. 일곱째, 강의내용을 받아 적는 데 열중하게 되면 내용의 이해와 비판이 어렵다. 여덟째, 교과서 내용을 설명에 그칠 경우 이해도가 낮을 가능성이 크다. 아홉째, 제한된 수업시간과 언어위주의 설명 때문에 학습자 스스로 문제를 해결하는 능력이 부족할 수 있다. 열 번째, 초등학교 저학년이나 지능이 낮은 학생에게는 수업진행에 대한 부담을 가질 수 있다. 열두 번째, 교과서의 설명에 그치면 시간만 낭비하게 된다. 열세 번째, 학습자가 문제해결에 대한 능력을 연마하는 데 필요한 기회를 충분히 줄 수 없다.

효과적인 강의법의 요건은 다음과 같다.

첫째, 직관적이어야 한다. 학습의 자료나 사건을 눈앞에 보는 것과 같이 생생하고도 자세히 서술하여야 한다. 교사는 학생들이 그 물건, 사건, 사실을 보고 있지는 못할지언정, 마치 그것을 보고 있는 것과 같이 느끼고 듣도록 할 수 있는 강의의 기능을 갖추어야 한다.

둘째, 동적으로 전개되어야 한다. 앞에서 이야기한 것이 다음 이야기를 자연스럽게 이끌어 올 수 있도록 서술을 전개시켜가는 것을 의미하며, 또한 학생들 자신이 교사의 강의를 들으면서 그 다음 과정을 예상할 수 있도록 전개시키는 것이 이상적이라고 할 수 있다. 따라서 강의내용을 동적, 발생적으로 전개시킴으로써 학생이 다음 이야기를 기대하도록 긴장상태를 유지하면서 진행해야 한다.

셋째, 강의내용은 사실에 근거를 두어야 한다. 강의법은 교사 스스로 자유로운 수업분위기를 조성함으로써 교사의 주관적인 학습내용의 형성이 용이하게 되므로 이와 같은 결함을 갖기 쉽다. 따라서 강의법은 객관적이어야 한다.

2. 질문법

문답법은 강의법과 더불어 오랜 역사를 가진 교수법으로 학습자가 갖고 있는 다양한 잠재적 능력을 끌어내어 개발시키고 사고하는 방법을 터득하기 위해 사용하는 교수-학습방법의 형태이다. 문답법은 일명 질문법, 발문법, 대화법, 반문법, 발전법, 질문식 대화법 등 다양한 명칭으로 사용된다. 문답법은 학교에서 광범위하게 사용되고 있으며, 교사의 문답법을 활용하는 기술과 재치, 경험에 따라 교육적 효과는 실로 굉장한 차이를 나타내고 있다. 이러한 문답법을 효율적으로 사용하기 위하여 교사는 다음과 같은 질문의 조건을 고려해야 할 것이다. 첫째, 질문은 학습자가 이해하기 쉽도록 간결·명료하게 하며, 바른 언어를 사용해야 한다. 그러므로 모호하고 막연한 질문은 삼가하며 중복 질문을 되지 않도록 한다. 둘째, 질문은 수업목표와 연관된 뚜렷한 목적을 지닌 것이어야 한다. 셋째, 질문은 학습자의 지적활동을 계발하며 자극하도록 전개되어야 한다. 넷째, 질문은 학습자 각 개인의 능력이나 흥미에 맞도록 한다. 따라서 교사는 문답법에서 질문의 조건을 항상 유념하여 학습자들의 분석적인 사고를 활성화하며 동기유발을 시켜야 할 것이다. 또한 학습의 곤란도를 진단하면서 학습개념을 명확하게 인지하고 학습자의 인식과 태도를 발달시켜 나가야 할 것이다. 이와 함께 학습자들에게 자기평가의 힘을 육성하도록 지도하며 학습개념을 적용하는 능력을 배양하는 데 한층 노력을 해야 한다.

문답의 종류는 목적 및 질문에 대하여 야기되는 정신활동의 과정에 따라 분류되고 있다. 일반적으로 기억질문과 사고질문으로 구분되지만 양자 사이에는 명확한 차이가 없다고 볼 수 있다. 여기서는 1923년 몬로와 카터(Monroe & Carter)의 질문의 종류(Ross & Stanley, 1959: 198~199), 학습현장에서 실제로 사용하는 질문의 종류, 교수활동에 따른 질문의 유형을 고찰하기로 한다.

첫째, 몬로와 카터(Monroe & Carter)의 질문의 형태는 선별적 재생(selective recall), 평가적 재생(evaluating recall), 두 사물 간의 일반적 비교(comparison of two thing), 두 사물 간의 단위기준 비교(comparison of two thing), 찬성 또는 반대결정(decision for or against), 원인 또는 결과(cause or effect), 인용문 중에 있는 문구 또는 서술용법이나 정확한 의미의 설명, 요약(summary), 분석(analysis), 관계의 서술(statement of relationship), 과학원리나 어학구조 등의 보기(illustration or examples of principles in science, construction in language, etc), 분류(classification), 법칙이나 원리의 적용(application of rules or principles to new situation), 논의(discussion), 목적의 서술(statement of aim), 비판(criticism), 개괄(outline), 사건의 재조직(reorganization of facts), 새로운 질문의 구성

(formulation of new question), 절차의 새로운 방법(new methods of procedure) 등 20개의 질문의 세부적 형태를 제시하고 있다.

둘째, 교실현장에서 사용되는 질문의 종류는 ① 지식이나 기능에 대한 기억의 재생을 요구하는 질문, ② 사고능력 및 창의력 조성을 위한 질문, ③ 학습 동기유발 및 학습의욕 촉진을 위한 질문, ④ 학습자와 교사와의 인간적 유대관계를 갖기 위한 질문, ⑤ 주의집중 및 학습분위기 환기를 위한 질문, ⑥ 학습목표 달성도를 측정하기 위한 질문 등 여섯 가지 형태가 있다. 또한 교수-학습활동에 따른 질문의 유형은 ① 강의 또는 수업 시작의 수단으로 흔히 사용되는 개시적 질문(opening question), ② 수업시간에 가르치고 배우는 특정내용에 집중하도록 하는 초점을 맞추기 위한 질문(focusing question), ③ 학습자들의 토의나 대화과정을 살피다가 사고의 수준 및 사고방식을 올리기 위한 사고의 차원을 높이기 위한 질문(lifting question), ④ 학습자들이 사고가 정체되었다고 판단할 때 사용하는 사고의 범위를 넓히는 질문(extending question), ⑤ 일단 던져진 질문에 대해 학습자들의 반응이 없을 때 또는 동문서답으로 대답할 경우에 사용하는 보조적 질문(supporting question) 등이 있다.

상기에서 질문의 형태에 대한 여러 가지 견해를 살펴보았으나, 몬로와 카터(Monroe & Carter)의 질문의 형태는 교사 1인당 담당하는 학생 수가 선진국 교사에 비해 많은 우리 교육실정에 비추어 보면 교사들이 사용하기에 다소 복잡하다. 그러나 우리 교육환경에 비추어 볼 때, 교실현장에서 사용하는 질문의 형태와 교수-학습활동에 따른 질문의 유형은 도입하기에 적합하다.

문답법의 장점은 학습 내용의 정리와 정착에 효과적이며, 학습에 자극을 주어 활기있고 적극적인 학습활동을 하게 한다는 것이다. 그리고 학습자가 스스로 생각하고 해결할 수 있는 기회를 제공하며, 학습자가 주체적인 학습이 가능하게 하고, 교사와 학습자 간의 의사소통의 기회가 많아지는 것이 좋다. 문답법은 학습자에게 학습동기와 참여를 고무시키는 효과적인 방식으로 볼 수 있다. 모든 학습자를 수업에 직접 참여할 수 있게 하며 나아가서 학습자의 주의를 집중시키고 관심과 호기심을 불러일으키게 한다. 또한 체계적인 질문은 논리적이며 비판적인 사고를 고취시킬 수 있고, 추리력의 향상 및 훌륭한 사고를 끌어낼 수 있다. 문답법은 각 학생들의 특별한 능력과 흥미를 파악할 수 있으며, 수업의 도입, 요약, 복습에 아주 유용하다.

이에 반해 문답법의 좋지 못한 점은 교사중심으로 되기 쉬우며, 자료나 의미에 중점을 두어 대답하기보다 교사의 관심에 따라 대답하려는 경향이 있다. 그리고 우수학습자 중심의 수업이 되기 쉬우므로, 그 외의 학습자들에게 좌절감을 줄 우려가 있다. 학생들은 질문의 내용을 충분히 생각하지 않고 대답할 수도 있다.

상기에서 문답법의 장단점을 통하여 교사들은 다음과 같은 사항에 유의하면서 효율적인 문답법을 통한 교육적 효과를 획득해야 한다.

첫째, 학급 학생 전원에게 응답의 기회를 골고루 주어야 한다.

둘째, 학습내용에서 벗어난 질문을 하여 학습자가 당황하거나 공포심을 갖지 않도록 한다.

셋째, 질문의 요지가 명백하고 간결해야 하며, 단 하나의 관념만을 포함해야 한다.

넷째, 단순한 기억의 재생을 요하는 단편적인 질문이 아닌 사고능력을 발전시킬 수 있는 질문이어야 한다.

다섯째, 학습자 상호 간의 질의응답을 자유롭게 해야 한다.

여섯째, 학습자 상호 간의 경험이나 지식의 범위 내에서 해야 한다.

일곱째, 정답일 경우는 칭찬하고, 오답일 경우라도 격려해 주어야 한다.

여덟째, 학습자의 질문을 언제나 환영해야 한다.

아홉째, 시기적으로 적절하고 흥미있는 사고를 자극하며 수업시간에 배운 것과 관련이 있도록 한다.

열째, 학습자들에게 친근한 말로 한다.

열한째, 임의로 추측해서 답할 수 있는 것보다는 깊이 생각한 후 대답하게 한다.

열두째, 단순한 '예', '아니요'라는 답을 요구하는 질문보다는 문장으로 답할 수 있는 질문을 한다.

이렇듯 문답법의 필수적인 사항에도 불구하고 학생들은 대화기술을 갖추고 있지 못하고 있다. 그 원인을 찾아 지적하면, 다음과 같다.

첫째, 바르게 의사표시를 하는 모델을 보고 자라지 못했으며 대화의 기술을 배우는 기회가 적었다. 둘째, 가정이나 사회생활에서 자기 의사를 표현했을 때 그것에 대한 보상을 받지 못했다. 셋째, 의사표시를 했을 때 불쾌한 경험을 더 많이 받았다.

효과적인 문답법에 대한 교사의 기술에 관하여 살펴보면, 학습자의 질문에 대한 교사의 반응기술과 학습자의 응답에 대한 교사의 반응기술 등 두 가지로 분류될 수 있다.

우선 학습자의 질문에 대한 교사의 반응기술에 대해서 살펴보면, 학습자들로부터 질문이 나오는 것은 학습분위기가 좋다는 것을 의미하는 것으로서 배우고 싶은 욕망과 대답할 학습과제를 찾고 있다는 것을 나타내는 것이다. 교사는 항상 학습지도안을 작성할 때 학생들이 응답할 수 있을 것으로 기대되는 질문들을 사전에 준비해 두어야 할 것이다.

학습자들의 질문에 대한 교사의 태도를 정리하면 다음과 같다(김신곤 외, 1999).

첫째, 질문을 환영하고 주저하지 않고 질문을 하도록 격려할 것.

둘째, 예의를 갖추지 않는 질문이 나타날 때 잘 지도해주고 불쾌한 반응을 일으키지 말 것.

셋째, 학습자의 질문에 대하여 반응함으로써 스스로 답을 발견할 수 있도록 도와줄 것.

넷째, 학습자의 질문에 대하여 대답할 수 없을 때는 솔직히 모른다고 할 것.

다섯째, 교사의 답변에 대해 공격적인 반응을 보일 때는 교사의 답이 옳다는 것을 강조하여 다시 잘 생각해 보도록 타일러 줄 것 등이다.

또한 학습자의 응답에 대한 교사의 반응 기술에 대하여 살펴보면, 효과적인 질문을 위해서 질문내용을 잘 구성하여 정확하게 질문하는 것만큼 학습자들의 대답에 대해 적절하게 반응하는 것도 중요하다. 학생의 대답에 대한 교사의 대응요령은 다음과 같다.

첫째, 학습자 반응을 평가하고 바람직한 방향으로 지도할 것.

둘째, 학습자의 대답 내용이 불완전한 경우에는 그 결함을 시발점으로 하여 완답을 획득하도록 지도할 것.

셋째, 결정적으로 오답을 할 때에는 틀렸다는 것을 알리고 틀린 이유를 반드시 설명해 줄 것.

넷째, 원칙적으로 응답자의 사고활동을 자극하는 일 없이 교사가 그의 대답 반응을 도와주지 말 것.

다섯째, 학습자가 한 응답 가운데 사용한 낱말을 정말로 이해하고 있는가 없는가를 확인할 것 등이다.

3. 버즈학습

버즈학습은 Michigan대학의 Philips에 의해 고안되었으며, 이 학습법은 학급 전체가 토의하기엔 부적절한 경우, 수업분위기가 침체되었거나, 수업이 단조로울 때 분위기를 전환할 경우에 소십난으로 나누어 토의하는 학습형태이다. 여기서 Buzz란 벌이 윙윙거리며 날개치는 소리를 의미하며, 여러 개의 소집단이 가볍게 상호의견이나 기분을 이야기하는 방법으로, 마치 그 모습이 벌집을 건드린 것과 같다는 데서 붙여진 이름이다. 버스학습은 원칙적으로 하나의 테마에 6명으로 구성된 소집단이 6분간 토의하기 때문에 6·6법, 버즈집회법, 윙윙학습법, 와글와글학습법 등으로 불린다.

특히 이 학습법은 다인수 학급에서 우수학습자만이 수업활동을 좌우하고 대다수 학생들은 발표의 기회를 갖지 못하는 결함을 제거함으로써 전체 학급구성원이 적극적인 태도로 학습에 참여하는 데 그 의의가 있다.

버즈학습의 진행방법은 ① 사회자로부터 토의할 주제에 대한 설명을 듣는다. ② 그 자리에서 5~8명의 작은 그룹으로 나눈다. ③ 각 그룹에서 자기소개를 한 후 사회자와 기록자를 정한다. ④ 주어진 주제에 대하여 일정한 시간에 토론한다. ⑤ 각 그룹의 사회자 또는 기록자로부터 각 그룹의 토론을 전체에게 발표한다. ⑥ 전체 사회자는 그 발표를 순차적으로 정리한다. 또한 버즈학습의 좋은 점으로는 ① 그룹의 인원수가 적기 때문에 심리적 긴장감이 적다. ② 많은 학습자의 발언을 기대할 수 있다. ③ 참가자 전원이 문제를 이해하는 데 참여한다. 그리고 버즈학습은 그룹 사이에 분열이 생기기 쉬우며, 그룹의 의견에 구속을 받아서 전체수업에서 개인의 바른 의견이 나오기 어려울 수도 있다. 그리고 각 그룹마다 고르게 적절한 지도가 어려운 것이 사실이며, 이 학습법에 익숙하지 못한 학생들은 시간을 낭비할 수 있다. 또한 자주적으로 토의를 진행할 수 없는 저학년의 경우는 사용이 불가능하다.

따라서 버즈학습은 개별학습과 집단학습을 통합하는 포괄적 교육관에 토대를 둔 교수-학습활동 체제와 학력신장과 인간관계 형성을 도모하는 교수-학습활동 지도의 통합체제로 볼 수 있다.

4. 브레인스토밍

브레인스토밍(brainstorming)이란 폭풍우가 내리는 날 번개가 치는 것처럼 떠오르는 기발한 멋진 생각을 잘 포착해 낸다는 의미를 갖고 있다. 학습상황에서 학습자의 창의력을 촉진시키고 학습참여도를 높여 주는 교수방법으로 사전에 어떤 것을 계획하고자 할 경우에 활용된다. 그리고 이 학습법을 Pop Corn 회의라고도 하는데, 옥수수가 튀길 때 어느 정도 열이 가해지면 알이 튀겨지는 현상은 마치 학생의 의견을 발표하는 모습과 비교한 명칭으로 단기간에 화끈하게 토의하는 브레인스토밍의 특징을 팝콘으로 설명하고 있다.

브레인스토밍의 기본원리는 전체 인원은 12~15명 정도이며, 주제 및 문제는 구체적이어야 한다. 또한 문제해결방법은 다양해야 하며, 우선적으로 다양한 아이디어를 개발해야 한다. 그러나 비판은 허용되지 않으나 토론의 분위기는 자유로워야 한다. 참석자들은 다른 참석자의 생각을 참고로 하여 자신의 생각을 보완하거나 종합해야 함과 동시에 문제에 대해서 정통해야 할 것이다. 그리고 가능한 한 브레인스토밍 방식의 토론법에 익숙한 사람을 참여시키는 것이 좋다.

브레인스토밍의 효과적인 방법은 세밀한 사전계획이 필요하며, 참여 인원은 12~15명 정도가 좋고, 시간은 10~15분이 적당하다. 그리고 진행과정에서 진행자와 기록자가 있어야 하며, 이때 진행자를 교사로 할 필요는 없으나 진행자로 선정될 경우 교사는 반드시 시작 전에 선정된 주제를 설명해 주어야 한다. 또한 주제는 구체적이어야 좋다. 그러나 교사는 진행 도중에 학생들이 의견을 거리낌 없이 발표하도록 유도하기 위해서 평가 및 비판을 금해야 한다.

5. 문제해결학습

문제해결학습은 학습자가 제 상황에서 학습활동을 진행하는 가운데 스스로 문제해결에 접근하도록 하는 방법이며, 학생 개개인이 당면한 문제에 대한 해답을 스스로 획득할 수 있는 능력을 양성하기 위한 학습형태이다. 문제해결학습법의 주안점은 반성적 사고능력의 배양을 통한 문제해결능력의 함양에 있는 것이다. 이는 인간이 소유한 사고 활동을 통해 어떤 문제를 분석, 파악, 종합하여 최상의 해결안을 찾아가도록 하는 학습방식으로 볼 수 있다. 문제해결학습법의 목표(Maley, 1978: 212)는 ① 학생들에게 문제해결을 위한 유용한 기술을 배울 수 있는 교육적인 경험을 제공한다. ② 학생들은 당면한 문제를 자립적으로 해결하려는 기본태도를 습득한다. ③ 학생으로 하여금 성인이나 교사에 대한 의존심을 버리고 자립신을 갖게 한다. ④ 교육적인 상황과 일상생활 상황에 다양한 문제를 다룰 수 있다. ⑤ 문제해결 접근을 위한 효과적인 수단이 된다. ⑥ 주어진 상황에 대한 이해력과 정보를 발전시키는 데 제일차적인 경험을 학습자들이 할 수 있다.

또한 문제해결의 과정은 학습자가 문제를 발견하여 충분히 인식하거나 교사가 제시할 때에는 충분히 설명하여 학습자가 그 문제를 파악하도록 하는 1단계는 문제의 결정단계로 볼 수 있다. 2단계는 결정된 문제를 해결하기 위하여 그 문제의 성질에 따라서 해결방법이나 과정, 그리고 과제의 분담 등을 정하는 것으로 해결방법의 계획단계로 볼 수 있다. 3단계는 계획에 따라 문제에 관련된 자료를 조사하거나 문헌 등을 통해서 자료를 수집하는 단계이며, 마지막 4단계는 수집한 문헌조사, 관찰, 실험, 조사연구 등의 자료를 가지고 실제활동을 전개한다. 이때 학습활동의 중심은 학습자 중심이며, 단지 교사는 문제에 대한 깊은 연구와 정확한 지식을 가지고 학습자에게 시사점을 던져 주며 자유로운 분위기에서 자율적인 활동이 가능하도록 조건을 구비하며 환경을 정비해 준다.

문제해결학습의 좋은 점은 학습자의 자발적인 활동에 의한 스스로의 힘으로 학습을 해결할 수 있는 자율성과 능동적인 능력을 기를 수 있다는 것이다. 그리고 수업활동 자체가 실생활과 유리되지 않고, 학습자의 심리적 단계에 따라 학습되기 때문에 흥미에 맞고 이해하기 쉬우며 실생활에 적응할 수 있는 학습이 될 수 있어서 전인적인 발달을 위한 수업이 된다. 따라서 협동적인 학습활동을 통하여 민주적인 생활태도를 줄 수 있다. 이에 반해 문제해결법의 제한점은 체계적인 기초학력을 기르기 어려우며, 수업활동이 어수선하여 일관성 있는 진행이 어렵다. 또한 학습의 노력에 비하여 능률이 낮은 것이 지적되고 있다.

문제해결학습을 실시할 경우에 교사는 학습자가 문제의 인식을 명확히 하도록 지도해야 하며, 문제에 연관된 상황을 분석 및 검토하고 명료한 가설을 형성시키며 적용할 수 있는 법칙이나 원리를 활용하도록 지도할 필요가 있다. 또한 학습자들이 문제를 완전히 해결할 때까지 관찰하려고 하는 습관을 형성하도록 철저히 지도하는 데 심혈을 기울여야 한다.

6. 구안학습

구안학습법(project method)은 20세기 초부터 미국에서 활용된 수업형태로 교사의 지도와 더불어 학생이 일상생활에서 가치 있는 문제를 선정해서 그것을 해결하는 학습방법으로 직업 교육에 널리 활용되는 교수-학습방법이다. 여기서 구안(project)의 의미는 '생각한다', '구상한다', '묘사한다' 등의 의미로 사용되며, 이는 마음속에 품고 있는 것을 구체적으로 실현하며 형상화하기 위하여 자기 스스로 계획을 세워 수행하는 활동으로 볼 수 있다.

구안학습법의 목적은 ① 연구해야 할 내용과 과정에 대한 유용성과 현실성에 도움을 준다. ② 연구하고자 하는 제목과 관련된 분야로 추가적인 요소도 다룰 수 있다. ③ 학습동기 유발의 도구가 된다. ④ 교육적 프로그램을 평가하는 데 유용한 행동을 제시 및 표현할 수 있다. ⑤ 학생들 간에 개인적 차이 및 장점들을 고려하여 지도할 수 있다. ⑥ 개인적으로 긍정적인 자아

조성에 도움을 준다.

구안학습의 단계는 구안법의 기초단계로서 학습자 자신이 문제를 선택하고 목적을 설정하는 목적의 단계(1단계)이다. 이 단계에서 유의할 사항은 학습자의 흥미를 환기시키며, 기존지식이나 기능을 토대로 하는 것이어야 한다는 것이다. 그러나 시간이 낭비되지 말아야 하고 쉽게 교재를 얻을 수 있어야 하며, 반드시 학교의 교육계획과 관련이 있는 것이어야 한다. 계획의 단계(2단계)로서 학습자 대부분은 계획을 세우는 복잡한 절차보다 즉시 실천단계로 들어가는 경향이 있기에 교사는 반드시 치밀한 배려로 계획수립의 중요성을 인식시키고 이 단계를 통해서 일을 수행해 나가는 태도를 가지도록 지도해야 할 것이다. 실행단계(3단계)는 목적의 설정과 그에 따른 계획이 수립되면 그 계획에 의해 학습자들이 흥미를 갖고 활발하게 학습활동을 하는 단계이다. 마지막으로 평가의 단계(4단계)는 완성된 일이나 작품의 가치를 비판하는 단계로써 교사는 학습자의 활동에 대한 일반적인 평가를 피하고 적절한 소언을 통해서 학습자 스스로 객관적인 자기평가를 하게 하며 그들 상호간의 집단평가를 하도록 지도할 필요성이 있다.

구안학습은 목적에 따라 구성구안법, 향락구안법, 문제구안법, 학습구안법 등 네 가지로 분류되며, 구성구안법(construction project)은 학생으로 하여금 계획, 구성, 실현을 경험하도록 하는 학습이며, 향락구안법(enjoyment project)은 기쁨이나 즐거움을 목적으로 하는 학습이다. 그리고 문제구안법(problem project)은 문제해결을 목적으로 하는 것이며, 학습구안법(learning project)은 일정한 지식, 기능을 습득하기 위한 학습이다.

구안학습법의 제 조건(김광자, 2000)은 ① 훌륭한 구안학습은 학습자 개개인의 흥미와 동기 유발적인 요소, ② 학습자 개개인에게 창의적인 표현의 요구, ③ 학생의 지적, 정서적, 신체적 그리고 경제적인 능력과 관계가 된다. ④ 학생이 스스로 만든 작품이다. ⑤ 계획된 목표의 달성도를 평가하는 좋은 기회, ⑥ 목표 달성을 위한 훌륭한 설계와 완성, ⑦ 모든 학생들에게 성장의 기회 등이 있다.

구안학습의 장점은 ① 생활장면에서 일어나는 실제적인 문제 해결의 기회를 준다. ② 학습자의 흥미에서 출발함으로써 학습활동의 동기가 아주 효과적이다. ③ 집단수업일 경우에는 협동심, 희생정신 등 많은 사회적 덕성을 배양할 수 있다. ④ 작업수행이 완성될 때까지 인내력이 요구되며, 작업을 완수하는 즐거움을 갖게 한다. ⑤ 다른 학습자에 대한 관용성과 비판능력을 기른다. ⑥ 창의적인 능력을 기르는 데 효과적이다. ⑦ 과제를 실행하는 과정에서 주체성과 책임성, 만족감 등을 기를 수 있다. ⑧ 생활에 있어서 실제적인 문제해결의 기회를 주므로 학교생활과 실제생활을 결합시키므로 산 교육을 할 수 있다. ⑨ 개인별, 소그룹별, 또는 대그룹으로도 지도가 가능하다 등이 있다.

반면에 구안학습법의 단점은 ① 학습자가 자기계획에 의하여 실천함으로써 시간과 정력의 낭비를 초래하기 쉽다. ② 학습재료를 구하지 못해서 실패할 우려가 있다. ③ 집단 구안학습에서 학습우수아에게 독점되는 경향을 초래하기 쉽다. ④ 학습자의 활동의 자유가 보장되므로 경우에 따라 무질서해져서 관리상 어려울 때가 있다. ⑤ 교재의 논리적 체계를 무시하는 경향이 있다.

그리고 교사들은 구안학습을 사용할 때 다음과 같은 사항에 유의해야 할 것이다.

① 주제는 학습자에게 맞는 것이어야 한다. ② 계획을 세우는 습관과 태도를 길러 주어야 한다. ③ 사용할 재료 및 도구는 사전에 충분히 준비하여 수업에 지장이 없도록 한다. ④ 주제는 단편적인 것보다 연속적인 과정으로 발전되도록 지도해야 한다. ⑤ 주제는 항상 학교의 조직 및 계획과 조화를 이루어야 한다.

7. 발견학습

발견학습을 탐구학습이라고도 한다. 이는 과학적 결과나 과학적 지식이 산출될 때까지의 과학활동의 과정을 중요시한다. 학습자 스스로 작은 일에서부터 과학적 현상에 문제점을 스스로 발견하여 문제를 해결하는 탐구자 또는 연구자의 역할을 할 수 있도록 하는 것이 중요 관심사가 된다. 이는 교사중심의 기계적이고 암기위주의 전통적인 교수방법에 대한 불만에서 비롯되었으며, 그 기원은 소크라테스의 대화법, 루소의 아동중심 교육사상까지

거슬러 올라갈 수 있다. 또한 반성적 사고를 강조한 듀이(Dewey)의 교육사상과 브루너(Bruner)의 발견학습에서 볼 수 있다. 특히 브루너(Bruner)는 최초에는 교사에게 의존하지만 점점 교사의 역할은 감소되며 학습자 스스로 사고를 진행해 가면서 지식의 구조를 이해하고 스스로 내적 문화를 창조하고 발견하는 과정을 통해 내적 동기를 유발시킬 수 있다고 강조했다.

발견학습의 특징으로 ① 교재의 기본구조에 대한 철저한 학습을 강조한다. ② 학습효과의 전이를 중요시한다. ③ 발견학습은 학습의 결과보다 과정과 방법을 중요시한다. ④ 학습자의 주체적인 학습을 강조한다.

발견학습의 과정은 발견할 과제를 학생에게 명확하게 파악시키는 것으로 문제의식을 분명히 가지고 의욕적으로 학습하기 위해 필요한 과제파악 단계(1단계)이며, 과제해결을 위한 가설설정 단계(2단계), 그리고 세워진 가설을 검증하는 단계로서 논리적 사고활동이 활발해지므로 교사의 체계적인 학습지도가 절실한 필요한 가설검증의 단계(3단계), 마지막으로 결론과 적용의 단계(4단계)는 생생한 능력으로 전환하는 것으로 가설검증 단계에서 구성된 추상적인 개념을 학습자 자신이 현실상황에 전환시키는 지식전이의 단계이다. 이러한 발견적 단계를 통하여 발견한 결과를 습득하고 동시에 탐구 방법을 획득할 수 있다.

발견학습의 장점은 ① 학습자의 사고력을 신장시키고 생활 속에서 실제로 적용할 수 있는 능력을 지니게 한다. ② 자발적인 흥미를 자극하면서 학습을 계속하게 한다. ③ 학습결과에 대한 희열감을 경험하게 된다. ④ 모든 주위 환경이 연구대상이 된다. 등이 있으며, ⑤ 학습자들의 사고력을 신장시키고 과학적인 생활태도를 함양할 수 있다. 이에 반해 발견학습의 제한점은 ① 한정된 수업시간의 지도이기에 발견학습에서 다루게 될 내용을 정선하지 않으면 시간 내에 효과적인 지도를 할 수 없게 되고 도중에서 끝마칠 우려가 있다. ② 능력차에 대한 배려 없이는 특정한 학습자만의 발견학습이 되기 쉽다. ③ 발견학습에서 추상적인 개념은 스스로 발견을 통하여 습득하기 어렵다. ④ 발견학습의 과용은 학생들의 흥미를 상실시킬 수 있다. ⑤ 이론과 실제의 조화를 잃고 실기에만 치우치지 않도록 유의하여야 한다.

8. 팀 티칭

팀 티칭(team teaching)은 1957년 매사추세츠 주 Franklin 초등학교에서 최초로 실험했다. 이는 고정된 교사, 학생, 교실과 수업시간 그리고 일정한 교육과정으로 가르치도록 되어 있는 전통적 교육의 문제점을 개선한 방법 중의 하나로 다시 말하면, 한 교사가 한 학급을 담당하는 교육제도를 변화시켜 2명 이상의 교사가 2학급을 통합하여 같이 수업을 계획하고 진행 및 평가하도록 하는 방법이다. 또한 필요에 따라 소 학급이나 중 학급 및 대 학급으로 분류하여 교사의 적성과 취미 및 특기, 능력에 의해 수업을 진행하는 것이다.

팀 티칭의 좋은 점은 ① 다양한 능력을 가진 교사가 여러 학습을 통괄하여 자기의 능력과 특기에 맞는 활동을 분담하여 수업을 전개한다. ② 교사들이 협력하여 수업활동 시간의 신축성 있는 수업계획을 수립한다. ③ 수업활동 및 수업소재에 따라 소·중·대그룹으로 분류해서 수업계획을 세워야 하며, 한 팀의 소속 인원은 최고 200~300명까지 가능하다. ④ 교사의 장점을 살리고, 또한 교사의 부족한 측면을 다른 교사가 보충해 주는 역할을 한다. ⑤ 교사의 관심분야를 교수할 때 학습자에게 전달되는 파지량 및 전이가가 높다 등이 있다.

팀 티칭에서 교사들에게 필요한 자질은 ① 교사는 협조적이어야 하고, 자기의사를 명확하게 표현해야 하며, 또한 자기 전공분야에 대해서 다른 교사를 지도할 수 있어야 한다. ② 교사는 편견이 없어야 하며, 자신의 사고 및 의견을 항상 교정 및 개선시킬 마음의 준비가 필요하다. ③ 교사는 팀 구성원들의 평가를 겸허하게 수용해야 하며, 자기평가에도 흥미를 가져야 한다 등이 있다.

따라서 팀 티칭은 교원, 설비, 시간, 자료, 아이디어 등을 효율적으로 사용하여 학습의 효과를 올리는 데 주안점을 두고 있다. 각 교사의 특유의 재능을 발휘함으로써 학습자들에게 도움을 주는 교수-학습방법으로 볼 수 있다.

9. 협동학습법

1950년대에서 1970년대에는 개별학습이나 완전학습 등 학습자의 개인차에 중점을 두고 흥미유발, 학습과제의 참여 등 교사의 교수행동에 초점을 둔 교수방법에 관심이 쏠렸다. 그러나 1970년대 말부터 교사의 교수행동보다 학습자의 학습행위에 더욱 관심을 갖게 되었다. 따라서 학습도 개인차를 최대한 신장시켜 주는 개별 교수방법 및 경쟁학습보다는 학습자 간의 협력적인 상호작용을 촉진하기 위한 집단보상과 협동기술을 강조한 협력학습 방법이 대두되었다. 협동학습(cooperative learning method)은 듀이(Dewey)의 이론에서 착상한 교수-학습방법으로, 봄에 씨를 뿌리고 가을에 수확하여서 빵을 만들어 먹고사는 인간의 기본생활을 학교에서 연간계획으로 입안하여 제반 수업활동을 전개한 것을 학교교육에 절충 및 수정하여 도입한 것이다. 협동학습에 대한 제 학자의 견해는 다양하나, 그중에서 코헨(Cohen, 1994)은 협동학습을 "모든 학습자가 명확하게 할당된 공동과제에 참여할 수 있는 소집단에서 함께 학습하는 것"으로 정의하고, "독서집단처럼 교사의 지시적이고 즉각적인 관여가 있는 경우는 협동학습이 아니다."라고 했다. 또한 슬라빈(Slavin, 1990)은 "학습능력이 각기 다른 학생들이 동일한 학습목표를 향해 소집단 내에서 함께 활동하는 수업방법이다. 여기서 전체는 개인을 위하여(all-for-one), 개인은 전체를 위하여(one-for-all)라는 태도를 갖게 되고, 집단구성원들의 성공적인 학습을 위하여 서로 격려하고 도움으로써 학습부진을 개선할 수 있다."고 했다. 상기의 견해를 살펴본 결과, 협동학습이란 주어진 학습목표 및 학습과업에 대하여 학습자들의 다양한 해석과 접근방법을 협동적 노력을 통해 일하면서 배우는 교수-학습방법의 형태로 정의를 내리고자 한다.

제이콥슨 등(Jacobsen et al, 1985)은 공동학습의 필요조건을 다음과 같다.

첫째, 뜻한바 목적이 모든 성원에 의해서 공통적으로 의식되어야 한다.

둘째, 모든 성원이 그 목적에 대하여 책임을 분담하고 있어야 한다.

셋째, 타 집단과 충분하고 자유로운 교섭이 있어야 한다.

넷째, 집단이 목적을 달성하는 데 모든 성원이 만족과 긍지를 가져야 한다 등과 같이 제시하고 있다.

또한 협동학습을 실행할 경우 교사들은 다음과 같은 사항에 유념해야 할 것이다(이승익, 1989: 229~231).

첫째, 각자 맡은 과업 외에 무관심하지 않도록 지도해야 한다.

둘째, 협동학습은 학습자 전체의 참여를 중요시함으로써 소수 우수한 학생이나 능동적인 학생이 활동을 독점하지 않도록 과업의 배당을 골고루 하도록 유의한다.

셋째, 협동생활의 질서와 덕행을 배워야 함으로 그 집단 간에 지나친 경쟁심을 초래하지 않도록 하고 집단 간에 자연스런 교류가 있도록 조절한다.

넷째, 사회생활에 결함이 있어 항상 고립된 학생과 비협력적으로 방해 역할을 하는 학생을 자연스럽게 발견할 수 있음으로 개인지도에 임할 수 있는 좋은 기회임을 유의해야 한다.

협동학습의 모형은 과제구조와 보상의 성격에 따라 Jigsaw 모형, 성취과제 분담모형, 팀 토너먼트 게임, 팀보조 개별학습, 집단조사, 함께 학습하기 등 다양하며(변영계, 2002: 204), 협동학습법에서 가장 대표적인 Jigsaw 모형을 소개하고자 한다.

Jigsaw 모형은 1978년 미국 텍사스대학의 아론슨(Aronson)과 그의 동료들에 의해 개발된 협동학습모형으로, 집단 내의 동료로부터 배우고 또한 동료를 가르치는 모형이다. 이 모형은 경쟁이 없는 상태에서 개인 상호가 정보원, 학습주체자가 되어 서로 협력하는 상호의존적인 학습방법이다. ① 학습자집단을 여러 그룹(한 그룹에 5~6명)으로 나눈 후, ② 교사는 각 그룹의 구성원에게 고유번호를 부여하고, ③ 교재를 재구성하여 학습과제를 부여받은 학생은 각 가정에서, 혹은 학습집단에서 자료수집과 조사과정을 거쳐 충분한 과제해결과 학습준비를 갖춘다. ④ 그룹마다 같은 번호를 가진 학생들끼리 모여 새로운 그룹을 구성한다. ⑤ 새롭게 조직된 그룹에서는 공통의 과제를 가지고 학습하고, ⑥ 각기 자신이 조사한 학습내용을 발표함으로써 자신에게 부여된 과제를 해결하도록 한다. 따라서 이 모형은 보상구조를 통해서가 아니라 학습과제의 분담, 즉 작업 분담구조를 통해서 집단구성원 간의 상호의존성과 협동을 기르는 방법이며, 주로 중·고등학교 사회과목에 적용되고 연구되었으나, 그 효과성에 대해서는 입증되지 않았다. 그리고 슬라빈

(Slavin, 1978)은 Jigsaw 모형을 수정하여 Jigsaw II 모형을 제시하였다. Jigsaw II 모형은 모든 학생이 전체 학습자료와 과제 전체를 읽되 특별히 관심 있는 주제를 선택한 다음 그것을 전문가집단에 가져가서 철저히 공부한 후 다시 자기 소속팀으로 돌아와 가르치는 것이다. Jigsaw II 모형의 특징은 Jigsaw의 개별보상에 집단보상이 추가된 것으로, Jigsaw 모형과 달리 인지적, 정의적 학업성취 영역에서 전통적 수업보다 효과적이다.

Jigsaw 모형의 장점은 ① 각 구성원의 책무성이 뚜렷하다. ② 학생들 각자는 자기가 맡은 주제에 대해서는 전문가가 될 수 있기 때문에 자신감과 긍지를 가질 수 있다. ③ 보상 상호의존성과 과제 상호의존성이 함께 포함되어 있다. ④ 성, 능력, 계층 등이 이질적인 학급구성원의 교우관계 증진에 효과적이다. 이에 비해 단점으로는 ① 과제의 고도의 지적 능력을 필요로 할 경우 부진한 학생은 곤란을 겪을 수 있다. ② 교사가 팀 구성원의 수에 맞게 과제를 분할하기 위해 고심해야 하며, 또한 분할된 소주제의 수에 맞게 정확하게 팀을 구성하는 것도 용이하지 않다.

생활지도와 상담

Chapter 07

제7장에서는 생활지도의 개념, 생활지도의 활동 내용, 상담의 이해 등에 대해서 기술하고자 한다.

제1절 생활지도의 개념

집안의 흥망을 보려거든 성장하는 아이들을 보고, 국가의 운명을 예측하려면 그 나라의 청소년들을 보라는 말이 있다. 이 말은 나라의 장래를 짊어진 내일의 주인공으로서 청소년들의 역할과 생활태도의 중요성을 역설한 것이다. 오늘날 교육현장에서는 전인교육, 과학기술교육, 평생교육 등의 구호만 외치고 있으며, 실질적으로 학생들의 잠재 가능성을 키우지 못하고 오로지 시험준비에 몰두하고 있는 실정이다.

이러한 문제를 근본적으로 해결하기 위해서는 생활지도에서 그 방안을 모색해야 한다. 좋은 생활지도활동은 학생들의 학교생활을 보다 풍요롭게 하며, 그들로 하여금 인간관계를 경험하게 하고 오늘날 혼돈된 사회에서 뚜렷한 방향의식을 가지도록 하는 데 기여할 수 있는 교육활동으로 볼 수 있다.

따라서 본 절에서는 생활지도의 정의 및 필요성, 생활지도의 목표 및 기본원리, 생활지도의 활동영역과 방법 등을 고찰하고자 한다.

1. 생활지도의 정의

생활지도(guidance)는 많은 학자들이 다양한 의미로 정의를 내리고 있다. 트랙슬러(Traxler, 1957)는 "생활지도를 모든 학생들로 하여금 자기가 가지고 있는 능력, 흥미 및 인성적인 제 특성을 이해하게 하여 이를 최대한으로 발전시켜 나가며, 또한 자신의 생활목표와 이것들을 결부시켜 드디어는 민주사회의 바람직한 시민으로서 원만하고도 성숙한 자기지도를 해 나갈 수 있도록 하는 과정"이라고 했다. 또한 트랙슬러와 노드(Traxler & North, 1969)는 "생활지도는 학생 각자로 하여금 자신이 가지고 있는 능력, 흥미, 성격적인 제 특성을 이해하게 하여 이를 최대한으로 발전시켜 나가며, 자신의 생활목표와 결부시켜 마침내는 민주사회의 바람직한 국민으로서 원만하고도 성숙한 자기지도를 성취하도록 돕는 과정"이라고 정의했다. 그리고 힐(Hill, 1965)은 "생활지도를 학생들의 선택 기술과 과정에서 성숙 및 발달을 돕고 특히 교육적이고 직업적인 계획에 대하여 학생들을 돕는 것"이라고 규정하고 있다. 1960년 미국의 주립 학교장위원회에서는 생활지도를 "① 모든 학생들에게 그들의 능력, 적성, 흥미와 교육적 필요를 이해하고 접근하도록 도와주고, ② 그들의 교육적 · 직업적 기회와 필요조건을 이해시키도록 하며, ③ 현실적인 목표를 형성하고, 성취하도록 최대한의 기회를 이용하도록 도와주고, ④ 학생들로 하여금 만족할 만한 개인 · 사회적 적응을 하도록 이끌며, ⑤ 학교 전체 프로그램을 계획하고, 평가하여 학교교직원과 학부모 및 지역사회에 유용한 정보를 제공해 주는 것"으로 정의했다(Peters & Farwell, 1967). 황응연(1984)은 "생활지도는 학교 이외 가정 및 지역사회에서 최대한으로 적응하기 위하여 필요한 자기이해(self-understanding)와 자기지도(self-direction)를 할 수 있도록 개인을 돕는 과정"이라고 했다. 이와 같은 목적을 달성하기 위하여 학교생활의 지도 프로그램은 ① 학생들에 대한 조직적이고 포괄적인 연구를 해야 하며, ② 학생들에게 교육적 · 직업적 · 사회적 · 개인적 적응의 기회를 제공하고, ③ 상담을 통하여 개인을 도울 수 있는 기회를 주며, ④ 학생들의 요구를 충족시키도록 하기 위하여 학교직원, 학부형, 지역사회기관에 대한 조사연구, 정보활동 및 훈련을 쌓도록 해야 한다고 했다(Miller, 1971: 7). 그리고 김충기(1999)가 국내 제 학자의 견해를 종합해서 내린 정의는 다음과 같다. "생활지도는 교육의 목적을 달성하기 위한 방법으로 학생들이 일상생활에서 해결해야 할 교육적·직업적·사회적·가정적·신체적·도덕적·정신적·종교적 문제를 자력으로 해결할 수 있도록 도우며, 자기가 가지고 있는 흥미, 적성, 능력, 인생 등 인격적 특성과 잠재력을 발견하고 이해케 하며 이를 최대한으로 발전시켜나가고, 현명한 선택과 적응을 위해 조직적인 봉사가 이루어져 나아가서는 가치판단과 자기 지도 및 자아실현을 돕기 위한 인간활동의 과정이다."

상기에서 국내외 제 학자의 견해를 살펴보았다. 결국 생활지도란 자신의 이해 및 타고난 재능의 발견, 현명한 선택과 적응 및 민주사회의 시민육성, 그리고 자기지도와 자아실현 및 흥미, 적성, 능력의 개발의 과정으로 정리되며, 즉 교육의 목적을 달성하기 위한 방법으로 학생들이 일상생활에서 해결해야 할 교육적·직업적·사회적·신체적·도덕적 문제를 자기의 힘으로 해결할 수 있도록 돕는 활동이다. 이것은 개별적·체계적·계획적 조언이며, 자기시고외 지기선택을 기짐으로써 지신의 문제를 해결할 수 있는 능력과 자신감을 길러 주는 교육적 작용으로 본다.

2. 생활지도의 필요성

생활지도는 정상적인 학생의 건전한 성장을 위한 전인적이며 교육적 지도 노력의 일환이라고 할 수 있다. 생활지도가 필요한 이유는 관점과 강조점에 따라 다르게 말할 수 있지만 교육의 이념적 측면, 사회적 측면, 개인적 측면에서 살펴볼 수 있다(이달석, 1999: 301~303; 이성진, 1997: 347~349).

첫째, **교육 이념적 측면에서 생활지도의 필요성**: ① 교육은 전인적 발달을 기대하기 때문에 아동의 사회화, 혹은 자기실현 등에 노력을 기울여야 하는 새로운 교육적 관심이 대두되었다. ② 사회가 다원화·전문화됨에 따라 학생들의 생활적응이나 문제해결에 더욱 도움이 요구되게 되었다. ③ 복잡 다양한 삶의 양식을 이해하고 도움을 주기 위하여 다양한 인간학적 지식과 체계적인 방법기술에 기초한 지도가 요구되었다.

둘째, **사회적 측면에서의 필요성**: ① 복잡하고 급격히 변천하는 현대사회는 변화에 적응할 수 있는 가치관, 태도, 지식을 갖춘 인간의 형성을 요구하고 있으며, 생활지도는 이러한 사회적 요구에 호응하는 교육 활동이다. ② 문화의 발전과 분화는 그 사회에 알맞은 인간을 요구하고 있으며, 교육에서는 보다 폭넓고 현실적인 경험을 요구하게 되고 학생들에게 이와 같은 경험을 갖도록 하기 위하여 생활지도를 요청하게 된다. ③ 도시화에 따르는 핵가족화, 직업의 분화 및 전문화, 그로 인한 가정의 교육적 기능의 약화 등이 학교에서의 생활지도의 필요성을 부각시키고 있다. ④ 교육의 대중화로 인한 학생인구의 증가, 대집단화로 인하여 파생되는 복잡한 사회문제가 대두됨에 따라 이에 대한 지도 및 예방의 차원에서 생활지도가 요청된다.

셋째, **개인적 측면에서 생활지도의 필요성**(이성진 외, 1978): ① 자아실현의 방법으로서 생활지도를 요구한다. 학교교육은 학생 개개인의 개성을 신장하고 자아실현의 기회를 최대한으로 부여해야 할 것이며, 이를 실천하는 효과적인 방법의 하나가 곧 생활지도이다. ② 개성을 신장시키는 성공적인 방법을 요구한다. 개개인의 개성을 신장시킨다는 것은 자아실현의 방법인 동시에 민주사회에 이바지하는 방법이다. 따라서 학생의 개성을 과학적으로 이해하고 개성의 신장에 효율적으로 기여할 수 있는 유효한 방법으로서 생활지도가 필요하다. ③ 학생들의 건전한 성격형성을 도와준다는 점에서 생활지도가 필요하다. ④ 인권의 존중은 교육에 선행하는 문제이다. 비록 미성년의 학생일지라도 그들 나름대로의 자아와 개성을 가지고 있으며, 따라서 그들의 인권은 존중되어야 한다. 이를 위한 교육적 조치가 학교에서의 생활지도이다.

3. 생활지도의 목표

생활지도의 목표는 학생들과 직접적으로 관련되어 있는 직접적 목표와 학교 및 교사를 도우며, 학교계획에 영향을 주는 간접적인 목표로 분류하여 살펴보기로 한다.

첫째, 직접적인 목표는 ① 학생들이 자기자신을 정확하게 이해하도록 돕는다. ② 학생들이 자신의 능력과 흥미와 소질을 발견해서 그것을 최대한 발전시키도록 돕는다. ③ 학생 자신의 문제를 정확히 파악하고 자기 힘으로 해결할 수 있는 능력을 배양할 수 있게 돕는다. ④ 변화하는 생활환경 속에서 현명한 선택과 적응을 하도록 돕는다. ⑤ 건전하고 성숙한 적응을 할 수 있는 기초를 마련하도록 돕는다. ⑥ 신체적·지적·정서적·사회적 모든 면을 포함하는 잘 조화되고 통합된 인생을 즐길 수 있도록 돕는다. ⑦ 사회를 위하여 공헌할 수 있도록 돕는다.

둘째, 간접적인 목표는 ① 다양한 정보수집 활동을 통하여 교사들이 학생들을 정확히 이해하도록 돕는다. ② 교육적 활동과 관련된 생활지도활동을 통하여 학교의 전체적인 교육계획수립에 도움을 준다. ③ 학교와 학부모, 지역사회 간의 유대를 강화하는 데 도움을 준다.

4. 생활지도의 기본 원리

학교에서의 생활지도 활동은 교육 이념상 측면, 사회적 측면, 개인적 측면에서 중요한 학교 교육활동이다. 따라서 생활지도는 다음과 같은 제 원리에 따라 실시되어야 한다(고영남, 2011: 18~20; 오천균, 1999: 283~284).

첫째, 계속과정의 원리이다. 생활지도는 일회성이 아니라 학생들이 졸업 후에도 계속 관심을 가져야 하는 과정이다. 진학·취직 및 이에 대한 정치활동, 그리고 새로운 학교나 직장에 잘 적응할 수 있도록 사전지도 등이 필요한 것이다.

둘째, 전인적인 원리이다. 교육의 궁극적인 목표는 전인을 표방하고 있으면서도 실지 교육현실에서 행하여지고 있는 교육은 특정한 지식과 기술에 국한되어 온 것이 사실이다. 이러한 과오를 시정하고 교육의 궁극적인 목표를 달성하기 위하여 생활지도측면에서 학생 개개인의 전인적 발달을 돕는 활동에 역점을 두는 것이 바람직하다.

셋째, 균등의 원리이다. 생활지도는 문제아 및 부적응아들의 문제만 해결해 주는 활동으로 잘못 이해하는 경우가 많다. 하지만 생활지도는 모든 아동의 가능성을 최대한으로 발달시키려고 하는 과정인 것이다.

넷째, 과학적 기초의 원리이다. 생활지도는 학생에 관한 객관적이고도 구체적인 자료에 의한 과학적 자료에서 시작되어야 하며, 인간의 지능, 학력, 적성, 흥미 등을 측정할 수 있는 각종 표준화검사가 해당한다.

다섯째, 적극성의 원리이다. 이 원리는 치료나 교정보다는 예방에 중점을 두어야 한다. 조직적인 활동으로서의 생활지도는 소극적 의미의 처방적 활동중심이 아니라 학생들의 심리적 발달상황에 대한 조사연구를 통해 교육 프로그램을 개발함으로써 학생들의 문제를 사전에 예방할 수 있어야 한다.

여섯째, 협동성의 원리이다. 생활지도는 담임교사 및 상담교사뿐만 아니라 학교구성원 전체와 가정, 지역사회와의 협동적인 과정으로 해야 된다.

일곱째, 자율성의 원리이다(이형행, 1999). 생활지도는 학생들에게 자기 행동을 이해하도록 하고, 변화를 가져오도록 돕는 역할을 해야 한다. 민주사회의 교육에서 중요한 것은 결과가 아니라 과정이며, 자율적으로 생각하고 행동해 보는 경험이 매우 중요한 것이다. 따라서 생활지도는 보다 자율적인 방향으로 진행되는 것이 바람직하다.

5. 생활지도의 활동 영역

생활지도는 학생 개인의 전인적 발달을 지향하기 때문에 학교의 교육적 활동 전반에 걸쳐 관심을 가지게 된다. 따라서 보다 구체적이며 실질적인 생활지도계획을 수립하기 위하여 생활지도의 관심 영역을 분류하면 다음과 같다(이경숙 외, 2011; 구광현 외, 2000: 279~280).

첫째, **교육지도**(educational guidance): 학생들이 학교 교육을 받는 데 필요한 사항들을 인식시키고 개발한다. 학교 생활에 필요한 기본적인 생활태도와 올바른 학습습관에 관한 지도 및 기초학력 부족에 대한 대책 등을 모색한다.

둘째, **직업 및 진로지도**(vocational guidance): 학생들의 진로문제 및 장래 직업과 관련된 각종 정보를 수집 및 제공하고 진로 및 직업준비에 필요한 교육적 방안을 마련한다.

셋째, **성격 지도**(personality guidance): 학생들의 적응문제와 관련된 부분으로 건전한 성격형성을 도와주기 위한 프로그램의 개발 및 운영 또는 문제아의 발견과 치료 등이 포함된다.

넷째, **사회성 지도**(sociability guidance): 집단생활에서 필수적으로 요청되는 원만한 대인관계의 수립을 도와주기 위한 여러 활동들이 포함된다. 가족 관계, 이성문제나 대인관계문제를 지닌 학생을 도와주기도 한다.

다섯째, **건강 지도**(health guidance): 학생들의 신체적·심리적 건강을 유지하는 데 도움을 주기 위한 교육적 활동을 포함한다. 갈등을 처리하는 기술이나 스트레스에 대처하는 방법 등을 알려주고 영양부족이나 비만, 신체적 결함 등을 극복할 수 있도록 도와준다.

여섯째, **여가지도**(recreational guidance): 학교에서 수행하는 교과활동이 아닌 과외활동을 지도하고 조언하는 것이 포함된다. 건전한 여가활동을 통해 자기성장을 추진해 나가는 새로운 경험을 가질 수 있도록 개인적 또는 집단적인 지도를 수행한다.

제2절 생활지도의 활동내용

생활지도의 활동은 guidance service라고 한다. 생활지도는 학생들에게 베푸는 봉사활동이므로 학생지도 봉사활동이라고 한다. 생활지도 활동은 다음과 같이 다섯 가지의 주요활동으로 구성된다. ① 학생조사활동, ② 진로 정보활동, ③ 상담활동, ④ 정치활동, ⑤ 추수활동 등으로 구성되며, 이와 같은 내용을 제시하면 다음과 같다(김계현 외, 2011; 김충기, 1996).

1. 학생이해활동(학생조사활동: student appraisal service)

이 활동은 학생이해활동, 학생조사활동이라고 하며, 학생의 인적사항을 과학적이고 객관적으로 파악하는 활동을 의미한다. 학생의 개별성을 찾아내는 자료제공과 이를 통해서 얻어진 정보는 학생의 인지적·정의적 발달을 촉진시키기 위한 교육적 경험을 형성하는 기초자료가 된다. 생활지도는 교육활동의 계획 및 실천을 위하여 보다 과학적이고 정확하게 학생들의 실태를 파악하거나 학생들의 자기이해를 돕기 위한 활동이다.

학생조사활동은 다음 몇 가지 단계를 거쳐 수행된다.

1단계: 사정(査定), 필요의 인식, 2단계: 필요한 결정과 판단의 인식, 3단계: 결정의 구체화, 4단계: 판단의 구체화, 5단계: 정보수집, 6단계: 정보분석과 해석, 7단계: 사정결과의 보고, 8단계: 평가와 피드백 등 여덟 가지 단계를 거쳐 수행되고 있다.

학생을 이해하는 방법은 표준화검사나 비표준화검사를 통해서 알아 볼 수 있다. 표준화검사에는 지능검사, 적성검사, 학력검사, 흥미검사, 성격검사, 인성검사 등이 있으며, 비표준화검사방법으로는 관찰법, 질문지법, 면접법, 평정법, 투사법, 사회측정법, 사례연구, 자서전법, 누가기록 등이 있다.

이러한 학생조사활동이 보다 과학적으로 학생들의 자기이해 및 문제해결을 돕는 것이 되기 위해서는 다음 사항에 유의해야 할 것이다(김준권 외, 1998).

첫째, 학생조사활동은 객관적이고 신뢰도가 높은 조사가 되어야 한다.

둘째, 생활지도의 목적에 합당한 것이어야 한다.

셋째, 여러 가지 가능한 방법이나 기술을 종합적으로 활용해야 한다.

넷째, 조사결과를 기록, 정리, 보관하여 실제지도에 유용하게 활용될 수 있도록 해야 한다.

따라서 학생조사활동은 학생들의 인적사항을 파악해서 개인지도와 상담활동에 이용할 수 있는 정보를 알아내는 것이다.

2. 진로정보활동(career information service)

진로정보활동은 학생들이 바라고 원하는 각종 정보 및 자료를 제공하여 학생들의 개인적 발달과 사회에 현명하게 적응할 수 있도록 돕기 위해서 제공되는 활동이다. 그러므로 정보활동은 학생들에게 필요 불가분의 요소로서 마땅히 정확하고 신속하게 제공되어야 한다.

학생들에게 제공되는 정보는 크게 교육정보, 직업정보, 개인 및 사회적 정보 등으로 구분한다.

1) 교육정보(educational information)

셔츠와 스톤(Shertzer & Stone, 1981)의 교육정보의 내용은 다음과 같다.

수업시간과 학교의 제 규칙, 교육과정과 교과목, 학교의 클럽과 사교적 활동, 교육의 가치, 상급학교 진학에 관련된 프로그램 및 요구되는 것들, 학습습관과 학습기능, 장학금, 학비대여, 기타 경비조달 방법, 통신학교나 통신교육, 학업성취 방법, 상급학교에서의 사회적 생활과 문화적 기회에 관련된 정보를 수집보관 등 현재 또는 미래에 있을 수 있는 여러 가지 교육기회와 필요한 준비물에 관한 모든 형태의 타당하고도 유용한 자료를 말한다.

2) 직업정보(occupational information)

셔츠와 스톤(Shertzer & Stone, 1981)의 직업정보는 직업의 구조와 직업군, 노동력의 공급, 인구변화, 재화에 대한 수요, 기술변화 등을 포함한 일의 추세, 노동법규, 직업과 직업정보의 분류, 중요한 직업, 특종 직업의 직무나 일의 성격, 여러 직업에서 요구되는 자격조건, 직업에서의 요구하는 준비, 취업과 승진의 방법, 여러 직업의 보수와 장래의 전망 등 직업에 관한 정보로서 직장, 직종에 관한 타당하고도 유용한 정보를 말하며, 직업적 임무, 일의 조건, 보수제도, 승진관계, 장래의 전망 등에 관련된 정보를 제공하는 것들을 포함하고 있다.

3) 개인 및 사회적 정보(personal-social information)

이것은 학생들로 하여금 자기자신을 보다 잘 이해하고 다른 사람과의 관계를 개선하며, 인간적 및 물리적, 사회적 환경에 영향을 미치는 타당하고도 유용한 자료로서 도움이 되게 하는 인간에 관한 정보이다.

개인적 및 사회적 정보에 포함될 수 있는 내용은 자기이해와 통찰의 성취,

동성 및 이성과의 성숙한 관계유지, 건전한 인성발달에 관한 정보, 성취동기 및 욕구, 행동에 관한 정보, 신체 및 정신건강에 관한 정보, 처세술, 예의범절, 여가 선용, 가치관, 종교관, 이데올로기 등에 관한 정보가 포함된다.

상기의 교육정보, 직업정보, 개인적·사회적 정보는 학교 자체에서 조사하거나 각종 인쇄물을 통해서 수집·정리·보관하여 개인상담이나 집단상담을 통하여 제공하게 된다. 이러한 정보활동은 그 자체가 교육적 과정이라는 사실을 염두에 두면서 학생들의 성취도 및 요구, 흥미에 맞추어 교육적으로 제공되어야 할 것이다.

3. 상담 활동(counseling service)

이 활동은 생활지도 활동의 중핵적인 활동이라 할 수 있다. 학생들의 자율성과 문제해결력을 생성시키는 동시에 학생들의 적절한 감정 처리를 위하여 조력함으로써 정신건강을 향상시키고 현명한 선택과 적응을 돕는 활동이다. 상담활동은 위에서 전개된 객관적인 학생조사활동과 각종 정보제공활동을 통하여 획득한 종합적인 자료와 정보를 근거로 하여 상담자와 내담자와의 친밀한 관계 속에서 전문적 대화가 전개되는 것이 보통이다.

상담이론의 방법은 정신분석적 상담, 개인 심리학적 상담, 실존주의 상담, 인간중심 상담, 형태주의 상담, 의사 거래분석적 상담, 합리적 및 정서적 상담, 이성적 및 지시적 상담, 행동주의적 상담, 현실치료적 상담 등이 있다.

상담활동의 무대별로 보면, 가족상담, 부부상담, 위기상담, 전화상담, 목회상담, 군대상담 등으로 구분할 수 있으며, 발달 연령별 상담유형을 보면, 취학 전 아동의 상담, 초등학생상담, 중·고등학생상담, 대학생상담, 장·노년상담 등으로 구분된다. 특수 문제별 상담 유형은 학습 문제상담, 성 문제상담, 비행 청소년상담, 직업 및 진로상담 등으로 나누어 지도할 수 있다. 이처럼 활동 무대별, 발달 연령별, 특수 문제별 등으로 나누어 상담활동이 유용하게 쓰이고 있는 것은 그만큼 상담이 일상생활을 영위해 나가는 데 중요하게 인식되고 있음을 증명하고 있다.

또한 딩크메이어(Dinkmeyer, 1964)는 상담활동의 네 가지 측면을 다음과 같이 기술하고 있다.

첫째, 협력적인 관계가 설정되어야 한다. 카운슬러와 내담자는 공동의 목표와 목적을 설정하고 상호협력해야 한다.

둘째, 현실생활 장면에 대한 내담자의 견해를 알기 위한 탐색이 이루어져야 한다. 상담자는 내담자의 불만이나 문제를 잘 검토해야 한다.

셋째, 카운슬러의 내담자에 대한 견해는 내담자의 감정과 그 속에 내포된 의미를 파악하고 난 후에 판단되어져야 한다.

넷째, 상담과정을 통해서 내담자가 자신의 그릇된 관념을 스스로 발견하고 보다 정확한 관념을 갖게 하는 재방향화(reorientation)가 이루어져야 한다.

4. 정치활동(placement service)

이 활동은 상담한 결과를 토대로 학생들을 적재적소에 알맞게 배치하는 활동이다. 취업지도, 부직알선지도, 진학지도, 진급지도, 교과지도, 제반 적응지도 등에 있어서 자신과 진로를 정확하게 이해하여 자기자신의 배치를 현명하게 선택하는 데 조력하는 것이다.

이와 같은 정치활동은 학교, 학과선택이나 특별활동의 선택, 홈룸활동이나 서클활동의 부서와 같은 교육적 배치와 직장의 알선이나 직업선택과 진로선택, 부직알선 같은 직업적 배치활동으로 나누어진다. 또한 개인발달을 위한 정치활동은 개인의 전인적 발달을 위한 것으로 집단 경험, 의사결정 경험 등 다양한 역할을 수행해 볼 수 있는 활동 기회를 가질 수 있게 돕는 것이다.

이와 같은 정치활동이 효과적으로 이루어지기 위해서는 상담을 전문으로 하는 카운슬러뿐만 아니라 전체 교직원이 분담하여 배치활동에 노력해야 할 것이다. 그리고 지역사회 자원인사와 상호협력하여 보다 조직적이고 종합적인 계획을 수립하고 실천하는 것이 효과적이다. 상담실 내에 정치센터(placement office)를 두어 운영하는 것도 바람직하다.

5. 추수활동(follow up service)

이 활동은 사후지도라고도 한다. 정치활동의 결과 학생들이 적재적소에 잘 적응하고 수학이나 취업 및 직무수행, 진학과정에서의 적응상태를 보살피며, 부적응에 대한 조력과 보다 나은 적응활동을 위해 재배치하는 조직적인 봉사활동이다. 학생들의 인적사항 파악, 각종 정보의 제공활동, 상담의 실시, 적재적소의 배치 등 상담활동의 종결과정으로 학생들이 학교생활이나 사회생활, 직업생활 등에서 낙오자가 생기지 않도록 보살펴 준다.

추수활동이 필요한 이유는 다음과 같다. 첫째, 학생들이 학교를 졸업하거나 떠난 뒤에 어떻게 적응하고 있는가에 대한 정보를 획득하여야 한다. 둘째, 학교 프로그램과 봉사에 대한 평가를 해야 한다. 셋째, 생활지도를 개선하기 위한 자료를 획득하여야 한다.

추수활동의 방법은 우선 학생조사활동에서 취급한 방법과 비슷한 면접, 질문지 사용, 관찰, 표준화검사, 서신연락, 전화문의, 개별방문, 동창회활동 사항 등을 통하여 현장의 적응 여부를 점검하고 문제점을 재확인한 후에 적절한 대책을 강구하여 재배치함으로써 적응의 문제점을 도와주는 것이다.

따라서 추수지도의 효과적인 방법은 카운슬러 혼자만의 힘으로는 어려우며, 학교 행정당국의 친밀한 협조가 매우 중요하며, 조직적·체계적·지속적인 과정 속에서 이루어져야 한다.

제3절 상담의 이해

생활지도를 실시하는 과정에서 가장 중핵적인 활동이 상담활동이다. 상담이란 대인관계를 강조하는 학습의 한 형태로 볼 수 있으며, 학생들은 이러한 상담활동을 통하여 자기 자신이 직면한 현실적 문제를 합리적으로 해결하고, 미래의 장기적인 계획을 세우고 성장·발달하는 데 도움을 받게 된다.

본 절에서는 상담의 의미, 상담관계의 성립 조건, 상담의 목표, 상담의 기본원리, 상담의 이론 등을 고찰하기로 한다.

1. 상담의 의미

상담의 의미에 대한 제 학자들의 견해는 각양각색이다. 피에트로페사와 레오나드 및 후즈(Pietrofesa & Leonard & Hoose, 1978)는 "상담이란 내담자의 자기이해, 의사결정 및 문제해결이 이루어지도록 상담자가 전문적으로 도와주는 과정이다."라고 했으며, 밀러(Miller, 1968)는 "카운슬링이란 가정과 학교와 사회에 최대한으로 적응할 수 있도록 자기이해와 필요한 자기수용을 할 수 있도록 개인을 돕는 과정이며, 이와 같은 목적을 달성하기 위하여 학교 생활지도계획은 ① 학생들의 적극적이고 조직적인 이해와 깊은 연구를 해야 하고, ② 학생들 자신에 관한 교육적, 직업적 기회에 관한 광범위한 정보를 그들에게 제공하고, ③ 상담을 통하여 개인적 조력을 받을 수 있는 기회를 주어야 한다. 또한 ④ 학생들의 욕구를 충족시키기 위하여 학교, 가정, 사회기관 요원들에게 정보의 훈련, 조사와 연구 등의 봉사를 해야 한다."고 했다. 또한 김충기(1999)는 "상담은 일상생활에서 해결해야 할 문제를 자력으로 해결할 수 있도록 조직적으로 성장시켜 주고 자아집중을 할 수 있으며, 자율적으로 자주적인 생활습관을 가지고 자기의 능력과 성격, 자기환경을 이해하고, 만족스럽고 성공적인 생활을 달성하기 위한 기회와 전망을 이해하도록 돕는 것"으로 정의를 내리고 있다.

상기의 학자들의 견해를 종합적으로 정의를 내리면 다음과 같다. 상담이란 경험과 지식이 많은 개인이 대화를 통한 학습과정을 가지고 상대방의 행동과 태도를 합리적으로 변화시키는 과정이며, 아울러 문제해결뿐만 아니라 인성의 성장 및 통일을 주는 과정으로 보며, 동시에 생활지도를 위한 상담은 정상적인 학생들을 위하여 실시되어야 한다.

2. 상담관계의 성립 조건

상담은 행동, 정서, 성격, 진로 등에 관련된 장애를 제거하거나 감소시킬 뿐만 아니라 심리적으로 건전하고 사회적으로 효율적인 특성을 학습하도록 권장하며 돕는 심리적인 조력의 일종이다. 상담관계는 가족관계, 부부관계보다 더 밀도 있고 창조적인 관계이며, 이것은 긍정적인 변화를 촉진하는 것을 목표로 하면서도 강요 및 압력이 전혀 없는 것이 특징이기도 하다.

따라서 상담관계에서 수용(positive regard), 공감적 이해(emphatic feeling), 일치(congruence)가 이루어져야 하며, 이를 바탕으로 상담자와 내담자 사이에 의사소통(communication)이 되어야 한다. 이것을 상담관계의 성립의 조건으로 볼 수 있다(유옥, 2010; 김충기, 1999).

첫째, 수용이다. 상담자는 내담자에게 따뜻하고 수용적이어야 한다. 수용이란 내담자 존재 그 자체를 있는 그대로 받아들이고, 그의 제 특성과 구체적인 행동 모든 것을 가리지 않고 하나의 사실, 즉 인지적·정의적·신체적의 영역, 학업의 성취, 행동, 가치관, 종교, 가정적 조건, 교우관계, 장래의 희망, 이데올로기 등 어떠한 상태에 있든 간에 친절하게 받아 주는 행위를 의미한다.

둘째, 공감적 이해는 감정이입적 이해 및 내적 준거체제에 의한 이해라고 부른다. 공감적 이해는 피상담자의 표현된 언어의 의미를 넘어서 말의 이면에 포함된 감정적인 의미, 마음의 소리를 듣는 제3의 귀가 필요하다. 또한 상담자는 피상담자가 자신의 행동을 통해 추구하는 궁극적인 동기가 어떤 것인가를 이해하여야 한다.

셋째, 일치는 흔히 진지성, 명료성, 순수성 등으로 부르며, 이것은 내적인 경험과 그에 관한 인식의 합일을 가리킨다. 상담자의 내적인 경험과 외적인 경험이 내담자와 일치하지 않으면 상담은 성공적으로 진행되기 어려운 것이 사실이다. 상담자와 내담자 사이의 일치는 상담을 통해 성취하려는 목표가 서로 일치될 때 효과적으로 이루어질 것이다. 그러므로 상담의 목표에 일치하도록 노력하는 과정이 필요하다.

넷째, 상기에서 언급한 수용, 공감적 이해, 일치가 상담자와 내담자 사이에 조건 없이 이루어졌을 때, 건설적이고 바람직한 대화가 전개된다. 이를 의사소통(communication)이라고 부른다. 의사소통은 정보와 메시지를 전달하고 수신해서 공통된 의미를 수립한 후 그 결과를 행동의 변화가 야기되는 과정을 의미한다. 상담관계에서 의사소통은 구성원 사이의 협동을 통한 사회 유지기능을 해 나가기 때문에 필수적인 것이며 대화가 원활하게 이루어져야 하는 것이다.

3. 상담의 목표

상담의 구체적인 목표는 내담자의 성장 및 발달을 촉진하는 것이다. 이러한 목표는 추상적인 수준의 목표에 불과하다. 따라서 보다 구체적인 목표를 정리할 필요성이 있다. 셔츠와 스톤(Shertzer & Stone, 1981)은 상담의 구체적인 목표를 행동의 변화, 정신건강의 증진, 문제의 해결, 개인적 효율성의 향상, 의사결정 등 다섯 가지를 제시하고 있다.

첫째, 행동의 변화이다. 상담은 개인이 좀 더 생산적이고 행복한 생활을 하는 데 방해가 되는 행동을 감소시키거나 제거시키고, 개인이 만족하고 성공적인 생활을 하는 데 도움이 되는 행동을 형성하거나 증가시키는 것을 목표로 한다. 로저스(Rogers, 1942)는 상담의 결과로 위험을 덜 느끼고, 불안을 덜 느끼며 이상적인 자아와 지각된 자아 사이에 조화를 이루는 것이 상담의 구체적인 목표라고 했다.

둘째, 정신건강의 증진이다. 정신건강을 유지 및 증진하며, 정신질환을 예방하는 것을 상담의 목표로 생각하는 것은 인간행동에 관한 '의학적 모형'이라고 할 수 있는데, 이 관점에서는 아동이 훔치거나 거짓말을 하는 것은 단순한 행동 상의 문제를 넘어서 아동의 성격에 어떠한 병리적인 요소를 지니고 있다고 생각한다. 그러므로 정신건강을 촉진하는 것은 적극적이고 현실적이며 합리적인 성격을 형성하는 것과 일맥상통하는 것이다.

셋째, 문제의 해결이다. 상담의 목표는 내담자가 가지고 오는 문제가 무엇이건 이를 해결하는 것에 있다고 할 것이다. 내담자는 자신의 문제해결에 상담자가 어떤 도움을 줄 수 있다고 믿기 때문에 상담이란 내담자의 문제를 해결하는 것을 목표로 한다. 흔히 내담자들이 문제라고 말하는 것은 현실적으로 느끼는 심리적 고통을 가리키는 것이다. 그러므로 상담의 목표를 문제해결이라 할 때 문제를 어느 수준에서 보느냐 하는 것을 명백히 해야 한다.

넷째, 개인적 효율성의 향상이다. 상담의 목표로 효율성을 강조하는 것은 어떤 행동의 능률성을 말하는 것이 아니라 내담자가 상담을 통하여 생산적 사고를 할 수 있고 적극적인 인간관계를 형성하며, 다양한 문제상황에 효과적으로 대처하는 능력을 의미한다. 또한 문제를 정확하게 인식하고 주어진 역할을 일관성 있게 수행함과 동시에 자기자신을 적절히 통제할 수 있는 사람을 말한다. 상담의 목표로서 효율성을 강조하는 것은 단순히 능률만을 의미하는 것은 아니다.

다섯째, 의사결정이다. 상담의 목표는 내담자의 중요한 의사결정을 돕는 데 있다고 할 수 있다. 상담에 있어서는 상담자가 어떤 결정을 내리는 것이 아니라 내담자가 결정을 내려야 한다는 것을 전제로 한다.

상기에서 상담의 목표를 살펴본 바와 같이, 상담의 목표는 개인이 좀 더 생산적이고 행복한 생활을 하는 데 방해가 되는 행동을 감소시키거나 제거시키고, 개인이 만족하고 성공적인 생활을 하는 데 도움이 되는 행동을 형성시키며, 또한 적극적·현실적이며 합리적인 성격을 형성함으로써 정신건강을 촉진한다. 내담자가 현실적으로 느끼는 심리적 고통에 대하여 상담과정을 통하여 생산적 사고 및 적극적인 인간관계를 형성함과 더불어 내담자에게 다양한 문제상황에 효과적으로 대처하는 능력을 길러 준다. 그리고 상담자가 어떤 결정을 내리는 것이 아니라 내담자가 결정을 내려야 한다.

4. 상담의 기본원리

상담은 개인이 가진 문제를 해결하고 적응활동을 증진시킴으로써 건전한 자아형성을 통한 성장을 돕는 것이다. 상담자가 지녀야 할 기본적인 태도는, ① 인간가치의 존중, ② 인간의 가능성에 대한 신념, ③ 개인의 선택의 자유와 책임을 인정하고 상담에 응해야 한다. 이와 같이 상담자는 인간의 기본적 욕구를 정확하게 파악하고 있어야 한다.

따라서 상담자는 상담을 전개할 때 기본적 원리를 바탕에 두고 실시하는 것이 좋다(공석영 외, 2005; 김충기, 1999: 236~238).

첫째, 개별화의 원리이다. 인간은 개인차가 있으므로 개인의 욕구 부족에 따르는 행동의 권리를 가지고 의무를 다하는 개인을 존중하는 데 의미가 있다. 상담자는 개인의 개성과 개인차를 인정하는 범위 내에서 상담이 전개되어야 한다. 따라서 개별화의 원리가 준수되려면, ① 상담자는 편견이나 선입관으로부터 탈피하여야 한다. ② 인간행동의 유형과 원리에 대해 전문적으로 이해하려고 해야 한다. ③ 내담자의 말을 경청하고 세밀히 관찰하여야 한다. ④ 내담자의 보조에 맞추어 진행할 수 있어야 한다. ⑤ 인간의 감정변화를 민감하게 포착해야 한다. ⑥ 내담자의 견해차가 있을 때 앞을 내다보는 능력을 갖고 적절한 선택을 하여야 한다.

둘째, 의도적 감정표현의 원리이다. 인간은 누구나 정당하고, 잘한 일에 대하여 떳떳하게 표현할 수 있어야 한다. 그리고 상담자는 내담자에게 자유롭고 의도적인 표현을 보장받도록 온화한 분위기를 조성해 주어야 한다. 내담자에게 주어지는 효과는 ① 압력이나 긴장으로부터 내담자의 마음을 편안하게 해주며, ② 문제에 대해 내담자 개인이 이해하게 해주고, ③ 내담자의 부정적인 감정표현 자체가 문제일 경우, 상담자는 내담자의 감정표현을 비난 및 낙심시켜도 안 되며, 인내심을 갖고 경청하도록 해야 한다.

셋째, 통제된 정서관여의 원리이다. 상담자는 내담자의 정서변화에 민감하게 반응하여 이해하고 적절한 대응책을 마련할 태세를 갖추고 적극적인 관여가 필요하다.

넷째, 수용의 원리이다. 상담자는 내담자에게 따뜻하고 수용적이어야 하며, 또한 내담자의 의견에 동의하지 못할 경우에는 동의하지 않는다는 사실을 분명히 전달하되, 그 표현이나 자세는 어디까지나 온화해야 한다. 결국 내담자의 장단점, 바람직한 성격과 그렇지 못한 성격, 긍정 및 부정적 감정, 건설적·파괴적 태도나 행동 등을 있는 그대로 이해하고, 그 인격의 가치에 대한 관념을 유지해 나가는 행동을 의미한다. 상담자가 권위적이거나 강압적인 자세를 취하면 상담관계는 깨어지고 만다. 따라서 내담자중심으로 욕구와 권리를 존중하며 감정이나 태도를 이해할 수 있어야 한다.

다섯째, 비심판적 태도의 원리이다. 내담자는 자기의 잘못된 행동에 대한 결과를 나무라거나 책임을 추궁하고, 문제점을 지적하여 비난하는 것을 두려워한다. 그들은 죄책감, 열등감, 불만감, 고독감 등을 가지고 있기 때문에 타인의 비판에 예민하여 그들 자신을 방어하여 안전을 추구하려는 것은 당연하다. 따라서 상담자는 내담자의 말이나 행동에 심판적인 태도를 버려야 한다. 이 원리가 준수되려면, ① 상담자가 선입관의 지배를 받아서는 안 된다. ② 내담자의 보조에 맞추어 상담을 해야 한다. ③ 분류화시키려는 자세를 취해서는 안 된다. ④ 내담자가 상담자에 대하여 적의와 같은 부정적 감정표현을 가질 수 있다는 것을 상담자가 알고 있어야 한다.

여섯째, 자기결정의 원리이다. 상담자는 개인의 가치와 존엄성을 존중하고 자기판단을 토대로 내담자가 내린 결정에 이르도록 도와주어야 한다. 따라서 상담자는 ① 자기수용을 할 수 있도록 도와주고, ② 내담자의 잠재능력, 즉 장점과 능력을 발견하고 활용함으로써 인격적 발전을 도모할 수 있게 자극해 주며, ③ 내담자에게 자기선택, 자기결정의 참고가 되도록 모든 법률, 제도, 사회, 시설 등의 광범한 사회적 자원을 알게 한다. ④ 분위기조성을 해주어야 한다. ⑤ 내담자를 조종하려는 자세를 삼가야 한다. ⑥ 강제적으로 설득해서는 안 된다.

일곱째, 비밀보장의 원리이다. 상담은 원래 신상에 관한 문제가 대부분이고 혼자만이 가지고 있는 비밀이므로 공개되거나 누설되면 상담자를 불신하게 되고, 개인적인 명예훼손을 일으킬 우려가 있다. 따라서 무조건 비밀보장은 상담윤리에 관한 문제이므로 철저히 지켜져야 한다.

따라서 카운슬러는 이러한 상담의 기본적 원리를 준수하면서 내담자를 도와주어야 한다.

5. 상담이론

상담이론은 상담을 보다 효과적이고 과학적 이론에 기초하여 교육, 직업, 성격, 도덕, 대인관계, 종교 등을 다루는 실천적 기예이며, 학자에 따라 그 분류를 달리하고 있다.

황응연 · 윤희준(1976)은 ① 의사결정적 상담, ② 내담자중심 상담, ③ 정신분석적 상담, ④ 학습이론적 상담, ⑤ 절충적 상담 등 다섯 가지로 분류했으며, 김충기(1999)는 ① 정신분석 상담, ② 개인심리 상담, ③ 인간중심 상담, ④ 형태주의 상담, ⑤ 상호 교류분석 상담, ⑥ 행동적 상담, ⑦ 합리적 · 정서적 상담, ⑧ 현실치료 상담, ⑨ 특성요인 상담, ⑩ 절충적 상담, ⑪ 실존주의 상담 등 열한 가지의 상담 이론을 소개하고 있다.

이달석(1999)은 ① 지시적 상담, ② 비지시적 상담, ③ 정신분석적 상담, ④ 학습이론적 상담, ⑤ 합리적 · 정서적 치료, ⑥ 의사교류 분석 등 여섯 가지로 분류하고 있다.

상기에서 학자들의 상담 분류를 참고해서, 상담이론을 지시적 상담, 비지시적 상담, 절충적 상담, 정신분석학적 상담, 행동주의적 상담, 실존주의적 상담활동 등으로 구분해서 설명을 하고자 한다.

첫째, 지시적 상담을 의사결정적 상담, 지시적 · 특성적 상담, 이성적 상담이라고도 한다. 이것은 직업상담에서 비롯된 것으로, 합리적인 자료를 제공하여 개인이 장래 계획을 세우는 데 있어서 현명한 결정을 내리도록 돕는 일에 초점을 두고 있다. 그리고 지시적 상담은 피상담자의 내면적인 세계를 무시한 채 상담자의 객관적인 자료와 전문적인 식견을 가지고 피상담자에게 충고와 조언을 하는 것으로 다음과 같은 6단계를 거친다. ① 분석: 학생을 이해하는 데 필요한 각종 자료를 수집하여 분석한다. 즉 학생의 생활환경, 흥미, 동기, 적성, 기능, 학력, 태도, 성격 등에 관한 자료수집과 분석이 이루어진다. ② 종합: 수집된 자료를 체계적이고 조직적으로 정리한다. ③ 진단: 문제의 원인이나 특징에 대한 결론을 내린다. ④ 예진: 피상담자의 문제가 앞으로 어떻게 진행될 것인가를 예측한다. ⑤ 상담: 상담자와 피상담자가 대면하여 피상담자의 바람직한 적응을 위하여 지도하고 조언하는 단계이다. ⑥ 추후 활동: 상담결과의 계속적인 확인과 평가가 이루어지는 단계이다.

둘째, 비지시적 상담은 내담자중심 상담, 현상학적 상담, 자아이론적 상담으로 불리고 있다. 비지시적 상담은 상담자가 내담자의 모든 감정을 수용하고 내담자에게 자기통찰과 자아수용의 기회를 줌으로써 문제를 해결할 수 있다고 본다. 또한 비지시적 상담은 비 위협적이고, 수용적이며, 자유스러운 분위기를 조성하여 내담자가 자신을 돌아볼 수 있는 기회를 제공하는 것으로, 오늘날 각급 학교, 병원, 일반상담소 등의 상담활동에 많이 활용되고 있으며, 가벼운 정서장애나 적응문제로부터 무거운 신경증환자를 치료하는 데 이르기까지 많은 효과를 거두고 있다.

셋째, 절충적 상담은 상담과정에서 내담자가 안고 있는 문제를 분석하고 치료할 때 지시적 방법, 비지시적 방법 가운데 한 가지 방법만을 적용할 수 없는 경우가 있다. 내담자의 과거 행동과 동기를 깊이 이해하고자 할 때는 내담자가 감정을 자유롭게 표현할 수 있는 비지시적 방법이 적용되고, 부적응 상태를 치료하고자 할 때는 지시적인 방법을 적용하여 치료대책을 세우고 실천하게 하는 방법을 절충적 상담이라고 한다. 이 상담법은 학습이론과 정신분석학 이론 등이 절충되어 사용되는데, 절충적 상담을 이용할 때 유의할 점은 다음과 같다. ① 지능이 높고 적극적인 학생에게는 비지시적 상담이 유리하다. ② 고 학년 일수록 비지시적 상담이 유리하다. ③ 내담자의 태도가 부정적이거나 비협조적일 때는 비지시적 상담이 어렵다. ④ 비지시적 상담은 지시적 상담보다 오랜 시간이 요구된다. ⑤ 지시적인 상담일수록 상담자에게 더 높은 기술과 경험이 요구된다.

넷째, 정신분석학적 상담은 무의식의 세계가 의식의 세계를 지배한다고 보며, 무의식적 세계를 의식화하여 치료하는 방법으로 프로이트가 체계화했다. 부적응의 원인을 무의식적 동기나 욕구에서 찾는 것으로 처음에는 정신병학이나 정신치료에 사용되었으나 후에 학교 생활지도 분야에 도입되기에 이르렀다. 정신분석학적 상담의 절차 및 기술은 다음과 같다(이달석, 1999). ① 진단: 내담자가 치료에 동의한 후 치료자는 그에 관한 사례사(case history)를 작성하게 된다. ② 자유연상: 치료자의 곁에 누워서 천장을 보고 자유스럽게 마음에 떠오르는 것을 말하게 한다. 이때 환자는 아무런 통제나 제지를 받지 않는다. 이것은 보다 깊은 곳에 있는 무의식적 동기나 원인을 얻기 위함이다. 때로는 자유연상과 함께 꿈을 분석하기도 한다. ③ 해석: 치료자는 환자가 나타내는 저항을 해석하고 방어를 통해서 제거해 주며 무의식적 동기를 해석한다. 이때 심한 저항을 받으면 다시 처음부터 되풀이 한다. 치료자는 환자를 지지하면서 안정감을 갖게 해서 자기 방어를 풀어 버리도록 한다. ④ 전이와 통찰: 환자는 방어를 풀고 차츰 자유롭게 이야기하는 동안에 억압된 감정을 치료자에게 발산하거나 연결짓는 전이(transference)를 하게 된다. 전이는 과거에 부모나 그와 유사한 사람들에게 지녔던 감정을 치료자에게 옮기게 되는 것을 의미한다. 때로는 치료자가 환자에게 감정을 표시하는 역전이(counter transference)가 일어나기도 한다. 이렇게 해서 근본적인 정서 문제가 표면화하기 시작하면 자기이해 및 통찰이 가능해지는 것이다. ⑤ 적응력의 획득: 치료자의 해석으로 자신을 통찰하고 억압된 갈등이나 욕망이 해소되어 적응력을 얻게 된다. 그러나 전이관계의 해소에는 상당한 시일이 걸린다.

다섯째, 행동주의적 상담(김충기, 1999)은 인간의 행동을 설명하기 위하여 전통적으로 사용해 왔던 내적 동기, 욕구, 충동과 같은 개념들을 거부하고 겉으로 표현된 행동 그 자체를 중요시하는 데서 시작된다. 이것은 학습이론에 기초를 두고 있으며 부적응 행동을 약화시키거나 제거하고 적응행동을 형성하거나 강화할 수 있도록 하는 체계화된 학습이론을 적용하고 있다. 행동주의적 상담은 모든 상담과정을 학습의 과정으로 보며, 상담과정에서 이루어지는 모든 상호작용을 통해 상담자는 내담자가 바람직한 행동을 할 때는 강화자극을 제공하고, 바람직하지 않은 행동을 할 때는 무시하여 아무런 자극도 제공받지 못하도록 하는 소멸의 원리를 제공할 수 있다. 그리고 행동주의적 상담의 절차는 다음과 같이 진행된다. ① 상담관계의 형성, ② 문제행동의 규명, ③ 현재의 상태 파악, ④ 상담목표의 설정, ⑤ 상담기술의 적용, ⑥ 상담결과의 평가, ⑦ 상담의 종결 등으로 진행된다.

여섯째, 실존주의적 상담은 실존주의사상과 심리학에 있어서 제3세력으로 간주되는 인본적 실존주의 심리학에 바탕을 두고 있으며, 내담자의 본원적 가능성을 찾아내고, 그의 잠재적인 가치를 깨닫게 하는 것이다. 실존주의적 상담과정 이론의 과정을 정리하면 다음과 같다. ① 상담자는 내담자의 독특한 심리적 세계를 확장시키도록 노력하고 그것을 이해하려고 해야 한다. ② 상담의 과정을 통해서 내담자의 특이성을 밝혀낸다. ③ 상담자는 내담자의 세계 속에 현실적인 입장에 참여·수용해야 한다. ④ 내담자의 심리적 세계 내에서 자유를 충족시켜야 한다. ⑤ 내담자로 하여금 상담자와 대면하고 있다는 사실을 자각케 한다. ⑥ 내담자로 하여금 자아와 자신의 행위에 대한 책임을 질 수 있도록 지도하는 것이다.

PART 04

교육의 운영

교육행정의 기초

Chapter 08

제8장에서는 교육행정의 개념, 성격, 영역, 원리, 과정 등에 대해서 기술하고자 한다.

제1절 교육행정의 개념

교육행정이란 사회적·공공적 활동을 전제로 보다 좋은 교육을 실현하기 위한 지원적 봉사활동으로 볼 수 있다. 교육행정이 교육조직체의 공동목표 달성을 위한 조직적 협동행위로써 조직의 인사·시설·재무의 관리와 지도·감독의 기능을 행사한다는 점에서 일반행정과 많은 공통점이 있으나 교육행정이 갖는 특수성 때문에 일반행정이나 기업행정과는 다르다. 교육행정(educational administration)의 개념이 다양한 이유는 교육행정행위를 담당하는 사람들의 역할과 권한이 관련되기 때문이다. 교육행정에 관한 권한과 임무가 대통령으로부터 중앙정부 수준의 교육부 실무자를 거쳐서 각 교육(구)청의 장학사 및 단위학교의 교장에 이르기까지 매우 광범위하다. 그리고 이들이 교육행정을 담당하는 직무의 역할에 따라 교육행정직, 교육연구직, 교육전문직 등으로 다양하게 구분되는 것에서 그 이유를 찾을 수 있다.

교육행정의 개념을 정의하는 것이 중요한 이유는 교육행정에 관한 영역을 구분할 수 있고, 학문연구상 교육활동의 주요 관심사를 일관성 있게 분석할 수 있기 때문이다.

여기서는 지금까지 교육행정의 정의와 관련하여 주장되어 왔던 몇 가지 대표적인 정의를 살펴보면 다음과 같다(박세훈 외, 2008).

첫째, 국가공권설의 입장이다. 이는 교육행정을 국가의 권력작용의 일부로 파악하려는 것으로 교육행정에 대한 법규해석적 입장이라고 부르기도 한다. 이는 유럽 대륙법의 영향을 받아 발달한 개념으로, 주로 후진국을 중심으로 국가가 강력한 공권력을 바탕으로 행정을 집행하는 경우에 해당된다고 볼 수 있다. 우리나라는 지방자치가 발달하면서 교육에 대한 중앙정부의 권한이 지방자치단체로 많이 이관된 것이 사실이지만, 아직도 중요한 많은 권한이 중앙정부에 집중되어 있어 행정의 집권화현상이 나타나기도 한다. 이는 이직도 우리가 국가공권설의 입장에서 교육행정에 접근하고 있다는 증거이기도 하다. 교육행정은 일반행정의 일부이며, 교육에 관한 행정으로 보는 입장이 국가공권설과 유사하다고 할 수 있다.

둘째, 수단적 봉사활동으로 보는 관점이다. 이는 교육의 핵심적 기능인 교수와 학습의 효율성을 높이기 위하여 제반 조건을 정비하는 수단적, 봉사적 활동으로서의 교육활동을 위한 행정으로 보는 견해로써, '교육을 위한 행정'이란 교육행정이 사회적·공공적·조직적 활동으로서의 교육활동에 관한 목표를 설정하고 그 목표달성에 필요한 조직들을 정비·확립하고 그 달성을 조장하는 것으로 보는 입장이다. 교육이 행정보다 높은 위치를 차지하며 행정은 밑에서 교육활동을 조장해 주는 '밑에서 위로'의 민주적인 교육행정을 의미하며, 이러한 견해는 교육목표를 효과적으로 달성하기 위한 보조적인 봉사활동으로서 행정의 무한성을 강조한 것이다. 몰맨(Moehlman, 1951)은, "교육행정이란 수업의 효율성을 높이기 위한 수단으로 고려되어야지, 그 자체가 목적으로 고려되어서는 안 된다."고 했으며, 행정은 본질적으로 교육과정의 기본 목표에 더욱 충실하고 이러한 목적이 능률적으로 실현될 수 있도록 하기 위한 봉사활동으로 보고 있다.

셋째, 협동적 행위의 합리성과 능률성을 강조하는 입장이다. 이 견해는 공동의 목적을 달성하면서 조직구성원의 행동 연구에 초점을 두는 행정행태설에서 비롯된 것이다. 이러한 입장을 취한 대표적인 학자는 왈도(Waldo, 1955)이다. 그는 "행정은 협동적인 인간행동의 한 국면이다. 행정은 합리적인 행동이다. 행정이 합리적인 이유는 공적인 것이라고 규정되는 목표의 성취를 극대화하기 위해 입안된 것이기 때문이다."라고 주장했다. 협동적 행위의 의미를 분명히 하기 위해 사이몬(Simon, 1956)은 두 사람이 힘을 합쳐 무거운 암석을 굴리는 예를 들면서 암석을 굴리는 방법에는 여러 가지가 있지만, 행정은 가장 합리적이고 능률적인 방법으로 암석을 굴리는 목적을 달성해야 한다고 강조하고 있다. 김종철(1982)은 이러한 관점에서 교육행정을 정의할 수 있다고 보고 교육행정은 "사회적 및 공공적 활동으로서 교육에 관해 그 목표 달성을 위한 협동적인 조직적 단체행동을 조성하는 작용이다."라고 정의했다.

이러한 세 가지 관점 이외에도 교육행정을 정의하는 관점은 더 많다고 볼 수 있으나, 여기서는 교육행정학자들이 공통적으로 강조하고 있는 이들 관점만 살펴보았다. 어떤 하나의 관점으로 복잡한 교육행정현상을 설명하기에는 부족한 것이 사실이다. 따라서 상기에서 세 가지 관점을 토대로 교육행정의 개념을 정리하면 다음과 같다. 교육행정이란 사회적, 공공적 현상으로서의 ① 교육활동에 대한 목표를 설정하고, ② 그 목표 달성을 위해 필요한 조건을 정비 및 확립하여, ③ 그 목표를 지도·조성하는 것으로 볼 수 있다. 이것을 구체적으로 설명하면 다음과 같다. 교육목표를 달성하기 위해 필요한 교육내용을 설정해서 교육이 실시되는 학교의 시설, 설비를 정비하는 측면과 교육을 행하는 교원에 대한 자격을 정하고 편제하는 업무와 목표 달성을 위해서 지도 및 조언행동을 의미하며, 또한 교육 조직구성원이 서로 협력할 수 있도록 여건을 조성하는 수단적인 봉사활동이라고 정의할 수 있다.

제2절 교육행정의 성격

교육행정학은 그 연구대상인 교육행정의 활동이나 현상 자체가 복합적인 성격과 다면성을 지니기 때문에 종합학문적 성격을 지니고 있다. 따라서 인접학문으로부터 많은 지식과 이론을 수용하여 교육행정의 기본목표인 교수-

학습활동의 질을 높이는 연구에 이용되고 있다. 이를 구체적으로 설명하면, 개인의 행동에 관한 것은 심리학, 공공문제에 관련된 것은 행정학, 집단의 행동 및 전체사회의 행동에 관한 것은 사회학, 정책결정과 집행을 중심으로 권력작용에 관한 것은 정치학, 교육제도 및 법률에 관한 것은 법학, 교육재정의 확보와 배분에 관한 것은 재정학, 경제학, 관리기법에 관한 것은 경영학에서 많이 도입되었다.

교육행정학은 매우 광범위한 영역에 걸쳐서 다양한 제 요인들과 상호관련성을 갖고 역동적으로 작용하고 있다. 교육행정학은 교육행정현상이나 교육조직체 내에서 교육행정행위를 대상으로 연구분석하는 종합적인 학문적 성격을 갖는다. 따라서 교육행정학의 성격을 종합적인 입장에서 다음과 분류하여 설명하고자 한다(안병환 외, 2011; 신재흡, 2010).

첫째, 공공적 성격이다. 이것은 교육행정대상이 공공적 활동이라고 보는 견해로서, 교육을 받는다는 행위 자체를 사회구성원 대다수가 정당하다고 느끼고, 교육을 받음으로써 사회구성원들에게 이익을 가져다준다는 합 사회적 이익을 구성요소로 하기 때문이다. 실례를 들면, 국민 전체의 공익을 추구하기 때문에 그 정당성을 인정받을 수 있다. 자유민주주의 국가에서 공·사립의 설립 구별에도 불구하고 교육활동의 공공성 내지 공익성이 강조되고 있으며, 국민교육제도의 일환을 이루고 있는 교육기관은 공공적인 기준을 유지하여야 한다는 것이 사회적 통념이다. 헌법 제31조, 교육기본법 제3조, 유엔의 세계 인권공동선언 제26조 등은 교육권이 인권의 중요한 일부로서 사회적으로 보장되어야 한다는 사실을 지적하고 있다.

둘째, 조장적·봉사적 성격이다. 이것은 교사가 교육활동의 목표를 원활하게 달성할 수 있도록 교육행정은 교육의 지원체제와 교육조건을 정비하려는 봉사활동으로 나타나기 때문에 조장적·봉사적 활동의 성격을 갖는다. 조장행정은 정신적, 물질적인 봉사에 중점을 두기 때문에 지도 및 조언을 수단으로 하는 행정을 의미한다. 이것은 장학행정이 중심이 된다. 교육활동에 만연되어 있는 획일적이고 통제위주의 관료적인 교육풍토를 시정하기 위하여 교육행정의 조장적 및 봉사적 성격이 강조되어야 한다.

셋째, 수단적·기술적 성격이다. 교육행정이 교수-학습활동의 효율성을 달성하기 위하여 필요한 인적·물적 제 조건을 정비·확립하는 교육을 위한 행정이라는 수단성과 기술성이 요구된다. 교육행정은 학교에서 교수-학습활동을 증진시키는 데 그 목적이 있다. 따라서 교육행정의 합리성과 능률성을 보장할 수 있는 수단과 기술이 적용되어야 하며, 교육행정의 활동이 유동적이기 때문에 더욱 수단적 · 기술적 작용이 필요하다.

넷째, 민주적 · 중립적 성격이다. 교육활동의 효과성을 높이기 위하여 교육행정이 민주적으로 운영되어야 한다. 교육행정이 민주적으로 운영되어야 함은 헌법 제31조 제4항의 "교육의 자주성 · 전문성 · 정치적 중립성 및 대학의 자율성은 법률이 정하는 바에 의하여 보장된다."는 규정에 근거하고 있다. 교육이 일반행정으로부터 분리 및 독립되어야 함은 정치적 중립성을 확보하는 것을 의미한다.

다섯째, 교육행정의 전문적 성격이다. 사회가 복잡해짐에 따라 각 부분의 행정에는 고도의 전문성과 특수성이 요청되고 있다. 특히 교육은 그 자체가 전문성을 갖고 있으므로 교육행정도 전문성을 전제로 행해져 왔고, 교육행정의 각 분야의 전문적이기 때문에 교육행정직은 전문직 교육과 특수한 훈련을 받은 전문가에 의해서 수행되어야 한다. 구체적으로는 교육감제도와 교육장, 교장, 교감, 장학직, 교육연구직 등이 교육경력을 필수요건으로 하거나 교육전문직으로 되어 있음을 알 수 있다(이형행, 2011).

제3절 교육행정의 영역

교육행정학에서 다루는 연구대상과 연구범위는 교육행정을 어떻게 정의하느냐에 따라서 또는 어떤 측면에 강조점을 두느냐에 따라 다양하게 제시되고 있다.

교육행정학의 영역에 대하여 제 학자들의 견해는 다음과 같다.

강영삼(1994: 35~37)은 교육행정학의 영역을 이론영역면, 행정기능면, 교육대상면 등 세 가지로 분류하여 제시하고 있다. ① 이론영역면은 과업 중심영역, 인간중심영역, 행동과학영역, 체제영역, 인접학문영역 등이다. ② 행정기능면은 교육행정실무와 관련되는 교육기획행정, 교육내용행정, 장학행정, 학생행정, 교원인사행정, 교육재무행정, 교육시설행정, 교육 사무관리행정, 특수업무행정, 연구 및 평가행정, 홍보행정 등이 있으며, ③ 교육 대상면은 유아교육행정, 초등교육행정, 중등교육행정, 고등교육행정, 사회교육행정, 특수교육행정, 해외교육행정 등으로 구분하여 제시하고 있다. 이종재(1994: 72~77)는 교육행정학의 영역을 이론과 실제를 대응시키는 관점에서 이론적 기초 부분, 과업수행 부분, 교육행정연구를 위한 접근방법과 연구방법론의 부분, 교육행정의 쟁점과 문제점 부분 등 아홉 가지 영역으로 구분하여 제안하고 있다. 김종철은 교육행정학의 영역을 교육행정활동의 범위에 한정하여 말하는 것으로 규정하고 그 영역을 법규측면과 업무내용 측면으로 구분하고 있다. 캠벨 등(Campbell et al., 1965)은 교육행정의 과업을 ① 학교와 지역사회, ② 교육과정과 교수, ③ 학생인사, ④ 교직원인사, ⑤ 시설, ⑥ 재정 및 사무관리 등 여섯 가지 영역으로 제시하고 있다. 또한 남정걸(2006)은 ① 교육과정의 운영(교육목표, 내용, 수업, 평가), ② 장학(교육청의 장학협의와 지도 및 교내 자율 장학), ③ 교직원인사(전보, 승진, 교무 및 담임 등의 보직, 복무), ④ 학생인사(입학, 진급, 졸업, 학년 및 학급편성, 전출입, 훈육, 상벌), ⑤ 재정의 운용(예산의 확보, 편성, 집행, 결산), ⑥ 시설의 정비 확충 및 유지관리, ⑦ 대외관계(학부모와 지역사회, 교육청, 교직단체 및 기타 유관 기관의 협력) 등으로 제시하고 있다.

교육행정학의 연구영역 구분은 다음과 같다. 첫째, 교육행정활동의 각 영역이 포괄하고 있는 대상이 교육행정내용을 얼마나 내포하는가에 초점을 두고 고찰하면 다음과 같다. 교육행정의 기능에 따라 관리행정과 장학 행정으로 분류하며, ① 관리행정은 교육부의 각국, 과, 시·도 교육청의 관리국, 관리과 및 각급 학교 행정실에서 진행되며, 업무내용은 회계, 각종 시설물의 정비보관, 교지, 교사 및 비품과 소모품의 관리, 교사 및 학생의 인사관리 등이다. ② 장학행정은 교직원의 전문적 자질을 높이기 위한 장학지도, 즉 교육과정, 학습지도, 생활지도 등 교육내용 측면에 지도 조언에 중점을 두고 있다.

둘째, 교육행정활동의 행정력이 미치는 범위와 수준에 따라 중앙과 지방교육행정 그리고 단위학교행정으로, ① 중앙교육행정은 학교교육, 평생교육, 학술에 관한 사무를 관장하며, 특히 영유아 보육법의 제정으로 유치원의 설치·운영에 관한 행정 사무는 교육부에 있으나, 탁아소(어린이집; 보육시설)의 설치 운영에 관한 사항은 보건복지부장관 관할 하에 있다. ② 지방교육행정은 시·도의 교육학예에 관한 조례안의 작성 및 예산안의 편성, 교육규칙의 운영에 관한 사항 등의 사무를 관장하는 16개 시·도 교육청의 교육감과 시·군 및 자치구를 관할구역으로 하는 하급교육행정기관의 교육장이 있다. ③ 단위학교행정은 학교의 교육활동을 효과적으로 수행하기 위하여 이루어지는 제반 지원활동을 말한다. 이러한 지원체제는 교사를 채용하고, 학교비품이나 실험실습기자재를 구매하며, 교사나 학생에 대한 봉사 등 수업을 직접적으로 도와주는 것을 의미한다. 단위학교는 교육활동이 이루어지는 가장 핵심적인 곳이며, 이 단위학교의 교육행정이 어떻게 운영되느냐에 따라 교육의 자주성과 더불어 지방교육의 특수성을 살릴 수 있기 때문이다.

제4절 교육행정의 원리

교육행정의 기본원리가 존재하는 이유는 교육활동의 제 영역에서 나타나는 문제들을 해결하고 교육목표를 달성하기 위한 지침과 준거가 되는 원리가 있어야 교육행정의 일관성과 합리성을 유지할 수 있다. 교육행정의 활동들은 개별적 지식에서 나오는 단기적인 활동이 아니라 제도나 정책들이 갖추어야 할 법칙이나 원리를 이해하고 응용하는 종합적이며, 장기적인 활동이어야 한다. 따라서 교육행정은 고도의 정신작용을 수반할 뿐만 아니라 당위성과 규범, 윤리성과 준칙에 의거하여 운영되어져야 할 실천적 활동이기 때문에 교육활동의 준거가 되는 원리가 있어야 한다.

교육행정의 기본원리에 대한 제 학자의 견해는 다음과 같다. 백현기(1958: 50~52)는 타당성의 원리, 능률성의 원리, 적응성의 원리, 안정성의 원리 등을 제안했으며, 윤정일(1987: 28~33)은 교육행정운영의 기본원리로서 민주성, 효율성, 합법성, 기회균등, 지방분권, 자주성 존중, 안정성 유지, 전문성 보장 등 여덟 가지로 제시하고 있다. 노종희(1992: 17~21)는 교육행정의 기본이념으로 인간성, 민주성, 자율성, 도덕성, 타당성, 능률성, 안정성, 융통성 등으로 제시했다. 김종철(1994: 65)은 법제적 측면과 운영적 측면으로 분류하여 제시하고 있다. 법제적 측면은 법치행정의 원리, 기회균등의 원리, 적도집권의 원리, 자주성 존중의 원리 등이며, 운영적 측면은 모트(Mort)의 것을 인용하여 타당성의 원리, 균형의 원리 등이다.

따라서 상기 학자들이 제시한 원리는 그들이 강조하고 있는 원리를 제시하고 있는 것일 뿐, 모든 상황에 통용되는 원리라고 보기는 어렵다. 교육행정의 원리는 교육행정업무를 수행하는 데 서로 유기적인 관계를 맺으면서 적용되어야 하기 때문에 법제측면이나 운영측면으로 구분할 필요 없이 종합적으로 고찰하는 것이 더 적절하다. 여기서는 학자들이 공통적으로 주장하고 있는 원리를 중심으로 살펴보고자 한다.

첫째, 법률주의의 원리이다. 이것은 교육행정이 법률에 근거하여 법이 정하는 범위 내에서 이루어져야 한다는 법치행위의 원리를 말한다. 법치주의 원리의 출발점은 행정부의 독단적인 권리행사를 막으려는 입법과 행정의 분리, 행정의 자유재량권 남용을 방지하려는 데서 출발한다. 교육행정은 헌법 제31조의 규정을 비롯하여 교육기본법, 지방교육자치에 관한 법률, 교육공무원법, 사립학교법 등의 법률과 이 법률규정에 근거한 각종 법률과 명령, 훈령과 조례 등에 의해서 집행되고 있다.

둘째, 자주성의 원리이다. 이 원리의 목적은 학교와 지방교육행정기관이 그 조직의 운영·관리에 필요한 기준을 자율적으로 설정하여 집행하며, 조직발전을 위해 필요한 제반 정책을 자주적으로 결정함으로서 교육의 독립성과 자주성을 고양하는 데 있다. 헌법 제31조 제4항은 “교육의 자주성·전문성·정치적 중립성은 법률이 정하는 바에 의하여 보장된다.”고 규정하고 있다. 교육기본법 제6조 “교육은 교육 본래의 목적에 따라 그 기능을 다 하도록 운영되어야 하며, 어떠한 정치적·파당적 기타 개인적 편견과 전수를 위한 방편으로 이용되어서는 아니 된다.”는 조항에 근거하며, 자주성 원리의 운영방향은 지방자치시대를 맞이하여 지방교육행정이나 단위학교에 교육행정의 권한을 많이 이양함으로써 권위주의적 획일성에서 탈피하고 단위학교의 교수-학습활동이 자율적이며 창의적으로 이루어질 수 있도록 해야 할 것이다.

셋째, 타당성(validity)의 원리이다. 교육행정활동이 바람직한 교육계획을 세우고 그것을 운영해 나가는 데 있어서 타당한 것, 올바른 보조활동이 되어야 함을 의미한다. 항상 올바른 목표를 세우고 그 목표 달성에 필요하고 충분한 조건을 정비 및 확립하여야 한다는 것이 타당성의 원리이다. 이를 합목적성의 원리라고 할 수 있다. 목적에 맞고 목적에 비추어 타당한 행정활동이 되어야 한다는 것이다.

넷째, 기회균등의 원리이다. 이 원리는 "만민은 법 앞에 평등하다."라는 개념과 상통한다. 또한 헌법 전문 "……정치 · 경제 · 사회 · 문화의 모든 영역에서 개인의 기회를 균등히 하고 능력을 최고도로 발휘하게 하여"라는 조항과 동법 제31조 제1항의 "모든 국민은 능력에 따라 균등하게 교육을 받을 권리를 가진다."라고 규정한 것은 교육의 기회균등의 원리를 천명한 것이다. 교육기본법 제3조의 "모든 국민은 평생에 걸쳐 학습하고, 능력과 적성에 따라 교육받을 권리를 가진다."와 제4조 "모든 국민은 성별, 종교, 신념, 사회적 신분, 경제적 지위 또는 신체적 조건 등을 이유로 교육에 있어서 차별을 받지 아니한다."라는 규정에 나타나 있다. 기회균등의 원리의 실천사항은 의무교육의 확충, 남녀공학 실시, 특수교육, 통신교육, 성인교육의 확대 실시, 사립학교에 대한 정부의 재정지원 등이 이루어지고 있다.

다섯째, 지방분권화의 원리이다. 이 원리의 목적은 교육행정의 지방분권을 통하여 주민의 참여의식을 높이고, 지방교육의 특수성을 살려 지역실정에 맞는 교육정책을 운영함으로써 단위학교의 자율성을 신장시키려는 데 있다. 헌법 제14조에서 규정하고 있는 "국가와 지방자치제는 교육의 자주성을 확보하며 공정한 민의에 따라 각기 실정에 맞는 교육행정을 하기 위하여 필요적절한 기구와 시책을 수립 실시하여야 한다."는 조항에 근거하고 있다. 지방분권화의 원리를 구체적으로 명시하고 있는 법률이 지방교육자치에 관한 법률이다. 동법 제1장 총칙 제1조에 "교육의 자주성 및 전문성과 지방교육의 특수성을 살리기 위하여 지방교육자치단체의 교육 · 과학 · 기술 · 체육 기타 학예에 관한 사무를 관장하는 기관의 설치와 그 조직 및 운영 등에 관한 사항을 규정"하고 있다. 시 · 도의 교육 · 학예에 관한 사무를 집행하는 교육감, 그리고 시 · 도의 교육 · 학예에 관한 사무를 분장하기 위하여 1개 또는 2개 이상의 시 · 군 및 자치구를 관할구역으로 하는 하급교육행정기관(교육청)

의 설치를 규정하는 것은 교육행정의 분권화를 찾을 수 있다.

여섯째, 전문성의 원리이다. 교육활동은 전문적인 활동이기 때문에 장기간의 교육과 훈련을 쌓지 않으면 그 업무를 제대로 수행하기 어렵다고 할 수 있다. 전문성은 교육에 대한 고도의 식견과 전문성을 갖춘 전문가가 교육행정업무를 담당해야 함을 의미한다. 교육행정에 요구되는 전문성은 업무의 독자성 내지는 특수성에서 기인하며, 고도의 지성을 바탕으로 하는 지적 및 기술적 수월성이라 할 수 있다(윤정일 외, 2007). 우리나라에서 교육감이나 교육위원의 자격을 제한하거나 교장 또는 교감에 대해서도 자격증 소지자로 한정하고 있는 것도 바로 이러한 교육행정의 전문성을 보장하기 위한 조치라 할 수 있다(박세훈 외, 2008).

일곱째, 능률성(efficiency)의 원리이다. 이것은 모든 합리적인 활동에 있어서 공통적으로 강조되는 하나의 경제적 원리라 할 수 있다. 교육활동에 있어서 최소한의 노력과 경비를 투입하고 낭비를 극소화시킴으로써 최대한의 효과, 교육목표 달성도를 극대화하는 것이 교육행정의 궁극적인 목적이다. 이 원리의 강조점은 단기적 평가를 불허하며, 유형의 성과보다는 무형의 성과가 더욱 중요하다는 점이며, 능률성의 원리를 주장할 때 단기적 평가보다 장기적인 평가에 의한 능률과 단순한 경제적 능률보다는 사회적 능률을 더욱 강조하여야 한다. 또한 이 원리는 민주성의 원리를 희생하면서 강조될 수 없는 것이다. 이 양자 사이에 적절한 균형과 조화를 이루어야 한다.

여덟째, 적응성(adaptability)의 원리이다. 적응이라 함은 새로이 발전되어 나가는 시대에 대하여 신축성 있게 대응해 나감으로써 조화적 관계와 능률적 성과를 계속 확보해 나가는 것을 의미한다. 사회변화에 순응하며, 사회변화를 질서있게 조절해 나갈 수 있는 교육을 지향하기 위해서는 적응성의 원리가 큰 역할을 한다. 획일적인 통제의 폐단을 시정하고 구체적인 환경에 적응하는 조치를 강구할 필요성이 강조되는 것도 적응성의 원리에 입각한다고 할 것이다.

아홉째, 안정성(stability)의 원리이다. 이 원리는 교육활동의 지속성, 안정성을 확보하기 위한 원리이며, 교육행정을 운영하는 데 충분한 연구와 검토 없이 빈번한 개편이나 변화는 행·재정뿐만 아니라 시간적인 낭비를 초래함으로써 교육행정의 효율성을 저하시키는 요인이 될 수 있다. 구체적인 실례를 들면, 프랑스 대학입시정책은 1808년 나폴레옹시절부터 '바칼로레아'제도를 오늘날까지 시행하고 있으나, 한국 대학입시정책은 해방 이후 현행 수학능력시험까지 20여 차례의 큰 변화가 있었다. 이와 같은 빈번한 변화는 중등교육의 교육과정에 큰 영향을 미쳤으며, 이해 당사자인 학생, 학부모, 교사들을 비롯한 전 국민에게 많은 영향을 미치고 있다.

열째, 균형성(balance)의 원리이다. 행정의 실제에 있어서 동일한 상황에 양립하기 힘든 원리들이 동시적으로 적용되는 경우가 많다. 이러한 경우에 여러 원리들 간에 상위를 조절하여 양극화를 배제함으로서 조화와 균형의 적정선을 유지해야 한다. 이 원리는 능률성을 강조한 나머지 민주성을 희생한다거나, 적응성을 강조한 나머지 안정성을 위태롭게 할 수도 있는 것이기 때문에 행정가의 건전한 상식과 경험에 입각한 판단으로 전체 원리 간의 조화를 도모해야 할 것이다.

열한째, 민주성(democracy)의 원리이다. 교육행정실천면에 있어서 주로 독단과 편견을 배제하고, 교육정책의 수립에 있어서 관련집단의 광범위한 참여를 통해서 공정한 민의를 반영케 하며 결정된 정책의 집행과정에 있어서 권한의 이양을 통하여 전권과 횡포를 막는 것을 의미한다. 실례는 교육행정기관의 장이 그 기관의 운영에 대한 최종적인 책임을 지고 있음에도 불구하고 교육위원회나 심의회 같은 자문기구를 설치하여, 교육정책 결정과정에 중지를 모으는 것이나, 직원회, 협의회, 연구회 등을 통하여 의사소통의 길을 열고 일방적인 명령이나 지시보다는 협조와 이해를 기초로 사무를 집행하는 것이 민주성의 원리에 바탕을 두는 것이다.

제5절 교육행정의 과정

교육행정의 과정은 교육행정가의 행정적 기능 수행에 유용한 안내자의 역할을 담당함과 동시에 교육행정활동의 구성요소를 의미한다. 교육행정의 과정에 대한 제 학자의 견해를 국내·외로 분류해서 고찰하기로 한다. 우선 외국학자의 견해는 다음과 같다.

첫째, 패욜(Fayol, 1974: 5~6)은 저서 『일반 및 기업관리론(General Industrial Management)』에서 행정의 기능을 수행하기 위한 관리과정을 ① 기획(planning), ② 조직(organizing), ③ 지휘(commanding), ④ 조정(coordinating), ⑤ 통제(controlling), 등 5개 요소를 제시했다.

둘째, 시어즈(Sears, 1950: 31)는 패욜의 이론에 영향을 받아 1950년에 저서 『행정과정의 성격(The Nature of the Administrative Process)』에서 기업관리의 연구결과를 최초로 교육행정에 적용시켰으며, 교육행정의 과정요소를 ① 기획(planning), ② 조직(organizing), ③ 지시(directing), ④ 조정(coordinating), ⑤ 통제(controlling) 등 다섯 가지 요소를 제시하고 있다.

셋째, 그레그(Gregg, 1957: 269~317)는 저서 『교육에서의 행정행위(Administrative Behavior in Education)』에서 행정과정요소를 ① 의사결정(decision-making), ② 기획(planning), ③ 조직(organizing), ④ 의사소통(communicating), ⑤ 영향(influencing), ⑥ 조정(coordinating), ⑦ 평가(evaluating) 등 일곱 가지로 제시했다.

넷째, 귤릭과 어윅(Gulick & Urwick, 1973: 18)은 행정의 과학화에 가장 크게 기여한 학자들이다. 그들은 1937년 「행정학 논총: Paper on the Science Administration」에서 대통령의 일반적 직무를 기능적으로 분석하여 POSDCoRB 라는 약성어로 표현되는 행정과정을 제시하였다. POSDCoRB는 귤릭 등(Gulick et al.)이 패욜(Fayol)의 행정관리요소를 확장 및 발전시킨 것으로 조직관리과정에 관심을 가진 많은 학자들에게 개념적 틀을 제공하였고, 공공행정이나 기업관리에 관심을 가진 학자들에 의해 보충되고 수정되어 오늘날까지 활용되고 있다. ① 기획(planning)이다. 조직의 목적 달성을 위하여 행동의 대상과 방법을 개괄적으로 확정하는 일이며, ② 조직(organizing)은 공동의 목적을 달성하기 위하여 공식적 권한구조를 설정하고 업무내용을 배분 및 규정하는 일이다. ③ 인사배치(staffing)는 설정된 구조와 직위에 적격한 직원을 채용 및 배치하고 작업에 적합한 근무조건을 유지하는 일이다. 그리고 ④ 지휘(directing)란 조직의 장이 의사결정을 하고 그것을 각 부서에 대한 명령과 지시 등의 형태로 구체화하는 일이며, ⑤ 조정(coordinating)은 각 부서별 업무수행의 관계를 상호관련시키고 원만하게 통합 및 조절하는 일이다. ⑥ 보고(reporting)는 작업 진척상황에 대한 기록, 조사, 연구, 감독 등을 통해 조직의 장이 자신과 하위직원들에게 정보를 제공하는 일이다. ⑦ 예산 편성(budgeting)이란 조직의 목표 달성에 소요되는 제반 예산을 편성하고 회계, 재정 통제, 결산 등을 하는 일이다.

따라서 POSDCoRB는 패욜(Fayol)의 행정관리 다섯 가지 요소를 차용한 것으로 볼 수 있다. 기획, 조직, 조정은 패욜(Fayol)의 관리요소를 그대로 이용한 것이다. 지휘는 패욜(Fayol)의 명령을, 보고와 예산편성은 통제를 구분 및 변경한 것이며, 인사배치는 패욜의 조직에서 일부 분리한 것이다. 귤릭과 어윅(Gulick & Urwick)은 이에 그치지 않고 이 행정관리론을 조직이론으로 발전시켜 조직에서의 인간관리의 중요성을 확인하고 명령통일과 통솔범위의 제한, 막료조직의 활용, 권한과 책임의 위임 등의 필요성을 제시하면서 행정이론의 발전에 크게 기여하였다. 특히 행정관리론은 시몬 등의 의사결정이론 발전에 크게 공헌하였다.

다섯째, 미국학교행정가협의회(AASA: The American Association of School Administration)이다. 1955년에 발간한 학술지 제33호에서 "행정이란 학교 교육의 목적을 달성하기 위하여 인적·물적 자원을 유용하게 사용할 수 있도록 하는 과정"으로 보면서, 이러한 행정과정요소를 ① 계획(planning), ② 배치(allocation), ③ 자극(stimulation), ④ 조정(coordinating), ⑤ 평가(evaluating) 등 다섯 가지를 제시했다(1955: 15~22).

교육행정의 과정에 대한 국내학자의 견해는 다음과 같다.

첫째, 강길수(1989: 235~251)는 "교육행정과정들의 각 요소들은 분리 및 독립된 것이 아니라 순환적으로 서로 연결되어 통합된 것"으로 보고 있다. 그는 교육행정 과정요소를 ① 계획하기, ② 조직하기, ③ 제시하기, ④ 조정하기, ⑤ 평가하기 등 다섯 가지를 제시했다.

둘째, 김종철(1994: 31)은 그레그(Gregg)의 이론을 토대로 교육행정 과정요소를 ① 기획, ② 결심, ③ 조직, ④ 교신, ⑤ 지도, ⑥ 조정, ⑦ 통제, ⑧ 평가 등 8개 요소로 분석했다.

셋째, 정태범(1994: 32~36)은 교육행정 과정요소를 논리적 요소와 비논리적 요소로 구분했다. 우선 논리적 요소는 ① 계획, ② 조직, ③ 실천, ④ 평가로 분류했고, 비논리적 요소는 ① 의사결정, ② 의사소통, ③ 조정, ④ 동기유발 등의 요소로 나누어 탐색하고 있다.

넷째, 김창걸(1993: 33~34)은 교육행정 과정요소를 ① 기획, ② 조직, ③ 지시, ④ 조정, ⑤ 평가 등 다섯 가지로 제시했다.

교육행정과정에 대한 국내외 학자들에 견해를 토대로 교육행정의 과정을 ① 계획, ② 조직, ③ 의사소통, ④ 조정, ⑤ 평가 등의 다섯 가지를 제시하고자 한다(신재흡, 2010).

① **계획**(planning): 설정된 교육목표를 달성하기 위한 최선의 방법과 수단을 합리적으로 준비하는 사전활동을 의미하며, 이것은 체제접근론이 행정분야에 도입됨에 따라 계획은 목표 달성을 위한 수단은 물론 행정과정으로서 강조되고 있다. 교육계획은 교육정책결정에 효율성과 안정성을 보장해 주는 준비과정이며, 후행하는 교육행정의 과정요소를 위한 올바른 준거와 지침이 되며, 교육행정 및 정책의 체제가 중앙정부 수준의 국가 교육계획부터 단위 학교의 행정계획 등에 이르기까지 장기적이고 안정적이며 일관성 있는 교육계획의 수립이 요청된다.

② **조직**(organizing): 수립된 교육계획에 따라 교육목표를 효율적으로 달성하기 위해서는 교육행정활동에 필요한 인적, 물적 자원을 합리적으로 배분해야 한다. 인적자원의 선발 및 조직, 시설, 설비의 배치, 업무 및 예산편성 등의 배분을 위한 분업적 협동체제의 구성을 교육조직이라 한다.

③ **의사소통**(communicating): 교육행정행위가 지원적 및 봉사적인 성격이라기보다는 권위적이고 관료적인 성격을 더 강조하기 때문에 학자에 따라 의사소통을 지시(directing), 명령(commanding)이라는 용어로 사용하기도 한다. 의사소통은 설정된 교육목표의 달성을 위해 조직구성원들 간 정보수집이나 각종 업무추진에 따른 의견교환이 활발하게 이루어져야 하는 것을 의미한다. 이것은 원활한 의사소통을 위해서는 일방적인 명령이나 관료주의적 권위의 행사보다 정보교환의 통로가 민주적으로 개방되는 허용적 분위기의 조성이 매우 중요하다.

④ **조정**(coordinating): 교육의 목표 달성을 위해 활동하는 조직원들이 그들의 업무를 조절하고 통합하며, 유기적으로 상호관련시키는 행위이

며, 조정이 원할한 경우에는 시간과 노력의 낭비, 부서 간 갈등을 줄일 수 있으며, 각 부서나 구성원들 간 협동이 잘 이루어지며, 능률과 사기가 향상되어 바람직한 조직운영이 된다. 교육조직 간 조정이 잘 이루어지면 교육정책의 일관성과 안정성을 유지할 수 있어 교육행정의 효과성을 배가시킬 수 있다.

⑤ **평가**(evaluating): 교육행정활동 과정결과 나타난 성과를 분석 및 검토하여 교육행정의 합리성과 효율성을 측정하는 것이다. 이것의 목적은 교육행정과정에서 나타난 문제점을 찾아내어 시정하며, 설정된 교육목표의 달성 정도를 종합적으로 판단해 궁극적으로 교육행정의 업무 성과를 높이는 데 있다. 또한 평가시기는 수시, 분기, 학기 또는 교육행정과정의 마지막 단계에서 이루어지기도 한다.

장학

Chapter 09

제9장에서는 장학의 개념, 기능, 유형(임상장학, 동료장학, 약식장학, 자기장학, 자체연수), 장학 담당자의 역할 등에 대해서 고찰하고자 한다.

제1절 장학의 개념

장학의 개념에 대해서는 학자들 간에 의견이 다양하게 정의되고 있다. 장학의 강조점, 접근방법, 시간과 공간 또는 강조점을 어디에 두느냐에 따라 달리 정의되기도 한다.

첫째, 국내학자들의 장학에 대한 견해를 살펴보기로 한다. ① 김종철(1982: 19)은 장학의 내용을 구명하기 위하여 법규적 접근(legal approach), 기능적 접근(functional approach), 이념적 접근(ideological approach)방법으로 분류하고 있다. i) 법규적 접근방법은 문교부를 중심으로 행해지는 장학활동으로서 기획, 조사연구, 교육활동 운영의 지도 감독, 교육공무원의 지도감독, 학생지도 등 교육활동 전반에 관한 계선조직의 행정활동에 대한 전문적·기술적 조언을 통한 참모활동(staff operation)이다. ii) 기능적 접근방법은 교사의 전문적 성장, 교육운영의 합리화, 학생들의 학습환경개선을 위한 전문적 기술적 보조활동이다. iii) 이론적 접근방법은 장학의 개념을 수업(instruction), 즉 학습지도의 개선을 위하여 제공되는 지도 및 조언을 의미하는 것으로 미국에서 발전한 새로운 장학의 개념이며 교육과정운영과 학습지도 방법의 개선에 초점을 두고 있다. ② 강영삼(1994: 19~21)은 장학을 교육조직체계와 관련시켜 장학의 개념을 네 가지로 규정하고 있다. 중앙교육행정조직의 참모활동중심 접근에 의한 문교장학, 지방교육행정조직의 계선활동중심 접근에 의한 학무장학, 학교조직의 수업활동중심의 접근에 의한 수업장학, 학교조직의 수업활동중심 접근에 의한 임상장학으로 유형화하고 있다. ③ 윤정일 외(1996: 305~311)는 교육부 내에서 이루어지는 모든 장학행정을 중앙장학, 시·도교육청과 시·군·구 교육청에서 이루어지는 장학행정을 지방장학, 학교에서의 장학활동을 교내장학, 학급 내에서의 장학활동을 임상장학, 여기에 동료장학과 자기장학을 추가하고 있다. ④ 허병기(1997: 183)는 장학의 본질을 교육행위에 근접한 조력적 방식에 의한 교사의 수업개선이라 하고, 좀 더 구체적으로는 교사의 수업행위, 혹은 교육행위에 근접하여 그 행위를 전문적으로 조력하는 활동으로 규정하였다. ⑤ 주삼환(1997: 199)은 장학의 핵을 수업개선에 있다고 하였다. 수업개선을 하려면 교사, 교육과정, 학습환경에 변화를 주어 결국 학생의 학습행위를 변화시켜 학습성취, 학습결과를 높여야 하는데, 이것이 바로 장학의 본질이고 장학의 의미라고 하였다. ⑥ 이윤식(1993: 199)은 장학은 교육활동의 개선을 위한 지도 및 조언활동을 의미하는데, 여기서 교육활동의 개선은 "교실 내에서 이루어지는 교수-학습활동의 개선을 핵심으로 하여 단위학교에서 설정된 교육목표의 효율적인 달성을 위한 집단적이고 협력적인 모든 활동을 의미한다."고 하였다. ⑦ 정태범(1996: 15)은 장학을 교수-학습의 효율화를 목적으로 교사의 전문성의 신장, 교육과정의 운영 및 학교경영의 효율화를 목적으로 교사의 전문성의 신장, 정보제공, 자원봉사 등 일련의 전문적·기술적 활동이라고 정의하였다. ⑧ 남정걸(1998: 301~303)은 장학을 학생들의 성장과 발달을 증진시키기 위하여 교사들의 활동을 전문적으로 개선·향상시키는 일이라고 정의하였다. ⑨ 조병효(1996: 15)는 김종철의 장학의 개념을 다음과 같이 부연하여 설명하고 있다. i) 이념적인 접근에 의한 장학은 학생, 교사, 장학담당자, 교육행정가, 학부모, 기타 교육에 관심이 있는 자 등 모든 교육관계자들이 학생들의 성장발달을 위한 교수-학습의 개선을 목적으로 하는 민주적인 활동을 말한다. ii) 기능적인 접근에 의한 장학은 교수-학습사태의 개선을 도모하고 어린이의 성장과 발달을 위해 교사 및 교육종사자에게 제공하는 리더십을 말한다. iii) 법규적인 접근에 의한 장학은 교육활동 전반에 관한 기획, 조정, 연구와 교육활동에 대한 지도 감독, 교원에 대한 인사와 지도 감독, 학생의 지도 등이라고 한다.

둘째, 국외학자들의 장학에 대한 견해는 다음과 같다.

① 와일즈와 본디(Wiles & Bondi, 1980: 4)는 장학이란 교육행정의 연장으로 발전해서 1980년대는 독립된 개별형태인 행정, 경영, 인간관계, 교육과정, 지도성 교수의 기능을 수행하고 있으며, 이것은 학문적으로 독립한 단계를 의미하는 것이 아니라 교육의 기능 면에서의 독립을 의미하고 있다. ② 와일즈(Wiles, 1967: 10~11) "장학이란 교사들이 그들의 일을 보다 잘할 수 있도록 도와주는 봉사활동이다."라고 하여 교수-학습태도의 개선 및 향상을 위한 조언을 강조하고 있다. ③ 알폰소와 퍼스 및 네빌(Alfonso, Firth & Neville, 1975: 35~36)은 장학이란 학교 내의 상담활동, 수업, 행정, 학생의 행동체제 등과 상호작용하는 수업행동체제로 보았으며, 학생의 학습을 촉진시키고 학교 조직의 목적을 달성하기 위하여 교사의 행동에 직접적인 영향을 줄 수 있도록 학교 조직에 의하여 공식적으로 지정된 행동이라고 정의하였다. ④ 코건(Cogan, 1979: 15)은, "일반장학은 교육과정의 제정과 개정, 수업단원과 자료의 준비, 학부형에게 통지하는 과정과 도구의 개발, 전체적인 교육프로그램의 평가와 관련된 활동을 의미한다."고 하였다. ⑤ 모셔와 퍼펠(Morsher & Purpel, 1975)은 "장학의 과업은 교사들에게 가르치는 방법을 설명해 주는 것이며, 교육과정, 교수, 조직형태 등에 있어서 전문적 지도성을 발휘하는 것"이라고 정의하고 있다. ⑥ 해리스(Harris, 1985: 10)는 "장학은 학생들의 학습을 돕고자 이용되는 수업과정에 직접적인 영향을 주는 방법으로 학교를 경영해 나가거나 변혁을 가져오게 하는 인적 및 물적 요소를 다루는 일이다. 장학활동은 하나의 단순한 과업이나 또는 일련의 과정이 아니라 수업활동과 상당히 관련된 학교경영의 주기능이라 할 수 있다."고 하였다. 근대적인 장학의 개념을 처음으로 정의한 ⑦ 버톤(Burton, 1947: 4)은 장학을, "교수행위의 개선, 현직교사의 성장, 교육과정의 선정과 조직, 교사의 평가와 관련된 제 활동이다."라고 규정하였다.

이상에서 여러 학자들의 장학에 대한 논의를 바탕으로 장학의 개념을 정의하면, 학교에서 교수-학습의 효율화를 극대화하기 위한 제반 지도 및 조언 활동으로서 교육과정운영의 충실화, 학교행정 및 경영의 합리화, 교사의 전문성 신장, 합리적인 리더십의 발휘, 학교에서의 교육풍토의 쇄신 등을 위해 정보를 제공하는 일련의 전문적·기술적인 교육활동이라고 할 수 있다.

제2절 장학의 기능

장학의 기능이란 장학의 의미를 나타내며, 장학의 정의 및 역할 정의에 따라 기능을 보는 시야도 달라질 수밖에 없는 것이다. 장학의 기능문제는 장학의 개념과 장학의 발달과 서로 연관되어 있다. 그리고 장학의 기능은 장학의 과업(task)이나 역할(role)과도 밀접하게 관련되어 있음을 지적하고자 한다.

따라서 장학의 기능에 대한 제 학자들의 견해를 살펴보기로 한다.

첫째, 덜(Dull, 1981)의 장학 기능은 전문직화, 직원발전, 집단을 통한 장학, 개별적 장학, 교육과정개발, 방문과 관찰, 수업자원, 교사평가, 장학 자체평가 등을 들고 있다.

둘째, 러벨과 와일즈(Lovell & Wiles, 1983: 46~127)는 장학의 기능을 협동장학, 교육과정개발, 임상장학, 그리고 교원직능개발로 구분하고 있다. ① 협동장학은 수업프로그램을 향상하기 위하여 전문가들의 협력을 요구할 뿐만 아니라 교육종사자들의 분화된 역할의 중요성과 교육적 노력에서 협동의 필요성을 강조하며, 협동장학의 주요 요건은 교육종사자들 간에 능력과 전문지식의 넓은 기반이 있어야 한다는 것이다. 즉 협동장학은 교육조직에서 수업장학 업무를 추진함에 있어서 조직구성원을 계발하기 위한 체제적 절차라 할 수 있다. 그것은 교사행동체제, 예를 들면, 직원평가, 교육과정개발, 현직연수를 위해 직접적인 지원, 봉사 및 원조를 촉진하는 체제적 방법이라 할 수 있으며, 그리고 번식효과방법(the rifle approach), 비정치 교사지도요원(the cadre of floating teachers), 그리고 소규모 교수(micro-teaching) 등이 협동장학을 촉진하고 또 협동장학에 의해 촉진되는 전략으로 확인되고 있다. ②

교육과정개발에 대한 네 가지의 기본문제는 타일러(Tyler)가 제시하였다. i) 학교는 어떤 교육목표를 달성해야 하는가? ii) 이러한 목표 달성을 위하여 어떤 교육경험이 제공되어야 하는가? iii) 이러한 교육경험은 어떻게 효과적으로 조직될 수 있는가? iv) 이러한 목표가 달성되고 있는지를 어떻게 결정할 수 있는가? 등이다. 이와 같은 문제들은 특정한 상황에 따라 교사, 학교, 시·도 및 시·군·구 교육청, 교육부수준에서 이루어져야 한다. 장학담당자는 교육과정개발 및 이행을 위한 책임을 맡고 있다. 따라서 그들은 연구집단을 만들어 대규모 교육과정 개발계획이나 새로운 프로그램을 획득할 의무가 있는 것이다. ③ 임상장학은 코건(Cogan, 1973)이 다음과 같이 정의를 내리고 있다. 수업의 실제에서 중요한 자료를 얻어서 이러한 자료의 분석과 교사 및 장학담당자 간의 관계는 교사의 교수행동을 개선하여 학생의 학습을 향상시키려는 프로그램, 절차 및 전략의 기본이라고 했다. 골드해머(Goldhammer)의 임상장학의 5단계는 i) 관찰 전 협의회, ii) 관찰, iii) 분석 및 전략, iv) 장학 협의회, v) 협의회 후 분석 등으로 구분하고 있다. 따라서 임상장학은 교사들의 전문적 직능에 대한 향상을 돕기 위해 협의, 지원 및 봉사를 제공하는 데 효과적인 방법일 수 있다. 그 이유는 교수-학습의 모형이 변하고 교수내용과 학습자료 및 물리적 환경이 변하고 있으므로, 전문가들에게는 새로운 이해, 기능 및 실천의 개발을 요구하고 있기 때문이다. ④ 교육조직은 새로운 아이디어, 새로운 기능, 부단한 교육적인 노력을 요구하고 있다. 교원직능개발에는 여러 가지 방법이 있겠으나 창의적인 사고력 증진을 위한 현직연수, 프로그램에 의한 현직교육, 일반대학원의 교육학과, 교원연수원 또는 교육대학원에 의한 현직교육, 자기연수 등이 좋은 실례가 되고 있는 실정이다.

셋째, 정태범(1996: 20~23)은 장학의 기능을 행위상의 분류에 의한 기능(감독적인 관리기능, 전문적인 관리기능, 전문적인 지도기능)과 내용상의 분류에 의한 기능(교과지도기능, 학생지도기능, 학교경영기능)으로 나누고 있다. 전자는 감독적인 관리기능(regulatory function)은 일제 식민통치 하의 시학의 의미를 내포하며, 그리고 미국에서 1900년대 초 과학적관리론에 근거를 둔 통제나 규제위주의 기능과 일맥상통하는 장학의 기능을 의미한다. 전문적인 지도기능(professional function)은 학교의 교육활동이나 교과내용에 대한 전문성을 가진 전문가에 의해서 장학이 지도적으로 이루어지는 것을 의미하며, 이것은 학교교육의 문제점을 협의하고 해결방안을 모색하여 지도하는 전문적 입장에서 장학을 실시해야 할 것이다. 협동적 조언기능(advisory function)은 교육활동에서 일어나는 문제점을 교육전문가나 동료교사 등과 상의하여 협동적으로 해결할 때의 장학기능을 말한다. 이러한 기능은 학교 현장에서 동료장학이나 동료 임상장학 및 협동적 연구활동 등에서 구체적으로 나타나며, 그리고 교직원의 의사결정에 참여가 확대되고 자유로운 의사소통이 이루어질 때 이 기능은 더욱 촉진된다. 즉 관리기능에서는 행정권위에 의한 과업수행이 강조되고, 지도기능에서는 전문가에 의한 문제해결이 강조되는 데 비하여, 조언의 기능에서는 누가 장학의 역할을 수행하든 동료로서 협동적으로 문제를 해결해 나가는 과정을 강조한다. 교육현장에서의 장학은 협동적 조언의 기능을 중시하고 있다.

후자의 교과지도란 학교가 어떠한 학생을 기르기 위하여 어떠한 교육과정을 마련하고 그것을 어떻게 가르칠 것인가 하는 과제와 관련되는 교과의 전문적 지도기능이며, 이 기능은 교육과정개발, 교수-학습활동, 각종의 교재, 교구 및 매체 등을 포함한다. 학생지도는 학생의 성장발달을 위하여 학생을 어떻게 이해하여, 어떻게 지도할 것인가와 관련되는 학생지도의 전문적 기능을 포함한다. 이 기능에는 학생의 심리이해, 생활지도, 진로지도 등이 있다. 끝으로 학급 및 학교경영기능은 학교에서 교육목표 달성을 위하여 어떠한 교육과정을 마련하고 그 운영에 적합한 교육조건을 마련하여 교원의 교육활동을 가능하게 하는 경영활동의 전문적 지도기술을 의미하며, 이 기능에는 학교교육계획, 교육조직관리, 교육과정관리, 교육조건관리, 교육성과관리 등을 포함한다.

지금까지 장학의 기능을 살펴보았듯이, 가장 근본적인 기능은 수업(교수-학습)개선과 교육과정개발로 볼 수 있으며, 더 크게 보면 현직교육, 교수자료와 시설제공 및 교직원인사, 홍보에 이르기까지 교사의 전문적 성장을 돕는 모든 교육활동뿐만 아니라 교사의 신상 및 인간관계에 이르기까지 그 범위가 대단히 넓음을 알 수 있다.

제3절 장학의 유형

제3절 장학의 유형에서는 임상장학, 동료장학, 약식장학, 자기장학, 자체연수 등으로 분류하여 고찰하기로 한다(신재흡, 2010; 신재흡, 2007; 이윤식, 2005).

1. 임상장학

임상장학(clinical supervision)은 학급 내에서 학생과 교사 사이에 이루어지는 상호작용과정에 초점을 두고서 학생의 학습상태를 향상하도록 하는 것이다. 임상장학의 내용이 수업과정 중 교사의 지각, 신념, 태도, 지식을 분석하여 교사의 수업행동을 개선하고 학생의 학습효과를 향상시키려는 데 있기 때문에 임상장학은 수업장학의 한 방법이라고 할 수 있다.

한국교육개발원에서는 임상장학의 방법으로서 ① 계획협의, ② 수업관찰, ③ 환류협의 등을 포함하였다. 계획협의에서는 신뢰로운 관계조성, 수업연구 과제선정, 학생수업에 대한 정보교환, 수업관찰계획 등이 있으며, 수업관찰에는 수업지도 검토, 수업관찰, 수업관찰 결과정리 등이 있으며, 환류협의에는 수업관찰 결과논의, 수업연구 과제해결 및 방안설정, 적용 및 평가 등을 포함한다.

임상장학은 의사가 환자를 보듯이 장학담당자가 전문성 신장과 수업개선이라는 이중 목적을 가지고, 주로 교실에서 교사들과 대면적 관계를 가지는 것을 말한다. 그러나 우리의 교육현실은 임상장학의 본래 목적을 실현하기 어려운 상황에 있다. 전문성을 가진 장학사가 매우 부족하며, 경비가 많이 소요되는 임상장학을 실현하기에는 더욱 어렵다. 장학의 개별화를 지향해서 생겨난 임상장학의 정신은 선택적 장학(differentiated supervision) 속에서 교사의 기호 및 자율성을 존중하고 교장, 교감, 장학사, 동료 교사들의 영향력을 장학의 본래 목적에 적합하게 실현할 수 있도록 지원조치가 필요하다. 임상장학의 제안자들에 의하면 학급의 수업개선을 장학의 목적으로 하는 장학사는 학급의 수업문제에 대하여 학급교사와 함께 일하기를 원해야 한다고 한다. 이러한 장학활동을 수행하기 위하여 장학담당자는 수업의 계획, 자료수집 및 분석, 인간관계 등의 전문적 기술을 구비해야 한다. 임상장학은 모든 교사를 대상으로 수업기술을 향상시킬 수 있는 장학방법이라고 할 수 있다. 그러나 이를 실시하기 위해서는 많은 시간이 필요하기 때문에, 교사 자신이 임상장학을 요구하거나 교장이 특별히 문제가 있어 임상장학이 필요하다고 생각되는 교사에게 임상적인 경험을 하게 함으로써 효과적인 장학활동이 되게 할 수 있다. 특히 전문가와 교사 간의 임상적 관계에서 형성되는 래포(rapport)와 개방성은 임상장학의 성패에 결정적인 영향을 미치며, 이러한 관계에서 이루어지는 임상장학은 교사의 수업지도기술을 향상시키는 데 큰 영향을 미쳤다(정태범, 2003).

2. 동료장학

동료장학은 협력적 장학(cooperative supervision), 협동적 전문성개발(cooperative professional development) 등으로 표현되고 있다. 동료장학(peer supervision)이란 일반적으로 둘 이상의 교사가 서로 수업을 관찰하고, 관찰된 사항에 대하여 상호조언하며, 서로의 전문적 관심사에 대하여 토의함으로써 자신들의 전문적 성장을 위해 공동으로 연구하는 것이다.

동료장학의 동료관계는 세 가지 측면에서 살펴 볼 수 있다(조병효, 1995). ① 장학담당자들이 팀을 이루어 함께 일하는 동료장학, ② 장학담당자와 교사가 공동협력하는 동료장학, ③ 교사와 교사가 서로 협력하는 동료장학 등 세 가지가 있다. 주로 학교현장에서 교사와 교사 간의 동료장학이 이루어지고 있다. 이것은 수업향상이라는 목표 달성을 위해서 교사들 간의 동료장학이 직접적으로 친근감을 주며, 만족스러운 도움을 주기 때문에 많이 사용하고 있다.

동료장학의 형태는 ① 수업연구중심 동료장학, ② 협의중심 동료장학, ③ 연수중심 동료장학 등 세 가지로 구분하면서, 동료장학의 추진과정에 대해서 언급을 하고자 한다.

첫째, 수업연구 동료장학은 경력교사와 초임교사가 짝을 이루어 상호 간에 수업을 공개 관찰하고 이에 대한 의견을 교환함으로써 수업연구과제의 해결 또는 수업방법의 개선을 도모하거나, 팀 티칭을 위해 서로 도와 협력하는 일들이 동료장학의 전형적인 형태이다.

둘째, 협의중심 동료장학은 동료교사들 간에 공식적이거나 비공식적인 일련의 협의를 통하여 어떤 주제에 관해 서로 경험, 아이디어, 도움, 충고 등을 교환하거나 서로 공동의 관심사를 협의하거나, 혹은 공동과업을 추진하는 활동을 의미한다. 구체적인 실례를 들면, 학교현장의 동 학년협의회, 동 교과협의회, 동 부서협의회 등이 대표적인 형태이다. 협의중심의 동료장학은 교과지도 이외에 학교교육계획, 생활지도, 특활지도, 행사지도, 시청각기자재 활용, 학급경영, 학교평가, 학부모 · 동창회 · 지역사회와의 유대 등 협의 내용이 다양한 것이 특징이다.

셋째, 연수중심 동료장학이란 교과별 · 학년별 · 교육 영역별 소집단 연수, 연구 · 시범 · 실험영역 연수, 당면 연구과제별 연수 등 각종 자체연수를 계획 및 추진, 평가함에 있어 공동연구자로서 상호경험 및 아이디어 그리고 정보를 교환하며 때로는 강사나 자원인사로서 공동으로 협력하는 동료장학을 의미한다.

결국 동료장학은 교수-학습의 제반 과정에 전문적 안목과 능력을 소유한 교사들이 상호 간의 전문적 성장과 발전을 위해 협동하는 장학의 한 유형이다. 더군다나 공식적으로든 비공식적으로든 교사들 상호 간에 교사의 전문적 발달과 개인적 발달, 그리고 학교의 조직적 발달과 관련하여 정보 · 아이디어 · 도움 · 충고 · 조언을 주고받는 행위들도 넓게 보아서 동료장학에 포함된다고 할 수 있다. 특히 동료장학은 능력있고 협동심과 동료의식이 강한 교사가 중심이 되어 교사집단을 이끌면 대단히 효과적이다. 이는 교사들에게 자신의 학급에서 시도할 수 있는 새로운 아이디어를 주며, 교사들 사이에 전문적인 교육활동 풍토와 대화의 분위기를 조성해 의사소통을 원활히 할 수 있다. 그러나 교사들이 장학사나 교장, 혹은 교감과 같은 상급자로부터 자신들의 고유한 영역인 수업활동에 대해 지도와 조언을 받는 사실에 부담을 갖는 경우가 많은 점을 고려하면, 오랜 세월 동안 교직생활을 한 선배교사나 동료교사로부터 자신들의 성장과 발전을 위한 조언과 지원을 받을 수 있는 동료장학은 비교적 거부감 없이 수용될 수 있는 장학이 될 것이다. 이러한 분석에 기초하여, 동료장학의 발전과제는 다음과 같다(김형관 외, 2000).

첫째, 교사들의 전문적 성장을 위한 열린 마음과 노력이 요청된다. 동료교사들의 경험과 능력을 존중하고, 그들로부터 자신의 수업개선을 위한 진솔한 도움과 지원을 받고자 하는 준비가 되지 않고서는 동료장학이 효과를 거둘 수가 없을 것이다.

둘째, 해당학교의 환경과 여건에 맞는 동료장학의 형태가 필요하다. 모든 학교조직에 적용될 수 있는 일반적인 풍토와 문화적 특징이 있지만, 각 학교는 독특한 전통과 풍토를 가지고 있다. 또한 학교의 지역적 환경요인도 고려되어야 한다. 동료장학을 실시하는 방법에는 여러 가지가 있기 때문에 선택의 여지가 있다. 실시 대상 학교의 조직풍토와 인접학교와의 관계 등을 고려하여 동료장학의 방법을 결정할 필요가 있을 것이다.

셋째, 전시적인 동료장학에서 벗어나 자율적인 동료장학이 되도록 해야 할 것이다. 시·도교육청이나 지방교육청에서 자율적인 교내장학을 강조하니까 마지못해 실시하는 경향이 있다면, 이는 마땅히 지양해야 할 것이다. 교육의 변화는 교육현장에서부터 시작되지 않으면 불가능하다. 교사들이 좀 더 좋은 교육, 혹은 개선된 교육서비스를 학습자들에게 제공하고자 하는 의욕을 강화할 때 동료장학은 뿌리를 내릴 수 있다고 본다.

3. 약식장학

약식장학(administrative monitoring)은 교장이나 교감이 잠깐 동안 비공식적으로 학급을 순시하거나 수업을 관찰하는 불시방문장학(drop-in supervision)을 통하여 교사들에게 지도·조언을 제공하는 과정을 말한다(Glatthorn, 1984). 다시 말하면, 확인장학이라고도 한다.

한편 행정가에 의한 잠깐 동안의 비공식적 방문은 관찰 전에 계획이 수립되지 않은 상태에서 관찰자가 교사의 행동형태를 기록할 수 있을 만큼 충분히 오랫동안 머물지 않으며, 사후협의회도 따르지 않으므로 장학담당자들은 이를 비효과적이라고 한다.

하지만 경험있는 행정가들은 불시방문장학을 매우 효과적이라고 한다. 그 이유를 살펴보면 다음과 같다(Glatthorn, 1984). ① 학교경영의 모든 영역에 걸쳐 학교를 전체적으로 파악하는 데 필요한 정보를 수집할 수 있고, 문제점을 찾는 법을 알게 된다는 것이다. ② 미리 준비한 수업활동이나 학급 경영활동이 아닌 평상시의 자연스러운 수업활동이나 학급경영활동을 관찰할 수 있어 이에 대한 의미 있는 지도 및 조언을 할 수 있다. ③ 교장 및 교감이 수업활동과 학급경영활동의 개선을 위하여 적극적인 장학적 노력을 하고 있다는 것을 교사들이 알 수 있기 때문이다.

약식장학의 특징은 다음과 같다.

첫째, 약식장학은 공개적이어야 한다. 관찰받는 교사들과 관련이 되는 다음 중요한 문제들을 교사들과 함께 공개적으로 토의해야 한다.

둘째, 약식장학은 아무렇게나 비체계적으로 이루어지는 것이 아니고, 계획적으로 예정표에 의하여 시행되어야 한다.

셋째, 약식장학은 학습중심적이어야 한다. 약식장학은 짧기 때문에 학습의 중요한 측면에만 초점을 두는 것이 필수적이다.

넷째, 약식장학은 두 차원(two-dimension)을 통하여 상호작용할 때 가장 효과적인 것 같다. 교장 및 교감이 교사에게 피드백을 제공해 주고, 또 진행 중인 교수프로그램과 학교풍토에 대한 평가의 부분으로 관찰자료를 사용할 때 가장 효과적이다. 그리고 현명한 행정가는 나날의 학교분위기를 확인하는 데 관찰을 활용한다.

4. 자기장학

자기장학(self-supervision, self-directed supervision)이란 임상장학을 필요로 하지 않거나 원하지 않는 교사가 혼자 독립적으로 자신의 전문성 성장을 위하여 연구하는 과정이다. 자기장학은 원칙적으로 교사 자신의 필요와 요구를 존중하여 다양한 방법으로 전개되어야 한다. 자기장학의 영역은 담당 교과의 수업지도뿐만 아니라 교육계획, 생활지도, 계발활동지도, 시청각기자재 활용, 학급경영, 각종 교육문제 등 제반 영역이 포함된다.

자기장학의 성격은 ① 교사 개인이 성장의 프로그램에 의거 독립적으로 연구한다. ② 교사 개인이 목표지향적인 전문적 개선프로그램을 개발하고 추구한다. ③ 교사 개인은 그러한 목표를 달성함에 있어서 다양한 자원에 접근하며, 설정된 목표의 성격에 따라 지도자와 교사는 하나 또는 그 이상의 다음 자원과 경험이 적절한지를 결정한다. ④ 자기장학 프로그램의 결과는 교사의 직무평가에 사용되지 않는다. 자기장학 프로그램은 평가와는 완전히 분리된다.

자기장학 방법으로는 ① 자신의 수업을 녹음 또는 녹화하여 이를 스스로 분석·평가, ② 자신의 수업이나 생활지도, 계발활동, 봉사활동, 자치활동, 적응활동, 행사활동지도, 학급경영 등과 관련하여 학생들과의 만남이나 학생들을 대상으로 한 의견조사, ③ 교직·교양·전공과목과 관련된 서적 및 잡지, 연구논문 등 문헌 연구와 다양한 정보자료 활용, ④ 야간대학, 방송대학 등 과정 또는 대학원 석·박사과정의 수강을 통하여 전공교과 영역 또는 교육학영역의 전문성 신장, ⑤ 교육연구기관, 교원연수기관, 교직 전문단체, 학술단체 등 전문기관 또는 교육청 등을 방문하여 교육전문가나 교육행정가·장학담당자들과의 면담을 통한 지도·조언과 정보 입수, ⑥ 각종 연수, 교과연구회, 학술발표회, 강연회, 연구·시범 수업공개회, 그리고 학교 상호 방문프로그램에 적극 참석 또는 참여, ⑦ 텔레비전, 라디오 등 방송매체가 제공하는 교원연수와 관련된 프로그램이나 비디오테이프 등의 시청 등 일곱 가지의 자기장학방법이 있다.

5. 자체연수

자체연수는 교육활동의 개선을 위하여 교직원들의 필요와 요구에 더하여 교내외의 인적 및 물적 자원을 활용하여 학교 자체에서 실시하는 연수활동이다. 장학의 일반적 개념은, "교육활동의 개선을 위하여 주로 교원을 대상으로 하여 이루어지는 제반 지도 및 조언활동"이다. 이를 '과정으로서의 장학'의 입장에서 재해석해 보면, "교육활동의 개선을 위하여 활용될 수 있는 좋은 지식, 기술, 정보, 아이디어, 경험, 도움, 조언 등을 서로 나누어 갖는 활동"으로 볼 수 있다. 자체연수는 좋은 지식, 기술, 정보, 아이디어, 경험, 도움 등을 서로 나누어 갖는 중요한 방법이 되기 때문에 장학의 한 형태로 볼 수 있다.

자체연수는 교장, 교감, 교사뿐만 아니라 행정직원이나 관리직원들도 참여할 수 있을 것이다. 교사들과 행정 및 관리직원들 간의 공동관심사나 공동과제에 대한 연수, 또는 교사들의 이해와 협조가 요구되는 행정 및 관리의 특정업무(예: 공문서 작성, 물품 구매 절차, 예산 운영, 연말정산 등)와 관련된 소개와 연수는 교사들과 행정 및 관리직원들 간의 상호이해와 협조를 높일 수 있다는 점에서 의미가 있다.

자체연수는 교직원들의 전문적 발달, 개인적 발달, 학교의 조직적 발달을 지향하여, 교장, 교감, 부장교사, 교사, 행정 및 관리직원을 포함하여 교내외의 교직원, 또는 외부전문가나 장학요원들이 연수담당자가 되어 진행된다. 학교교육에 대한 학부모의 참여를 높이기 위하여 전문적 지식이나 경험이 있는 학부모, 교육과 관련하여 좋은 지식 및 정보, 경험을 교직원들에게 나누어 줄 수 있는 학부모, 특성분야에 종사하고 있는 학부모를 강사로 초대하여 자체연수를 진행할 수도 있다. 또한 자체연수는 학교가 주도하는 연수로서 연수의 장소가 교내뿐만 아니라 야외연수, 현장견학 및 탐방연수 등과 같이 교외에서도 다양하게 이루어질 수 있다(이윤식, 2005: 285~286).

제4절 장학담당자의 역할

장학담당자의 지위와 위치에 따라 역할과 기능도 다양하다. 교육감이나 부교육감 수준, 교육장 수준, 장학사 수준, 교장 · 교감 · 부장교사 수준에 따라 역할과 기능이 달라진다.

주삼환(1997: 110~111)은 일반 장학담당자의 역할을 다음과 같이 제시하고 있다. ① 조직을 관리하는 조직자 · 관리자의 역할, ② 교사의 어려움을 상담해 주고 자문해 주는 상담자 · 자문자의 역할, ③ 방향을 제시해 주고 교직 전문성을 신장시켜 주는 지시자(instructor) · 전문직자(professional)의 역할, ④ 주로 수업관찰을 하고 자료를 수집해 주는 관찰자의 역할, ⑤ 교사에게 피드백을 해주는 피드백자의 역할, ⑥ 교사와 수업을 평가하고 판단하는 평가자의 역할, ⑦ 수업계획, 수업실행, 특수아지도, 교사발전, 인간관계 등에서 지도력을 발휘하는 지도자의 역할, ⑧ 교사와 교육과정, 수업환경 등을 변화하도록 촉진하는 변화촉진자 역할, ⑨ 여러 부서와 일을 조정하는 조정자의 역할 등으로 정의하고 있다.

그리고 에스포지토(Esposito et al., 1975: 63~67)는 장학사가 수행하는 과업의 빈도를 연구한 결과, 장학을 두 개의 역할로 범주화하였다. 교사에 대한 직접 및 간접적 서비스를 하는 조력적 역할(helping role)과 행정가와 평가자로서의 과업을 수행하는 행정적 역할(administrative role)로 구분하면서 다음과 같이 제시하고 있다. ① 조력적 역할들로는 i) 현직교육을 계획하고 프로그램을 준비한다. ii) 교실을 방문하고 관찰한다. iii) 교사와 개인별 면담을 한다. iv) 교육과정을 개발하고 교육과정개선 노력을 조정한다. v) 새로운 교수미디어를 개발하고 준비하는 것을 의미한다. 반면에 ② 행정적 역할로는 i) 수업프로그램을 조정한다. ii) 학교경영을 돕고 평가한다. iii) 일상적인 행정업무를 처리한다. 행정적 역할은 수업의 질 관리와 조정 및 평가가 포함되며, 정책개발과 의사결정, 교직원의 수요계획과 충원 · 선발 · 배정 및 평가 등이 포함된다.

한편 주삼환(1997)은 장학담당자의 역할을 수업과 얼마나 직접적으로 관련되었느냐에 따라 주변적 · 간접적 역할과 핵심적 · 직접적 역할로 분류하고 있다. 수업과 비교적 직접적으로 관련된 장학담당자의 역할로는 ① 교사 개인을 통한 장학의 역할을 들 수 있다. 장학자와 교사의 협의, 면접, 시범수업, 학부모와의 관계유지, 직원과의 관계형성은 모두 개인을 통한 장학자의 역할로 볼 수 있다. ② 교육과정의 개발이다. ③ 방문관찰의 방법은 장학의 핵심적인 사항이다. 임상장학, 교실 상호방문, 타 학교 상호방문 등을 통한 장학지도를 의미한다. ④ 수업자원과 자료를 다루는 역할 등이 있으며, 그리고 주변적 · 간접적 장학담당자의 역할로는 직원발전(staff development)은 연수의 요구조사를 하고, 전략을 세우고, 워크숍을 하고, 활동조직을 하고, 교사센터를 운영하고, 연수의 모델을 형성하는 일이 중요하다. 그리고 집단을 통한 장학은 집단과정(group process), 집단역동(group dynamics), 집단토의로서 리더십을 발휘하는 역할이며, 우리나라에서는 생소하게 들리나 외국에서는 분명하게 강조되는 개념이다. 지역사회와의 관계를 형성하는 것도 중요한 장학담당자의 역할이라고 생각할 수 있다.

그윈(Gwynn, 1974: 274~332)은 장학담당자의 역할을 ① 달성하여야 할 바람직한 목적이나 결과를 결정하는 일, ② 그 목적을 이룩하는 프로그램과 절차를 개발하는 일, ③ 달성된 결과를 평가하는 일 등을 장학담당자에게 기대되는 역할 행동의 공통점으로 제시하고, 장학담당자는 교육 및 수업지도자인 교사들의 의사소통과 관점상의 차이점 등을 중간에서 조정해야 한다고 주장하였다.

버취와 덴리(Burch & Danley, 1980: 636~637)는 장학담당자의 역할을 조정자로서의 역할, 자문가로서의 역할, 집단지도자로서의 역할, 평가자로서의 역할 등으로 설명하고 있다.

① 조정자로서의 역할에는 교과영역 조정, 교육프로그램의 조정, 교수자료 및 각종 장학행정, 공문서 조정, 교사집단 내의 업무 조정, 지역사회와의 관계에서 대민업무 조정, 신임교사의 지도 및 현식교육계획 실시, 학부형과의 협의 등에서 인적 자원과 물적 자원을 적절히 배치·배분하는 역할 등을 의미하며, ② 자문가로서의 역할은 교육과정, 수업개선, 교사들의 발전에 있어서 전문가로서의 자문을 하며 개인에게 집단적으로 전문성에 근거한 조언을 해야 하며, 교수지침 또는 수업방법의 개발을 통하여 새로운 수업방법, 교수이론과 정보 등을 현장교사에게 제공하고 자문하는 역할을 한다. ③ 집단지도자로서의 역할에는 수업개선 및 교육과정개발, 교사발전 등 어느 영역이든 이것의 개선 향상을 가져오기 위하여 교사와 집단적으로 계속해서 공동으로 일하는 역할을 의미한다. ④ 평가자로서의 역할은 교수방법과 교육과정에 대한 평가에 있어서 교사들에게 도움을 주는 것인데, 장학담당자는 교사에게 그들의 장단점을 지적하여 교과지도와 교육과정에 실질적인 도움을 주는 것을 의미한다.

그리고 교사들이 친밀감을 갖고 장학지도를 받는 적극적인 수용태세를 갖기 위하여 사이몬은 다섯 가지의 권위인 ① 신뢰의 권위, ② 동일성의 권위,

③ 제재의 권위, ④ 지위에 의한 권위, ⑤ 정통성의 권위 등을 제시하였는데, 그 중에 신뢰의 권위와 동일성의 권위를 장학담당자가 가져야 할 것이라고 하였다.

장학담당자는 학교의 계층상에서 어떠한 지위·역할을 가지는가? 이에 대하여 데이비스(Davis, 1972: 120~123)는 계층상의 중요 지위를 점하는 경우로부터 주변인의 지위를 가지는 경우에 이르기까지 다섯 가지의 상이한 역할을 제시하고 있다.

① 중개자로서의 장학담당자는 교사와 행정가라는 상호 대치적인 두 개의 사이에서 완충적인 역할담당자나 중재자적인 위치를 가지며, 행정가들은 목적 달성과 생산성 증대를 위해 상호연계를 짓기 위하여 질적 통제기제와 과업지향적 리더십을 강조하게 되고, 교사는 긴장이 완화되고 상호신뢰할 수 있는 환경을 추구하게 된다. 장학담당자는 이러한 일들을 중간위치에서 조정하려고 노력한다. ② 주변인으로서의 장학담당자는 중간적 위치에 있지만 학교에 영향을 줄만한 중대한 의사결정의 영역에서 벗어나 있다. 이 경우의 장학담당자는 어느 쪽 집단에도 수용되지 않으며, 대개의 경우 양 집단에서 배척을 받는다. ③ 교사로서의 장학담당자는 낮은 권위와 지위를 갖게 되며 최소한의 재량권을 행사하는 것이 특징이다. 이 경우의 장학담당자는 행정가의 의견을 교사에게 전달하는 중계자의 역할과 리더십행동 이외에 시설관리를 위한 잡무와 유지활동에 관심을 가진다. 중·고등학교의 부장급 교사들은 대개 이러한 부류에 속하는 장학담당자로 볼 수 있다. ④ 인간관계 전문가로서의 장학담당자는 학교 내의 인간적 측면의 보존 및 유지에 책임이 있는 전문직원으로 역할을 수행한다. ⑤ 인간자원 연결자로서의 장학담당자는 학교 지도계층의 기간요원으로 역할을 수행한다. 장학담당자는 행정적인 계층에서 중요하게 여겨지는 통합적인 기능을 수행하며, 학교 내의 의사결정에 중요한 역할을 담당하는 임무를 맡는다.

이상과 같이 장학담당자의 역할에 대해서 고찰했다. 장학담당자의 역할에 대해서 다음과 같이 정의를 내리고자 한다. ① 교육과정을 개발하고 교육과정개선에 노력을 조정하고, ② 교직의 전문성을 신장시켜 주며, ③ 수업을 관찰하고 자료를 수집해 주는 관찰자의 역할, ④ 교사에게 피드백을 하는 피드백자의 역할, ⑤ 교사와 수업을 평가하고 판단하는 평가자의 역할, ⑥

교사와 관련된 모든 영역에서 향상을 가져오기 위한 교사와 집단적으로 계속해서 함께 노력하는 역할, ⑦ 교사와 교육과정, 수업환경 등을 변화하도록 촉진하는 변화촉진자의 역할 등을 의미한다고 견해를 피력하고자 한다.

학급경영

Chapter 10

제10장에서는 학급경영의 개념, 원리, 내용, 학급 담임교사의 역할과 자질, 학급환경 관리, 학급의 사무관리, 교사의 수업전략, 학급의 생활지도, 학급경영의 평가 등에 대해서 고찰하고자 한다.

제1절 학급경영의 개념

학급경영에 대한 여러 학자들의 견해를 소개하면 다음과 같다.

주삼환 외(2009: 386)는 학급경영은 "교육활동 조직의 최종단계인 학급에서 담임교사가 교육목표의 달성을 위하여 교육활동을 계획 · 조직 · 실행하는 모든 활동을 의미하며, 그 궁극적인 목적은 학년별 교육과정 목표 달성을 위한 생활지도와 교수-학습의 촉진이라고 할 수 있을 것이다."라고 했다. 손영환 · 신수균(2008: 318~319)은, "학급경영을 질서 유지로서 학급경영, 조건 정비로서의 학급경영, 교육경영으로서의 학급경영"으로 분류해서 정의했다. 박병량(2003: 19~22)은, "학급경영을 학급의 목적을 효율적으로 달성하기 위하여 인적 · 비인적 자원을 활용하여 계획, 조직, 지도, 통제하는 일련의 활동을 통해서 학급을 운영하는 활동"이라고 정의했다. 김윤태(2006: 428)는 학급경영을, "학교경영과정의 맥락 속에서, 학급단위에서 이루어지는 경영활동이다. 즉 학급경영은 학교-학년-학급경영이라는 연계성을 가지면서 이루어지는 경영활동이다. 하지만 학급경영은 학급단위 체제 나름대로의 독자적이며 창의적인 경영활동을 요구한다. 따라서 어떤 의미에서는 교사들이 개개 학급을 얼마나 효율적으로 잘 경영하느냐가 곧 학교교육목표의 달성 여부를 결정짓는 관건적 요인이 된다."고 했다. 권기욱 외(2000: 238)는 "학급경영이란 학급을 단위로 하여 교육의 목표를 달성하기 위한 협동적 과정"으로 개념 정의를 했다. 한공우(2003: 529)는 "학급경영이란 학급을 조직하여 환경과 시설을 관리하고 학습지도, 생활지도, 건강지도, 여가선용, 교양지도, 진학지도, 직업지도 등에 관한 학급사무를 보다 계획적으로 변화시키는 것이다. 학급경영자로서 담임교사는 담당한 학급의 특수성을 살리고 각 학급의 특수성에 입각해서 학급학생들의 행동을 보다 계획적으로 변화시키도록 유도해야 할 것"이라고 했다.

상기에서 학급경영에 대한 여러 학자들의 견해를 종합적으로 정리하면, 학급경영(classroom management)이란 학급의 교육목적을 효율적으로 달성하기 위하여 인적·물적 자원을 활용하여 계획, 조직, 지도, 실행, 통제하는 일련의 활동을 통해서 학급을 운영하는 활동이며, 아울러 담임교사는 학급의 특수성을 살리면서 학급학생들의 행동을 보다 계획적으로 변화시키도록 유도해야 할 것이다.

제2절 학급경영의 원리

학급경영의 효과를 극대화하기 위해서는 그 과정에서 학급담임교사가 지키고 따라야 할 기본적인 원칙들이 있다. 이러한 학급경영의 원칙이나 원리로서 한국교육행정학회(1995)는 교육적 학급경영, 심리이해적 학급경영, 민주적 학급경영, 효율적 학급경영, 손영환 외(2007)는 교육적 학급경영, 민주적 학급경영, 학생이해의 학급경영, 효율적 학급경영, 윤종건(1990)은 자유의 원리, 협동의 원리, 창조의 원리, 노작의 원리, 흥미의 원리, 요구의 원리, 접근의 원리, 발전의 원리 등으로 제시했다.

이러한 학급경영의 원리는 너무 추상적이어서 실제적인 학급경영을 인도하기 위한 원리로는 부적절한 측면이 있다. 따라서 여기서는 학급담임을 처음 맡게 되는 교사가 취해야 할 자세를 중심으로 그 원리를 제시하면 다음과 같다(주삼환 외, 2009: 390).

첫째, 학년도 개시 후 며칠 내에 사용하기 편리하고 가장 효과적으로 학생들을 통제할 수 있는 방안을 마련하고, 필요한 행동규칙을 설정한다. 학급규칙을 설정할 때 학생들을 참여시켜야 한다.

둘째, 학생들의 이름을 신속하게 외우고 자주 불러 주도록 한다. 학생들을 꾸짖을 때에는 먼저 이해시켜야 하고, 비행에 대해서는 인간적인 감정을 유지하면서 우호적으로, 그러나 엄정하게 처리해야 한다.

셋째, 교장 및 교감, 동료교사들로부터 학급경영 실무와 의사소통 방식 등을 배워서 활용하는 것이 좋다.

넷째, 다른 교사의 학급경영 방식을 배우되, 단순히 모방하기보다는 자신만의 학급경영 방식을 찾도록 노력하는 것이 중요하다.

다섯째, 학급활동은 다양하고 변화있게 계획하며, 활동의 속도에 변화와 리듬을 주는 것이 필요하다

여섯째, 소수의 학생이 잘못한 것을 가지고 학급 전체를 벌주는 것을 피하고, 고함을 치거나 비하 및 무시하는 행위를 삼가는 것이 좋다.

일곱째, 학생이 했으면 하는 행위를 교사 스스로 먼저 하여 모범이 되도록 한다. 학생은 교사의 거울임을 명심해야 한다.

여덟째, 학생의 문제를 진단하고 해결책을 찾는 일에 보다 많은 시간을 보내고, 학생이해를 통해 스트레스를 스스로 관리해야 한다.

아홉째, 교사는 학생들이 자신을 비추어 보는 거울임을 명심해야 한다. 백문(百聞)이 불여일견(不如一見)이고, 백견(百見)이 불여일행(不如一行)이다. 학생들에게 100번 공부하도록 말하기보다는 1번이라도 더 교사 스스로가 공부하는 모습을 보여주자. 우리 학생, 우리 교육을 몸으로 가르칠 때 교육의 효과는 커진다.

제3절 학급 담임교사의 역할과 자질

학급경영자는 다른 말로 나타내면 학급담임이다. 학급담임은 교실에서 직접 아동과 학생들을 매일 접하면서 교육활동을 전개하는 교사라는 측면에서, 그의 역할은 다른 어떠한 교무분장 직무에서 볼 수 없는 중대한 의미를 지니고 있다. 그의 1차적 임무는 학급경영을 구상하고 전개하는 학급경영의 담당자로서 역할을 수행하는 데 있다. 학급경영담당자의 역할은 학급목적을 달성하기 위하여 경영목표를 수립하고 학급이 수행할 제반 과업을 계획하고 지도 및 전개하고 평가하면서 학급을 충실히 발전시키는 것이다. 그가 수행할 주된 과업은 학급경영과업들로서 학급의 질서를 유지하면서 학습을 촉진시키는 활동들이다.

이러한 활동을 효율적으로 수행하기 위해서 학급담임은 다음과 같은 역할을 수행한다(新谷敏夫, 1983: 132~133).

첫째, 학급담임으로서의 역할을 자각하고 그에 따른 책임을 수행하도록 노력해야 한다. 학급담임은 교육자로서, 그리고 학교라는 조직집단의 일원으로서의 자각과 더불어 다음과 같은 사항들이 요구된다. ① 학급의 경영·관리의 책임이다. 학급경영에 대해 구상한 내용을 책임있게 전개하도록 요청된다. 인적으로는 아동 및 학생의 관리와 지도를, 물적으로는 교실환경에 관련된 조건 정비를, 방법적으로는 이러한 인적 및 물적 요인의 전개와 교과, 특별활동, 도덕과의 관련을 기능적으로 충실히 하는 것이다. ② 아동 및 학생의 지도책임이다. 아동 및 학생의 자주성, 주체성을 존중하면서 학급담임의 지도성을 충분히 발휘할 것이 요청된다. 학급담임은 학급의 아동 및 학생에게 엄부(嚴父)이자 자모(慈母)가 되지 않으면 안 되는 것이다. ③ 학년간의 연계 책임이다. 본질적으로 독창적인 학급경영이 독선적이고 폐쇄적으로 이루어지는 것을 막고, 학교 교육목표의 구체화와 실천, 학년 전체의 노력과 목표 달성 추진이라는 입장에서 그 연계와 조정이 이루어지도록 요청된다. ④ PTA, 부모와의 연계이다. ①, ②, ③의 성과를 더욱 크게 하기 위해 가정에서의 책임, 학교-가정의 협력체제를 확립하여 그 연계협동을 밀접히 할 것이 요청된다.

둘째, 아동 및 학생을 깊이 이해하고 그들을 사랑해야 한다. 이해는 객관적 및 발달적으로 이루어져야 하며, 애정은 차별적 사랑과 평등적 사랑이 모두 필요하다.

셋째, 자기 자신의 인격과 식견을 높이고 항상 연수에 힘써야 한다. 학급담임은 다양한 특징을 가진 개성 있는 아동 및 학생을 지도하기 때문에 일방적인 주장을 치우치지 않고 넓은 교양과 인간성을 가지는 것이 필요하다.

한편 교육대학 교직과 교재편찬위원회(1981: 328)에서 제시한 학급담임의 임무를 요약하면 다음과 같다.

첫째, 학생들이 독자성을 발휘하면서 협동생활을 할 수 있도록 전인적인 성장을 도와주는 일이다.

둘째, 학습활동을 성공적으로 지도하는 일이다.

셋째, 학생들의 자치적 및 자발적 활동을 선도하는 일이다.

넷째, 특수아동을 조기발견하여 선도하는 일이다.

다섯째, 향토조사를 세밀하게 하여 인적 및 물적 자원을 활용함으로써 학습효과를 거두며, 향토애와 조국애를 함양하는 일이다.

여섯째, 자기의 담당학급과 직·간접으로 관련 있는 교사들과의 유대를 강화하는 일이다.

일곱째, 가정과의 연락을 긴밀히 함으로써 아동들의 보다 바람직한 학교생활과 학습지도를 위해 노력하는 일 등이다.

제4절 학급환경관리

학급환경관리는 좌석의 배치에 대해서 살펴본 후에 교실환경의 정비에 대해서 고찰하기로 한다(윤정일 외, 2009; 한국교육행정학회, 1995).

첫째, 좌석배치이다. 학생의 좌석은 배열된 좌석에 따라 배치한다. 좌석배열방식으로는 교실 정면을 향해 몇 개의 열로 배열하는 전통적 배열방식이 대부분 사용되지만, 이따금 앞뒤의 배열 수를 적게 하고 옆을 상대적으로 길게 하는 수평적 배열, 소수의 학생들로 나누어 그들을 서로 마주 보고 앉게 하는 소집단 배열, 전체 학생을 둥글게 앉게 하는 원탁형 배열, 학생들을 특정한 방향으로 집중시키는 모둠형 배열, 말발굽 형태로 좌석을 배치하여 앉게 하는 말발굽형 배열 방식 등을 사용할 수도 있다. 좌석배치는 좌석을 배열한 후 배열된 좌석에 번호순으로 배치하는 방법과 교사의 계획에 의거하여 배치하는 방법이 있다. 번호순에 의한 방법은 쉽고 편리하게 할 수 있고 학생들의 오해의 소지를 줄일 수 있는 장점이 있으나, 학생들의 특성을 반영하지 못하는 단점이 있다. 교사의 계획에 의한 방법은 교우관계, 성적, 가정환경, 성격 등을 고려하고 교사의 학급경영방침을 분단편성에 반영할 수 있는 장점이 있으나, 학생들의 오해를 불러일으키고 시간이 많이 소요된다는 단점이 있다. 또한 좌석배치의 방법에는 좌석을 고정하여 앉게 하는 지정좌석제와 먼저 온 순서대로 자유롭게 선택하여 앉게 하는 자유좌석제가 있다. 자유좌석제는 매일 짝이 바뀌고 학교생활에 흥미를 줄 수 있다는 장점이 있으나, 소외되는 학생들이 발생할 수 있고, 친한 친구끼리 그룹을 만들게 되어 학습분위기에 지장을 주는 경우가 많으므로 피하는 것이 좋다. 처음 몇 일간은 변화가 있으나 1주일 정도만 지나면 친한 친구끼리 좌석이 고정되는 경우가 많아서 흥미가 반감되는 것이 보통이다. 학생들에게 폭 넓은 인간관계의 기회를 주고, 학습분위기를 쇄신한다는 측면에서 지정좌석제를 택하되, 분단은 매주, 좌석은 매월 변화를 주는 것이 좋다.

둘째, 교실환경의 정비이다. 교실환경 심리이론에 의하면, 교실환경은 학생들에게 많은 생리적·심리적·사회적 영향을 주고 학업성취에도 큰 영향을 미친다고 한다. 따라서 학급담임교사는 특히 학년과 학기 초에 교사와 학생, 학생과 학생 간의 원만한 인간관계를 형성하도록 하기 위한 교실환경 구성에 많은 관심을 기울여야 한다.

교실환경을 구성할 때에는 유용성, 심미성, 안전성, 융통성, 연계성, 경제성 등을 고려해야 한다. 특히 교실의 비품을 정비할 때에는 ① 학생들이 수시로 사용하는 것은 분산시키고, ② 교사와 학생들의 시야를 가리지 않도록 배치하며, ③ 자주 사용하는 교수-학습자료는 항상 교사 옆에 두도록 하고, ④ 어디서든지 편한 자세로 교사의 말을 경청할 수 있도록 해야 한다

(Everston et al., 1997: 3~4).

좌석은 교실 규모 및 형태, 학생들의 시력과 칠판의 반사도 등을 고려하여 정하고 책상과 의자의 키와 높이는 학습자의 신장에 맞는 것으로 준비해야 한다. 책상 등 교실의 시설·장비는 학생들이 자유롭게 왕래할 수 있는 공간을 고려하여 배열해야 한다.

그리고 교실의 온도는 항상 20°C 내외를 유지해야 하며, 습도는 50% 내외, 조도는 500lx 정도를 유지하도록 해야 한다. 청소도구함의 청결과 정비, 음료수 용구의 청결 등에 특히 유의해야 한다.

상기에서 살펴본 바와 같이, 교실의 물적 조건을 정비하는 데 주의해야 할 사항은 다음과 같다.

첫째, 교실은 교수-학습활동이 촉진될 수 있도록 정비되어야 한다. 교실은 교수-학습활동을 위해서 마련된 장소이다. 따라서 교실에는 교수-학습활동에 필요한 시설물과 교구가 충실히 갖추어지고, 그것들이 학습활동을 자극하고 조장할 수 있도록 구성 및 배치되어 활용되어야 한다.

둘째, 교실환경은 아름답고 명랑한 생활공간이 되도록 정비되어야 한다. 교실은 전시나 게시물을 이용하여 아름다운 생활공간으로 꾸며서 학생들의 정서감을 높이고, 학생 상호 간의 비형식적 접촉이 용이하도록 공간을 구성하고, 가능하면 학생들의 휴식공간을 마련하여 사회성을 신장시키는 것도 중요하다.

셋째, 교실은 학생의 보건과 위생 및 안전에 적합하여야 한다. 교실의 채광·온도·소음은 적절히 조절되어 쾌적한 교실공간에 유지되도록 하고 학생들의 건강과 위생을 위하여 음료시설과 용구, 위생약과 이의 보관함, 청소도구 및 청소함이 갖추어지고 청결하게 유지되어야 한다. 특히 학생들이 한꺼번에 몰려드는 장소, 예를 들면, 학생들의 안전을 고려하여 음료시설이 있는 곳은 혼잡하지 않도록 모든 것을 배치한다.

제5절 학급의 사무관리

사무란 일반적으로 행정을 수행하는 과정에서 수반되는 기록과 장부의 작성 및 보관, 공문서와 제 보고의 처리, 회계 및 경리 등 문서관리를 위주로 하는 업무를 말한다. 따라서 학급의 사무관리는 학급경영과정에서 수반되거나 경영상 필요한 문서를 작성·유통·정리·보존·활용하는 활동이라고 할 수 있는데, 그 주요내용은 다음과 같다(한국교육행정학회, 1995: 551~552).

① **학급경영 일반에 관한 사무**: 학급경영안, 학급일지, 가정통신, 학급회 사무, 학예활동, 학급경영평가 사무 등

② **각종 장부에 관한 사무**: 학교생활기록부, 출석부, 건강기록부, 가정환경 조사서 등

③ **통계 처리 사무**: 월말출결통계, 신체검사통계, 학력검사통계 등

④ **교수-학습에 관한 사무**: 교육과정계획, 학습평가 및 성적처리 등

⑤ **조사·검사·관찰에 관한 사무**: 학생조사, 가정조사, 환경조사, 지역조사, 각종 표준화검사, 학생관찰기록, 사례연구 등

⑥ **학급 비품에 관한 사무**: 학급문고, 학급비품관리 사무

⑦ **교사 연구에 관한 사무**: 교과교육연구, 시청각교육 및 연구 등

⑧ **금전에 관한 사무**: 학급금전출납부, 학생저축대장 등

⑨ **학교 사무 분장에 관한 사무**: 교무분장 업무, 지역사회 발전업무 등

제6절 교사의 수업 전략

훌륭한 수업은 열정적인 교사의 노력과 더불어 수업전략에 의해 크게 좌우될 것이다. 효과적인 교수-학습활동을 수행하기 위하여, 교사의 수업전략 요인을 4단계로 구분하여 살펴보면 다음과 같다(신재흡, 2012).

첫째, 수업 전의 전략요인은 ① 교사의 가르칠 내용의 선택과 결정(학습자의 요구에 알맞게 학습할 내용의 구조화, 학습분량의 다양한 추구), ② 결정된 수

업내용의 시간 안배(학습운영 방법의 융통성), ③ 수업진도의 속도 문제, ④ 학습집단의 규모와 특성 고려(학생의 능력과 교과목의 특성별로 학급의 집단화) 등이 있다.

둘째, 수업과정의 전략요인은 ① 주어진 수업시간과 실제 수업활동의 활용 문제, ② 학업성취도를 높이기 위한 고려, ③ 학습자의 학습시간량(Academic Learning Time: ALT), ④ 교수-학습활동 시 교사와 학생 간의 상호작용의 극대화, ⑤ 수업내용의 구조화 및 방향제시(인지적 · 정서적 교육목표의 균형화 추구), ⑥ 교사가 학생에게 던지는 질문의 수준 고려(착상을 자극하는 질문 부과) 등이 있다.

셋째, 학습분위기의 전략요인은 ① 달성 가능한 학습목표의 제시, ② 학업 중심의 수업분위기 구축문제, ③ 협동적인 학습분위기 조성문제, ④ 수업의 매개물로 돌발적인 사건의 활용 등의 요인이 있다.

넷째, 수업 후의 전략요인에는 ① 수업목표에 대한 타당한 평가, ② 평가결과의 적절한 활용 방안, ③ 학습에 대한 교정적 환류의 적절성 등이 있다.

상기와 같이 교사의 수업전략에 대해서 수업 전, 수업과정, 학습분위기, 수업 후 등 네 가지 측면으로 분류하여 고찰하였다. 교사들이 학생들의 학업성취도를 높이면서 효율적 교수-학습활동을 위하여 4단계별 전략적 요인이 반드시 활용되어야 할 것이다.

제7절 학급의 생활지도

생활지도는 학생들로 하여금 자기 자신의 이해와 현실환경에 대한 이해를 통해 건전한 적응을 하며, 또 자기사고와 자기선택을 가짐으로써 자신의 문제를 해결할 수 있는 능력과 자신감을 길러 주는 교육적 활동으로(신재흡, 2010), 학급경영에서 교과지도 못지않게 중요한 활동이다.

학급의 생활지도 활동영역은 교육지도, 직업 및 진로지도, 성격지도, 사회성지도, 건강지도, 여가지도 등이 있으며, 생활지도의 활동내용으로는 학생 이해활동, 진로정보활동, 상담활동, 정치활동, 추수활동 등이 포함된다(신재흡, 2010).

따라서 학급담임교사는 이러한 일련의 활동을 통하여 학생들의 전인적 발달을 촉진하며, 학습자들이 학급환경에 신속하게 적응할 수 있도록 도와주어야 한다.

제8절 학급경영의 평가

학급경영평가는 학급경영의 발전과 개선, 학급담임교사의 성장을 위해 반드시 필요한 활동이다. 학급경영평가는 학기말이나 학년말에 실시하는 것이 보통이나 월말에도 실시할 수 있다. 평가의 결과는 다음 달 및 학기, 차기년도 계획을 수립하는 자료로 활용한다. 학급경영평가는 학급담임교사 자신이 평가자가 되는 것이 일반적이나 경우에 따라서는 학교경영평가의 일부로서 학교장이 직접 평가하는 경우도 있다. 학교장이 평가하는 경우는 학급담임교사의 능력을 평가하고 지도 및 조언하기 위한 자료로 활용한다. 하지만 중요한 것은 학급담임교사 자신의 평가이다. 학급경영평가의 영역은 학급경영계획 측면, 학습지도 측면, 환경구성 측면, 교사활동 측면 등으로 구분할 수 있다. 학급경영평가표의 구체적 실례를 제시하면 <표 10-1>과 같다.

| 표 10-1 | 학급경영 평가표의 예

학급경영 활동 상황							추진 상황 및 대책	
영역	평가 항목	5	4	3	2	1	노력 중점	개선할 점
학급 경영 계획	• 학교 경영 목표 설정 • 기초조사 및 활용 • 교과지도의 중점 • 교과지도 계획 • 생활지도 계획							
교과 지도	• 학습지도 계획 • 학습지도의 기술 • 교구의 정비 활용 • 학생의 교구 활용 • 학생의 실력 향상							
학급 생활 지도	• 학생의 용의 및 행동 • 직업 및 진로지도 • 자치활동 지도 • 여가선용 지도 • 건강 및 양호 지도							
환경 정비	• 교실환경 정비 • 보건위생 시설 • 교구 및 자료의 정비 • 청소 미화 • 환경의 안전성							
교사 활동	• 학생에 대한 태도 • 교육연구 활동 • 자체연수 • 복무 상황 • 건강 상태 • 학급사무 관리 • 가정 · 지역사회 관리							

* 자료: 윤정일 외(2009). 교육행정학원론. 서울: 학지사, p. 464.

교사론

Chapter 11

이 장에서는 교직이 이해에 대하여 먼저 고찰해 보고자 한다. 그리고 교사의 역할은 어떠해야 하며, 교사의 자질로는 어떠한 것이 요구되는지를 논의해 보고자 한다. 그리고 바람직한 교사상에는 어떠한 것이 포함되는가를 알아보고, 마지막으로 교사의 윤리에 대하여 알아보고자 한다.

제1절 교직의 이해

1. 교직의 중요성

교육과 인간의 삶은 서로 불가분의 관계에 있다. 교육은 미성숙한 인간이 성숙한 인간으로 발전하여 행복한 삶을 영위하도록 돕는 과정이다. 인간은 교육을 받아야만 인생을 보다 의미있게 살아갈 수 있다. 예컨대, 인간이 살아가는 데 필요한 사회적 기술이나 행동양식을 습득하고 문학이나 예술작품을 감상하고 창작할 수 있으며 삶의 질을 향상시킬 수 있는 것도 교육의 덕택이라고 할 수 있다. 인간은 교육을 통해서 삶을 영위해 나가게 되고 자신의 가치를 발견하고 이를 실현시킬 수 있게 된다. 따라서 교육은 사람으로 하여금 더 향상된 삶을 살도록 하는 기본적인 수단을 제공함으로써 인간의 권리를 신장시켜 주는 중요한 사회적 장치라고 볼 수 있다.

또한 교육은 사회와 국가의 유지·발전을 위해서도 없어서도 안 될 중요한 기능을 한다. 우리는 흔히 자라나는 청소년들의 윤리의식이 약화되고 비행이 증가하여 사회적인 문제가 야기될 때 교육의 부재현상에서 그 원인을 찾고자 한다. 나아가서 사회나 국가가 지향하고자 하는 경제발전이나 과학기술발전을 위한 계획을 수립하는 데 반드시 거론되는 것이 교육이다. 1980년대 접어들어 세계 수많은 국가들이 국가의 경쟁력을 높이기 위한 방안으로 우선 교육의 문제점을 진단하여 대대적인 교육개혁을 실시한 것은 국가적인 측면에서 교육의 중요성을 나타낸 단적인 증거이다. 따라서 교육은 개인의 인격완성을 위한 수단일 뿐만 아니라, 사회와 국가의 발전을 위한 필수적인 장치라고 볼 수 있다.

교육의 기능을 수행하는 직업인 교직은 다른 어느 직업보다 가치가 있으며 없어서는 안 될 직업이다. 그러므로 교직을 생애의 직업으로 삼고 있는 교사는 그만큼 중대한 사명감을 갖고 있어야 한다. 사람의 인격적인 자아실현을 가능하게 도와주고 사회의 지속적인 발전을 선도하며 인류의 번영을 모색하는 직업이 교직이다.

2. 교직의 일반적 특성

개인적으로나 사회적으로 중요한 교육의 기능을 수행하는 직업을 우리는 교직이라고 한다. 교직이라는 직업을 바로 알고자 하는 사람들은 우선 교직의 직업적 특성을 이해하는 것이 중요할 것이다.

교직이 다른 직업들과는 다른 특수한 속성을 갖고 있는 것이 사실이다. 그러나 직업이라는 공통된 범주 내에서 그 특성을 이해하는 것도 교직을 파악하기 위해서 필요하다.

직업이란 일차적으로 생계수단을 제공해 주는 경제적 가치를 갖고 있는 동시에, 인간의 사회적 욕구와 자아실현의 욕구를 충족시켜 주는 생업의 기능을 한다. 교직의 일반적인 특성을 알아보면 다음과 같다.

1) 생계의 유지

교직은 다른 직업과 마찬가지로 교사들에게 생계유지를 위한 수단을 제공한다. 물론 교직에 종사하는 사람이 교직을 오로지 돈 버는 일로만 치부해 버린다면 그것은 잘못이다. 교직에 종사하는 사람들도 다른 직업에 종사하는 사람들처럼 직업을 통하여 사회의 목적 달성에 공헌하고 그에 대한 보상의 형식으로 보수를 받게 된다. 그러므로 교직은 교직을 수행하는 사람들에게 생계유지를 위한 경제적 유인가를 제공하고 있다.

2) 개성의 발휘

만일 직업을 오직 경제적인 입장에서만 생각하는 사람이 있다면 그는 직업의 성격을 바로 이해하지 못한 사람일 것이다. 사람들은 직업을 선택할 때 자신의 적성과 흥미·능력, 그리고 미래의 발전 가능성 등을 고려하여 결정한다. 사람들은 적성에 맞는 직업에 종사함으로써 자기 자신의 능력을 최대한으로 발휘하고자 한다. 특히 교직을 선택하는 사람들에게 있어서 그것이 자신의 적성에 맞느냐 하는 것은 아주 중요하다. 왜냐하면, 교직은 다른 직업에 비해 직접적으로 인간에 대한 헌신과 봉사를 전제로 하기 때문이다. 최근 교육대학이나 사범대학의 입학시험에서 교직적성을 중요시하는 것은 바로 이런 이유에서이다.

3) 사회적 책무

직업은 공공의 복지를 증진하고 개인이나 사회의 진보에 공헌하는 것이면 그 존재의 의의를 찾을 수 있다.

교직은 다른 어느 직업보다도 사회적 책무를 충실히 수행하는 직업이라고 볼 수 있다. 교직은 한 개인의 삶을 개선하고 인간적인 권리를 신장시킬 뿐만 아니라 사회의 발전과 개혁을 위해 존재하고 그러한 기능을 일차적인 과업으로 삼기 때문이다. 교직의 이러한 사회적 가치로 인해 교직에 종사하는 교사들은 경제적 보수가 낮고, 사회 일반으로부터 압력을 받을지라도 긍지와 보람을 느끼며 교직을 수행하게 되는 것이다.

4) 노동

모든 직업은 노동이 수반되기 마련이다. 직업에 관련되는 노동의 형태는 크게 육체적 노동과 정신적 노동으로 구분할 수 있다. 정신노동은 생각·기획·가치 판단하는 활동과 관련되는 반면 육체노동은 무엇인가를 만들어 내고 운반하는 활동과 관련된다. 여기에서 볼 때 교직은 정신노동에 해당된다고 볼 수 있다.

교직은 정신노동이 주가 되고 대상이 인간이라는 점이 직업의 가치가 다른 직업과는 다른 것이다. 그래서 교직에 대해서도 다른 직업과 마찬가지로 노동이라는 개념을 적용시킨다고 할지라도 그 의미를 차별화하는 것이 요구된다.

5) 계속성

직업의 계속성은 두 가지 측면에서 이해될 수 있다. 하나는 그 직업이 사회로부터 인정을 받아 지속적으로 사회체제 속에 포함된다는 것을 의미하고, 다른 하나는 개인적으로 특정 직업에 대한 전문성이 계속적으로 유지되는 것을 말한다. 교직이 계속성을 가진다는 의미는 분명 사회 속에서 없어서는 안 될 하나의 직업으로 인정을 받고 있다는 사실이다. 아울러 교직은 교사자격증제도를 통해 사회적으로 전문성을 인정받고 있는 동시에 계속적인 연찬을 중요시한다.

지금까지 교직의 특성을 하나의 직업이 갖추어야 할 속성을 중심으로 알아보았다. 이러한 고찰을 통해 우리는 교직에 대한 일반적인 의미를 이해할 수가 있다.

3. 전문직으로서의 교직

1) 교직의 특수성

교직이 다른 직업과 비교하여 구별되는 특성을 열거하면 다음과 같다.

첫째, 교직은 미성숙한 인간을 대상으로 하는 직업이다. 물론 인간을 대상으로 하는 직업에는 교직 이외의 다른 직업에서도 찾아볼 수 있으나, 근본적으로 교직은 인간의 인격을 완성하는 직업이다. 이는 인간 자체가 미성숙한 존재로서 성숙을 위해 노력하는 존재이며 교육이 이들을 대상으로 하기 때문이다. 그리하여 교직은 인간의 인격의 완성을 도모하는 교육을 담당하는 직업으로서 성격을 지닌다.

둘째, 교직은 주로 인간의 정신생활을 대상으로 하는 직업이다. 교직은 다른 직업과는 달리 인간의 정신적인 측면을 강조하는 교육을 실천하는 직업이다. 인간의 정신생활은 인간생활의 모든 측면을 뒷받침함으로써 인간의 조화로운 성장발달을 도모한다. 따라서 인간의 정신생활을 대상 영역으로 하는 교직은 다른 직업과 구별되는 독특한 성격을 지닌다.

셋째, 교직은 본질적으로 인간의 자아실현을 도모하는 직업이다. 교직은 하나의 직업인 까닭에 인간으로서의 기본적인 생활을 영위하는 데 필요한 욕구가 충족되어야 하는 것은 당연하나 인간이 자아를 인식하고 자아의 발전을 위해 조력할 수 있도록 돕는 입장이 더욱 강조되어야 한다. 따라서 교직은 봉사에의 소명의식 아래 인간의 개인적 발달을 도모할 수 있는 직업으로서의 성격을 지닌다. 그리하여 교직은 학생 개개인의 자아실현을 도모하게 하는 데 공헌하는 중요한 직업이다.

넷째, 교직은 국가사회 및 인류의 발전에 공헌하는 직업이다. 교육과 사회, 교육과 인간은 밀접한 관련성을 지니면서 서로 영향을 주고받는다. 교직이 개인의 자아실현을 위해 조력하는 직업의 성격을 지닌다는 것은 국가·사회 및 인류의 발전과 직결되는 것이다. 교육을 통해서 사회와 국가가 발전하고 나아가 인류가 번영하게 되기 때문에 이에 관여하는 직업으로서의 교직은 국가·사회발전과 인류의 발전을 위해 필수적인 직업이다.

그러므로 교직은 미성숙한 인간을 대상으로 그들의 바람직한 인격형성을 도모하여 개인의 자아실현을 돕고 국가·사회 및 인류의 발전에 공헌하는 봉사적인 직업이다. 따라서 교직은 교육이 이상적인 인간형성을 위한 것인 만큼 그 중요성이 인정되어야 한다.

2) 교직의 전문성

교직은 미성숙자를 대상으로 하고 고도의 지적 훈련을 요하며 자율성과 윤리의식이 필요하고 계속적인 연찬과 필수적으로 사회적 봉사를 해야 하기 때문에 전문직에 해당한다고 볼 수 있다. 전문직에 속하는 교사는 전문성 확보를 위해 장기간의 교육을 받아야 할 뿐만 아니라 계속적인 현직교육과 훈련을 쌓아야 하며 담당교과에 대한 전문적인 지식과 교수-학습기술을 익혀야 한다. 한마디로 말하면 전문직에 있는 교사는 의사나 법관과 같이 자신이 하는 일에 대해서는 다른 일반인이 침범할 수 없을 만큼 전문적인 이론과 지식을 소유한 자이며, 교사의 사회·경제적 지위의 향상은 자신들의 전문성 신장을 통해 가능하다고 본다. 이리하여 교직을 전문직으로 보는 데는 이론의 여지가 없다.

교직이 전문성을 요구하는 조건을 알아보면 다음과 같다.

첫째, 교직은 고도의 이론적 배경을 필요로 하며 교직은 적어도 대학교육 이상의 교육기간이 필요하다.

둘째, 교육부 장관이 발행하는 교사자격증을 소지하고 있지 않은 사람은 교직에 종사할 수 없다.

셋째, 교직의 전문성을 향상시키고 교직의 인정기준을 유지하기 위하여 교사들에게 현직교육이 계속적으로 실시될 것이 요구된다.

넷째, 교직의 특수성과 전문성을 유지하기 위하여 교사답지 않은 교사를 추방하기까지 해서라도 자체의 자질 향상에 노력하는 데 전문직단체를 필요로 한다.

교직의 전문직적 성격을 교직에서 요구되는 지적 능력과 교직의 자율성에 관련된 내용으로 분류하여 알아보고자 한다.

(1) 교직에서 요구되는 지적 능력

전문직으로서의 교직은 고도의 지적인 능력을 구비한 사람이 담당해야 하며 이를 위해 비교적 장기간의 준비교육을 필요로 한다.

교직에서 요구되는 지적 능력에 대하여 두 가지 측면에서 논의하면 다음과 같다.

첫째, 교사에게는 두 영역에서 지적 능력이 요구된다. 교사에게 필요한 지적 능력에는 교과지식에 관한 능력과 학생이해 및 학생지도에 관한 능력으로 구분할 수 있다. 먼저 교과에 관한 지적 능력은 전공지식을 말하는 것으로 교사가 갖추어야 할 제 일차적인 조건이라고 볼 수 있다. 교사는 자신이 가르치고 있는 교육내용에 관한 해박한 지식을 갖고 있어야 한다. 다음으로 학생이해 및 지도에 관한 지적 능력이 요구된다. 학생이해와 지도에 관한 지식은 교사라면 누구나가 보편적이고 공통적으로 습득해야 할 지식이라고 할 수 있다. 학생의 발달에 관한 지식, 상담활동에 관한 지식, 그리고 교수활동에 필요한 학습동기부여에 관한 방법 등은 교사라면 절대 소홀히 해서는 안 될 것이다. 흔히 교사가 되고자 하는 사람들이 학문으로서의 전공교과에 대해서는 많은 관심을 기울이면서도, 이러한 학생이해 및 지도에 관한 지식은 소홀히 생각하는 경향이 있으므로 이를 경계해야 한다.

둘째, 전문직은 계속적으로 지적 능력의 향상에 힘써야 한다. 다른 직종은 장기간 그 직업에 종사하면 그 직업에 익숙해지고 또한 대부분의 직무는 경험에 의하여 수행될 수 있다. 그러나 전문직은 항시 새로운 지식을 습득해야 하며, 직무수행은 연구와 밀접하게 관련되어 이루어지는 수가 많다. 특히 지식을 다루고 있는 교직은 계속적으로 새로운 지식을 탐구할 것을 강력하게 요구하고 있다. 또한 계속적인 지식탐구와 더불어 교사는 교육연구에 전념하여야 한다. 교육현상의 이론과 실제의 괴리를 극복하기 위해서 교사가 실제적인 안목을 갖고 현장개선에 도움이 될 만한 연구를 계속해야 한다. 한 마디로 말하면, 교사가 실천가인 동시에 연구자로서의 교사의 역할을 충분히 수행할 때 교직의 전문성은 고양될 수 있는 것이다.

(2) 교직 수행의 자율성

자율성이란 외부의 불필요한 간섭이나 구속 없이 자유롭게 자기의 행위를 결정하는 것이라고 볼 수 있다. 이렇게 볼 때, 교직의 자율성이란 교사가 불필요한 간섭이나 지시를 받지 않고 전문적인 판단에 따라 교직을 자유롭게 수행하는 것을 의미한다.

그런데 이러한 교직의 자율성은 다음과 같은 세 가지 조건을 충족시켜야 한다.

첫째, 교직의 자율성은 학생의 권리와 복리 증진에 공헌하기 위해 허용된다는 것이다. 교직의 자율성은 단순히 교사만을 위한 자유가 아니라 학생을 위한 자유이어야 한다. 전문직에 있어서는 고도의 지적 배경을 필요로 하기 때문에 자율이 없이는 그 직무를 수행할 수가 없다. 어떤 의미에서 보면 교실 내에서의 교사는 그 직무수행에 있어서 무한한 자유를 누리고 있는 셈이다. 무엇을 어떻게 가르칠 것인지는 교육감이나 교장이 정하는 것이 아니라, 교실 내에 있는 교사가 결정한다. 이렇게 보면 전문직으로서의 교직의 자율성이 얼마나 중요한가를 알 수 있다. 그런데 여기에서 문제되는 것이 교실 내에서 교사에게 부여된 자율권 행사의 한계이다. 교사의 가르치는 자유 그 자체가 학생의 학습의 자유를 그르쳐서는 안 된다는 것이다. 또한 교사들은 자신의 교육자적 양심이나 전문적 판단에 입각하여 불필요한 외부의 요구를 방어하고 자율적으로 학생들을 교육해야 한다. 따라서 교직수행의 교사의 자율성은 학생의 이익을 위한 자유이며, 무제한적 자유가 아니라 제한된 범위 내에서의 자유이며, 절대적인 자유가 아니라 상대적인 자유로 볼 수 있다.

둘째, 교직의 자율성은 교사에 대한 정당한 국가와 사회적 통제를 인정하는 교사의 자유이다. 국가나 사회의 요구에 반대하는 내용을 가르치는 것은 어떤 국가나 사회에서도 허용되지 않는다. 왜냐하면, 교육의 중요한 기능의 하나가 사회적 기능이기 때문이다. 결국 교육이란 교사의 독자적 판단에만 의존하는 것이 아니라, 교사가 속하고 있는 더 큰 사회 또는 사회구성원의 합의에 의해 통제를 받기 마련이다. 그렇다면 교직의 자율성은 잘못된 정치세력이나 권력집단에 의해 오용되어서도 안 되지만, 정상적인 공동체사회의 보편적인 요구를 무시해서도 안 된다.

셋째, 교직의 자율성은 효과적인 교육을 위해 필요하다. 교직수행에서 교사의 자유는 교육을 보다 효과적으로 수행하기 위해 필요하다. 예컨대, 국가나 지역사회 또는 학부모가 비합리적인 방법으로 교사들의 교육활동을 방해하고 간섭한다면 효과적인 교육을 할 수가 없을 것이다. 따라서 교사는 교육에 관한 한 전문적인 지식과 방법·능력을 갖고 있으므로 학부모나 사회·국가는 부당한 간섭과 요구를 해서는 안 된다.

4. 교직관의 유형

수많은 직업 중에서 교직을 택한다는 것은 이 직업을 택한 교원 자신에게 자신의 생애를 통하여 중요한 사실일 뿐만 아니라 국가사회의 미래를 위해서도 매우 중대한 결정이라 할 수 있다. 교직관이란 교직이라는 직업의 본질을 어떻게 보느냐 하는 문제이며, 교원이라는 직무의 기본성격을 어떻게 파악하느냐 하는 것과 관련이 있는 개념이다. 교직관은 교직에 대한 지각, 인식 및 태도, 가치관도 함께 내포하는 개념이다.

오늘날 교직관은 크게 세 가지 유형으로 구분될 수 있다. 첫째는 성직관이고, 둘째는 노동직관이며, 셋째는 전문직관이다.

1) 성직관

교직은 주로 인간의 인격형성의 일을 돕는 일이며, 단순한 지식과 기술의 전수보다는 참다운 사람을 만들어야 한다는 생각이 예로부터 전래된 전통이었다. 이러한 까닭에 교직은 세속적인 다른 직업과 구분되어 목사나 승려와 같이 성스러운 직업으로 인식되어 왔다.

현대사회와 같이 물질만능주의 사조 속에서도 비교적 물질의 세계보다는 정신적 세계에 보다 많은 관심을 집중시켜야 한다는 것이 교직자에 대한 일반적 인식의 기초가 되어 왔다.

이것은 교직이 고도의 정신적 봉사활동으로서 세속적인 가치인 돈, 명예, 권력 따위와는 거리가 먼 직업이라는 인식을 나타내는 것이라고 할 수 있다. 그리고 교직자는 미래지향적인 활동을 하기 때문에 현실사회보다는 다가오는 이상사회를 위하여, 그리고 그 실현을 위하여 학생들의 마음을 감화시켜야 한다는 것이 성직관인 것이다. 그것은 교육의 본질이 인간의 영혼과 정신을 다루며 정신적 자세로써 교직에 종사한 사람이 많이 있었기 때문에 그와 같은 교직관이 형성되어 왔다고 할 수 있다.

성직관을 신봉하는 교직자는 물질, 명예, 권력, 승진보다는 오히려 한없는 사랑과 헌신, 희생과 봉사, 정신적 활동이 근간을 이루는 것을 바람직한 교사의 상으로 보고 성직시하는 경향이 짙다. 하나의 사도로서 본받을 만한 진정한 교사는 교육애와 교육적 사랑을 가지고 참다운 인간교육을 하겠다는 커다란 목표를 향하여 자신의 내면적인 면을 닦으며, 또한 이러한 교육적 정열을 몸소 실천하는 사람이다. 따라서 성직관은 교사가 옛날과 같이 외곬 사범형으로 되돌아가는 것이 바람직한 일이요, 교사상으로서 성직자다운 자세를 요구하고 있어 정신지향성과 이상지향성이 당연하게 강조되는 것이다.

전통적으로 우리나라는 광복 이전에, 그리고 서양에서는 근대사회 이전에 사회의 질서와 체계를 유지하는 윤리적 가치관과 세계관을 학생들에게 주도적으로 전달할 수 있었다는 의미에서 교사는 군사부일체(君師父一體)라고 하는 성직과 같은 높은 지위에 두었다. 후기 산업사회의 도래와 더불어 생활양식의 다양화, 직업의 전문화 경향, 그리고 사회의 민주화 추세에 따른 인간의 자유와 평등에 대한 의식의 저변 확대가 이루어지고 있는 시점에서 성직으로서의 교직의 의미가 약화되고 있다. 단지 이것은 교육적인 관계의 측면에서 교육의 기초가 되는 학생에 대한 교사의 열정이나, 추상적인 의미로서 교사의 윤리적 측면으로만 중요시되고 있다.

2) 노동직관

교직에 대한 견해 가운데 성직관과는 대조적인 입장을 취하는 것으로서 교직도 하나의 노동직이며 본질적으로 다른 직업과 차이가 없다는 것이다. 따라서 노동의 대가로서 보수를 받고 보수와 근무조건의 개선을 위하여 노동조합을 결성한다거나 단체행동으로 권익을 쟁취하자는 것이다.

교직은 교사의 상대적인 가치추구의 대상으로서 보편적인 노동행위와 다를 바가 없다. 교사의 교육적 행위는 결국 교육적 노동이며, 교육행위의 주체인 교사는 노동의 대가로 임금을 받고 그에게 수임된 일을 지속적으로 행하는 노동자임에 분명하다는 것이다.

현실적으로 교사는 피고용자이며, 또한 교육 자체가 국가임무의 일부이기 때문에 교사의 교육노동이 고용자인 국가나 사학재단의 의사와 결정에 종속될 수밖에 없다. 근본적으로 교사의 교육노동은 전문직으로서의 자율 노동의 문제와 피고용자로서의 종속노동이라는 이율배반적인 모순을 내포하고 있음을 알 수 있다.

3) 전문직관

교직의 본질을 단순하게 성직이나 노동직으로 보려는 견해를 초월하여 하나의 전문직으로 인식하려는 견해는 오늘날 광범위하게 받아들여지고 있는 추세이다. 그것은 앞에서 설명한 양자의 변증법적 통합이요, 그 장점을 살리려는 관점이고 입장이다. 교직을 단순한 노동직이 아니고 지성적, 정신적 활동으로 보아 이기적인 활동이 아닌 애타적인 동기에서 출발한 봉사활동으로 규정짓는 점, 고도의 자율성과 윤리성의 강조 등에 있어서는 성직관에 접근한다. 그러나 전문직관에 있어서는 교원의 자질 향상과 교권확립이 강조되고 있지만, 사회적, 경제적 지위 향상을 위하여 교직단체를 구성하고 보다 적극적이고 진취적인 교원의 지위 향상을 쟁취해야 한다고 주장하는 점에 있어서는 일부 노동직관과 상통한다. 전문직관에서 본 교사상을 살펴보면 다음과 같다.

첫째, 교원은 전문성을 확보하기 위하여 장기간에 걸친 교육과 훈련을 받아야 할 뿐만 아니라, 쉬지 않고 계속 연구하여야 한다.

둘째, 교원에게는 엄격한 자격기준이 적용되어야 하며 부적격자는 도태되어야 한다.

셋째, 교원은 고도의 자율성과 사회적 책임성을 가져야 한다.

넷째, 교원은 전문직단체를 통하여 자질의 향상, 지위의 향상 및 교육정책에의 참여를 보장받아야 한다.

제2절 교사의 역할과 자질

1. 교사의 역할

역할(role)이란 사회의 어떤 지위에 있는 사람에게 사회구성원으로부터 공통적으로 기대되는 행동유형을 말한다. 그러므로 역할이란 동일한 지위에 있는 모든 사람들의 공통된 행동양식이나 사회의 다른 구성원들이 기대하는 행동유형이라 할 수 있다.

우리가 사회에서 한 개인을 이해하려면 그가 어떤 지위에 있는 사람이고, 그러한 지위에 있기 때문에 그는 어떤 행동을 하여야 하며, 그리고 그는 어떠한 행동을 하게 될 것인가를 알아야 한다. 교사에 대해서도 교사라는 지위에 있는 사람은 어떠한 일을 할 것이다라는 기대를 갖게 된다. 이때의 어떠한 기대는 규범화된 사회적인 것일 수도 있고 기대하는 사람에 따라 달라지는 막연한 개인적인 것일 수도 있다.

이와 같이 역할과 관련하여 요구되는 기대를 흔히 역할기대(role expectation)라고 하는데, 이것은 어떤 직위 내지 지위를 차지하고 있는 사람의 행동에 적용되는 평가기준이다. 예를 들면, 교사는 가르치는 일을 해야 한다고 기대를 갖게 되는 것이 역할기대다.

교사는 외부에서의 기대와 자기 나름의 주관을 종합하여 역할을 수행하게 되는데, 이때 교사 자신의 주관이 크게 작용하게 되므로 교사는 각기 일치하지 않는 행동을 외부에 나타나게 된다. 이러한 역할의 불일치성을 역할갈등(role conflict)이라고 한다. 이것은 한 개인의 외부에서 요구하는 역할기대에 따라 행동할 수 없는 것으로 지각된 역할이라 할 수 있다. 이러한 역할갈등은 학교 조직풍토에서 일어나지 않도록 해야 하며 일어날 경우 이것을 현명하게 대처해서 해결하여야 한다.

다음에서 교사의 역할을 일반적인 교사의 역할과 학교에서 교사의 역할과 학급에서 담임교사의 역할로 구분하여 고찰해 보고자 한다.

1) 일반적인 교사의 역할

교사의 일반적인 역할은 대략 다음과 같은 세 가지가 있다고 볼 수 있다. 교사는 가르치는 사람이며, 학생의 사회화를 돕는 사람이며 교육의 수준과 능력의 가능성을 판단 및 평가하는 사람이다.

첫째, 학생을 가르친다는 것은 학생들의 능력을 고려하여 이에 적절한 지식과 기술을 전달하는 기능을 말한다. 그러므로 교사교육의 양성과정의 내용이 가르치는 데 대한 모든 준비를 시키는 데 중점을 두게 되며, 교사가 학교에 부임하면 얼마나 성의 있게 학생을 잘 가르치느냐에 관심을 갖게 된다.

그러므로 교사는 무엇보다도 먼저 무엇을 어떻게 가르쳐야 하는가를 올바르게 이해해야 한다. 예전에는 학문의 분화가 크게 이루어지지 않았고 교사의 신분도 명확히 구분되지 않았기 때문에 교사의 가르치는 내용 그 자체만을 중시하는 경향이 있었다. 그러나 근래에는 교직의 전문성이 부각됨에 따라 교사의 역할은 무엇을 가르치는 것에서부터 어떻게 가르치느냐에 대한 방법의 문제까지 포함하게 되었다. 교사의 역할이 학생을 가르치는 데 있다고 하는 것은 예나 지금이나 변함이 없지만 가르치는 방법에 있어서는 약간의 차이가 있다. 전통적인 교육에서 교사의 역할은 지식의 전수에 중점을 두어 왔지만 현대사회의 교육에 있어서 교사의 역할은 지식의 전수뿐만 아니라 학생이 창조해낼 수 있는 능력의 개발까지도 포함하게 되었다. 따라서 오늘날의 교사는 학생의 능력개발의 입장에서 가르치는 역할을 잘 수행해야 할 것이다.

둘째, 학생의 사회화를 돕는 조력자로서의 교사의 역할이다. 교사는 그들이 가르치는 학생들이 사회생활을 잘 영위해 나갈 수 있도록 준비시키는 기능을 발휘하여야 한다. 사실 이러한 역할은 교사가 실제로 담당하여야 할 역할이고 또한 학부모의 입장에서도 이러한 역할을 교사에게 강하게 요구하고 있다. 그러나 이러한 기대는 교사들에게 커다란 부담이 될 뿐만 아니라 교사의 전문적 기능을 흐리게 하는 요인이 되기도 한다. 사회화의 과정은 사회의 생활양식을 습득해 가는 과정인데, 교사의 힘만으로는 이루어질 수 없는 것이다. 사회화는 교사와 학부모 · 친구 · 매스컴 등에 의해서 수행되는 공동적 임무이다. 그런데 사회에서는 학생들의 사회화의 역할을 교사에게만 책임을 전가하기 때문에 교사는 오히려 사회화에 대한 역할을 도외시하는 경향을 나타내기도 한다. 아무리 사회가 그 책임을 회피한다고 하여도 교사의 역할은 학생의 사회화를 돕는 데 있다는 것을 잊어서는 안 되며 교사는 사회화의 조력자가 되어야 한다.

셋째, 교사는 학생의 교육수준과 능력의 가능성을 판단하는 평가의 주체가 된다는 것이다. 교사는 학생들이 장래에 갖게 될 사회적 직업을 지적 능력을 기준으로 선별해 주는 역할과 학생의 성취수준을 평가하는 역할을 한다는 것이다. 이것은 교사에게 주어진 학교 조직체 내에서의 특권이기도 하다. 교사는 자기가 맡은 학생들의 능력과 소질을 판단해서 산업사회의 특정

분야로 학생들을 구분해 주는 역할을 수행하여야 한다. 예를 들면, 어떤 학생은 문학에 소질이 있으니 문과계로 가라든지 또 어떤 학생은 수학에 소질이 있으니 이학계로 가라든지 하는 역할이다. 한편 교사는 학교사회에 위임하여 준 권한 내에서 학생의 능력을 바탕으로 성취수준을 평가하는 역할을 수행한다. 이것은 교사가 자기가 맡은 과목을 기준으로 A, B, C, D, E 등 학생의 성취정도를 평가할 수 있는 기능을 가졌다는 것을 의미한다. 사회에서는 이러한 교사의 기능을 일반적으로 수긍하고 교사의 판단에 따르게 된다. 따라서 교사는 교사에게 주어진 막중한 권한에 대한 책임도 인식하지 않으면 안 된다. 교사의 학생에 대한 평가기준이 잘못되어 한 학생이 희생을 당하였다면 희생된 학생은 그 인생 전부를 망치게 되는 셈이다. 그러므로 교사는 학생을 평가하는 평가자로서의 역할을 잘 수행하기 위하여 기본적인 자질을 높여야 할 것이다. 유명한 발명가인 에디슨은 학창시절에 두 번이나 낙제를 하였다고 한다. 사람들은 에디슨이 어렸을 때에는 그렇게도 우둔하였는데, 성장하면서 명석하게 되었다고 보기도 하고 또 다른 한편으로 생각해 보면 그렇게도 명석한 두뇌를 가진 학생을 알아보지 못하고 그를 낙제시킨 무능한 교사를 탓하기도 한다. 교사는 학생의 능력 평가자로서의 권한과 그에 대한 책임도 동시에 인식해야 한다.

이상에서 일반적인 교사의 역할을 학생을 가르치는 일과 사회화의 과정에서 조력자로서의 기능과 학생의 능력을 평가하는 일의 세 가지로 구분하여 알아보았다. 그러나 현대 산업사회에서 교사가 이들 역할을 충실히 수행하기에는 많은 사회적인 제약이 뒤따르게 된다. 이러한 사회적 제약을 극복하는 길이 교사의 역할갈등을 해결하는 일이다.

현대사회에서 교사의 역할을 수행하는 데 부각되는 사회적인 제약을 열거하면 다음과 같다.

첫째, 가치문제가 교사의 역할 수행을 제약한다. 어느 사회든지 그 발달과정은 하나의 가치를 기준으로 하여 이루어져 왔다. 그리고 이러한 가치는 고정된 것이 아니고 수시로 그 때 그 때 변한다는 특성을 가졌다. 사회의 가치가 변화하는 과도기적 상황에서 교사의 역할 수행에 있어서 많은 문제점을 지니게 된다. 우리나라의 사회구조의 변화를 살펴보더라도 1900년대 초기까지에는 귀족적인 사회였다. 따라서 교육의 대상도 주로 선택된 귀족에게만 한정되었고 가르치는 교육의 내용도 특권층을 위한 것이었다. 그러나 현대사회로 들어와서 민주사회로 변하면서 교육의 대상은 대중을 상대로 하였고, 교육내용도 국민적 자질 향상과 자기능력에 맞게 택할 수 있도록 기회가 주어졌다. 따라서 교육이 어떤 때에는 엘리트의 양성을 목적으로 하기도 하고 또 어떤 때는 국민대중을 위한 교육이 강조되기도 하는데, 이러한 시대적 변화는 교사의 역할과 연관을 맺게 된다. 현재 우리나라에서 평준화 문제가 부각되고 있고, 이에 따라 일류대학의 입학생 수의 비교를 통하여 고등학교를 평가하고 있다. 민주주의사회에서는 교육에서 평등의 원칙을 적용시킬 수밖에 없다. 그러나 대학입학을 목전에 둔 학부모들은 엘리티즘을 강하게 희구하고 있다. 이 때 교사의 가치관은 평등의 원칙에 부합되어야 하느냐 또는 현실적으로 학부모의 요구에 부응해야 하느냐 하는 선택의 기로에 놓이게 된다. 그러나 교사가 지녀야 할 가치의 기준은 민주사회가 소망하는 평등을 수용하면서 그 속에서 학생의 수월성을 칮도록 하는 데 두어야 할 것이다. 이 때 교사는 올바른 가치관을 추리해 낼 수 있는 능력이 요구되는 것이다.

둘째, 학급이 이질집단으로 구성되어 있기 때문에 교사의 역할이 증대되었다. 과거의 엘리트위주의 교육에서는 학급이 비교적 동질집단으로 구성되었기 때문에 집단구성원으로 인한 교사의 역할에 대한 혼돈이 적었다고 볼 수 있다. 그러나 중등학교가 평준화되면서 한 학급에 사회적 배경이 다르고 능력의 차이가 심한 학생들이 섞이게 되어 교사의 역할에 커다란 혼란을 가져오게 되었다. 따라서 한 학급에 많은 이질적인 학생을 수용하다 보니, 교사는 그가 가르치는 집단의 성격과 수준을 쉽게 파악할 수 없게 되었고 가르치는 방법도 다양하게 되어 새로운 문제점이 드러나게 되었다. 그리하여 교사는 수업의 진도를 학생의 수준에 따라 조절하고 문제학생을 발견하고 학부모의 요구를 충족시켜 주는 일 등 새로운 갈등을 경험하게 된 것이다. 학력수준이 높은 학생들은 가르치는 교육내용이 너무 쉽다고 불평하고 반면에 학력수준이 낮은 학생들은 같은 학급 내에서도 교육내용이 어렵다고 불평을 한다. 그러므로 교사는 이질집단의 문제를 극복하기 위한 방안을 모색하여야 할 역할까지도 담당하지 않으면 안 된다. 이것이 바로 현대 민주사회의 평등성을 대전제로 하는 교육의 이념을 실현하는 길이다.

셋째, 사회적 압력이 교사의 역할 수행을 제약한다. 교사는 투명한 대상과 불투명한 대상을 상대로 하여 역할을 수행하게 되는 것이다. 사회에서 어떤 직업은 대상이 명확한 것도 있고 또 어떤 직업은 너무 광범위하여 무엇을 하여야 할지 잘 모르는 것도 있다. 그러나 대개의 직업은 대상과 일이 거의 제한적이고 명확하다. 예를 들면, 의사는 환자와 환자가 아닌 사람을 구분하여 환자에게 병을 고쳐 주도록 되어 있다. 교사는 역할수행의 대상과 임무에 있어서 이러한 양면성을 지니고 있다고 볼 수 있다. 교사는 학생에게 지식을 전수하기 위하여 가르치는 일이 주 임무가 된다는 것은 명확하지만 교사가 수행해야 할 역할은 이것으로 그치는 것이 아니다. 교사는 학생의 친구가 되어야 하고 때로는 학생의 상담자가 되어야 하며 학부모에게는 친절한 조언자가 되어야 하고 사회에서는 모범자가 되어야 한다. 이와 같이 교사로서 업무 한계의 다양성으로 말미암아 교사가 처신하기가 어렵게 되고 역할수행에 갈등을 일으키게 된다.

결론적으로 현대사회는 사회·경제적인 변화가 심하게 일어나고 이에 따라 교육의 사회적 기능도 변하게 되었다. 그리고 이러한 변화는 교사의 역할 수행에 압력이나 제약으로 나타났고 교사는 갈등을 크게 느끼게 되었다. 현대를 사는 교사는 새로운 사회가 요구하는 것 이상으로 전문적인 기능을 부각시키도록 노력해야 하며 교사의 역할갈등도 해소되어야 할 것이다.

2) 학교에서 교사의 역할

학교에서 교사가 수행해야 할 가장 기본적인 역할은 학생을 가르치는 일이다. 그러므로 교사는 가르치는 일에 대하여 무엇을 가르치며 어떻게 가르칠 것인가를 잘 알고 있어야 역할수행을 잘 할 수 있다.

영국의 학교에서는 가르치는 내용이 자세하게 규정되어 있지 않기 때문에 교사들은 교육내용의 선정이나 교육의 방법에 있어서 비교적 많은 자율성을 발휘할 수 있다. 한편 미국의 학교에서도 지역사회의 실정에 알맞은 교과내용을 채택하도록 교과내용의 선정 권한이 각 지방의 교육장에게 부여되어 있고 교사에게도 어느 정도 융통성이 주어진다. 그리하여 구미 선진국의 교사는 교육내용의 선정과 그 방법에 있어서 자율성이 인정되고 있으며 따라서 교사의 역할도 비교적 다양하게 나타난다. 반면에 우리나라에서는 이와 같은 자유가 보장되었다고 하지만 실제로는 교과서의 획일적인 채택과 교육방법에의 외부압력으로 인하여 교사는 상당한 제한을 받는다고 볼 수 있다.

그러나 구미선진국이든 한국이든 간에 학교에서 수행해야 할 교사의 역할은 근본적인 원리에 있어서는 공통점을 가졌다고 볼 수 있다. 공통적인 교사의 역할은 방법적인 역할과 규범적인 역할의 두 가지로 크게 구분할 수 있을 것이다. 교사의 방법적인 역할은 앞에서 설명한 바와 같이 학생을 가르치는 일과 사회화시키는 일과 평가하는 일이며, 규범적인 역할은 학생을 선도하고 통제하며 주의를 환기시켜 배움의 환경을 조성하여 주는 일이다.

그런데 이 두 가지의 교사의 역할은 때로는 독립적으로 작용하기도 하고 때로는 통합적으로 작용하기도 한다. 예를 들면, 한 교사가 어느 단원의 내용을 가르치면서 학생이 떠들면 조용히 시키고 자세를 바르게 하게 함으로써 학습분위기를 조성하는 경우가 있다. 여기에서 교육내용의 전달은 교사의 방법적인 역할이요, 학습분위기 조성은 규범적인 역할이다. 이러한 행위는 교사가 교육적인 임무를 띠었기 때문에 규범적인 역할을 방법적인 역할과 병행해서 수행하게 된다.

어떤 교사는 방법적인 역할이 규범적인 역할보다 중요하다고 생각하여 수업만을 열심히 지도하기도 하고 또 어떤 교사는 규범적인 역할이 방법적인 역할보다 더 주된 역할이라고 하여 교과 수업시간에 도덕적인 설교를 하기도 한다. 또 다른 교사는 방법적인 역할과 규범적인 역할을 반반씩 조화롭게 통합하기도 한다. 이 세 가지 경우는 모두가 교사의 역할의 일부이기 때문에 우열을 가릴 수 없고 단지 학교 행정가나 학생이나 지역사회인들이 어느 역할의 수행을 기대하느냐에 따라 그 평가가 달라질 것이다.

일반적으로 교사의 방법적인 역할에 대해서는 양성과정에서 주로 다루었으므로 널리 알려졌지만 규범적 역할에 대해서는 그 핵심을 찾을 길이 없다.

사회에서 교사에게 사랑이 부족하다느니 인간미가 없다느니 하는 비평도 규범적인 역할 수행에 대한 기대에서 오는 결과이다. 교사의 규범적인 역할을 중시하여 풀리아스(Pullias et al., 1973)는 그의 저서 『교사의 다면성』이라는 책에서 교사는 안내자이고 하나의 표본이며 탐색자이다. 또한 교사는 상담자요, 비전을 제시해 주는 자이고 깨우쳐 주는 자이며 설화자이며 또 배우이다 등 열네 가지의 규범적인 역할을 제시하고 있다.

그러나 학교에서의 교사의 역할은 규범적인 역할만을 중요시하거나 가르치는 방법적인 역할만을 중요시해서는 교사의 전문성을 내세울 수 없다. 현대사회의 직업이 전문화됨에 따라 교사도 전문적 기능을 부각시키기 위해서는 규범적인 역할과 방법적인 역할을 조화시키는 것이 가장 중요하다. 호이레(Hoyle)도 학교에서 교사의 역할을 전문가로서의 역할과 직업적인 역할과 비형식적 역할로 구분하여 설명하고 있는데, 이러한 역할들 역시 조화가 중요시된다. 그리고 이와 같은 조화는 교사의 자질과 상황에 따라 다양하게 나타날 것이다.

교사의 역할유형은 일반화된 것이 없고 상황에 따라 달라져야 한다. 따라서 유능한 교사가 되려면 자기 나름의 행동유형이 정립되어야 하고 이 행동유형은 융통성을 가져야 한다. 월러(Waller, 1967)는 유능한 교사를 자기 자신을 마치 고무줄을 늘였다, 줄였다 할 수 있는 사람으로 비유하고 있다.

또한 호이레(Hoyle, 1980)는 훌륭한 교사란 다음과 같은 세 가지 내용을 숙달해야 한다고 보았다.

첫째, 교사는 교실의 상황과 그 상황 속에서 일어나는 변화를 정확하게 인지하여야 하고, 둘째, 교사는 주어진 제 상황에서 적절한 자기의 역할을 찾아낼 수 있어야 하고, 셋째, 교사는 변화된 상황에 수시로 적응할 수 있는 개성적 특질과 기술이 있어야 한다.

그리고 상황에 다른 교사의 역할 수행을 기반으로 텔렌(Thelen, 1954)은 교사의 스타일을 여섯 가지로 제시하고 있는데, 그것은 문답식 토론 스타일, 시민집회 스타일, 도제제도 스타일, 고용주와 고용인 스타일, 상거래 스타일, 학생을 경청하게 하는 스타일 등이다.

여기에서 우리가 주목해야 할 것은 교사의 가르치는 유형은 어떠한 원칙이 있는 것이 아니라 여러 가지로 상황에 따라 달라질 수 있다는 것이다. 학교의 상황을 적절하게 활용할 수 있는 자만이 유능하고 능력있는 교사로 부각된다는 것이다. 교사의 역할수행은 이론적이라기보다는 실제의 학교 상황에서 이루어지는 것이기 때문에 교사는 주어진 상황을 예리하게 분석·조정할 수 있어야 한다.

3) 학급에서 담임교사의 역할

교사가 그의 역할을 수행하는 가장 기본적인 단위는 학급상황이다. 이러한 구체적인 학급현장에서 학생의 바람직한 행동변화를 유도하는 교사의 역할이 가장 기본적인 역할이다. 따라서 교사에 대한 역할 기대도 학급에서의 역할수행에 그 초점을 둔다.

학급에서의 교사의 역할은 개인적인 교육관에 따라 여러 가지로 달라질 수 있다. 이와 같은 역할수행은 학급에서 교사의 말이나 행동을 통해서 이루어지게 된다.

학급에서 교사의 역할 특성을 프리차드(Prichard)는 크게 네 가지로 구분하여 나음과 같이 설명하고 있다.

첫째, **학급에서 형식화된 지식만을 강조하는 교사**: 이 유형의 교사는 학생이란 배우는 자라고 믿고 학생을 엄하게 다룬다. 교사는 지식측면에서 학생을 능가하고 자부심이 매우 크다. 또한 이들은 수업에 있어서도 지식 전수에 온 힘을 기울이며 학생들이 잡담도 전혀 못 하도록 한다. 그리고 이러한 교사는 수업시간을 정확히 지키며, 학생이 지각한다는 것은 교사권위에 도전하는 일일 뿐만 아니라, 학습의욕이 없는 학생으로 보는 것이다. 그리고 이들이 수업시간에 사용하는 매는 권위의 상징이고 나아가서는 교사의 필연적인 소유물로 생각한다. 이러한 역할을 강조하고 있는 교사는 대부분이 자기실력의 향상과 교육열에 대하여 무한한 자부심을 가지고 있다. 따라서 이러한 유형에 속하는 교사는 질적으로 매우 우수하거나 그 반대의 경우라고 볼 수 있다.

둘째, **학급에서 교사의 역할은 사회화를 증대시키는 데 있다고 보는 교사**: 이 유형에 속하는 교사는 형식화된 지식의 전수를 배격하고 학생들의 삶에 대한 도움을 주어야 한다고 생각하고 이들은 가끔 수업시간에 정규적인 주제를 벗어나 인생경험 이야기를 하기도 한다. 이들 교사는 이러한 과정을 통해서 학생이 자기 나름의 창조적인 삶을 개척해 나아가기를 바란다. 또한 이러한 교사는 수업을 위해 필요한 공부는 집에 가서 예습과 복습을 통해서 충당하라고 하기도 한다. 또한 이러한 교사는 교육이란 생생한 삶의 경험을 학생과의 의사소통을 통해서 이루어질 수 있다고 보며 이것이 바로 교사의 중요한 역할이라고 인식한다. 이들 교사는 학생과 생의 문제에 대해 대화를 자주하기 때문에 항상 바쁘다. 특히 이들은 학업에 가망이 없다고 남들로부터 버림받는 학생이나 학업의 성취수준이 낮은 학생들을 발견하고 이들을 도와주는 것에서 큰 보람을 느낀다. 따라서 이들은 친한 학생들이 많고, 이로 인하여 다른 교사들로부터 질투를 받는 경우가 비교적 많다.

셋째, **학급에서 교사의 역할은 학생들이 창의적이고 혁신적인 행동을 터득하게 하는 데 있다고 보는 교사**: 이러한 유형에 속하는 교사는 매우 자유적이고 개인적이다. 자기가 가르쳐야 할 교과서의 내용에 대해서도 비판적이다. 교과서내용을 그대로 학생들에게 지도하면 학생의 사고범위가 좁아진다고 여긴다. 그러므로 이들 교사는 자기 나름의 독창적인 교육방법을 창안해 내고 이를 현장에서 실천한다. 예를 들면, 과목과는 관계없이 감동을 불어넣기 위해 베토벤의 운명을 들려준다든지, 뭉게구름을 쳐다보게 하기 위하여 학생들을 밖으로 데리고 나가기도 한다. 그들의 이러한 행동을 어떤 이는 머리를 갸우뚱하거나 비웃기도 한다. 이러한 교사는 때로는 전통적인 생각을 가지고 있는 교사들과 커다란 갈등을 일으키기도 하지만, 그들의 교육열은 대단하다고 할 수 있다. 틀에 박힌 준비물 외의 자료를 준비한다든가 고정적인 틀에서 벗어나 독창적인 학습지도 방법을 사용한다든가 하여 학생들의 창의력과 상상력을 유발시키고 있다.

넷째, **학급에서 교사의 역할은 학생을 올바르게 평가하는 것이라고 보는 교사**: 이들 유형의 교사는 학교에서의 평가가 학생 개인의 사회진출에 커다란 영향을 미친다고 보고 학생의 평가를 교사의 주요 업무로 여긴다. 이들은 평가문항작성에 많은 시간을 소비하기도 하고 평가방법에 대한 이론도 체계화되어 있다. 이들에게는 학생의 평가에 필요한 자료가 준비되어 있으므로 정확한 평가결과를 나타내고 있다.

지금까지 제시한 네 가지 교사의 역할 유형 중에서 어느 것이 합당하고 타당한 것인지는 단정할 수 없다. 교육현장에서 교사는 자신의 교육관과 학교장의 철학과 지역사회인의 요구 등에 따라 역할의 변형이 이루어진다. 그러나 학급에서 교사의 역할은 교사의 가치관과 학급환경, 지역사회와 학생의 요구 등에 의해 역동적으로 결정되는 것이므로 교사는 상황에 맞게 다양하고 융통성 있는 역할을 구사해야 할 것이다.

2. 교사의 자질

1) 일반적인 교사의 자질

교사의 자질은 교사가 갖추어야 할 비교적 영속성있는 개인적 특성 및 교직에 대한 태도라고 할 수 있다. 바람직한 교사의 자질요건에 관해서는 학자마다 주장하는 바가 다르지만 몇 가지의 예를 들어 보기로 한다.

남억우 등(1994)은 학생들이 좋아하는 교사는 다음과 같은 요건을 구비해야 한다고 연구조사에서 나온 결과를 제시하고 있다. 훌륭한 교사가 되려면 학생을 이해하고, 친절한 가운데 엄격하고 신뢰할 수 있어야 하며 잘 가르쳐 주어야 하고 침착하며 열심히 수업을 하고 활발하고 유머를 잘 해 줄 것 등이다.

그리고 김영돈(1971)은 교사의 자질요건으로 성실 · 건전하고 원만한 품성, 높은 품위와 풍부한 교양, 인간성을 존중하는 민주적 신념, 왕성한 협동심과 봉사정신, 교과에 대한 충분한 실력, 유능한 지도능력과 창조적 역량, 넓은 교직적 식견과 사회현상에 대한 이해력, 건전한 신체와 강인한 인내심, 확고한 인생관, 투철한 국가관을 구비해야 한다고 강조하고 있다.

또한 김종철(1994)은 교원의 자질을 지식과 기술의 측면, 감정과 태도의 측면, 가치관의 측면 등으로 나누어 다음과 같이 제시하였다.

(1) 지적 · 기술적 측면

교사는 학생을 잘 가르칠 수 있어야 한다. 교사가 학생을 잘 가르치기 위해서는 교과영역과 학습지도방법과 교수능력 등에 관하여 풍부한 지식과 기술이 있어야 한다.

오수벨(Ausubel)은 교사행동의 효율성에 관한 준거로서 세 가지를 들고 있다. 그것은 교과영역에 대한 포괄 · 숙지능력, 교재를 분명하게 조직 · 제시하는 능력 그리고 자신의 지식을 학생의 지적 성취도와 교재의 의미에 맞추어 적절하게 표현할 수 있는 의사소통능력이다. 이러한 준거로 교사가 학생을 잘 가르치기 위해서 교과내용을 숙지하고 학습에 영향을 미치는 요인을 조정하여 지식을 학생수준에 맞추어 전달하는 능력이 갖추어져야 한다고 했다.

(2) 감정과 태도의 측면

교사는 학생이 지적 발달을 꾀하도록 도와주어야 하고 아울러 정의적인 측면에서도 발달을 촉진시키는 역할을 하여 전인교육을 담당해야 한다. 교사가 교육자다운 품격을 가지고 교육활동에 임할 때 학생의 태도는 달라진다.

여기에는 학생을 사랑하고 좋아하는 마음가짐이 절실히 요청되는 것이다.

스프랭거(Spranger)는 교육애(敎育愛)의 필요성에 대하여 다음과 같이 강력하게 주장하고 있다. 교육적인 사랑의 불빛이 적어도 내 가슴속에 타오를 때 나는 그 때 비로소 교사가 되는 것이다. 한 교사가 한 개체인 학생을 상대로 교육할 때 진정한 의미에 있어서 교육적 관계가 성립되기 위해서는 너-나의 관계가 사랑의 매체를 통하지 않고는 불가능한 것이다. 그것은 물리적인 어떤 변화를 초월한 영혼적 변화, 근본적 · 본질적 변화를 가져오는 것이 아니고서는 만족될 수 없는 관계이다.

이러한 순수한 교육애가 있어야만 교사와 학생의 관계가 진정한 의미의 교육적 관계라는 것이다. 학생의 태도변화를 위해서는 교사가 학생을 사랑하는 역할이 강조되어야 한다.

(3) 가치관의 측면

교사는 무엇보다도 뚜렷한 신념과 사명감이 갖추어져야 한다. 아무리 풍부한 지식과 기술을 가지고 있어도 확고한 교육적 신념이 없을 때 훌륭한 교사로서 자질이 부족하다고 할 수 있다. 교사가 교육에 대한 투철한 사명감 내지 신념이 결여되었을 때 교육활동을 활발하게 전개할 수 없으며, 학생에게 미치는 교육적인 영향도 바람직하지 못할 것이다.

교사가 가르치는 일에 정열을 쏟고, 재미를 느끼게 될 때 본인을 위해서나 학생을 위해서 좋은 일이며, 사회적인 측면에서도 훌륭한 교사로서의 자질을 갖추었다고 말할 수 있을 것이다.

이상에서 교사의 자질로는 지적인 지식과 기술을 갖추어야 하고, 학생을 아끼고 사랑하는 뜨거운 교육애가 있어야 하며, 교육자적인 확고한 신념이 요구된다는 것을 논의하였다.

2) 학급 담임교사의 자질

교육은 교사와 학생의 상호작용을 통해서 이루어지므로 학급담임교사와 학습자 사이에는 원만한 인간관계가 이루어져야 한다. 그리하여 학생이 교사를 따르고 좋아하는 학급분위기가 조성되어야 한다.

하트(Hartt)는 10,000명의 고등학생을 대상으로 하여 가장 좋아하는 교사상을 그리게 하고 빈도순으로 열 가지 특성에 순위를 매기었다.

① 학교공부에 도움이 되고 교과나 과제를 명료하고도 충분히 설명하고 교수에 사례를 많이 든다.
② 유쾌하고 행복스럽고 온후하며 쾌활하고 유머가 있고 농담을 할 줄 안다.
③ 학습집단의 일원으로 인간적이고 사람을 잘 따르게 하고 친하기 쉽다.
④ 학생들에게 흥미를 가지며 학생을 이해한다.
⑤ 공부를 흥미있게 이끌고 공부에 대한 의욕을 불러일으키고 학급의 학습활동을 즐겁게 만든다.
⑥ 엄밀하게 학생을 조정하며 관심을 일으킨다.
⑦ 공평하고 편애하지 않는다.
⑧ 무뚝뚝하지 않고 짓궂지 않으며 까다롭지 않고 말이 많지 않으며 남을 비꼬지 않는다.
⑨ 배운 것이 많다.
⑩ 사람을 좋아하는 인성이다.

학생들이 좋아하는 교사의 특성은 학년단계에 따라 상황에 따라 달라질 수 있지만 공통적으로 공부를 열심히 가르쳐 주고 명랑하고 유순하며 공평하게 대해 주는 것 등이다.

제3절 바람직한 교사상

대체로 서구사회의 교사와 우리 사회의 교사와의 차이점의 하나는 역사적인 배경의 차이에서 찾아볼 수 있을 것이다. 서구의 교사는 일반적으로 교회의 하급자나 행정관청의 하위자들이 읽기·쓰기를 가르쳤고 우리 사회의 교사는 그 원형을 조선시대 서당의 훈장이나 서원의 교사에게서 찾을 수 있다. 서구의 경우 교사들의 사회적인 지위가 보잘것없는 사람이었던 반면에 우리의 경우는 선비적인 교사라고 할 수 있으며 지도계층에 속했다고 할 수 있다. 또한 서구의 교사상이 소크라테스의 조산술처럼 교사를 조성자로서 간주하였음에 비하여 우리의 이상적인 교사상은 스승의 인격에 의해 강한 인격적인 감화를 주는 인격주의적 성격의 소유자임을 부각시키고 있다.

이러한 역사적인 배경의 차이 때문에 조선시대 이래 일제식민지 시대를 일관해서 교사는 우리 사회로부터 인격측면에서나 지식측면에서 존경과 신뢰를 받아 왔다. 다만 당시의 사회 자체의 경제적 빈곤으로 말미암아 교사에게도 청빈을 감수하도록 강요되었던 것이다.

그러나 오늘날 가치관념이 변하게 되어 그 평가기준도 변화되었으며, 특히 경제생활의 척도가 직업을 평가하는 척도로서 크게 작용하면서 교사의 사회적 지위에 대한 인식도 동요된 것은 사실이다. 그러나 교사에 대한 사회적 인식이 변화를 보였다고는 하지만 아직도 우리 사회에 있어서는 교직에 대하여 신뢰하고 있는 편이다.

우리는 그동안 서구적인 근대사상의 영향으로 교사 존중풍토가 무너지고 현대의 인간소외적 상황 하에서 비교육적인 문제가 파생되었다. 이것을 해결하기 위하여 우리의 전통적인 인격주의적 교사상이 재정립되어야 하고 아울러 현재 직업인으로서의 교직의 전문성이 절실히 요구되는 것이다. 교사라는 직업은 전문직이기 때문에 교직의 전문성이 강조되는데, 전문직이란 직무수행을 위해 고도의 전문적인 지식이 요구되면서 장기간에 걸쳐 조직적인 전문교육을 받을 것이 요구된다. 또한 전문직이란 광범위한 자유가 허용되며 일반인으로부터 통제나 간섭을 받아들이지 않는다. 전문적인 예로는 흔히 의사나 법률가를 들 수 있는데, 그들은 직업적인 양심에 의하여 진단이나 판단을 내릴 수 있다.

그리고 전문직이란 스스로의 자유를 보장받기 위하여 전문직 스스로가 이에 대응하는 자기규제성을 갖고 있다. 그리하여 전문직으로서 끊임없는 연수가 의무화되어 있고 주어진 자유를 남용하지 않으려면 직업윤리를 갖지 않으면 안 된다. 이와 같이 전문직은 스스로의 노력에 의해서 권위를 유지하고 자유를 누리는 것이다.

그러므로 교직의 전문성을 확보하기 위해 교사는 전문적인 지식이 있어야 하며 업무의 자율성을 인정받기 위해 부단한 연수를 하여야 하고 자기규제가 뒤따라야만 할 것이다.

우리는 지금까지 역사를 통해서 많은 훌륭한 교사들을 보아 왔다. 어떤 분은 교단에 직접 서지는 않았지만 그가 보여 준 덕으로써 바람직한 교사상을 나타낸 분도 있고 또 어떤 분은 인류를 위해 자신을 희생하면서 교화사업에 힘쓴 분도 있다. 그리고 어떤 분은 인류애를 실천하기 위해 죽음까지도 무서워하지 않았다.

이와 같이 훌륭한 교사들을 통해서 볼 때 그들에게서 발견되는 공통된 요소, 즉 바람직한 교사로서의 지녀야 할 조건들을 정우현(1989)은 다음과 같이 요약하였다.

첫째, 교사는 학생에 대하여 애정을 가져야 하며 개개인에게 늘 긍정적인 태도를 가지고 있어야 한다.

둘째, 교사는 가르치는 일에 긍지를 가지고 있어야 하며 자부심을 가져야 한다.

셋째, 교사는 모든 학생의 발달에 대하여 가능성을 인정하고 늘 긍정적인 태도를 가지고 있어야 한다.

넷째, 교사는 학생이 아직 발견하지 못한 것을 주려고 노력하여야 하며 또 찾는 데에 역량을 발휘해 도와주는 자라야 한다.

다섯째, 교사는 자신부터 이상적인 방향성을 가지고 있어야 하며 이를 위해 행동하는 자라야 한다.

여섯째, 교사는 학생을 강압으로 인도하기보다는 항상 모범으로써 다르게 하는 자라야 한다.

일곱째, 교사는 자기 자신의 지적 차원을 충만시키기 위해 꾸준히 노력하여 자기성장에 관심을 갖는 자라야 한다.

여덟째, 교사는 인류애적인 이상이 있어야 하며 지적 변화보다는 삶의 방향 변화에 영향을 주는 자라야 한다.

아홉째, 교사는 투철한 자신의 철학이 있어야 하고 그것은 이타적이어야 한다.

열째, 교사는 자기희생이 없이 성과를 기대할 수 없다.

요약하면, 바람직한 교사는 학생을 사랑해야 하며 직업에 대한 긍지를 가져야 하고 학생을 긍정적으로 보아야 하며 학생에게 모범을 보이는 자라야 한다는 것이다.

제4절 교사의 윤리

교직의 전문성을 논함에 있어서 반드시 윤리문제가 포함된다. 그것은 교직에서만이 아니라, 모든 전문직에서 요구되는 기본조건의 하나이다. 전문직 종사자에게는 다른 직업종사자보다 높은 직업윤리와 도덕수준을 사회로부터 요구받고 있다. 교직도 그러한 기대에서 예외일 수 없으며, 사실 오늘의 교사에 대한 사회적 비판의 대부분이 교직윤리에 관련된 문제들이다.

교사의 사회적 지위, 경제적 지위, 지적 수월성 등은 모두 중요하고 어느 하나도 소홀히 생각할 수 없는 것이지만 이들보다도 먼저 생각해야 할 것은 교사의 윤리문제일 것이다. 왜냐하면, 교사는 가르치는 사람이며, 가르친다는 것은 지식을 가르친다는 의미만이 아니라, 사회적 및 도덕적 측면에서 본을 보여야 한다는 의미를 포함하고 있기 때문이다. 교사에게서 윤리와 도덕의 개념을 제외한다면 그는 이미 교사라고 할 수 없다. 그것은 마치 성직자에게서 윤리나 도덕의 개념을 뺄 수 없는 것과 같은 경우이다. 이렇게 볼 때 교사의 윤리가 얼마나 중요한가를 알 수 있다. 그런데 교사가 지켜야 할 윤리는 외부적으로 규정된다거나 개인적인 선택의 문제가 아니라, 교사들 스스로 교사로서 지켜야 할 교직수행의 윤리규범을 집단적인 지혜의 절차를 통해 제정하고 이에 비추어 개개인을 통제한다는 것이다.

우리나라에서도 교직윤리의 확립을 위하여 교사들의 전문직단체인 한국교원단체총연합회에서 교사의 윤리와 관련되는 강령을 제정한 바 있다. 그것이 바로 1982년 5월 15일 스승의 날에 선포한 사도헌장과 사도강령이다. 그 내용을 소개하면 다음과 같다.

1. 사도헌장

오늘의 교육은 개인의 성장과 사회의 발전과 내일의 국운을 좌우한다. 우리는 국민교육의 수임자로서 존경받는 스승이요, 신뢰받는 선도자임을 자각한다. 이에 긍지와 사명을 새로이 명심하고 스승의 길을 밝힌다.

① 우리는 제자를 사랑하고 개성을 존중하며, 한 마음 한 뜻으로 명랑한 학풍을 조성한다.
② 우리는 폭넓은 교양과 부단한 연찬으로 교직의 전문성을 높여 국민의 사표가 된다.
③ 우리는 원대하고 치밀한 교육계획의 수립과 성실한 실천으로 맡은 바, 책임을 완수한다.
④ 우리는 서로 협동하여 교육의 자주혁신과 교육자의 지위향상에 적극 노력한다.
⑤ 우리는 가정교육이나 사회교육과의 유대를 강화하여 복지국가건설에 공헌한다.

2. 사도강령

민주국가의 주인은 국민이므로 나라의 주인을 주인답게 길러 내는 교육이 가장 중대한 국가적 과업이다.

우리는 겨레의 오랜 역사와 찬란한 문화를 계승·발전시키며, 선진국과 어깨를 나란히 하여 인류복지 증진에 주도적으로 기여하려면 무엇보다도 문화국민으로서의 의식개혁과 미래사회에 대비한 창의적이고 자주적인 인간 육성에 힘을 기울여야 한다. 그러기 위하여 우리 교육자는 국가발전과 민족중흥의 선도자로서의 사명과 긍지를 지니고 교육을 통하여 국민 각자의 능력을 최대한으로 개발하여 개인의 자아실현과 국력의 신장, 그리고 민족의 번영에 열과 성을 다하여야 한다.

또한 교육자의 품성과 언행이 학생의 성장 발달을 좌우할 뿐만 아니라, 국민 윤리재건이 된다는 사실을 명심하고 사랑과 봉사·정직과 성실·청렴과 품위·준법과 질서에 바탕을 둔 사도확립에 우리 스스로 헌신하여야 한다.

이러한 우리의 뜻은 교직에 종사하는 모든 교육자가 공동체의식을 가지고 노력하여야만 이루어질 수 있다는 것을 인식하고, 사도헌장 제정에 때맞추어 우리의 행동지표인 현행 교원윤리강령을 사도강령으로 개정하고 이를 실천함으로써 국민의 사표가 될 것을 다짐한다.

제1장 스승과 제자

스승의 주된 임무는 제자로 하여금 고매한 인격과 자주정신을 가지고 국가사회에 봉사할 수 있는 유능한 국민을 육성하는 데 있다. 그러므로

1. 우리는 제자를 사랑하고 그 인격을 존중한다.
2. 우리는 제자의 심신발달이나 가정의 환경에 따라 차별을 두지 아니하고 공정하게 지도한다.
3. 우리는 제자의 개성을 존중하며 그들의 개인차와 욕구에 맞도록 지도한다.
4. 우리는 제자에게 직업의 존귀함을 깨닫게 하고 그들의 능력에 알맞은 직업을 선택하도록 지도한다.

5. 우리는 제자 스스로가 원대한 이상을 세우고 그 실현을 위해 정진하도록 사제동행한다.

제2장 스승의 자질

스승은 스승다워야 하며 제자의 거울이 되고 국민의 사표가 되어야 한다. 그러므로

1. 우리는 확고한 교직관과 긍지를 가지고 교직에 종사한다.
2. 우리는 언행이 건전하고 생활이 청렴하여 제자와 사회의 존경을 받도록 한다.
3. 우리는 단란한 가정을 이룩하고 국법을 준수하여 사회의 모범이 된다.
4. 우리는 학부모의 경제적, 사회적 지위를 이용하지 아니하며 또 이에 좌우되지 않는다.
5. 우리는 자기 향상을 위하여 전문적인 지식과 전문화된 기술을 계속 연마하는 데 주력한다.

제3장 스승과 책임

스승은 제자교육에 열과 성을 다하고 맡은 바 책임을 다하여야 한다. 그러므로

1. 우리는 사회의 일원으로서 모든 책임과 의무를 다한다.
2. 우리는 교재연구와 교육자료 개발에 만전을 기하여 수업에 최선을 다한다.
3. 우리는 생활지도의 중요성을 인식하여 제자들이 올바른 사람이 될 수 있도록 지도에 철저를 기한다.
4. 우리는 교육의 성과를 공정하게 평가하고 이를 교육에 충분히 활용한다.
5. 우리는 제자와 성인들을 위한 정규교과 외 활동에 적극 참여한다.

제4장 교육자와 단체

교육자는 그 지위의 향상과 복지의 증진을 위하여 교직단체를 조직하고 적극 참여함으로써 단결된 힘을 발휘할 수 있다. 그러므로

1. 우리는 교직단체활동을 통하여 교육자의 처우와 근무조건의 개선을 꾸준히 추진한다.
2. 우리는 교직단체활동을 통하여 교육자의 자질 향상과 교권의 확립에 박차를 가한다.
3. 우리는 편당적 · 편파적 활동에 참가하지 아니하고, 교육을 그 방편으로 삼지 아니한다.
4. 교직단체는 국가의 주요 교육정책결정에 참여하여 교육자의 여망과 주장을 충분히 반영시킨다.
5. 교직단체는 교육의 혁신과 국가의 발전을 위하여 다른 직능단체나 사회단체와 연대협동한다.

제5장 스승과 사회

스승은 제자의 성장 발달을 돕기 위하여 학부모와 협력하며, 학교와 사회와의 상호작용의 원동력이 되고, 국가발전의 선도자가 된다. 그러므로

1. 우리는 학교의 방침과 제자의 발달상황을 가정에 알리고 학부모의 정당한 의견을 학교교육에 반영시킨다.
2. 우리는 사회의 실정을 정확하게 파악하고, 지역사회의 생활과 문화향상을 위하여 봉사한다.
3. 우리는 사회의 요구를 교육계획에 반영하며, 학교의 교육활동을 사회에 널리 알린다.
4. 우리는 국민의 평생교육을 위하여 광범위하게 협조하고 그 핵심이 된다.
5. 우리는 확고한 국가관과 건전한 가치관을 가지고 국민 의식개혁에 솔선수범하며 국가발전의 선도자가 된다.

이러한 윤리강령에서 일관하여 강조되고 있는 것은 교사와 학생과의 관계에서 교사는 애정을 가지고 공평하게 하고 학생의 개성을 존중하며 성심껏 지도해야 한다는 점이다. 이미 사도강령에서 강조되고 있는 바와 같이, 교직윤리에서 가장 강조되어야 할 것은 스승으로서 제자를 사랑하고 차별하지 않는 일이다.

PART 05

한국 교육의 전망

- 제12장 한국 교육의 전망

한국 교육의 전망

Chapter 12

본 장은 한국 교육의 전망을 고찰하고자 한다. 먼저 미래 사회와 교육, 한국의 교육개혁, 한국 교육의 전망과 발전 과제 등을 살펴보고자 한다.

제1절 미래사회와 교육

미래사회와 교육을 알아보기 위해 국내·외 환경의 변화, 미래의 변화와 이를 보는 시각, 미래사회의 특징, 미래를 대비하는 교육, 미래형 학교 등을 고찰하기로 한다.

1. 국내외 환경의 변화

오늘날 교육적으로 중요시해야 할 환경변화는 지식기반사회로의 진전과 세계화 및 국제화의 개방적인 환경이라 하겠다. 이러한 환경적 변화는 우리나라뿐만 아니라 세계적인 문제로 제기되고 있다. 국내·외 환경의 변화를 지식기반사회와 국제화라는 측면에서 살펴보기로 한다.

첫째, 지식기반사회는 지식 및 정보의 창조, 응용, 배포가 사회적으로 중요시되는 사회이며, 정보혁명을 통하여 국경 없는 사회로 불리고 있다. 미래학자 마스다(Masuda, 1981: 3)는 지식기반사회를 "인간이 고도의 지적 창조성을 가지고 보이지 않는 화폭에 미래를 그리면서 개인적으로 가치있는 삶을 추구하는 사회"라고 정의한 바 있다. 또한 지식기반사회를 묘사하는 용어로써 다니엘 벨(Daniel Bell)은 탈공업화사회, 앨빈 토플러(Alvin Toffler)는 제3의 물결, 마샬 맥루한(Marshall McLuhan)은 지구촌(Global Village)으로 표현하고 있다. 20세기 제조업 경제가 21세기는 정보경제 또는 디지털경제(digital economy)로 발전하면서 지식의 양이 과거 10년에 두 배로 증가하였으나 지금은 3~5년에 두 배로 증가하고 있는 실정이다. 따라서 정보가 국가 및 사회의 가장 중요한 자원으로 대두되었다. 따라서 지식기반사회에서의 정보란 텍스트와 숫자 정보뿐만 아니라 이미지, 그래픽, 소리, 음악, 애니메이션, 비디오 등 다양한 형태의 정보가 더욱 중요시되고 있다. 이러한 정보의 활용을 위해 세계 각국은 인터넷 인프라를 경쟁적으로 구축하고 있으며, 21세기에는 정보가 지식사회를 이끄는 원동력으로 볼 수 있다.

둘째, 세계화는 20C형 세계화와 21C형 세계화로 분류할 수 있다(신현종, 2000). 20C형 세계화는 1994년 4월에 출범된 WTO 체제하에서 실현된 세계화와 그 이전 GATT 체제하에서 추진되어 왔던 세계화를 의미한다. 이 20C형 세계화는, 초기에는 세계무역기구회원국 간의 다자간 무역협상을 통해서 실현되었고 후기에는 정보통신기술의 주도로 이루어졌다. 특히 정보통신기술이 발달되고 이것이 상업적으로 이용됨에 따라 세계화는 급속도로 확대되었다. 정보통신기술의 발달은 각 국가 간에 존재하던 경제적 의미의 국경을 허물어 '국경없는 세계'(boundless world)를 도래시켰을 뿐만 아니라 '거리의 소멸'(death of distance)을 초래시켜 '지구촌'(global village)을 만들어냈다. 21C형 세계화란 2000년대 인터넷혁명이 주도하고 있는 세계화를 의미한다. 이것의 특징은 인터넷혁명과 인터넷 라운드(internet round)로 세계화가 급속도로 확대되고 상품, 서비스, 자본시장 등 모든 시장이 완전히 개방되는 것이다. 그리고 그 특징은 경제부문, 정치, 사회, 문화, 교육 등 모든 부문에서 세계화가 이루어지고 세계화의 패턴은 동질성을 갖게 되는 것이다. 정보와 지식이 가치체계의 기본적 근간이 되고 소수민족의 모국어 및 고유어가 소멸되어 영어가 세계 언어가 되는 점도 특징이다. 이외에도 금융위기가 동시다발적으로 초래되고 경제주체 간 경쟁이 '생태적 경쟁'에서 '살생적 경쟁'으로 바뀌게 되는 것도 특징이라고 볼 수 있다. 세계화의 새장을 열어나갈 초 첨단정보통신기술이 옵토 칩이다. 옵토 칩(opto chip)이란 전화 음성신호, 컴퓨터 데이터, TV 신호 등 모든 신호를 광파이버를 통해 완벽하게 전송할 수 있는 신호체계를 말한다. 그 속도는 초당 100GB에 이르는 것으로 알려지고 있다. 이것이 실용화되면 인터넷을 통한 데이터 전송이 혁신적으로 빨라져 인터넷 기반의 사이버 통상과 사이버 자본거래가 촉진되어 세계화가 급속도로 확대될 것이다.

상기에서 지식기반사회와 21C형 세계화를 살펴보았듯이, 국제적 감각과 태도, 타국의 문화에 대한 이해, 지도력, 의사결정 능력, 창의력과 비판적 사고력 등 높은 수준의 지적 능력의 함양을 위한 교육이 절실히 요청되는 것이다.

2. 미래의 변화와 이를 보는 시각

사회의 변동이 급속한 상황에서 미래를 예측하는 것은 쉽지 않다. 하지만 미래에 대한 예측은 외삽주의자들(extrapolationist)의 견해, 변천주의자들(transitionist)의 견해, 변혁주의자들(transformationist)의 견해 등으로 분류하여 살펴보기로 한다(Van Scotter, et al., 1991: 308~322; 차경수 외, 1999: 352~354에서 재인용).

첫째, 낙관적인 외삽주의자들은 과거와 현재의 상황을 바탕으로 미래를 예측하며, 이들은 일반적으로 서구문명, 산업화, 과학 및 기술의 발달 등에 관해서 낙관적인 견해를 지니고 있다. 이들이 주장하는 내용을 종합하면 다음과 같다. ① 비합리적인 권위주의가 퇴조하고 세속적, 인간적 가치에 대한 욕구가 증가할 것이다. ② 의학의 발달은 평균 수명을 100세가 되게 할 것이다. ③ 인공장기와 유전인자에 대한 연구 등 생명공학에 관한 연구가 미래의 첨단산업을 이끌어 나갈 것이다. ④ 컴퓨터 및 컴퓨터의 응용이 전반적으로 보편화될 것이다. ⑤ 로봇이 가정 일의 대부분 맡아서 할 것이다. ⑥ 우주 탐험과 우주무기 개발 등 우주 경쟁이 가속화될 것이다. ⑦ 성격 개조와 지능 향상을 위한 비습관성 약물이 개발될 것이다. ⑧ 경제적 측면에서 무한경쟁이 전개되며, 자유주의적 체제의 경쟁에 적응하는 자가 승리하게 될 것이다. ⑨ 합성적인 신소재의 개발은 미래의 첨단산업에서 매우 중요한 위치를 갖는다.

둘째, 점진적 변천주의자들의 견해는 현재의 상황은 결국 장기간에 걸쳐서 변화가 일어나고 있는 하나의 과도기로 보고 있다. 벨(Daniel Bell)이나 보울딩(Kenneth Boulding)에 의하면, 사회발전의 단계를 전 산업사회, 산업사회, 후기 산업사회 등으로 분류했으며, 특히 벨은 전 산업사회는 원료, 농업, 노동의 집약성, 자연에 대한 게임 등이 중심이 된 특징을, 산업사회는 에너지, 제조업, 자본 집약성, 가공한 자연과의 게임 등이 중심이 된 특징을 그리고 후기 산업사회는 정보, 정보처리, 지식집약성, 인간과 인간 사이의 게임이 중심이 되는 특징을 지닌다고 견해를 피력했다(Daniel Bell, 1976: 198). 또한 네이스빗은 최근의 정보사회에서 나타나고 있는 변화를 서술하면서 과거의 사회가 산업사회, 고정된 기술, 국민소득, 단기적인 것, 중앙집중, 제도에 의한 문제의 해결, 대표적 민주주의, 위계질서, 북방 중심, 2분 논법 등의 특징을 가지고 있었다고 하면서 이러한 경향으로부터 미래사회는 정보사회, 하이테크, 세계경제, 장기적인 것, 지방분권, 스스로의 문제해결, 참여적 민주주의, 상호연계, 남방중심, 다양한 선택 등의 특징을 갖는다고 지적하고 있다(Naisbitt, 1982). 이러한 것 이외에도 과거의 사회가 지성에 의한 강력한 자아, 죽음에 대한 두려움, 질병에 대한 공포, 사망 통제, 자기 억제, 외부적 통제, 자연에 대한 인간 우위 등으로 특정된다면 앞으로 다가올 미래사회는 존재 자체에 대한 의미부여, 생명찬양, 건강예찬, 출산통제, 자기표현, 자기통제, 자연과 인간과의 조화 등을 특징으로 한다는 지적이 있다(Salk, 1973).

셋째, 급진적인 변혁주의자들은 변화의 본질을 혁명처럼 급격하게 일어나는 것이라고 보고 있다. 따라서 이들은 변화가 일어나기 위해서는 사회에 먼저 갈등과 혼란, 모순, 부조리와 불법 등이 존재하고, 더 이상 현재의 상태가 그대로 존재할 수 없게 되었을 때 변화가 온다고 보고 있다. 변천주의자들은 변화가 여러 세기에 걸쳐서 점진적으로 진행된다고 보는 데 반해 변혁적 리더는 수년 안에 진행된다고 보는 것이다. 이들은 현대사회의 범죄, 빈곤, 계급 갈등, 성차별주의, 쾌락주의, 어린이 학대, 기아, 핵 위협, 환경 파괴 등이 새로운 미래를 위한 변화를 가져오게 될 것이라고 지적하고 있다.

3. 미래 사회의 특징

교육은 본질적으로 미래를 대비하는 활동으로 볼 수 있다. 왜냐하면 현재 학교에서 교육을 받고 있는 학생들의 활동무대는 현재의 사회가 아니고 다가올 미래의 사회이기 때문이다. 과거 · 현재 · 미래의 사회가 크게 차이가 없던 때에는 현재까지 축적된 지식 · 기술을 전수하는 것으로 충분하였으나 지식 및 기술이 급속도로 발전하고 있는 현대사회에 있어서는 이러한 교육기능만으로는 불충분하다. 미래사회가 어떻게 변모할 것인가에 대한 예측이 있어야 하며, 교육은 학생들로 하여금 예측된 변화에 대응할 수 있는 능력을 갖추도록 해야 할 것이다. 비록 다가올 미래가 불확실하다고는 하지만 교육의 효용성과 적절성을 제고하기 위해서는 가능한 모든 방법을 동원하여 미래 사회를 그려보아야 할 것이다(Miller, 1981; 윤정일 외, 2000: 371~372에서 재인용).

미래를 예측하거나 전망하는 일은 대단히 어렵다. 미래는 분명히 현재의 연장이지만은 일직선상에 위치하지 않고 다분히 벗어난 지점이 있을 수 있기 때문이다. 그러므로 미래사회는 경우에 따라서는 낙관적으로 전망될 수도 있으며, 반대로 로마클럽의 보고서들처럼 비판적으로 예측될 수 있다. 일반적으로 미래를 낙관적으로 예언하게 되는데, 이는 현실 분석을 토대로 한 객관적 · 개연적인 미래의 모습에다 우리가 선택하는 소망스러운 미래의 모습을 조화시키기 때문이다. 따라서 미래사회의 모습은 발전 추세에 따라 자연적으로 이루어질 부분도 있지만, 인간의 의지가 포함된 소망스러운 청사진의 성격을 갖고 있는 것이다.

1) 21C의 세계

21세기 인류의 전쟁은 정보전의 양상을 띠고 있다. 그만큼 정보는 전쟁의 승패를 좌우할 정도로 그 위력을 발휘하고 있고, 이에 따라 각국은 여기에 대한 투자를 아끼지 않고 있다. 이런 현상은 경제분야도 마찬가지다. 지식경제를 맞고 있는 현재 각 기업들은 심지어 서로의 정보를 캐내기 위해 산업스파이를 두고 정보전을 벌이고 있다. 미국의 미래학자 엘빈 토플러가 1970년 『미래의 충격(Future Shock)』, 1980년 『제3의 물결(The Third Wave)』이나 1985년 『권력이동(Power Shift)』에서 언급한 바와 같이 21세기 정보사회의 필연성과 정보의 고부가가치는 재차 언급하지 않더라도 그 중요성은 이미 우리가 너무나 잘 알고 있는 사실이다. 그는 미래의 충격을 잠시성·신기성·다양성으로 정리하고 있다.

첫째, 제1의 물결은 1만 년 전쯤 농사법이 발견되었기 때문에 농업혁명단계이며, 아주 천천히 지구에 전파되어 9,000년이 걸려서야 전 지구에 파급되었다. 농지가 중요한 자산이었다.

둘째, 제2의 물결은 300년 전 영국에서 엔진의 발명과 공업화가 제2의 물결의 시작이었고, 이를 산업혁명단계로 본다. 일본은 이 물결을 100년 전에 받아들였으며, 한국이 이 물결을 본격적으로 타고 공업화한 것은 45년 정도이다. 공장이 가장 중요한 자산이다. 산업사회는 자본중심의 사회로서 공업화·분업화·조직화·대량화·도시화 등의 사회적 성격을 특징으로 한다.

셋째, 제3의 물결은 컴퓨터와 통신의 결합으로 정보혁명이 일어나고 정보사회화가 이루어진다. 정보가 가장 중요한 자산이다. 21C의 권력은 정보에서 나오게 된다. 전자공학·통신공학·에너지 대체 공학·재료공학·유전공학 등의 첨단공학의 발달로 인간의 생활양식과 가치관과 사회구조가 모두 바뀌고 있다.

따라서 정보사회에서의 주요 현상(김충기 외, 2002)은 가치관의 변화, 사회복잡성의 증가, 정보기술에 의한 사무 및 조직의 자동화, 정치질서의 민주화 등이 있다. 정보사회는 전반적으로 사회조직의 규모를 확대하고 직접 통제보다는 간접적인 관리가 보편화되며, 의사결정에서 조직원의 참여가 확대되는 분권화현상이 나타난다. 정보사회에서는 정보의 생산·분배·소비·저장 등과 같은 정보의 관리능력이 매우 중요하다. 국가 간의 경쟁에서 이와 같은 정보의 생산과 관리능력이 높은 나라가 경쟁에서 승리할 것이며, 그렇지 못한 나라는 선진국에의 문화종속 내지 정보종속의 현상이 가속화될 것이다.

21C 세계의 모습을 전망한 보고서들이 국내·외에서 지속적으로 출판되고 있다(Daniel Bell, 1973; 한국교육개발원, 1985; 이영덕, 1990). 그 중에 보고된 자료와 보고서를 중심으로 21C 세계의 특징을 요약하면 다음과 같다.

첫째, 탈산업사회와 정보사회의 고도화이다. 산업측면에서 보면, 21C의 사회는 상품이나 재화의 생산에서 정보와 서비스의 생산으로 산업구조가 변화됨에 따라 사회적 중심가치가 자본으로부터 지식으로 이행된 탈 산업사회가 될 것이다. 전기 산업사회에서는 천연자원이, 산업사회에서는 에너지가 모든 경제·사회활동에서 생산적인 기능을 담당한 반면 탈 산업사회에서는 정보가 핵심적인 기능을 담당하게 된다는 의미에서 정보화사회라고도 한다. 정보화사회란 컴퓨터와 통신 기술의 혁신적인 발전에 따라 그 결합형태인 텔리마티크(telematique)의 이용이 보편화되고, 정보이용의 균점, 지역 간의 정보격차의 해소와 함께 동시 생활권이 이룩되는 사회라고 할 수 있다. 첨단과학기술을 활용한 지식정보의 생산·정리·저장·배분·활용이 주된 산업이 되어 있는 사회를 말하며, 정치·경제·사회·문화 등 모든 분야에서 정보의 가치가 가장 우선 시 되는 그러한 사회를 말한다.

둘째, 국제분업 및 국가 간의 상호의존관계 증대이다. 경제의 발전과 국제적인 교역의 확대는 여러 경제권 내에, 국가 간에, 분업을 심화시키게 될 것이며, 따라서 모든 나라들은 사회 의존적인 관계를 주저하지 않으면 존립하기 어려운 상태가 될 것이다. 이데올로기가 제시하는 정책과 국가이익이 제시하는 정책 사이의 간격이 줄어드는 탈 이데올로기 현상을 초래하게 될 것이다. 새로운 사회주의가 추구하는 목표는 자유와 이를 뒷받침하는 다원주의며, 이는 경제적 잠재력으로 표출을 통한 성장에 역점을 두면서 평등을 조화시키는 노력이다. 이러한 경향은 대외적으로 폐쇄경제 체제에서 개방경제 체제로의 전환을 통해 상호의존적 국제분업에 참여토록 자극하게 될 것이다. 이러한 국가 간의 또 다른 이해관계의 갈등과 대립을 초래하게 될 것이다.

셋째, 인간존중 문화의 성숙이다. 인류는 유사이래 신앙시대·이성시대를 거쳐 현재 과학시대를 경험하고 있다. 21C가 되면 인간을 만사에서 중심 관심사로 삼는 인간시대가 전개될 것이다. 현대사회의 산업화와 과학화로 빚어진 인간소외나 인간경시에 대한 반성은 인간존중의식을 크게 고양시킬 것이다. 인간존중의 윤리의식은 인간의 존엄성을 인식하고 인격을 존중하는 태도로 표현된다. 인간존중의식은 대개 민족성원의 존재가치와 존엄성을 무엇보다도 귀하게 여기는 정신, 즉 인간중심 사상이며, 복지사회를 구현하는 데 있어서 바탕이 되는 정신이라고 할 수 있다. 인간존엄의식에는 자연을 보살피는 마음과 이웃사랑이라는 개념이 포함된다. 인류가 영원히 그 속에서 생활하게 될 자연을 보살피지 않고 이를 파괴한다면 이는 곧 인류의 멸망을 자초하는 것이기 때문이다. 따라서 지구촌의 환경을 쾌적하게 보호하고자 하는 공동의식이 모든 사람의 인격 속에 내면화될 것이다.

마지막으로, 지구촌 공동체 의식의 고양이다. 인간은 공동체생활을 통하여 각종 생리적·사회적·심리적 욕구를 충족시키면서 삶의 보람을 찾고, 자아를 실현한다. 지금까지는 국가 간의 경쟁에서 비교우위를 차지하기 위하여 민족공동체나 국가공동체의식의 중요성만을 지나치게 강조하였다. 그러나 과학기술의 진보에 따른 교통, 통신, 컴퓨터의 발달과 산업 금융자본의 거대화로 말미암아 경제활동의 영역이 단일국가의 경계선을 넘어서서 수많은 국가의 경제생활에 영향을 주게 되고, 세계를 하나의 지구촌으로 묶어주면서 개방시키게 될 것이다. 따라서 지구상의 모든 사람은 지구촌의 공동운명체로서 국가와 민족을 위하여 경쟁보다는 쾌적한 지구촌을 건설하고 그 속에서 보람된 생활을 영위하기 위하여 상호협력하게 될 것이다. 특히 인구와 식량문제, 빈부격차의 문제, 군비경쟁의 문제, 자연훼손의 문제 등에 대하여는 공동적으로 대처하는 노력을 보이게 될 것이다.

2) 21C의 한국

21C의 우리나라는 통일의 염원을 성취하고 선진국으로 부상하여 국제사회에서 주요한 역할을 수행하는 획기적인 발전을 하게 될 것이다. 21C 우리사회의 주요 특징을 정리해 보면 대체로 다음과 같다(윤정일 외, 2000: 375~378).

첫째, 통일 한국의 새로운 정치질서 확립이다. 미래학자 싱거(Singer, 1988)

는 통일된 한국이 서기 2064년에 1인당 GNP 60,000$로서 세계 8대 부유국 중 2위를 차지할 것으로 예측하고 있다. 그의 예측에 의하면 적어도 우리나라는 2064년 이전에 통일이 되며, 연평균 GNP 성장률이 4.5%로서 세계에서 가장 높으며 그 결과 1인당 GNP가 세계 2위로 부상하게 된다는 것이다. 최근의 국제정세의 추세가 그대로 지속된다면 한반도의 통일은 이보다 빨리 성취될 수도 있을 것이다. 독일의 통일과 소련을 비롯한 동구 사회주의 국가의 개방정책의 채택, 시장경제와 사유재산제의 도입, 다당정치체제로의 전환 등 대변혁은 북한체제의 변화를 촉진시킴은 물론 남북통일의 가능성을 더욱 고조시키고 있다. 21C에 조국통일의 염원을 실현시키고 새로운 정치질서를 확립하게 되면 국제사회에서 한국의 역할과 기여는 크게 증대할 것이다.

둘째, 고도산업사회의 성숙과 탈 산업사회의 전개이다. 우리의 산업은 1980년대 초까지의 농업화 시대를 거쳐 1990년대 초까지 공업화시대를 경험하고 1990년대 중반부터는 정보직업 우위의 정보화 시대로 신입하게 되고, 21C 중에는 서비스화 시대로 발전할 것으로 예측되고 있다(김정흠, 1987: 3~34). 1980년대 말부터 컴퓨터 및 통신기술의 발달로 정보산업의 비중이 현저하게 높아지고, 여가산업, 엔지니어링, 컨설팅 서비스 등에 대한 새로운 수요가 늘어나, 이른바 소프트산업의 비중이 두드러지게 상승하고 있다. 기술집약적 산업의 발달로 전체 취업인구 중에서 과학기술 인력이 차지하는 비중이 크게 높아질 것이며, 지식집약적 또는 정보산업의 확대에 따라 고도의 지식수준과 연구개발 능력을 필요로 하는 전문인력의 수요도 가속적으로 증가할 것이다.

셋째, 경제적 풍요의 실현과 경제 정의의 정착이다. 산업구조의 전환과 경제 운영방법의 변화가 순조롭게 진행된다면 우리 경제는 지속적으로 높은 성장률을 나타내면서 급속히 선진국수준에 도달하게 될 것이다. 경제 선진국답게 조세, 금융 및 토지제도가 개선되고, 정부주도의 경제운영은 민간부문의 자율과 경쟁에 맡겨질 것이다. 기업은 시장기구의 경쟁원리에 맡겨짐으로써 생산성 향상과 품질개선을 위해 기술발전과 인력개발을 추구하게 될 것이며, 노동조합도 질적 개선을 통하여 그 역할을 크게 증대시킬 것이다. 개인은 합리성의 원리에 입각하여 근검, 절약, 저축의 자세를 다지고, 노력한 만큼의 대가로 자신을 형성하게 될 것이다. 이해집단 간의 견제와 균형을 통하여 이익이 공정하게 귀속되고, 부의 균형배분이 이루어지는 등 경제정의가 정착될 것이다.

넷째, 정치적 민주화와 민주시민 사회의 성숙이다. 계층과 부문 간의 이해관계는 정당과 의회를 통하여 여과되고 해결될 것이며, 정부와 의회는 선거와 여론에 의하여 유권자 다수의 지지를 받은 정당을 중심으로 구성 운영될 것이다. 법치주의가 정착되고 헌정 중단의 가능성이 감소되며, 인권 및 복지권에 대한 국민의식이 향상될 것이다. 행정기능의 재정립을 통하여 중앙정부는 전반적인 조정기능을 맡고 안보와 질서에 치중하게 될 것이므로 그 권한이 크게 약화되는 반면에 지방정부는 지방자치제의 실시와 더불어 책임과 자율권이 크게 확대될 것이다. 산업사회의 성숙과정에서 소득수준과 교육수준이 향상되고 대중매체의 보급이 확대됨으로써 중산층이 두터워질 것이며, 정치와 사회의 모든 문제에 대한 시민의 관심과 참여의식이 증대되어 민주적 시민사회가 정착될 것이다(한국교육개발원, 1987).

다섯째, 공동체적 삶을 가꾸고 즐기는 사회풍토의 정착을 들 수 있다. 개인과 공동체는 상호의존 및 보완관계에 있다. 공동체를 떠나서는 개인이 존재할 수 없으며, 자기가 속해 있는 공동체가 잘 살고 또 발전해야만 개인도 더욱 보람 있는 삶을 영위할 수 있는 것이다. 통일 한국의 새로운 정치질서를 확립하고, 경제적 풍요와 경제정의를 실현하고, 민주시민 사회가 성숙됨에 따라서 사회구성원들 간의 상호의존성이 증대하고, 사회적 통합의 중요성에 대한 국민적 인식이 고조될 것이다. 편협한 자기중심적, 가족중심적인 배타의식을 버리고 다른 사람과의 관계에서 자기 자신을 재발견하게 되는 사회공동체 의식이 발전하게 될 것이다. 이웃 간의 공동체적 삶의 의식이 보다 넓게 확대되었을 때 민족 전체를 공동운명체로 인식하게 되고 아울러 민족의식도 배양될 수 있다.

4. 미래를 대비하는 교육

대부분 사람들은 현재의 교육이 부적절하다고 믿고 있다. 어떤 사람들은 기초로 돌아갈 것을 주장하고 있다. 교육체제의 목표의 명료성에 대해서 많은 질문들이 있다. 또 다른 비평가들은 현재 제공되고 있는 교육은 너무나 과거와 현재지향적이며, 미래지향적이거나 제3의 물결 추세에 부합하는 것이 아니라는 점을 지적하고 있다.

만일 교육이 제3의 물결의 세대들에게 높게 평가받게 되려면 교육은 보다 덜 형식적이고 보다 실제적이어야 하며, 보다 덜 낭비적이고 보다 재미있어야 하며, 개별화되어 있고 평생에 걸친 것이어야 한다. 제3의 물결의 시민들은 유용하고도 충족시켜 주는 것에 관하여 배우려고 할 것이다. 그들은 그들의 생활을 풍요롭게 하고 그들의 지역사회를 개선하기를 바랄 것이다. 학생들은 교사에 대한 두려움이나 처벌에 대한 공포 때문에 학습하도록 동기가 지워지지는 않을 것이다. 오히려 그들은 학습의 과정이 적절하고 의미가 있으며 산출이 생산적이기 때문에 배우기를 원하게 될 것이다.

가까운 장래에 학습은 점점 교실과 학교 밖에서 일어나게 될 것이다. 학부모·동료 그리고 중요한 타인들은 정보원이 될 수 있으며, 가지관과 행위에 커다란 영향을 주게 된다. 공공도서관·박물관·동물원, 그 밖의 기관들이 학습에 기여하게 된다. 우리는 이제야 TV, 전자 통신수단의 교육적 역할을 인식하기 시작하였다.

그러나 공학은 정보를 광범위하게 보급하기 때문에 수업에 활용될 경우에 많은 이점이 예상됨에도 불구하고 학교는 공학을 활용치 않고 있다. 공학이 학교에 수용되지 못하고 있는 가장 중요한 이유는 그것이 비싸고 학교의 교육과정을 재조직하도록 요구하기 때문이다.

사람들이 교육적 욕구를 충족시킬 수 있는 마이크로컴퓨터·텔레비전 그리고 기타의 새로운 공학은 앞으로도 계속 발전할 것이다. 직업관련 기술을 개발하거나 개인적인 관심분야를 탐색하는 데 사용되고 있는 개별화된 자신의 학습속도에 맞도록 된 학습패키지는 제3의 물결의 사고 및 생활방식과 꼭 일치하고 있다. 현대공학은 각 가정에서의 학습이 실제적으로 가능하도록 하였다. 공학과 사회변화는 우리 교육체제의 변화를 앞지르고 있다. 제3의 물결의 사고는 우리 학교 교육프로그램에 중대한 변화를 요구하고 있다.

내일의 교육과정과 미래사회의 방향을 완전히 예측할 수는 없다. 그러나 중대한 사회적 변화가 생기게 될 것에 대비하여 우리의 교육과정 개념도 융통적이어야 할 것이다.

'내일에 대비한 학습'에서 쉐인(Harold Shane)과 쉐인(June Shane)(Alvin Toffler, 1974)은 다음 <표 12-1>에서와 같은 방향으로 교육이 이루어질 수 있는 프로그램을 창출해야 한다고 말하고 있다. 미래의 교육과정은 정신적·신체적 건강을 예방하는 데 초점을 두게 될 것이다.

| 표 12-1 | 내일에 대비한 학습

현재	개선 방향
• 대중교육	• 개별화된 교육
• 단일교육	• 복합교육
• 수동적으로 답을 흡수하는 교육	• 능동적으로 답을 찾는 교육
• 엄격한 일과표	• 융통성있는 계획
• 형식적인 기술과 지식으로 훈련	• 지식탐구를 자극하는 바람직한 태도와 인식을 형성
• 교사가 선도하고 방향 결정	• 학생이 선도하고 집단계획
• 서로가 분리된 내용	• 서로 관련된 내용
• 기억된 대답	• 문제의식
• 교과서 강조	• 교과서 외에도 다른 매체 사용
• 수동적으로 정보 숙지	• 능동적으로 지적 능력 자극

따라서 전인적 인간(fully functioning person)이 창조의 목표를 가지고 정의적인 영역이 보다 깊은 관심을 끌게 될 것이다. 제3의 물결의 교육자들은 소외감을 감소시키고, 학생들의 학습을 돕기 위하여 정의적인 측면, 인간 상호관계의 문제에 초점을 줄 필요가 있다(김충기 외, 2002).

5. 미래형의 학교

학교교육의 방향에 대하여 수많은 학자들이 의견을 제시하고 있지만, 이것의 해답은 우리들의 아주 가까운 곳에 있다. 즉 일제학습이라는 전통적 학교교육의 그늘에서 늘 일제수업과 함께 있었던 개별지도, 혹은 개별학습이라 할 수 있다. 그러나 이것의 존재방식은 교수 내지 학습의 한 형태에 지나지 않으며 목표, 내용 및 학교조직은 고려되지 않고 있다.

미래의 학교교육이 지향하는 방향은 다음에 인용하는 글 속에 나타나고 있다. 미국 버몬트 주의 주 교육국은 개방학교가 지향하는 방향을 17개 항목으로 요약하고 있다(석태종, 1999: 426~427).

① 교수보다는 학습에 중점을 두지 않으면 안 된다.
② 학습자는 한 사람의 인간으로서 대우받지 않으면 안 된다.
③ 교육은 학습자의 배우고자 하는 강한 욕구와 자신을 의미 있는 존재로 만들고 싶다는 욕구에 기초하지 않으면 안 된다.
④ 모든 인간은 성공을 필요로 하고 있다.
⑤ 교육은 학습자의 개성과 독자성을 유지하도록 노력하지 않으면 안 된다.
⑥ 추상적이 아닌 실제적인 경험을 통해서 학습자 자신의 학습 — 발견이나 탐구를 통한 — 이 존중되지 않으면 안 된다.
⑦ 학습자의 사고력 발달을 도모하는 것이 기본적이다.
⑧ 현실과의 관련 하에 학습자의 학습이 고려되지 않으면 안 된다.
⑨ 학습자는 자기능력에 따라 학습하도록 허용되지 않으면 안 된다.
⑩ 교사의 역할은 학습에 있어서 동반자이며 안내자가 되지 않으면 안 된다.
⑪ 개성적 사고방식 — 기본적 가치관 — 을 신장시키는 것이 매우 중요한 일의 하나이다.
⑫ 학습자 개인의 학습활동을 개별화함과 동시에 학습성과에 관해서도 개별적으로 평가되지 않으면 안 된다.
⑬ 학습환경은 크게 확대되지 않으면 안 된다.
⑭ 학교는 학습자가 서로 서로 배울 수 있는 구조를 갖추지 않으면 안 된다.
⑮ 모든 학습자에게 충분한 학습활동을 제공하기 위해서는 지역사회로부터 전면적 지원이 이루어지지 않으면 안 된다.
⑯ 학교는 현실에 대응하여야 한다. 따라서 교사나 관리자가 학습을 인위적인 교과의 틀 속에 한정시키는 것은 바람직하지 않다.

⑰ 학습자의 책임감을 기를 수 있도록 배려하지 않으면 안 된다.

이들 항목은 학습의 원리에 이끌리어 전통적 학교교육 속에서 무시되어 왔는데, 거기에는 가르치는 쪽에서 요구할 수 있는 것은 들어 있지 않다. 개방학교 운동은 인간주의적이고 성공적인 교육관이며 또 배우는 쪽에 역점을 두는 통합적 학습관이다. 이미 살펴 본 바와 같이, 탈 산업사회를 지향하며 살아갈 유연한 인간은 이와 같은 목적을 가진 학교에서 형성된다고 믿고 있다. 다시 말하면, 미래형의 학교는 어떤 형태로서 그러한 목적을 추구하고 있는 학교인 것이다.

제2절 한국의 교육개혁

국내외적 환경의 급속한 변화로 인하여 한국교육은 어떠한 방향으로 진행해야 하는가를 알아보기 위해서 우선 우리나라의 교육의 실상과 문제를 분석한 후에 21C 한국 교육개혁의 기본방향을 살펴보고자 한다.

1. 한국교육의 실상과 문제

부존자원이 빈약한 가운데서도 '한강의 기적'을 이룩할 정도의 경제적 성장을 이룩할 수 있었던 주요한 요인 중의 하나는 우리가 대단히 소중하게 여기는 '교육력'에서 찾을 수 있다. 거의 100%에 가까운 의무교육 취학률과 높은 수준의 중등교육 취학률 등 한국교육은 양적인 측면에서 세계적으로 보기 드문 성장을 지난 반세기 동안 계속되었다. 또한 질적인 측면에서도 교육과정의 체계적인 연구와 발전, 학생들의 높은 학업성취도, 국민들의 높은 교육열, 꾸준한 정부의 교육정책과 교육 관련 구성원들의 교육에 대한 애착으로 질적 고도화를 꾀하고 있다.

그러나 세계적인 환경변화에 대비하고, 21C의 사회에서 국내·외적으로 직면하게 될 문제들을 극복하기 위해서는 개선해야 할 점이 있다. 과열된 입시위주의교육, 경직된 학교제도, 열악한 교육환경, 대학교육의 특성화 및 다양화 미흡(안기성 외, 1998), 관료적이고 비민주적인 교육행정, 출세주의적 교육풍토(차경수 외, 1999) 등을 살펴보고자 한다.

첫째, 과열된 입시위주의 교육이다. 이는 전통적인 숭문주의사상과 학벌위주의 사회구조 등으로 개인적인 측면에서 교육을 출세의 수단, 혹은 사회적 지위상승의 수단으로 보는 의식이 팽배해 있다. 이와 같이 왜곡된 교육관은 학교교육이 상급학교 진학위주의 교육에 치중하여 교육과정을 획일적·파행적으로 운영함으로써 학생 개개인의 적성과 개성을 도외시하는 경향이 강하다. 또한 입시준비를 위한 과열경쟁은 학교 내의 수업보다는 교육을 밖으로 끌어내 과열과외로 인한 학부모의 과중한 사교육비 부담을 초래하는 등 교육적·사회적 측면에서의 역기능을 파생시키고 있다.

둘째, 경직된 학교제도는 획일적인 교육내용과 방법으로 볼 수 있다. 현 학교제도로는 학교 및 계열 선택기회와 이동기회를 적절히 제공하지 못하여 학생의 진로선택 및 다양한 적성과 능력을 효율적으로 신장시키지 못하고 있다. 그리고 학교단계에 따라 수업연한이 획일적으로 구분 및 운영되고 있어, 학교 및 계열의 특성이나 학생 개개인에 따른 신축성 있는 교육이 무시되어 결과적으로 학생들의 학습동기를 약화시키고 있다. 초등학교 및 중학교의 경우에는 기초 학제단계로서 학교계통의 다양화는 요구되지 않으나 중간수준 학생들을 위주로 한 수업으로 영재아나 학습 부진 및 지진아에 대한 학력심화와 학력보충의 기회가 배려되지 않고, 교과서 위주의 교수방법으로 창의성이 결여되어 있다. 또한 고등학교 및 대학의 진학은 직업교육과 연계를 맺고 이루어져야 되나, 상급학교 진학위주의 진로지도와 인문계 고등학교와 실업계 고등학교 간의 뚜렷한 구분을 둠으로써 학교계열의 제한으로 학생들에게 교육기회에 대한 불균형과 직업교육의 미흡으로 산업발전에 필요한 인력공급에 저해요인으로 작용하고 있다.

셋째, 열악한 교육환경이다. 학교시설과 환경의 후진성에서는 주로 학교의 규모가 지나치게 큰 과대규모의 학교, 학급당 학생 수가 너무 많은 과밀학급, 학교 주변에 퇴폐적인 업소가 있는 것과 같은 유해환경 등의 문제가 가장 심각한 것으로 대두되고 있다. 이와 같은 열악한 교육환경은 인간적이고 창조적인 교육을 실시하는 데 거의 치명적인 타격을 가하고 있다. 토론수업이 불가능하게 되고 의사결정력이나 창조적 사고력, 비판적 사고력 등의 고등정신능력의 함양을 위한 교육활동이 어려워지며, 또한 학교 근처의 유해환경은 감수성이 예민한 청소년들이 도덕성과 순수한 정서를 함양하는 데 악영향을 끼친다. 지적으로 우수하고 도덕적으로 건전한 청소년들을 육성하기 위하여 교육환경의 개선은 매우 시급한 과제이다.

넷째, 대학교육의 특성화 및 다양화 미흡이다. 대학교육의 성격이 양적인 성장측면에서는 대중지향적 교육체제의 성격이 강하지만, 각 대학이 표방하고 있는 교육이념, 목표에는 상아탑으로서의 진리탐구라는 전통적인 이념에 집착되어 있다. 다시 말하면, 각 대학들은 그 이념 및 교육목표 측면에서 명확한 방향을 갖지 못하고, 각 대학마다 독자적인 특성 없이 운영되고 있다. 또한 교육과정편성과 운영측면은 폐쇄성과 경직성을 지적할 수 있다. 교육과정편성에 있어서는 전공과목 위주의 폐쇄적인 강좌 운영, 전통적인 학부영역 중심의 폐쇄적인 학과 구분, 전공학과 간, 전공 계열 간 교육과정상의 교류·연계 결여, 공통 필수교과의 비중 과다 및 선택교과목의 부족 등을 들 수 있다. 이와 더불어 개별대학의 특성이나 다양화가 무시되고, 정보화·고도화·개방화 등의 사회변화에 부응하는 계속교육에로의 새로운 수요와 요구를 반영하지 못한 채 대학마다 동일한 유형의 학과들이 백화점식으로 나열·제공되고 있다. 이로 인하여 대학유형에 따른 기능분화는 물론 개별대학 간에도 특성화가 이루어지지 못하고 있다.

다섯째, 관료적이고 비민주적인 교육행정이다. 교육이 하나의 조직 속에서 이루어지기 때문에 교육행정의 체계화는 불가피하지만, 교육은 학생들의 인격형성을 목표로 하고 있고, 또 인격형성 과정에서는 자율성이 있어야 하기 때문에 교육행정이나 체제에서는 다른 행정과는 달리 자율성이 최대한 존중되어야 한다. 그러나 우리나라 교육행정은 지시일변도이며, 학교의 의사나 교사들의 창의력을 존중하려는 태도가 없다는 지적이 많다. 이러한 지시 중심의 교육행정은 비민주적, 관료적, 권위주의적 행정의 틀을 벗어나지 못하고 있다. 교사들은 교육행정가 및 장학사들이 교육의 목표가 잘 달성되도록 도와주는 참다운 의미의 장학 아니라 감독과 통제위주로 행한다고 간주하고 있다.

여섯째, 출세주의적 교육풍토다. 학교교육은 자기 자신의 잠재적 능력을 개발하고, 인격을 형성한다는 목적과 직업을 얻기 위한 준비 또는 수단으로서의 두 가지 성격을 갖고 있다. 이들 두 가지는 서로 조화를 이루어서 인격형성의 바탕 위에서 취직도 하고 사회적 출세를 찾는 것이 바람직한 것이다. 그러나 학부모 및 학생들은 학교교육에서 인격형성이나 능력개발보다 수입이 많고 위신이 있는 높은 사회적 지위를 얻는 데 더 많은 관심이 있다. 학교교육은 출세를 위한 수단으로 이용되는데, 이러한 현상을 출세주의적 교육풍토라고 한다. 이른바 대학의 인기학과라고 하는 것도 수입, 권력, 사회적 지위 등과 깊은 관계를 가지고 있다는 것을 볼 때 이러한 교육풍토는 쉽게 이해된다. 이러한 현상은 사회의 구조, 역사적 전통, 사회 일반의 가치관 등과 관련된 사회문제로 보는 것이 옳을 것이다. 이러한 것들은 여러 측면에서 교육의 정상화를 가로막는 요인이 되고 있다. 입학시험 위주의 교육, 학생의 소질과 능력을 무시하고 출세가 보장되는 인기학과 위주의 진학, 인격형성 보다는 출세를 위해서 필요한 지식이나 기술을 습득하는 것에서 교육의 의미를 찾으려는 태도 등이 모두 출세주의적 교육풍토에서 오는 것으로 볼 수 있다.

2. 21C 한국 교육개혁의 기본방향

21C를 위한 한국 교육개혁의 기본방향을 제시하면 다음과 같다. 세계 속의 주체적인 한국인 육성, 창조성과 고급사고력의 증진, 도덕성과 성실성, 민주성과 사회성, 교육환경 개선, 입시지옥으로부터의 해방, 보통교육에서의 토론식수업, 과밀, 과대학교, 유해환경 해소, 대학입시에서의 대학의 자율성, 평생교육 체제의 확립, 시민성교육의 강화, 교육지원체제의 강화 등으로 볼 수 있다(차경수 외, 1999; 안기성 외, 1998).

첫째, **세계 속의 주체적인 한국인 육성**: 우리의 교육이 강조해야 할 가장 중요한 기본방향은 세계무대에서 힘차게 활동할 수 있는 한국인을 양성하는 것이라고 생각할 수 있다. 세계화는 한국의 범위를 초월하여 외국과 관련하여 갖게 되는 사고, 행동, 관계 등을 의미한다. 이러한 상황 하에서 한국적인 행동양식뿐만 아니라 국제적인 관행이나 규범에 따라야 할 때가 많아지고, 세계의 다수인이 선호하는 세계문화의 지배를 받게 될 때가 많아진다. 따라서 한국문화의 독창성과 세계문화의 보편성에 관한 조화의 문제가 발생한다. 이런 측면에서 볼 때 세계 속의 한국인은 ① 남북통일의 주역, ② 외국에 대한 개방적인 태도와 활동성, ③ 한국문화에 대한 긍지와 많은 이해를 가지고 있는 주체적인 한국인의 육성을 의미하는 것이다.

둘째, **창조성과 고급 사고력의 증진**: 창조성은 새롭게 나타나는 문제를 독창적으로 해결하는 능력을 의미하는 것이다. 그것은 이미 학습한 것을 새롭게 전개되는 상황에 응용하는 경우도 있지만, 과거의 학습과 일관성 있게 연결되지 않은 상황에서 문제를 해결해야 하는 경우도 있다. 그 어느 경우든지 창조성은 주위의 상황에 적응하는 융통성, 유연성, 독창성, 고유성, 상상력, 추진력 등을 필요로 한다. 고급사고력은 창조력 이외에 특히 과학적 탐구력, 의사결정력, 비판적 사고력 등을 의미하는 것이다. 따라서 21C는 이러한 고급사고력이 가장 중요한 지적인 탁월성의 범주에 들어갈 것이다. 지적 수월성을 함양하지 못할 때 21C의 도약은 물론 우리가 직면하게 될 문제를 극복하지 못할 것이다.

셋째, **도덕성과 성실성**: 도덕성은 인간으로서 마땅히 해야 하리라고 생각되는 규범에 따르는 것을 의미하는 것이다. 오늘날 가장 요청되는 도덕성은 인간존중의식, 정직성, 성실성 등이라고 할 수 있다. 그 동안 우리 사회는 급격한 산업화의 과정에서 물질중심적인 가치관이 팽배하여 인간적 가치를 소홀히 하는 경향이 있다고 비판받아 왔다. 사회를 생각하지 않는 과소비와 부도덕의 문제도 사회적으로 많은 논란이 있어 왔다. 불신, 퇴폐적인 향락주의의 만연, 불성실한 편법주의 등도 고질적인 한국병의 한 형태로 지적되고 있다. 따라서 국민 모두가 근검, 절약하고, 공동체의 번영을 위한 건전한 가치관을 정립할 것이 절실히 요청되고 있다.

넷째, **민주성과 사회성**: 민주성은 자기 자신이 독단적으로 일을 처리하지 않고, 다른 사람과 협동하며, 자기의 책임을 스스로 다할 수 있는 자주성, 자율성 등을 내용으로 한다. 이와 함께 사회성은 인간이 공동생활을 한다는 점을 고려하여 자기중심의 편협한 이기주의를 떠나서 언제나 자기 자신을 다른 사람과의 사이에서 인식하는 것을 주요 내용으로 한다. 여기에는 사회

규범과 사회질서의 존중, 공중도덕이나 예의와 같은 것이 당연히 포함된다. 우리 국민의 교육수준이 높아지고, 산업화가 진전됨에 따라 민주화에 대한 욕구가 가속화될 것이며, 이에 따라 민주화의 촉진은 필연적으로 사회의 과제가 될 것이다. 여기에서 가장 중요한 것이 국민의 자주성과 자율성, 예의, 사회규범 의식, 질서 존중, 공중도덕 등 사회성의 개발인 것이다.

다섯째, **교육 환경 개선**: 교육환경은 학급당 학생 수, 학교의 규모, 학생의 복지시설, 실험시설 등 학교 내의 시설과 학교 근처의 유해업소 등 사회적 교육환경을 포함한다. 부모의 생존 여부와 가정의 가치체계 등 가정환경도 교육환경에서 중요한 위치를 차지하는 것은 물론이지만, 여기에서는 학교교육과 직접적인 관련이 있다고 생각되는 학교 내의 교육환경과 학교 근처의 유해환경 등을 직접적인 논의 대상으로 한다. 사고력을 향상하고 도덕성과 민주성 등을 증진하기 위해서는 토론수업과 개별지도 등이 필수적으로 요청되는 것인데, 이를 위해서는 학급당 학생 수가 20명 선으로 줄어들지 않으면 안 된다. 또한 학교 근처의 향락업소, 숙박업소, 위생상 불결한 장소 등은 청소년들의 성장에 정서적으로나 도덕적으로 장애요인이 된다. 이러한 유해환경이 시급히 제거되어야 한다.

여섯째, **입시 지옥으로부터의 해방**: 우리나라의 학교생활이나 학생생활을 흔히 입시지옥이라고 부르고 있다. 학교에서 공부하는 것, 특히 입학시험을 준비하는 것이 지옥처럼 고통스럽고 힘들다는 것을 나타내는 말이다. 학부모들도 자녀가 입학시험 공부를 하는 동안을 비상체제에 들어간다고 말하고 있고, 학교의 교사들도 이와 비슷한 상태를 경험하게 된다. 주입식 암기교육이 필수적으로 따라 다니고, 이러한 과정에서 부정적 정서, 심리적 압박, 신체적 고통 등에 의하여 정신질환을 앓는 학생이 많으며, 청소년들은 가출충동을 갖게 된다고 전문가들은 지적하고 있다. 청소년들에게 학교생활이 즐거운 것이 되도록 하고, 건강한 신체와 건전한 가치관을 함양하도록 하기 위해 입시지옥은 어떤 방법으로도 반드시 시정되어야 할 사회적 과제이다.

일곱째, **보통교육에서의 토론식 수업**: 교육개혁을 위해서는 여러 가지가 있겠지만, 초·중·고등학교 등 국민 보통교육에서 수업방법을 현재의 강의식에서 토론식으로 바꾸는 것은 21C를 위하여 가장 중요한 교육의 과제로 생각된다. 국가의 기본방향을 정하는 일이나, 개인의 진로나 일상생활에서 부딪치는 문제를 해결하기 위하여 선택과 의사결정을 할 필요에 직면하게 되고, 그때마다 우리는 어떠한 근거를 가지고 문제를 해결하기 위하여 생각하지 않을 수 없다. 이러한 과정에서 필수적으로 요청되는 창조성이나 고급사고력은 물론 민주시민에 필요한 도덕성, 성실성, 사회성 등의 함양은 강의에 의하여 목표를 달성할 수 있는 것이 아니라, 학생들이 자기가 생각한 것을 발표하고, 토론함으로서 가능해지는 것이다. 이러한 측면에서 토론학습은 모든 교육목표를 달성하게 하는 기본적인 틀이며, 반드시 거쳐야 되는 과정이다. 또한 목표 달성을 위한 지름길과도 같은 것이라고 할 수 있다. 이러한 수업을 위한 구체적인 과제로는 고급사고력의 발달과 토론학습의 실시를 위한 수업모형의 개발, 교육자료의 개발 및 보급, 이를 뒷받침하는 평가에 대한 연구, 교사들의 재교육 등을 시사할 수 있다.

여덟째, **과밀, 과대학교, 유해환경 해소**: 학습의 효율화와 인간교육의 심화를 위해 학급당 학생 수를 20명 수준으로, 학교 당 학급 수를 30학급 수준으로 감축해야 할 것이다. 이를 위해서는 학교대지의 확보, 교실의 증축, 교사 수의 확대 등 교육투자가 있어야 한다. 학교 근처의 유해환경을 제거하기 위해서는 교육적으로 유해한 업소에 대한 처벌을 강화하고 이들 업소의 직업윤리 의식을 확립하는 데 노력해야 할 것이다. 또 학교 앞뿐만 아니라 도시개발이나 주택가 등에서 교육적 환경을 살리기 위해서는 유흥음식소와 주거, 학교를 분리하는 '토지의 용도구역제(zoning system)'를 엄격히 실시해야 한다. 이와 함께 도시개발에서는 교통문제나 공해문제뿐만 아니라 교육전문가가 참여하여 교육에 미치는 영향을 평가한 후에 도시개발과 대형건물의 신축을 허가하는 '교육영향평가제'를 실시해야 한다.

아홉째, **대학 입시에서의 대학의 자율성**: 지난 30여 년간 세계적으로 인정된 대학입시를 도입해서 시행을 하였지만, 수많은 시행착오를 거듭하였다. 완벽한 입학시험제도는 없겠지만 대략 다음과 같은 방향에서 대학입시제도의 개혁이 고려되어야 할 것이다. ① 어떤 형태로든지 전국을 단위로 하여 실시되는 시험에 의하여 대학에 지원하는 학생들의 상대적 위치를 측정하는 것이 필요하다. 해당 연령의 전체 대학지원자 중에서 일정한 순위에 들어가는 우수한 사람이 대학에 입학해야 하기 때문이다. 영국의 GCO 시험, 프랑스의 바칼로레아시험, 독일의 아비투어시험, 미국의 SAT시험 등이 모두 그러한 기능을 담당하고 있다. 시험의 내용은 교과서를 중심으로 하는 학력고사보다 일반적으로 가지고 있는 사고력이나 문제해결력 등을 측정하는 것이 최근의 선진국 경향이다. 교과서중심의 실력은 내신성적에 이미 반영되기 때문이다. ② 각 대학은 자율성을 가지고 입학전형을 하도록 해야 한다. 전국적인 규모로 실시하는 시험의 성적, 고등학교의 내신성적, 행동발달 상황, 사회봉사 성적 등을 종합적으로 평가하여 대학이 자율적으로 학생을 입학시키도록 해야 학생들에게 오는 스트레스와 갈등이 덜하고, 다양성 있게 대학이 발전할 수 있다. 입학시험에서 대학의 자율성이 요청되는 것은 대학의 업무 처리에서 외부의 간섭을 배제한다는 원초적인 이유 이외에 점수위주의 교육과 과열현상을 완화하기 위해서도 필요하기 때문이다. 대학으로 하여금 종합적으로 판단하게 함으로써 획일적인 하나의 기준에 의해서 입학을 결정할 때의 긴장을 피하고, 수량적인 점수 이외에 학생의 인간적 성장을 촉진할 수 있을 것이다.

열째, **평생교육 체제의 확립**: 평생교육체제는 학교를 졸업한 후에도 교육의 기회를 마련함으로써 취업과 학업을 병행할 수 있기 때문에 재수생문제나 과열된 대학진학을 완화하는 데에도 도움이 될 것이다. 대학교육의 기회를 취업자와 대학의 졸업생들이 다시 와서 학습할 수 있도록 과감하게 개방하고, 고등교육기관에서의 특별 단기 교육과정의 확대, 과목별 수업료 납부제의 도입 등을 고려해야 할 것이다. 이와 함께 고등교육기관과 고등학교의 직업교육 과정에서 기업체가 학교에 직원의 교육을 위탁하는 위탁교육제, 학업과 근무를 순환시키는 순환근무제, 인턴십, 교육비용을 고용인이 부담하는 유급교육 휴가제 등을 도입해야 평생교육이 활성화될 수 있을 것이다.

열한째, **시민성 교육의 강화**: 정보사회로의 진전과 국제화는 한국의 환경변화에서 가장 중요한 것으로 생각된다. 이러한 변화에 따라서 국민들의 사고나 행동방식도 새롭게 바뀌지 않으면 안 되게 되었다. 이와 같이 21C의 새로운 사회환경에서 살아 나갈 국민으로서의 바람직한 자질을 향상하기 위한 교육을 특히 시민성교육이라 할 수 있으며, 사회성교육, 도덕성교육, 통일교육, 환경교육 등 네 가지를 여기에 포함시킬 수 있다. 사회성교육에는 이기적인 개인주의를 탈피하고 공중도덕과 질서 의식을 높이는 것, 자기 자신의 권리와 의무를 다하고, 책임의식을 가질 것, 국제화 속에서의 개방적인 태도와 외국문화에 대한 이해를 깊이 할 것 등이 강조되어야 한다. 도덕교육에서는 인간적 가치의 존중, 정직성, 성실성 등이 그 핵심 내용이 되어야 한다. 통일교육에서는 민족 동질성의 회복과 남북 분단에서 오는 고통과 손실에 대한 이해 등이 중요한 내용이다. 그리고 환경교육에서는 환경오염의 근본원인이라고 생각되는 무제한적인 개발 이념이나 상업주의에 대한 반성과 함께 환경보존을 위하여 필요한 행동을 몸소 실천하는 것이 강조되어야 할 것이다. 이상과 같은 시민성교육은 주입식 강의에 의해서 교육하는 것보다 학생들의 사고력을 길러 주고 자료를 통해서 스스로 학생들이 판단하도록 하는 방법으로 진행해야 할 것이다. 따라서 이러한 수업을 위한 수업모형의 개발, 학습자료의 보급, 교사들에 대한 재교육 등이 계획되어야 할 것이다.

열두째, **교육 지원 체제의 강화**: 교육행정의 분권화, 자율화의 발전 방향에 따라 교육에 대한 책임과 권한이 대폭 지방교육행정기관에 이양되고, 나아가 단위학교의 자율적인 경영체제를 구축하기 위해서 교육행정조직의 개편과 기능 및 역할의 재정립이 요구된다. 그리고 단위학교중심의 운영이 가능하도록 각종 교육활동에 대한 불필요한 규제를 완화하여야 할 것이다. 지역교육을 위하여 지역의 여건이나 학교특성을 고려한 지역교육이 활성화되기 위하여 합리적인 교육자치제도가 정착되어야 할 것이다. 지방자치단체와 교육자치기구 간의 기능과 역할, 책임의 정립이 새롭게 요청되어 지방자치단체의 교육에 대한 책임 증가와 지방의회와 교육위원회의 기능 및 위상이 재정립되어야 할 것이다. 아울러 지역교육의 인적 및 물적 여건의 개선을 위한 교육부문에 대한 획기적인 투자의 확대와 운영의 합리화가 이루어져야 할 것이다. 지방자치단체의 교육재정 부담률을 제고하고, 민간부문의 교육에 대한 투자를 적극적으로 유치하여 교육재원의 다양화 및 안정화를 통해 21C 인재를 양성해야 할 것이다.

제3절 한국교육의 전망과 발전 과제

우리는 지금까지 미래사회와 교육, 한국교육의 실상과 문제를 알아보고, 아울러 21C 한국교육개혁의 기본방향을 제시하였다. 이상에서 제시한 한국교육개혁 과제들이 실현되고 한국교육이 실제적으로 사회발전과 국민들의 행복에 기여하도록 하기 위해서는 사회변화에 적절히 대처하기 위한 새로운 과제들을 착수해야 하는 것이다. 한국교육에 대한 성찰과 미래사회에 대한 전망에 비추어볼 때 우리는 교육발전을 위하여 몇 가지 제시함으로서 이 장을 마무리 하고자 한다(윤정일 외, 2000).

첫째, **적성과 개인차의 존중**: 우리 교육에서 가장 큰 문제점은 개성이 무시되는 획일적인 교육이다. 개별학생의 적성, 능력, 흥미 등에 관계없이 모든 학생들에게 동일한 교육내용 및 방법을 적용하고, 개별지도를 소홀히 함으로써 학생들의 학습결손이 누적되고 있다. 이와 같은 상황에서는 개인의 소질과 잠재능력이 발휘될 수 없으며, 학습지도의 효율성이 저하됨은 물론 학생들이 교수-학습활동에 능동적으로 참여하기보다는 수동적으로 이끌려 다니게 되어 창의적이고 자율적인 인간보다는 모방적이고 의타적인 인간을 기르게 되며, 결과적으로 교육의 질적 수월성의 저하를 초래하게 된다. 이러한 문제를 해결하기 위하여 개성존중에 대한 인식 제고, 교원 당 학생 수의 감축, 교원의 업무량 적정화 및 사기앙양, 교육과정의 다양화, 새로운 교수-학습자료의 개발 및 활용 등이 이루어져야 될 것이다.

둘째, **입시 위주의 교육 탈피**: 오늘날 한국교육을 마치 상급학교 입시가 지상 최대의 목표인 것처럼 모든 교육활동이 입시에 초점을 맞추고 있다. 따라서 학교는 사설학원과 다를 바 없이 입시준비기관으로 전락하여 교육과정을 비정상적으로 운영하고, 주입식 암기중심의 교육만을 하고 있는 것이다. 특히 고등학교는 모든 종류의 인간적 가치와 의미 있는 경험으로부터 학생들을 격리시킨 채 미래의 가치 있는 삶과 창조와는 무관한 '죽은 지식의 편견'들을 주입시키기에 여념이 없다. 이러한 교육은 결과적으로 지나치게 지식교육만을 강조하는 반면에, 도덕적 품성이라든지 심미적 성향과 같은 인간성 함양을 소홀히 하게 되어, 교육의 기본목표라고 할 수 있는 전인교육을 저해함은 물론 창의력, 비판력, 사고력과 같은 고등정신기능의 신장이라는 측면을 무시하게 된다. 이를 개선하기 위하여 우선 대학입시 과열현상을 완화할 수 있도록 고등교육에 대한 수요를 감축시키고, 행정편의 위주의 현행 입시제도 자체를 학생위주의 제도로 개선하고, 고교의 교육내용도 다양한 종류의 교육적 경험을 가능케 하는 교육내용으로 범위를 확대하고, 교육방법에 있어서는 주입식·암기식 교수-학습방법을 지양하고 실험과 실기 및 문제해결과 탐구활동 등이 위주가 되는 방식으로 수업을 전개해야 하며, 평가에 있어서도 목적과 필요에 따라 다양한 종류의 평가방식을 적절히 활용해야 한다.

셋째, **쾌적한 교육 환경의 조성**: 교육환경은 교육효과에 절대적인 영향을 준다. 그러나 현재의 교육환경은 교육의 효율성을 고려치 못한 수용위주의 과밀학급 및 과대규모 학교, 가정과 사회의 시설보다 상대적으로 낙후된 전근대적인 교육시설, 점수경쟁 일변도의 교육풍토, 교사의 소명의식 결여 등으로 표현되고 있다. 이러한 비인간적인 교육환경 속에서 학생들은 학교생활에 대하여 염증과 불만을 느끼게 되고, 스승과 제자 간에 인격적 만남의 기회가 없게 되며, 소외감과 저항의식을 갖게 된 나머지 비행청소년문제라는 커다란 사회적 문제까지 야기하게 된다. 이러한 교육환경을 쾌적한 교육환경으로 전환시키기 위하여 교육투자의 획기적인 증대와 교육시설의 현대화, 도시계획이나 개발 시 교육환경 영향평가제 실시, 학교-가정-사회의 연계체제 강화, 교원의 사회경제적 지위 향상 등과 같은 노력이 있어야 한다.

넷째, **통일을 대비한 교육계획 수립**: 교육은 남북통일을 앞당기기 위한 환경과 조건을 조성함과 동시에 통일 후에 남북 간의 이질적인 요소로 인한 불협화를 해소하기 위하여 민족동질성을 회복시키는 데 초점을 두어야 할 것이다. 이를 위하여 우선 통일교육의 목표, 내용, 방법 등 교육체제를 재정립하고, 통일에 대비한 민주시민 자질을 배양하되, 준법교육·경제인식 교육·환경교육·도덕교육 등을 민주시민교육의 하위개념으로 도입해야 할 것이다. 민족동질성을 회복시키기 위해서는 북한민족의 재사회화 전략과 통일 이후에 예상되는 문제점을 연구해야 할 것이다. 특히 언어의 동질성 회복을 위하여 남북한 공용 '한글 사전'을 편찬 및 보급하고, 역사의 동질성 회복을 위하여 '역사 사료집'을 발간하도록 해야 할 것이다. 이와 같은 활동을 체계적으로 추진할 수 있도록 '통일교육정책 심의조정위원회'를 설치하고, 남북교육 회담 및 교육사 절단의 교류를 추진하며, 비무장지대에 '남북한 학생공동생활센터'와 '평화대학'을 설립하여 남북한 간 교수와 학생들이 자연스럽게 교류할 수 있도록 하는 것 등을 주요 내용으로 하는 통일에 대비한 종합교육계획을 수립해서 실천해야 할 것이다.

다섯째, **국제화 사회에 대비한 교육 활성화**: 지역 및 국제 관계연구를 활성화하기 위하여 대학부설 지역연구소를 특성화하고, 대학원에 지역연구 과정이나 국제대학원을 설치해서 전략적으로 필요한 국가에 유학생을 파견토록 할 필요가 있다. 외국어교육을 내실화할 수 있도록 유능한 외국어교사를 양성 및 확보하고 외국어교사의 현직연수를 강화하는 한편 외국어 특수목적 전문대학을 설치 및 운영해야 할 것이다. 국제학술 교류기금을 설치하여 교수와 학생의 해외 연구와 국제교류활동을 지원하며, 국비유학생 및 외국인 유학생을 지원하고, 외국인 유학생 수용체제를 확충해야 할 것이다. 외국에 대한 이해를 증진시키기 위하여 국제이해교육을 강화하고, 국제기구에 전문인력을 적극적으로 파견하며, 한국청년해외봉사단의 파견을 확대해야 할 것이다. 마지막으로 외국인이 올바른 한국관을 확립할 수 있도록 한국관 시정사업을 적극적으로 추진함과 더불어 외국대학의 한국학 연구에 대한 지원을 확대할 필요가 있다.

여섯째, **교육 재원의 획기적 확충**: 교육재정은 교육조건을 정비 및 보완하기 위한 재원을 조달 배분하는 활동이므로 교육의 범위와 질적 수준을 좌우하는 제1차적인 관건이라고 할 수 있다. 그동안 교육계에서는 우리 교육의 고질적인 문제를 해결하고 교육개혁을 지속적으로 추진하는 데 필요한 교육재정수요에 능동적으로 대처하기 위하여 다각적인 노력을 경주하여 왔다. 그럼에도 불구하고 우리 교육재정은 교육의 수월성을 추구하기에는 아직도 그 규모가 영세하며, 교육비의 대부분이 인건비로 지출되고 있는 실정이다. 교육재정의 영세성을 극복하기 위하여 공공재원을 확충할 수 있는 방안과 더불어 민간재원을 유치할 수 있는 방안이 함께 강구되어야 한다. 우선 공공재원을 확충하기 위하여 중앙정부의 교육예산을 최소한 GNP의 5% 수준으로 확보함과 동시에 지방자치단체로부터의 전입금확대와 학교용지 확보

특별법제정 등을 통하여 지방교육비를 대폭적으로 확보해야 한다. 민간재원을 적극 유치하기 위하여 기부금제도를 활성화할 수 있는 기부금유인체제를 확립하여야 한다.

참고문헌

가영희 외(2010). 교육학개론. 서울: 동문사.

강길수(1989). 교육행정학 논고. 서울: 교육과학사.

강봉균(1987). "21C를 향한 한국 경제발전의 진로와 산업 개편 방향". 21C 한국 경제의 전망과 과제, 21C 위원회, 7~49.

강상철 외(1999). 교육 사회. 서울: 동문사.

강영삼(1994). 장학론. 서울: 세영사.

강태훈 외(2008). 최신 교육심리학. 서울: 학이당.

강현석(2011). 현대 교육과정 탐구. 서울: 학지사.

강현석·주동범(2012). 현대 교육과정과 교육평가. 서울: 학지사.

고영남(2011). 생활지도와 상담. 파주: 교육과학사.

고재희(2009). 통합적 접근의 교육 방법 및 교육공학. 파주: 교육과학사.

고형일 외(1999). 신교육사회학. 서울: 학지사.

공석영(2009). 생활지도와 상담. 서울: 동문사.

곽기상(2000). 교육심리학. 서울: 재동문화사.

교육대학교직과 교재편찬위원회(1981). 학교행정. 서울: 교육출판사.

구광현 외(2008). 교육심리학. 서울: 동문사.

구광현 외(2008). 교육학개론. 서울: 동문사.

구광현(2000). 교육학개론. 서울: 양서원.

권건일 외(2007). 교육학개론. 서울: 양서원.

권기욱 외(2000). 교육행정의 이해. 서울: 원미사.

권대훈(2009). 교육심리학의 이론과 실제. 서울: 학지사.

권이종(1999). 신교육사회학 탐구. 서울: 교육과학사.

길형석·손충기(2005). 교육과정과 교육평가. 서울: 동문사.

김경배(2002). 인간과 교육. 서울: 동문사.

김계현 외(2011). 학교 상담과 생활지도. 서울: 학지사.

김광자(2000). 교수학습방법의 이해. 서울: 집문당.

김남성(1984). 교육심리학. 서울: 교육과학사.

김대현(2011). 교육과정의 이해. 서울: 학지사.

김대현 · 김석우(2006). 교육과정 및 교육평가. 서울: 학지사.

김미환 외(2010). 현장교육학-교육의 이론과 실제-. 서울: 동문사.

김병성 외(1983). 도 · 농학교의 사회적 체제 비교분석. 서울: 한국교육개발원.

김병성(1999). 교육과 사회-거시 · 미시 교육사회학적 관점-. 서울: 학지사.

김병욱(2008). 교육사회학. 서울: 학지사.

김병희 외(2009). 교육사회학. 파주: 공동체.

김봉수(1982). 교육과정. 서울: 학문사.

김봉환 외(2000). 학교 진로상담. 서울: 학지사.

김신곤 외(1999). 실기교육방법탐구. 서울: 학지사.

김신일 외(1995). 시민교육학. 서울: 한길사.

김신일(1990). 교육이론 연구. Durkheim. 서울: 교육과학사.

김신일(1999). 교육사회학. 서울: 교육과학사.

김언주(1996). 신교육심리학. 서울: 문음사.

김영돈(1971). 학교 경영의 이론과 실제. 서울: 익문사.

김영우 외(1999). 교육사 · 교육철학. 서울: 교육과학사.

김영화(1993). 한국의 교육불평등. 서울: 교육과학사.

김영희(2007). 교육심리의 이론과 실제. 서울: 학지사.

김운삼(2006). 교육학개론. 서울: 창지사.

김윤태(2006). 교육행정 및 교육경영. 서울: 동문사.

김은영 외(2010). 교육학의 이해-교육심리학적 측면-. 서울: 동문사.

김인회(1995). 교육사 교육철학 강의. 서울: 문음사.

김재만 역(1981). 천부적인 교사. 서울: 배영사.

김정환(1982). 교육의 철학과 과제. 서울: 박영사.

김정환(1987). 교육철학. 서울: 박영사.

김정흠(1987). "기술 정보화 사회에 대비한 교육". 미래 사회 변화와 한국교육의 과제,

서울: 한국교육개발원, 3~34.
김종서(1983). 교사론. 서울: 교육과학사.
김종철 외(1994). 교사론. 서울: 교육과학사.
김종철(1982). 교육행정의 이론과 실제. 서울: 교육과학사.
김종철 · 이종재(1994). 교육행정의 이론과 실제. 서울: 교육과학사.
김주건 외(1993). 현대교육학개론. 서울: 형설출판사.
김준권 외(2001). 교육학개론. 서울: 동문사.
김준권 외(2008). 교육방법 및 교육공학. 서울: 학이당.
김준기(1998). 교육사회학. 서울: 재동문화사.
김진규(1998). 교육학개론. 서울: 재동문화사.
김진규(2009). 심리학개론. 서울: 학이당.
김창걸(1993). 교육행정학 신론. 서울: 형설출판사.
김천기(1999). 교육의 사회학적 이해. 서울: 학지사.
김충기 외(1990). 교육학개론. 서울. 집문당.
김충기 외(2001). 현대상담이론과 실재. 서울: 교육과학사.
김충기 외(2002). 교육학개론. 서울: 동문사.
김충기(1996). 생활지도와 상담. 서울. 교육과학사.
김충기(1999). 교육심리학. 서울: 동문사.
김형관 외(2000). 신장학론. 서울: 학지사.
김형태(1999). 교육의 심리학적 이해. 서울: 동문사.
나동진(1999). 교육심리학. 서울: 학지사.
남궁용권 외(2008). 교육철학 및 교육사. 파주: 양서원.
남억우 외(1994). 교사론. 서울: 교육출판사.
남정걸(2006). 교육행정 및 교육경영. 서울: 교육과학사.
노종희(1992). 교육행정학-이론과 연구. 서울: 문음사.
류동훈(2006). 신교육학탐구. 서울: 창지사.
박병량(2003). 학급경영(개정판). 서울: 학지사.
박상호 외(1999). 최신 교육방법 · 교육공학. 서울: 집문당.
박성수(1986). 생활지도. 서울: 정민사.
박성익 외(2010). 교육방법의 교육공학적 이해. 파주: 교육과학사.

박숙희 외(1999). 교육방법 및 교육공학. 서울: 학지사.
박아청(1997). 현대의 교육심리학. 서울: 학문사.
박영진 외(2010). 교육학개론. 서울: 동문사.
박영진(2012). 교육철학 및 교육사. 파주: 정민사.
박용헌(1982). 학교사회. 서울: 배영사.
박의수 외(2011). 교육의 역사와 철학. 서울: 동문사.
박의수(2002). 교육의 역사와 철학. 서울: 동문사.
박준영(1998). 교육의 이론적 이해-인간과 교육-. 서울: 학지사.
백현기(1958). 교육행정학. 서울: 을유문화사.
변영계(2001). 교수 · 학습이론의 이해. 서울: 학지사.
서명원(1984). 증보 교육원리. 서울: 교육과학사.
서재복(2008). 교육사 · 교육철학. 서울: 학이당.
서정화(1994). 교육인사행정. 서울: 배영사.
석태종 외(2002). 교육사회. 서울: 동문사.
석태종(1988). 현대교육사회학. 서울: 재동문화사.
석태종(1999). 새교육사회. 서울: 교육과학사.
손영환 · 신수균(2008). 교육행정 및 교육경영. 서울: 동문사.
손인수(1998). 교육사 교육철학연구. 서울: 문음사.
손직수 역(1992). 교육사회학의 전망. 서울: 양서원.
송병순(1987). 교육사회학. 서울: 문음사.
송인섭 외(2000). 교육심리학. 서울: 양서원.
신득렬 외(2005). 쉽게 풀어 쓴 교육철학 및 교육사. 파주: 양서원.
신용일(1993). 교육심리학. 서울: 동문사.
신용일(1998). 교육학개론신강. 서울: 동문사.
신은숙(1983). 현대교육원리. 서울: 형설출판사.
신재흡(2007). 한국 교육의 질 관리를 위한 장학행정. 서울: 학이당.
신재흡(2010). 교육행정 및 교육경영. 서울: 동문사.
신재흡(2012). 교육방법 및 교육공학의 이론과 실제. 서울: 동문사.
신차균 외(2006). 교육철학 및 교육사의 이해. 서울: 학지사.
신현종(2000). “20C형 세계화와 21C형 세계화의 비교분석”. 한국무역학회 학습발표

대회 논문집.
심성보(1995). 전환시대의 교육사상. 서울: 학지사.
안기성 외(1998). 한국교육개혁의 정치학. 서울: 학지사.
안범희 외(1998). 교육심리학. 서울: 교육과학사.
안상원(1998). 교육사 및 교육철학. 서울: 재동문화사.
안영진(1998). 아동심리의 발달과 이해. 서울: 정일.
양가현(1992). "한국기업의 조직문화와 유효성에 관한 연구". 전북대학교대학원 박사 학위 논문.
오성삼 외(1999). 실기교육방법론. 서울: 학지사.
오천균(1999). 교육학개론. 서울: 재동문화사.
유구종 외(2005). 교육방법 및 공학. 서울: 창지사.
유기섭 외(2001). 교육심리학. 서울: 동문사.
유승우 외(2010). 교육방법 및 교육공학. 파주: 양서원.
유옥(2010). 학생생활지도 이론. 서울: 동문사
윤광보 외(2008). 교육방법과 교육공학의 이해. 파주: 양서원.
윤기옥 외(2009). 수업모형. 서울: 동문사.
윤운성 외(2003). 생활지도와 상담. 서울: 양서원
윤재흥(2012). 교육철학 및 교육사 -인간과 교육에 대한 관점의 다양성과 변화-. 서울: 학지사.
윤정일 외(2000). 교육의 이해. 서울: 학지사.
윤정일 외(2007). 교육행정학 원론. 서울: 학지사.
윤정일(1987). "교육행정학의 전망: 교육행정 운영". 교육행정학 연구 5, 12.
윤종건(1990). 교육행정과 학교 경영. 서울: 교학연구원.
윤팔중(1980). 인간중심 교육과정이론. 서울: 교육과학사.
윤팔중(1981). 전인교육을 위한 교육과정. 서울: 배영사.
이경숙 외(2011). 생활지도와 상담. 서울: 동문사.
이광규 외(1976). 문화과정과 교육. 교육과학신서 11. 서울: 교육출판사.
이달석(1999). 교육심리학. 서울: 학지사.
이돈희 외(1998). 교육이 변해야 미래가 보인다. 서울: 현대문학.
이돈희(1983). 교육철학개론. 서울: 교육과학사.
이병진(1998). 현장교육론. 서울: 양서원.

이병진(1999). 초등교육학개론. 서울: 문음사.

이성진 외(1978). 현대 교육심리학. 서울: 교육출판사.

이성진 외(1993). 교육과 심리. 서울: 한국 방송통신대학교 출판부.

이성진(1997). 교육심리학서설. 서울: 교육과학사.

이성호(1984). 교육과정. 서울: 문음사.

이성호(2001). 교수방법론. 서울: 학지사.

이성흠 외(2009). 교육방법 및 교육공학 -의사소통, 교수설계, 그리고 매체활용-. 파주: 교육과학사.

이영덕(1981). 교육의 과정. 서울: 배영사.

이영덕(1990). “21C 의 한국인상”. 제5차 교육정책 세미나 보고서, 교육정책자문회의.

이용남 외(1999). 신교육심리학. 서울: 학지사.

이용환 외(2001). 교육방법 · 교육공학. 서울: 재동문화사.

이윤식(1993). 장학론 논고: 교내자율장학론. 서울: 과학과 예술.

이윤식(2005). 장학론 -유치원 · 초등 · 중등 자율장학론-. 서울: 교육과학사.

이종각(2004). 새로운 교육사회학총론. 서울: 동문사.

이종국 외(1999). 교육학개론. 서울: 재동문화사.

이지헌 외(1999). 교육의 탐구. 서울: 학지사.

이진우(2001). 청소년 살리기. 서울: 국민일보사.

이현청(2000). 교육사회학. 서울: 양서원.

이형행 외(2010). 교육학개론. 파주: 도서출판 공동체.

이형행(1999). 교육학개론. 서울: 양서원.

이형행(2011). 교육학개론. 파주: 양서원.

이형행 · 권영성(2010). 교육학개론. 파주: 공동체.

이혜영 외(1990). 교육이란 무엇인가. 서울: 한길사.

이홍우 외(1981). 교육학개론. 서울: 교육과학사.

이홍우 · 유한구 · 장성모(2004). 교육과정 및 평가. 서울: 한국방송통신대학교출판부.

임규혁(1996). 교육심리학. 서울: 학지사.

임승권(1991). 교육심리학 서울: 양서원.

임승권(1997). 교육의 심리학적 이해. 서울: 학지사.

임창재(1991). 교육학개론. 서울: 형설출판사.

임창재(1999). 수업심리학 -실기교육방법론-. 서울: 학지사.
임창제(1999). 교육사철학. 서울: 양서원.
임한영 외(1985). 교육학개론. 서울: 한양대학교 출판원.
장덕삼(1995). 신교육사 철학. 서울: 재동문화사.
장덕삼(2003). 한국교육사. 서울: 동문사.
장상호(1988). 학습의 인간화. 서울: 교육과학사.
장원섭(1997). 교육과 일의 사회학. 서울: 학지사.
정규영(2011). 동서양 교육의 역사. 서울: 학지사.
정범모(1956). 교육과정. 서울: 풍국학원.
정범모(1976). 교육과 교육학. 서울: 배영사.
정봉도(1998). 교육사회학. 서울: 재동문화사.
정석환(2012). 쉽게 풀어쓴 교육철학 및 교육사. 서울: 동문사.
정세구 외 역(1997). 인격교육과 덕교육. 서울: 배영사.
정영수 외(1998). 교사와 교육. 서울: 문음사.
정우현 역(1975). 교육사회학. 서울: 고려대학교 출판부.
정우현(1989). 교사론. 서울: 배영사.
정원식 외(1980). 현대교육심리학. 서울: 교육출판사.
정태범(1996). 장학론. 서울: 교육과학사.
정현숙(2001). 교육심리학. 서울: 동문사.
정호표(2005). 현대교육철학. 서울: 교육과학사.
조명래 외(1998). 교육사 · 교육철학. 서울: 도서출판 학이당.
조무남 외(2001). 교육사 · 교육철학 강의. 서울: 동문사.
조병효(1995). 장학론. 서울: 배영사.
조성일 외(1997). 교육행정과 학교 · 학급경영의 이론과 실제. 서울: 재동문화사.
조성일 외(2001). 실기교육방법론. 서울: 재동문화사.
조영일(2005). 교육의 역사와 철학적 기초. 서울: 형설출판사.
조현철 역(2012). 서양교육철학사. 서울: 학지사.
주삼환 외(2009). 교육행정 및 교육경영. 서울: 학지사.
주삼환(1997). 변화하는 시대의 장학. 서울: 원미사.
진영은(2003). 교육과정 -이론과 실제-. 서울: 학지사.

진영은 · 조인진 · 김봉석(2003). 교육과정과 교육평가의 탐구. 서울: 학지사.

차경수 외(2010). 교육사회학의 이해. 파주: 양서원.

차경수(1985). 현대의 교육사회학. 서울: 학문사.

최정웅 · 양경숙(2004). 교육사회학 -이론적 기초-. 파주: 양서원.

하은주 외(2010). 현대 교육사회학. 파주: 양서원.

한공우(2003). 교육행정 및 교육경영. 서울: 동문사.

한국교육개발원(1987). 2000년을 향한 국가장기발전 구상: 교육부문보고서. 서울: 한국교육개발원.

한국교육행정학회(1995). 학교 · 학급경영론. 서울: 도서출판 하우.

한국심리학회(1997). 현대심리학의 이해. 서울: 학문사.

한국초등상담교육학회 편(2011). 한국형 초등학교 생활지도와 상담. 서울: 학지사.

한기언(1978). 동양사상과 교육. 서울: 법문사.

한기언(1997). 교육철학 및 교육사. 서울: 양서원.

한방교 외(1998). 인간과 교육의 이해. 서울: 동문사.

한정선 외(2009). 교육공학 -정의와 논평-. 파주: 교육과학사.

한준상 외(1996). 신교육사회학. 서울: 학지사.

한준상(1985). 교육사회학의 이론과 연구방법. 서울: 문음사.

한준상(1994). 한국교육개혁론. 서울: 학지사.

한충효(1997). 현대교육심리학의 구조연구. 서울: 교육과학사.

한혜정 · 조덕주(2012). 교육과정. 서울: 학지사.

허병기(1997). 「장학의 본질 이탈: 개념적 혼란과 실천적 오류」. 교육학연구, 제35권 제3호, 서울: 한국교육학회.

홍두승 외(1993). 사회계층 · 계급론. 서울: 다산출판사.

홍두승(1982). "경제발전과 사회계층에 관한 연구". 서울: 한국사회과학연구협의회.

홍두승(1983). "직업분석을 통한 계층연구: <한국표준직업분류>를 중심으로". 사회과학과 정책연구 35, 69~87.

홍후조(2011). 알기 쉬운 교육과정. 서울: 학지사.

황응연(1984). 현대생활지도. 서울: 교육출판사.

Alberty, H. R.(1953). *Organizing the High School Curriculum*. New York: Macmillan Co.Beauchamp, George A.(1956). *Planning the Elementary*

School Curriculum. Boston: Allyn& Bacon.

Alfonso, Robert J., Gerald R. Firth & Richard F. Neville(1975). *Instructional Supervision: A Behavioral System*. Boston: Allyn & Bacon.

Allport, G. W.(1961). *Pattern and Growth in Personality*. New York: Holt, Rinehart and Winston, Inc.

Atkinson, J. W.(1964). *An Attribution to Motivation, Princeton*, N. J.: Van Norstrand.

Baldridge, J. V.(1980). Sociology. New York: John Wiley & Sons, Inc.

Bell, D.(1973). *The Coming of Post-Industrial Society: A Venture in Social Forecasting*. N. Y.: Basic Books.

Blackledge, D., & Hunt, B.(1985). *Sociological Interpretations of Education*. London: Croom Helm.

Bourdieu, P., & Passeron, J. C.(1977). *Reproduction: In education, society and culture*. Beverly Hills: Sage Publication.

Bowles, S., & Gintis, H.(1976). *Schooling: In capitalist America*. New York: Basic Books.

Broudy, H. S.(1955). *Building a Philosophy of Education*. New York: Prentice-Hall.

Broudy, Harry S., Smith, B. O., & Burnett, Joe R.(1964). *Democracy and Excellence in American Secondary Education. Chicago*: Rand McNally.

Bruner, J. S.(1960). *The Process of Education, Cambridge*. Massachusetts: Harvard Univ. Press.

Burch, Barbara G., & W. Danley, Sr., Elzie(1980). "The Instructional Leadership Role of Central Office Supervisors." *Educational Leadership*, 37, May.

Burton, William H.(1947). *Supervision*. New York: Appleton Century Crofts, Inc.

Campbell, Roald F. et al.(1968). *Introduction to Educational Administration*. 3rd ed., Boston: Allyn and Bacon Inc.

Caswell, H. L., & Campbell, P. S.(1935). *Curriculum Developmen*. New York: American Book Company.

Caswell, H. L., & Foshay, A. W.(1957). *Education in the Elementary School*. New York: American Book Company.

Cogan, M.(1973). *Clinical Supervision*. Boston: Houghton Mifflin, Co.

Corey, S. M.(1971). The Nature of Instruction, In M. D. Merrill(ed.), *Instructional Design: Readings*. Englewood Cliff, N. J.: Prentice-Hall.

Davis, Keith(1972). *Human Behavior at Work: Human Relations & Organizational Behavior*. 4th ed., New York: McGrow Hill.

Dewey, J.(1916). Democracy and Education. New York: Macmillan Co.

Dinkmeyer, D.(1964). *Conceptual Foundation of Counseling*. The School Counselor vol.II.

Dull, Lloy W.(1981). *Supervision: School Leadership*. Handbook, Columbus, Ohio: Charles, E. Merrill Publishing Co.

Durkheim, E.(1923). *Education ET Sociologie*. Paris.

Esposito, J. P., Smith, G. E., & Brubach, H. J.(1975). *Delineation of the Supervisiory Role*. Education, (96).

Everston et al.(1997). *Classroom Management for Elementary Teachers* 4th ed. Boston: Allyn and Bacon, 3~4.

Fayol, H.(1974). *General and Industrial Management*. trans. by Canstance storrs, London: Sir Issac Pitman and Sons, Ltd.

Feierabend, I. K., & Feierabend, R. L.(1966). Aggressive Behavior Within Politics, 1940~1962: A Cross-National Study. Journal of Conflict Resolution. Vol. 10, No.3(September), 249~271.

Gage, N. L.(1963). *Handbook of Research on Teaching*. Chicago: Rand McNally & Co.

Gagne, R. M., & Briggs, L. J.(1979). *Principle of Instructional Design*(2nd ed.). N. Y.: Holt Rinehart & Winston.

Glatthorn, A. A.(1984). *Differentiated Supervision*. Alexandria, VA: Association for Supervision and Curriculum Development.

Goldhammer, R. et al.(1969). *Clinical Supervision*. New York: Holt, Rinehart and Winston.

Gregg, R. T.(1957). "The Administrative Process" in *Administrative Behavior in Education*. ed. by Roald F. Campbell and Russel T. Gregg, New York: Harper & Brothers Publishers.

Grinder, R. E.(1989). *Educational Psychology: The Master Science*. In M. C. Wittrock & F. Farley(Eds), The Future of Educational Psychology.

Gulick, L., & Urwick, L.(1973). "Notes on the Theory of Organization", in Papers *on the Science of Administration*. ed. by Luther Gulick and Lyndall Urwick, New York: Institute of Public Administration, Columbia Univ.

Gwynn, J. M.(1974). *Theory & Practice of Supervision*. New York: Dpddy Mead & Co.

Harris, Ben N.(1985). *Supervisory Behavior in Education*. 3rd ed., Englewood Cliffs, New Jersey: Prentice Hall.

Havighurst, R. J., & Neugarten, B. L.(1960). *Society and Education*. Allyn and Bacon, Inc.

Hayes, N.(1994). *Foundations of psychology*. London & N. Y.: Routledge.

Hill, George, E.(1965). *Management & Improvement of Guidance*. New York: Appleton-Century Crofts.

Hopkins, L. Thomas(1941). *Interaction the democratic process*. Boston: D. C. Heath.

Horton, P. B., & Hunt, C. L.(1980). *Sociology*. New York: McGraw-Hill, Inc.

Hoyle, E.(1980). *The Role of Teacher*. London: Routledge & Keagan Paul.

Jackson, Philip W.(1968). *Life in Classroom*. New York: Holt, Rinehart and Winston.

Jones, Arthur, J.(1970). *Principles of Guidance*. New York: McGraw-Hill Book Co.

Kant, Immanuel(1890). *Die Klassiker der Pädagogik*, herausgegeben von Dr. G. Frö-hlich, Bd XI, Langensalra, Gressler, 1890, 123.

Kant, Immanuel(1977). *Ueber Paedagogik, Werkausgabe Bd, XII*, Frankfurt a. M.

Kast, F. E., & Rosenzweig, J. E.(1970). *Organization & Management*. N. Y.: McGraw-Hill Book Co.

Kinder, J. S.(1959). *Audiovisual materials and techniques*. N. Y.: American Books, Co..

Kneller, G. F.(1971). *Introduction to the Philosophy of Education*. New York: John Wiley and Sons.

Linton, R.(1970). "The Study of Man", in Modern Dictionary of Sociology. N.

Y.: Thomas Y. Crowell Co.

Lippit, Ronal,(1968). "Improving the Socialization Process" *Socialization and Society*. edited by J. A. Clausen, Boston: Little, Brown and Co.

Lovell, John T., & Kimball Wiles.(1983). *Supervision for Better School*. 5th ed., Englewood Cliffs, New Jersey: Prentice-Hall, Inc.

Mandler, G., & Sarason, S. B.(1952). A Study of Anxiety and Learning, *Journal of Abnormal and Social Psychology*. 47, 166~173.

Masuda, Y.(1981). *The Information Society as Post-Industrialized Society*. Bethesda, M. D.: Word Future Society.

Mathewson, R. H.(1962). *Guidance Policy & Practice*. New York: Harper.

McClelland, D.(1965). Toward a Theory of Motive Acquisition. *American Psychologist*, 20, 321~333.

McClelland, D.(1985). *Human Motivation*. Glenview Illinois: Scott, Foresman.

Meyer, A. E.(1949). *The Development of Education in the 20th Century*. New Jersey: Prentice Hall.

Miller, C.(1971). *Foundations of Guidance(2nd ed.)*. New York: Harper & Row.

Miller, F. W.(1968). *Guidance: Principles and Services*. Columbus: Charles E. MerrillPub. Co.

Moehlman, Arthur B.(1951). *School Administration: Its Development, Principles and Functions in the United States*. 2nd ed., Boston: Houghton Mifflin.

Morsher, R., & Purpel, D.(1975). *Supervision: The Reluctant Profession*. Boston: Houghton-Mifflin Co.

Mussen, P. H., Conger, J. J., & Kugan, J.(1979). *Child Development an Personality*. New York: Harper & Row.

Naisbitt, J.(1982). *Megatrends*. New York: Warner Books.

Neagley, Ross L., & Evans, N. Dean(1967). *Handbook for Effective Curriculum Development*. New Jersey: Prentice Hall Inc.

Ornstein, A. C.(1977). *Introduction to the Foundation of Education*. Chicago: Rand Mcnally College Publishing Co.

Ornstein, A. C., & Levine, D. U.(1981). *Foundations of Education*. Boston: Houghton Mifflin Company.

Pestalozzi, J. H.(1983). *Meine Nachforschungen ueber den Gang der Natur in derEntwicklung des Menschengeschlechts, bg. v. A. stenzel. 3 Aufl.* Bad Heilbrunn.

Peters, H. J., & Farwell, G. F.(1967). *Guidance: A Developmental Approach* (2nd ed.). Chicago: Rand McNally, College Pub. Co.

Phenix, P. H.(1958). *Philosophy of Education*. New York: Holt & Co.

Pietrofesa, J. J., & Leonard, G. E., & Van Hoose, W.(1978). *The Authentic Counselor*(2nd ed.). Chicago: Rand McNally College Pub. Co.

Prichard, K. W., & Buxton, T. H.(1973). *Concepts and Theories in Sociology of Education*. Lincoln Nebraska: Professional Educators Publications.

Pullias, E. V., & J. Young, J. D.(1973). *A Teacher is Many Things*. Seoul: Pan Korea Book.

Reeder, Ward G.(1941). *The Fundamentals of Public School Administration*. New York: Macmillan.

Reigeluth, C. M.(1983). *Instruction Design Theories and Models: An Overview of Their Current Status*. N. J.: Hillsdale, Lawrence Erlbaum Associates.

Rogers, C. R.(1942). *Counseling and Psychotheraphy*. Boston: Houghton.

Rousseau, J. J.(1762). *Emile, ou de l'éducation*, Ernest Flammarion, Editeur.

Salk, J.(1973). *The Survival of the Wisest*. New York: Harper & Row.

Saylor, J. G., & Alexander, W. M.(1954). *Curriculum Planning for Better Teaching andLearning*. New York: Holt, Rinehart and Winston.

Sears, J. B.(1950). *The Nature of the Administrative Process*. New York: McGraw-Hill Book Co., Inc.

Shertzer, B., & Stone, S. C.(1981). *Fundamentals of Guidance*. Boston: Houghton Mifflin Co.

Simon, H. A.(1956). *Public Administration*. New York: Knopt.

Skinner, B. F.(1953), *Science and Human Behavior*. N. Y.: Macmillan.

Smith, B. O., Stanley, N. O., Shores, T. H.(1950). *Fundamentals of Curriculum Development*. New York: Word Book Co.

Spencer Metta & Inkeles(1976). *Foundations of Modern Society*. Englewood lifts. New Jersey: Prentice-Hall, Inc.

Taba, H.(1962). *Curriculum Development: Theory and Practice*. New York: Harcourt.

The American Association of School Administrators(1955). *Staff Relations in School Administration*. Washington D. C.: AASA.

Thelen, H. A.(1954). *Dynamics of Groups at Work*. Chicago: University of Chicago Press.

Toffler, Alvin(1974). *Learning for Tomorrow: The Role of the Future in Education*. New York: Random House.

Travers, J. F.(1970). *Fundamentals of educational psychology*. P. A.: International Textbook Co.

Traxler, A. B.(1957). *Techniques of Guidance*. New York: Harper & Brothers.

Traxler, A. B., & North, Robert, D.(1969). *Techniques of Guidance*. New York: Harper & Row, Publishers.

Tyler, R. W.(1949). *Basic Principles of Curriculum and Instruction*. Chicago: University of Chicago Press.

Van Scotter, R. D. et al.(1991). *Social Foundations of Education*. 3rd ed. Englewood Cliffs, N. J.: Prentice-Hall. 308~322.

Waldo, D.(1955). *The Study of Public Administration*. New York: Doubleday.

Waller, W.(1967). *The Sociology of Teaching*. N. Y.: John Wiley & Sons, Inc.

Warner, W. L. et al.(1949). *Social Class in America*. Chicago: Science Research Associates.

Warner, W. L., Meeker, M., & Eells, K.(1964). *Science Research Association, Who shall be Educated*. Chicago.

White, B. L.(1975). *The First Three Years*, Englewood Cliffs. N. J.: Prentice-Hall.

Wilds, E. H.(1942). *Foundation of Modern Education*. Published for the United States Armed Forces by Farra and Rinehart.

Wiles, J., & Bondi, J.(1980). *Supervision: A Guide to Practice*. Columbus, Ohio: Charles E., Merrill Publishing.

Wiles, K.(1967). *Supervision for Better Schools*. 3rd ed., Englewood Cliffs, New Jersey: Prentice-Hall, Inc.

William C. Miller(1981). *The Third Wave & Education's Future*, Bloomington.

Indiana: *Phi Delta Kappa* Educational Foundation.

Woolfolk, A. E.(1990), *The Cognitive Movement in Instruction*. Educational Psychologist, 13.

新谷敏夫(1983). "學校 · 學級經營と學校經營". 東京: 有信堂.

저자 소개

신재흡

한국유아교육·보육행정학회 부회장(역임)
한국교육행정학회 윤리위원장(역임)
한국교원교육학회 감사(역임)

현) 한국교육행정학회 부회장 선출위원회 위원장
한국교원교육학회 홍보기금위원장
한국유아생태교육학회 이사
한국유아교육보육복지학회 이사
한국교육재정경제학회 연구윤리위원
(사) 교육종합연구소 운영위원
구리시청 보육정책위원
경기도교육청 수석교사 선발위원
서울특별시교육청 학교장 경영능력 평가위원
한성대학교 교양교직학부 교직과정 주임교수
한성대학교 교육대학원 주임교수

저서 교육심리학(박학사(공), 2005)
한국 교육행정발달사 탐구(집문당(공), 2005)
교육조직 행위론의 탐구(동문사(공), 2006)
유아교사론(양서원(공), 2006)
학교 경영의 이론과 실제(학지사(공), 2006)
한국 교육의 질 관리를 위한 장학행정(학이당, 2008)
현직교사를 위한 현장교육연구의 이론과 실제(공동체, 2009)
교육실습의 이론과 실제(학지사, 2010)
교육행정 및 경영의 탐구(동문사, 2010)
교육사회학(동문사, 2011)
교직실무(교육과학사(공), 2011)
교육행정 및 교육경영(청목출판사(공), 2012)
교육방법 및 교육공학의 이론과 실제(동문사, 2012)
영유아교육행정(동문사, 2013)
교육입문을 위한 지침서 교육학의 이해(동문사, 2014)

논문 교사가 지각한 학교장의 변혁적 지도성과 학교 조직문화 및 학교 조직효과성 간 관계연구(교육행정학연구 29(3), 2002)
협동학습을 통한 국어과 심화·보충형 ICT 교수-학습지도 자료개발(교육인적자원부, 2004)
평생교육체제를 구축하기 위한 유비쿼터스에 관한 연구(교육환경연구 4, 2004)
도덕적 지도성과 임파워먼트가 교직헌신에 미치는 영향 분석(교육행정학연구 25, 2007)
변혁적 지도성과 조직헌신이 조직시민행동에 미치는 영향 분석(교육행정학연구 26, 2008)
서번트 리더십과 팔로워십이 학교 조직효과성에 미치는 영향 분석(교육종합연구 8(2), 2010)
학교장의 감성적 리더십과 임파워먼트가 학교 조직효과성에 미치는 영향 분석(한국교원 교육연구 27(4), 2010)
유아교사가 지각한 임파워먼트와 조직헌신성과의 관계연구(공저, 한국유아교육·보육행정연구 14(4), 2010)
교사가 지각한 유아교육기관 원장의 변화 지향적 지도성과 교사의 직무성과 간의 관계연구(공저, 한국유아교육·보육행정연구 14(3), 2010)
학교장의 서번트 리더십과 학교 조직문화가 학교 조직효과성에 미치는 영향 분석(교육종합연구 10(1), 2012)
학교장의 서번트 리더십과 임파워먼트가 조직시민행동에 미치는 영향분석(한국교육연구 19(1), 2013)
감성적 리더십과 조직감성이 교직헌신에 미치는 영향 분석(소통과 인문학, 제16집, 2013)
유아교육기관 원장의 변화 지향적 리더십과 교사집단의 직무만족과의 관계(소통과 인학, 제18집, 2014)

저 자
인 지

교육 입문을 위한 지침서

교육학의 이해

초판 1쇄 인쇄 / 2014년 2월 3일
초판 1쇄 발행 / 2014년 2월 13일

•

저 자 / 신 재 흡
발행인 / 이 중 수
발행처 / 동 문 사

•

서울특별시 서대문구 홍제동 137-8
Tel : 02)736-3718(대), 736-3710, 3720
Fax : 02)736-3719
등록번호 : 제9-17호
가격 : 18,000원

•

ISBN : 978-89-8251-551-4(93370)
E-mail : dong736@naver.com
www.dongmunsa.com